Patrick Arnold | Jochem Kotthaus (Hrsg.)
Soziale Arbeit im Fußball

Sportfans im Blickpunkt sozialwissenschaftlicher Forschung

Herausgegeben von
Andreas Grau | Judith von der Heyde | Jochem Kotthaus |
Holger Schmidt | Martin Winands

Patrick Arnold | Jochem Kotthaus (Hrsg.)

Soziale Arbeit im Fußball

Theorie und Praxis sozialpädagogischer
Fanprojekte

Das Werk einschließlich aller seiner Teile ist urheberrechtlich geschützt. Jede Verwertung ist ohne Zustimmung des Verlags unzulässig. Das gilt insbesondere für Vervielfältigungen, Übersetzungen, Mikroverfilmungen und die Einspeicherung und Verarbeitung in elektronische Systeme.

Dieses Buch ist erhältlich als:
ISBN 978-3-7799-6588-6 Print
ISBN 978-3-7799-6589-3 E-Book (PDF)

1. Auflage 2022

© 2022 Beltz Juventa
in der Verlagsgruppe Beltz · Weinheim Basel
Werderstraße 10, 69469 Weinheim
Alle Rechte vorbehalten

Herstellung: Myriam Frericks
Satz: Datagrafix, Berlin
Druck und Bindung: Beltz Grafische Betriebe, Bad Langensalza
Beltz Grafische Betriebe ist ein klimaneutrales Unternehmen (ID 15985-2104-100)
Printed in Germany

Weitere Informationen zu unseren Autor_innen und Titeln finden Sie unter: www.beltz.de

Inhalt

Abkürzungsverzeichnis   8

Mittelstürmer oder Ersatzbank
Die Arbeit der Fanprojekte – zuvor, jetzt und in der Pandemie
Jannis Albus, Patrick Arnold, Jochem Kotthaus
und Manuel Schröder   11

Teil 1   Grundlagen der Fanarbeit   23

Hohe Identifikation trotz großer Arbeitsbelastung
Eine quantitative Untersuchung zur Work-Life-Balance im Arbeitsfeld
der sozialpädagogischen Fanprojekte
Philip Krüger und Markus Mau   24

Wie setzen sich Fangruppen in einer Fanszene durch?
Jonas Reitz   37

Soziale Arbeit mit Fußballfans
Fanprojekte als Institution und professionelle Praxis
Jochem Kotthaus und Daniela Templin   49

Fußball in der Migrationsgesellschaft
Bildet sich die Migrationsgesellschaft in den Fußballstadien
der Fußballbundesliga ab?
Carsten Blecher   70

Teil 2   Arbeit an und mit Diskrimierungsformen   83

Sexismus im Stadion und Soziale Arbeit mit Fußballfans
Ergebnisse einer Untersuchung zur Bewertung von ausschließendem
Sexismus durch Fußballfans in der 1. bis 3. Bundesliga und den
Regionalligen im deutschen Männerfußball
Ellen M. Iffland   84

Zur Analyse von und zum Umgang mit Sexismus im Fußball
Perspektiven aus der Fansozialarbeit
Antje Hagel und Stella Schrey   103

Zwischen Normierung und Empowerment
Geschlechterverhältnisse in Fußballfanszenen
Robert Claus, Cristin Gießler und Franciska
Wölki-Schumacher   114

Black-Box-Diskriminierung
Ein Plädoyer für die Dokumentation und Analyse diskriminierender
Vorfälle im Fußball in Nordrhein-Westfalen
Patrick Arnold, Nils Ehleben und David Johannes Berchem 138

Anstoß für Inklusion – als Kernaufgabe der Fanprojektarbeit?
Daniela Wurbs und Florian Hansing 153

Teil 3   Bildungsarbeit 173

„Kein Fußball den Faschisten"
Zum Projekt „Bildung am Millerntor". Potenziale und Grenzen
der politischen Jugendbildung und Demokratiebildung nach dem
Lernort-Stadion-Modell beim Museum für den FC St. Pauli
Fabian Fritz und Holger Ziegler 174

Besonderheiten und Potenziale historisch-politischer Bildung
in der Fanarbeit
Andreas Kahrs, Amelie Gorden und Daniel Lörcher 188

Vielfalt statt Verdrängung
Erinnerungskultur im Fußball an den Beispielen des Hamburger
Sport-Vereins und der Stadt Bochum im Nationalsozialismus
Paula Scholz und Gero Kopp 202

Ultras go intercultural
Internationale Jugendbegegnungen als kulturelles Lernfeld
für Fußballfans
Stefan Hoffmann und Thomas Lükewille 220

Teil 4   Fanprojekte als klassische Querschnittsarbeit 231

Ist der demografische Wandel schuld?
Eine Datenanalyse zum Nachwuchsrückgang im Amateurfußball
Andreas Groll, Tim Frohwein und Jonas Heiner 232

Onlinebasierte Suchtprävention und Suchtberatung mit Fußballfans
Das Projekt SubFAN
Laura Arasteh-Roodsary, Patrick Arnold und Daniel Deimel 249

Aussperren?
Alternativen zu „präventiv polizeilichen Maßnahmen" für Fußballfans
Hanna Maria Lauter und Edo Schmidt 259

Das fehlende strafprozessuale Zeugnisverweigerungsrecht
in der Sozialen Arbeit
Ronald Beć 274

Autorinnen und Autoren 289

Abkürzungsverzeichnis

AGJF	Arbeitsgemeinschaft der Obersten Landesjugend- und Familienbehörden
APuZ	Aus Politik und Zeitgeschichte. Beilage zur Wochenzeitung Das Parlament
AWO	Arbeiterwohlfahrt
BAFF	Bündnis Aktiver Fußballfans
BAG	Bundesarbeitsgemeinschaft Fanprojekte
BAM!	Bildung am Millerntor
BBAG	Bundesbehindertenarbeitsgemeinschaft e. V.
BFU	Blickfang Ultra
BFV	Bayerischer Fußball-Verband
BISp	Bundesinstitut für Sportwissenschaft
BMAS	Bundesministerium für Arbeit und Soziales
BMFSFJ	Bundesministerium für Familie, Frauen, Senioren und Jugend
BT-Drs.	Drucksache des Deutschen Bundestages
BVerfGE	Bundesverfassungsgericht
CSR	Corporate Social Responsibility
DBSH	Deutscher Berufsverband für Soziale Arbeit e. V.
DFB	Deutscher Fußball-Bund
DFL	Deutsche Fußball Liga
DISuP	Deutsches Institut für Sucht- und Präventionsforschung
DOSB	Deutscher Olympischer Sportbund
dsj	Deutsche Sportjugend
ESBD	eSport-Bund Deutschland
IfD Allensbach	Institut für Demoskopie Allensbach
IFSW	Internationaler Verband der Sozialarbeiter
KJSG	Kinder- und Jugendstärkungsgesetz
KoFaS	Kompetenzgruppe Fankulturen und Sport bezogene Soziale Arbeit
KOS	Koordinationsstelle Fanprojekte bei der Deutschen Sportjugend
LAG	Landesarbeitsgemeinschaft für Fanprojekte Nordrhein-Westfalen e. V.
LG	Landgericht
MBR NRW	Mobile Beratung gegen Rechtsextremismus Nordrhein-Westfalen

MeDiF-NRW	Meldestelle für Diskriminierung im Fußball in Nordrhein-Westfalen
MKFFI	Ministerium für Kinder, Familie, Flüchtlinge und Integration des Landes Nordrhein-Westfalen
MMA	Mixed Martial Arts
MOVE	Motivierende Kurzintervention mit konsumierenden Jugendlichen
Netz E	Netzwerk Erinnerungsarbeit
NGO	Non-governmental Organisation
NKSS	Nationales Konzept Sport und Sicherheit
NRW	Nordrhein-Westfalen
NSRL	Nationalsozialistischer Reichsbund für Leibesübungen
ÖASS	Örtliche Ausschüsse Sport und Sicherheit
PFIFF	Pool zur Förderung innovativer Fußball- und Fankultur
PolGNRW	Polizeigesetz des Landes Nordrhein-Westfalen
SFV	Sächsischer Fußballverband
SGB	Sozialgesetzbuch
StGB	Strafgesetzbuch
StPO	Strafprozessordnung
StVerRl	Stadionverbotsrichtlinien
WFV	Westdeutscher Fußballverband
WSV	Westdeutscher Spiel-Verband
ZIS	Zentrale Informationsstelle Sporteinsätze

Mittelstürmer oder Ersatzbank

Die Arbeit der Fanprojekte –
zuvor, jetzt und in der Pandemie

Jannis Albus, Patrick Arnold, Jochem Kotthaus
und Manuel Schröder

Das schönste Arbeitsfeld der westlichen Welt?

Was ist das schönste Arbeitsfeld? Natürlich das, welches die persönlichen und privaten Interessen der Professionellen mit ihrer Erwerbsarbeit verknüpfen. Man kann den ganzen Tag den Dingen nachhängen, die wichtig sind, und wird auch noch dafür bezahlt. Was ist hingegen das unvorteilhafteste Arbeitsfeld? Natürlich jenes, welches die persönlichen Interessen der Professionellen mit ihrer Erwerbsarbeit verknüpft. Nichts ist mehr wirklich privat und der Bereich, der sich einst klar und eindeutig von der zweckgebundenen Erwerbsarbeit abgrenzte, ist nun ebenfalls deren Logik unterworfen. So scheint nun mancher sich die Arbeit der Fanprojekte im Fußball vorzustellen: Den ganzen Tag mit anderen Fans ein wenig über Fußball schwatzen und am Wochenende die Spiele kostenfrei schauen – was will man mehr? Die Wahrheit schaut deutlich anders aus. Die Arbeit hat wenig von Flair und Glamour der lichtscheinenden Welt des Fußballs. Sie findet oft mit minimaler Personalausstattung, ungünstigen Räumlichkeiten, widerstrebenden Aufgabenbereichen sowie einer gewissen Geringschätzung seitens der Berufsgruppen und Menschen statt, die davon ausgehen, dass es nichts Schöneres geben kann, als private Interessen zum Thema der Erwerbsarbeit zu machen. Wer verbringt nicht gerne 48 schlaflose Stunden inklusive An- und Abreise beim Champions League-Auswärtsspiel? Zu allem Überfluss besteht ein Teil der Arbeit in der nachgängigen Klärung von Situationen, die man als Mitarbeiter_in der Fanprojekte gar nicht beeinflussen konnte – geschweige denn zu verantworten hätte.

Fanprojekte als Versprechen

Wir wollen jedoch auch nicht in das bittere Konzert ewigen Jammers einstimmen, sondern kurz den Status Quo der Fanprojekte beschreiben. Historisch sind die Fanprojekte einer intensiv geführten Auseinandersetzung um die Bearbeitung des Problems jugendlicher „Rowdies" entstanden. Gemeint hiermit ist eine in den

1970er Jahren hauptsächlich bei Jugendlichen und jungen Erwachsenen wahrgenommene Gewaltbereitschaft vor, während und nach dem Stadionbesuch. In den frühen 1980er Jahren wurde diese mediale und politische Empörung in die Wissenschaft überführt. Pilz et al. legen in ihrem letztendlich seitens des Bundesinnenministeriums beauftragten Gutachten *Sport und Gewalt* zwei wesentliche, die Logik der Fanarbeit bis heute bestimmenden Argumentationsstränge vor: Gewalt im Umfeld von Fußballspielen kann nicht mit monokausalen Ansätzen (wie Psychopathologie, Unangepasstheit und Abweichung) erklärt werden. Vielmehr formulieren sie auf Grundlage einer eigenen empirischen Untersuchung ein fünfkomplexiges Modell, welches langfristige und situative sowie individuelle Dispositionen interdependent mit sozio-kulturellen, gruppenbezogenen und aktuell-situativen Umweltfaktoren stellt (vgl. Pilz et al. 1982, S. 28 ff.). Wenn dem aber so ist, dann kann die Lösung zur Befriedung der Spieltage nicht in monokausalen Lösungen liegen, sondern in einem Zusammenspiel von Polizei, Verein, Verbänden – und Sozialarbeit. Nur, dass die Sozialarbeit zu dieser Zeit in den Stadien überhaupt nicht systematisch vertreten war. Vielleicht wohlwissend, dass eine Forderung nach Sozialer Arbeit mit Fans Anfang der 1980er Jahre für Irritationen sorgen würde, garnieren Pilz et al. diese nicht nur mit dem Versprechen der „Reduktion von Gewalthandlungen", sondern auch mit einem Zugriff auf die Teile der Fans, welche sich einer organisationalen Kontrolle entziehen: „Besondere Aufmerksamkeit ist aber auch den von den Vereinen nicht autorisierten, ‚wilden' Fanclubs zu schenken, die sich einer Kontrolle entziehen und in denen sich teilweise bereits straffällig gewordene Jugendliche zusammenfinden" (1982, S. 20). Pilz et al. eröffnen argumentativ das Bedrohungsszenario einer ungezügelten Jugend und sozialarbeiterischen Problemlösung und stellt die Einhegung solcher ‚nicht autorisierten' Vergemeinschaftungen durch die Soziale Arbeit in Aussicht. Pilz setzt damit die Forderung nach Sozialer Arbeit strategisch – in der Rückschau ist diese Positionierung als durchsetzungsfähig und geschickt einzuschätzen.

Dass dies notwendig war, zeigt sich in der Rückschau. Noch Ende der 1980er Jahre wehrt sich der DFB tatkräftig gegen eine Übernahme politischer, organisatorischer sowie finanzieller Verantwortung und damit die flächendeckende, regelhafte Einrichtung einer Sozialen Arbeit für Fußballfans. Eine alleinige Konzentration auf die von ihm als Gewalttäter bezeichneten Fans und damit die Anerkennung einer Verknüpfung von Fußball und Gewalt will der DFB nicht zulassen. Taten der „kriminellen Chaoten", so der in den 1980er Jahren praktisch omnipräsente Wilhelm Hennes im Vorfeld der Europameisterschaft 1988 in Deutschland, könnten durch den Einsatz der Sozialen Arbeit nicht verhindert werden. Generell sei der Verband, weder „Erziehungsinstitution" noch „jugendpflegerische Institution" (vgl. *Der Spiegel* 1988, S. 193). Doch der Widerstand wurde schwächer (ganz aufgegeben ist er bis heute nicht), und irgendwann konnte selbst der Verband sich den Zeichen der Zeit nicht mehr entziehen.

Fanprojekte als Realität

Zu Beginn der 1990er Jahre fanden entsprechende Verhandlungen zwischen Fußballverbänden, der Innenministerkonferenz und anderen Beteiligten statt und mündeten in ein Konzept zur Bearbeitung dieses Problems. Es beinhaltete neben Baumaßnahmen, polizeilichem Vorgehen auch Soziale Arbeit als konstantes Angebot für aktive Fußballfans. Mit dem in einschlägigen Kreisen immer wieder zitierten „Nationalen Konzept Sport und Sicherheit" (im Folgenden: NKSS) wurde seit 1992 eine einheitliche inhaltliche Leitlinie für eine sozialpädagogische Prävention und Intervention vorgegeben bzw. der Auftrag von Fanarbeit schriftlich fixiert. Auf Grundlage dieser Konzeption und einer (mitunter wieder in Zweifel gezogene, dann doch weiter zugesagte) Finanzierungsgrundlage durch Länder, Kommunen und Dachverbände des Fußballs (DFL und DFB) begannen sich erste, im direkten Umfeld der Vereine angesiedelte *Fanprojekte* zu gründen. Diese Fanprojekte wurden zunächst zum Teil auf der Basis von Eigenbemühungen regionaler Fans oder Faninitiativen als eingetragene Vereine gegründet. Zudem entwickelten sich in Teilen des Praxisfeldes Anbindungen an ganz unterschiedliche überwiegend kommunale oder (seltener) kirchliche Trägerstrukturen. Diese Heterogenität ist bis heute ein Kennzeichen der Fanprojekte und damit der Fanarbeit geblieben. Weder hat sich eine einheitliche Trägerstruktur herauskristallisiert, noch ist, sicherlich auch durch die örtliche Zerrissenheit, ein „big player" entstanden, der eine Vielzahl oder die Mehrheit der Fanprojekte verantworten würde und als kollektiver Akteur von Gewicht den Finanzierern gegenüberstände. Das Feld ist breit und wenig strukturiert.

Auch die konzeptionelle Gestaltung der Fanprojekte ist dabei Veränderungen unterworfen. Lag der Auftrag in der ursprünglichen Formulierung des NKSS noch relativ eindeutig auf den Eckpfeilern Gewalt- und Extremismusprävention sowie Antirassismusarbeit, so weitete sich der Katalog der Zielsetzungen und Aufgaben folgenden Überarbeitungen des NKSS deutlich aus. Sichtbar durch die Expertise der in der Fanarbeit tätigen Sozialarbeiter_innen geprägt, heißt es: „Fanprojekte [...] zeichnen sich durch einen szenenahen und sozialpädagogischen Zugang zu den aktiven Fanszenen aus. [...] Fanprojekte sind unabhängige Einrichtungen der Jugendhilfe und mit den kommunalen Jugendhilfestrukturen vernetzt. Mit ihrem Ansatz sind sie in der Lage, jungen Menschen bei der Bewältigung ihrer Schwierigkeiten zu helfen und sie vor abweichendem Verhalten zu bewahren. Einem Abgleiten in Problemgruppen wird entgegengewirkt" (Nationaler Ausschuss Sport und Sicherheit 2012, S. 7).

Die Fans und ihre Körper

Solche Zielsetzungen lassen mitunter vergessen, um wen es sich bei sozialpädagogischer Fanarbeit als Zielgruppe handelt: Jugendliche und junge Erwachsene, meist Männer. Die „Schwierigkeiten", bei denen zu helfen sei, lassen sich durch eine spezifische Sicht auf Körperlichkeit verstehen. Hier sind es Zuschreibungen wie Frische, Spontanität, Flexibilität und Freiheit ebenso wie jugendlichen Subkulturen Unproduktivität und Sinnlosigkeit nachgesagt oder diese gar als „Gefahr" gesellschaftlicher Ordnungen gekennzeichnet werden. Die Klientel der Fanprojekte in ihrer Jugendphase ist ganz wesentlich von einer Veränderung des Körpers geprägt. Jedoch ist es nicht nur der biologische Körper, der sich verändert, sondern auch Verhaltensweisen und Erfahrungen, die körperlich erlebt werden, verändern sich. Körper eignen sich zur Darstellung, sie sind manipulierbar und modifizierbar und körperliche Praktiken können Abgrenzungen zu oder Autonomiebestrebungen gegenüber Eltern markieren. Das Erfahren der Körperlichkeit hat in dieser Lebensphase ein großes Gewicht. Dies bedeutet in letzter Konsequenz auch, dass insbesondere Jugendkulturen, -stile und -szenen körperlich geprägt sind und der Körper dort eine besondere Stellung einnimmt.

Aus einer analytischen Perspektive macht es Sinn, den Körper in seiner Doppelung (Körper und Leib) zu verstehen. Es ist der Körper, den man hat und der Leib, der man ist (vgl. Plessner 1975, S. 237 f.). Körper und Leib sind insofern miteinander verschränkt, als dass leibliches Spüren körperliche Bewegungen ebenso formieren wie das körperbezogene Wissen leibliche Erfahrungen prägen kann (vgl. Gugutzer 2015, S. 23). Diese theoretische Rahmung ist deshalb für die Auseinandersetzung mit Körperlichkeit und Jugendkulturen relevant, da es ermöglicht den Körper nicht nur in seiner Wirkung nach außen, in der sozialen Positionierung oder als jugendliche Praxis wahrzunehmen, sondern darüber hinaus die subjektive Auseinandersetzung mit der eigenen körperlichen Entwicklung und den spürbaren Veränderungen in der Jugendphase zu betrachten.

Der Körper als etwas, das von außen sichtbar ist und Träger von Informationen, kann entsprechend geformt und gestaltet werden. Jugendliche Fußballfans können z. B. über szenetypische Kleidung und Mode oder Tattoos eigene Stilsetzungen vornehmen und so mit ihrem Körper, den sie haben, sich selbst inszenieren und Abgrenzung zu Erwachsenen zum Ausdruck bringen. Dem Körper und körperlichen Handlungen liegt aber auch ein kreativer Eigensinn inne, der gerade in der Jugendphase sichtbar wird. Die analytische Unterscheidung zwischen Körperhaben und Leibsein ist besonders fruchtbar, wenn man nach der Rolle des Körpers bei der Identitätsentwicklung im Jugendalter fragt. Der Körper kann einerseits Identität signalisieren, indem bestimmte szenetypische Merkmale getragen oder durch rituelles Singen und Klatschen im Stadion performt werden. Jugendkulturelle Szenen ermöglichen es darüber hinaus, in einer

Gruppe Peers Erfahrungen quasi am eigenen Leib zu sammeln. Diese leiblich-affektiven Erfahrungen sind konstitutiv für die Bildung der eigenen Identität. Im Medium von Körper und Leib wird Identitätsarbeit geleistet (vgl. Gugutzer 2011, S. 93 f.), weshalb insbesondere jugendkulturellen Praxen identitätsbildende Relevanz zugesprochen werden kann. Auf der Suche nach der eigenen Identität bieten Jugendkulturen Räume, in denen Handlungskompetenzen erprobt sowie die Ausweitung von Grenzen erlebt werden können. Für die Jugendlichen erfüllen Grenzerfahrungen, so risikobehaftet diese auch sein können, eine Funktion, denn so können Selbstermächtigung, Selbstkontrolle und Selbstwirksamkeit spürbar leiblich erfahren werden (vgl. Gugutzer 2011, S. 102).

Aus dieser Perspektive können auch deviante jugendliche Verhaltensweisen, wie beispielsweise die Erzeugung ‚rauschhafter' Stimmung im Stadion, Ausdruck von Identitätsarbeit sein – und im wesentlichen scheint dies die Position der Fanprojekte zu sein. „Diese Erfahrungen sind von Relevanz für die Erfassung der eigenen körperlichen Konstitution – also einerseits um zu erfahren, wer oder wie man selbst ist bzw. sein kann, andererseits um zu erfahren, wie sich der eigene Körper manipulieren lässt, wie sich veränderte Zustände zur eigenen Leiblichkeit erschließen lassen. Mit diesen Erfahrungen experimentieren gerade auch Jugendliche auf der Suche nach einem Verhältnis zu ihrem sich massiv verändernden, pubertierenden Körper" (Niekrenz 2011, S. 214 f.). Gleichwohl kommt rauschhaften Grenzerfahrungen auch eine weitere, sozialintegrative Funktion zu. Wenn Rausch in Gemeinschaften erlebt wird, schafft dies kollektive Leiberfahrungen. Das eigene Leiberleben wird zu einem kollektiven Leiberleben und insofern kann es als Element zur Herstellung sozialer Beziehungen und Integration in sozialen Gruppen dienen (vgl. ebd., 218 f.). Wer hier die aktive Fanszene und ihre kollektiven Körper- und Leiberfahrungen während, aber auch vor und nach einem Spiel nicht erkennt, muss neu im Feld des Fußballs sein.

Die Konzeption der konzeptionellen Heterogenität

Pluralität und Akzeptanz ist in den Fanprojekten also Trumpf. Dies wird gelebt und heißt im Jargon der Sozialarbeiter_innen: Teilhabe an der Lebenswelt Jugendlicher. Aktuell arbeiten 61 Fanprojekte mit 68 unterschiedlichen Fanszenen zusammen. Die Differenz erklärt sich, da Fanprojekte in gleicher Trägerschaft mit den verschiedenen Fanszenen in einer Stadt arbeiten, wie zum Beispiel in München (FC Bayern und 1860 München), Berlin (Hertha BSC, Union und BFC Dynamo) oder Stuttgart (Kickers und VfB Stuttgart). Dabei sind ihre Hauptadressat_innen die Fans, die zumindest in der öffentlichen Wahrnehmung geprägt durch Polizeiberichte und Boulevardmedien als Problem gelten: Ultras – oder heute auch etwas euphemistisch: die *aktive Fanszene* genannt. So kommt es, dass in Städten mit höherklassigem Fußball, jedoch kleineren Fanszenen (z. B.

Sandhausen, 2. Bundesliga) keine Fanprojekte eingerichtet sind, hingegen in Neustrelitz (Oberliga NOFV, 5. Liga), Saarbrücken und Oldenburg (Regionalliga Süd-West und Nord, 4. Liga) aufgrund der Struktur und Größe der Fanszenen schon. Dabei variieren im bundesweiten Vergleich nicht nur die Größen der Fanszenen, sondern auch die Wettbewerbe der Bezugsvereine – also den Clubs, denen sich die Klientel der Fanprojekte zugehörig fühlt. Diese Heterogenität macht sich in handfesten, materialen Unterschieden bemerkbar. Fanprojekte der unteren Ligen haben durch die regionale Organisation der Spiele relativ geringe Fahrtwege, wohingegen die Fanprojekt-Mitarbeitenden an Standorten mit Europapokal-Teilnahme mehrere tausend Kilometer im Jahr hinter sich bringen und sich regelmäßig in verschiedenen Sprach- und Kulturkontexten befinden. Generell kann man sagen: Die Mitarbeitenden befinden sich dort, wo sich ihre Adressat_innen befinden. Ob dies im spanischen Winter-Trainingslager, auf selbstorganisierten Fußballturnieren oder auf Ultraszene-Feiern ist: überall dort findet Fanprojekt-Arbeit mit ihrer Hauptklientel statt. Die hauptsächliche Arbeit geschieht jedoch im Umfeld der Fußballspiele des jeweiligen Klubs: auf An- und Abreisewegen, im Stadion, auf Rastplätzen, Vorort-Bahnhöfen und überall dort, wo sich Fans und Ultras aufhalten.

Doch, soviel lässt sich sagen, die Arbeit der Fanprojekte besteht aus mehr denn aus einer unhinterfragten Begleitung von Fans. Die Fanprojekte sind keine sozialpädagogischen Kindermädchen. Im Gegenteil haben sich in den letzten Jahren deutliche Akzentverschiebungen, Schwerpunktsetzungen und proaktive Sozialarbeit herausgeschält. Themen wie Erinnerungsarbeit und historisch-politische Bildungsangebote gehören ebenso zum Angebotsportfolio, wie kurzfristig aber professionell umgesetzte Angebote zur Integration junger Geflüchteter oder Gremienarbeit in lokalen Netzwerken bis beispielsweise in die Ausschüsse der jeweiligen Landtage. Ebenso wie die Klientel hat sich auch die Fansozialarbeit über die Jahre einem stetigen Wandel unterzogen. Auf der einen Seite haben sich die Rahmenbedingungen für eine gelingende Sozialarbeit im Fußball sukzessive verbessert, auf der anderen Seite ist das Anspruchsdenken einiger Netzwerkakteure immens gestiegen. Zusätzlich haben aktuell zu bewältigende gesellschaftliche Herausforderungen einen großen Einfluss auf den Fußball, die Mär vom Fußball als Spiegelbild der Gesellschaft ist längst überholt, nach wie vor bilden sich politisches Denken und Handeln im Stadion deutlicher ab, als in anderen Bereichen des gesellschaftlichen Zusammenlebens. Gewalt und vielseitige Diskriminierungsformen konnten bislang nicht aus dem Fußball, den Stadien und dem Umfeld verbannt werden. Dies wird eine andauernde Aufgabe der Fanprojekte darstellen.

Aktuelle Bewährungsprobe: die Pandemie

Mitte März 2020 hat der Deutsche Bundestag beschlossen, für die Zeit des teilweisen Corona-Shutdowns Großveranstaltungen abzusagen und Sportveranstaltungen nicht stattfinden zu lassen. Dies hatte auch Auswirkungen die Spiele der Fußball-Bundesligen. Nicht nur die betroffenen Fußball-Klubs spürten die Auswirkungen, sondern auch die Fanprojekte und deren Adressat_innen. Normalerweise werden, wie beschrieben, in der Arbeit der Fanprojekte die Bundesliga-Spieltage zur Kommunikation und Interaktion mit den Klient_innen genutzt. Die Spieltage werden zudem zu einem nicht unerheblichen Teil dazu genutzt, Werbung für die pädagogischen Angebote unter der Woche zu machen. Durch den Wegfall der Fußballspiele und die gesetzlichen Vorgaben der Bundespolitik und der Umsetzung der jeweiligen Träger sind die direkten Kontaktmöglichkeiten für die Zeit des teilweisen Shutdowns weggefallen, um mit den Ultras weiter face-to-face im Gespräch zu bleiben.

Nicht nur Herausforderungen ergaben sich hieraus, sondern auch Chancen, in unterrepräsentierten Arbeitsbereichen neue Akzente zu setzen. So konnten – auch dank des hervorragend funktionierenden Netzwerks der bundesweiten Fanprojekte – die digitalen Angebote ausgebaut und neue Zugänge gefunden werden. Durch die gute strukturelle Ausstattung mit dienstlichen Smartphones konnte weiter mit der Zielklientel in Kontakt getreten werden und verschiedene Angebote wurden digital bereitgehalten. So wurden in Hannover virtuelle Lauf-Challenges veranstaltet, in denen die Teilnehmenden als Gruppe die „magische Kilometerzahl" 96 erreichen mussten. Die jeweilige getrackte Laufstrecke wurde per Screenshot an das Fanprojekt geschickt. Während des Laufens wurde – teilweise und mit manchen technischen Störungen – in einer Telefonkonferenz miteinander gesprochen, was eine enorme Auflockerung des sportpädagogischen Angebots zur Folge hatte.

Wie anfangs benannt, existiert eine Vielzahl an Fanprojekten im gesamten Bundesgebiet. In der Hochphase der Corona-Lage war dies ein außerordentlicher Vorteil, da über die kollegialen Netzwerke best practice-Ansätze ausgetauscht und sich anderweitig vernetzt werden konnte. So wurden die lokalen FIFA 20-Turniere auf der aktuellen Playstation ins bundesweite Netzwerk getragen und ungewöhnliche Jugendbegegnungen organisiert. Im Modus „11 vs. 11" konnten elf Jugendliche einer Stadt gegen jeweils die gleiche Anzahl Jugendlicher einer anderen ein Turnier ausspielen. Durch die Öffnung des virtuellen Raums konnte der Klient_innen-Stamm manch eines Fanprojekts erweitert werden. Mitarbeitende haben Kontakte mit Ultras herstellen können, die sie in der Prä-Corona-Zeit in der Form nicht hatten. Der ohnehin gute Zugang des Fanprojekts zum Klientel konnte in dieser – für alle außergewöhnlichen – Zeit noch einmal intensiviert werden. In Nordrhein-Westfalen wurde kurzerhand eine komplette Gaming-Plattform (https://lag.justplay.gg/) geschaffen, um Begegnung auf Grundlage der

Fußballbegeisterung auch im digitalen Raum umsetzen zu können, der Adressat_innenkreis wurde somit nochmal deutlich erweitert.

Zusammenfassend kann beschrieben werden, dass die Arbeit während der Corona-Zeit einige Herausforderungen barg, diese jedoch durch kreative Herangehensweisen bewältigt werden konnten. Nichtsdestotrotz ist diese „Arbeit auf Distanz" jedoch eher als eine Art Ergänzung und nicht als Dauerlösung zu sehen. Sie bringt unbestreitbare Vorteile, ist jedoch nicht zu ersetzen durch den persönlichen Kontakt zur Klientel. Wie und in welcher Form Fußballspiele in der Saison 2021/22 mit Zuschauer_innen organisier- und durchführbar sind, bleibt offen. Laut Deutscher Fußball-Liga (DFL) ist sie selbst in der Verantwortung, diese Konzepte für die Bundesligen zu erarbeiten. Die Klubs der ersten beiden Ligen müssen im Nachgang lokal zugeschnittene eigene Inhalte ergänzen. Dies kann beinhalten, dass Zuschauende Masken tragen. Wichtig ist dabei zu beachten, in welchem Landkreis das jeweilige Stadion liegt, ob es eine hohe Zahl an Neu-Infektionen gibt und diese ggf. zu besonderem Handeln zwingt. Neben einzelnen, lokal agierenden Fanszenen, wie die vom FC Hansa Rostock, organisieren sich Ultra- und Fangruppen derweil weiter in bundesweiten Zusammenschlüssen und üben Druck auf die Verbände aus, Fußballspiele lediglich auszutragen, wenn Zuschauer_innen zugelassen werden. Die Fanorganisation „Unsere Kurve e.V." und ein bundesweiter Zusammenschluss der Ultragruppen „Fanszenen Deutschland" fordern unisono, dass die nächste Saison ausschließlich begangen werden kann, wenn Fans ins Stadion gelassen werden können. Die Klientel der Fanprojekte fordert dies aus der Überzeugung heraus, dass der Fußball und seine Einzigartigkeit von seinen Fans und Mitgliedern getragen wird und dies im Stadion seinen Ausdruck findet. Mit erwähnt werden soll jedoch auch, dass eine lebhafte Stadionkultur nur existieren kann, wenn Zuschauer_innen im Stadion zugelassen und körperlich anwesend sind. Es wird spannend zu beobachten sein, wie sich die Ultraszene deutschlandweit darstellt, wenn Fans wieder Teil des Stadionerlebnisses sein dürfen. Eines ist sicher: Die sozialpädagogischen Fanprojekte werden darauf vorbereitet sein und ihre Arbeitsinhalte darauf zuschneiden (müssen).

Strukturelle Schwierigkeiten

Vor diesem Hintergrund nimmt es etwas Wunder, dass der Spitzenverband des deutschen Fußballs, der Deutsche Fußball-Bund, seit Jahren ein klares Bekenntnis zu den von ihm geförderten Fanprojekten vermeidet. Nicht nur die Erfolge der langfristig und niedrigschwellig angelegten Arbeit werden somit in Frage gestellt, gar die Fortführung der vielseits anerkannten Präventionsarbeit ist in Gefahr. Dies steht in einer gewissen verbandlichen Tradition, trägt jedoch auf Seiten der Fansozialarbeit nicht unbedingt dazu bei, die eigene Arbeit langfristig und belastbar konzipieren zu können. Doch sollen auch andere Erfahrungen nicht unbesprochen bleiben. Politische Entscheidungsträger sind in ihrer Unterstützung nicht derart zögerlich. In Nordrhein-Westfalen, das Bundesland mit den meisten sozialpädagogischen Fanprojekten, erfahren diese seitens des NRW- Jugendministeriums seit Jahren hochgradig professionelle Unterstützung. Neben der umfangreichen finanziellen und inhaltlichen Unterstützung für die landesweit 15 Fanprojekte, finanziert das NRW-Jugendministerium durch Mittel aus dem Kinder- und Jugendförderplan seit 2015 auch die Fachstelle der Landesarbeitsgemeinschaft der Fanprojekte NRW. Nordrhein-Westfalen leistet sich damit auch eine unabhängige Fachorganisation zur Förderung von Sozialarbeit mit Jugendlichen und jungen Erwachsenen: die Landesarbeitsgemeinschaft (LAG). Sie stellt ein Forum für die Zusammenarbeit, den Informationsaustausch und die fachliche Meinungsbildung ihrer Mitglieder dar. Die LAG vertritt die gemeinsamen Interessen der Vereinsmitglieder und beteiligt sich an der sozial-, jugend- sowie fachpolitischen Diskussion über die soziale Arbeit für und mit jungen Fußballfans. Darüber hinaus fördert sie die Zusammenarbeit und koordiniert die Wahrnehmung inhaltlicher und wirtschaftlicher Interessen der Fanprojekte als Solidargemeinschaft gegenüber Institutionen, Verbänden und politischen Entscheidungsträger_innen. Zu guter Letzt organisiert sie die Durchführung von Aktivitäten, in Anerkennung der sozialen und gesellschaftspolitischen Bedeutung des Fußballsports, in dem eigene Angebotsformate konzipiert und umgesetzt werden und ein beidseitiger Wissenstransfer zwischen beruflicher Praxis der Fanarbeit und wissenschaftlicher (Fan-)Forschung gefördert und gefordert wird.

Auf Landesebene unterhält die LAG der Fanprojekte in NRW einen guten und funktionierenden Kontakt zu verschiedenen wissenschaftlichen Disziplinen und Lehrstühlen, verteilt über das ganze Bundesland. So kann garantiert werden, das Fanprojektarbeit stets auf aktuellen wissenschaftlichen Erkenntnissen beruht und ein Erfahrungsaustausch wechselwirksam garantiert werden kann. In dem Rahmen werden Forschungsarbeiten unterstützt aber ebenso auch eigene Forschungsschwerpunkte erarbeitet und im Anschluss mit Hilfe der Wissenschaft zur Anwendung gebracht.

Um der vielschichtigen Arbeit eine Stimme zu verleihen, die neben einer fachlichen Positionierung im Netzwerk auch in die Wissenschaft hineinwirkt und somit auch Einfluss auf die zukünftige Ausbildung von jungen Sozialarbeiter_innen hat, ist die Idee zu diesem Buch entstanden. Ein Band über die Arbeit der Fanprojekte liegt in dieser Arbeit und Konsequenz bisher nicht vor. Interessierte Kolleg_innen aus der Praxis sowie professionelle Akteur_innen aus dem bundesweiten Netzwerk der Fanarbeit sollten mit Vertreter_innen der Wissenschaft Tandems bilden, um eigene Ansätze der praktischen Arbeit vorzustellen, theoretisch zu vertiefen, Perspektiven zu erweitern und verschiedene Phänomene der Praxis vorzustellen. Es ist gelungen, ein kritischen Blick auf die professionell zu bewältigenden Herausforderungen zu werfen, mit gesellschaftsrelevanten Themen zu verknüpfen sowie ein Forum für den Meinungsaustausch mit einer (Fach-)Öffentlichkeit zu bieten. In der Reifephase dieses Bandes konnten wir jedoch noch über diesen Ansatz hinaus gehen und auch aktive Fußballfans selbst als Autor_innen gewinnen. Aus dem „Doppelpass" wurde also mithin auch eine „Passkombination", was sich jedoch – fußballtaktische Unschärfen in Kauf nehmend – im Titel des Buchs unerwähnt bleibt. Die heterogenen Textgattungen, welche in diesem Band zu finden sind, wurden von uns ausdrücklich angefragt und begrüßt. Sie entsprechen der Wirklichkeit der Arbeit der Fanprojekte, welche sich – einigen Standardisierungsversuchen zum Trotz – eben nicht vereinheitlichen und über einen Kamm scheren lassen.

Das Buch gliedert sich in vier Teilbereiche. Im ersten Teil „Grundlagen der Fanarbeit" finden sich Beiträge, die sich mit der Struktur der Fanprojekte und des Feldes beschäftigen. Philip Krüger und Markus Mau fragen – den Gedanken des schönsten Arbeitsfeldes überhaupt aufnehmend – nach dem Nexus von beruflicher Identifikation und Arbeitsbelastung. Jonas Reitz beschäftigt sich dann mit der Gruppenbildung in der aktiven Fanszene anhand eines konkret-empirischen Beispiels aus Aachen. Jochem Kotthaus und Daniela Templin stellen Ergebnisse ihrer Studie über die Arbeit der Fanprojekte vor und konzeptionalisieren diese im Rahmen einer wissenssoziologischen Sozialpädagogik. Carsten Blecher beschäftigt sich dann mit einer soziodemografischen Realität: der Migrationsgesellschaft – welche auf dem Platz, aber möglicherweise noch nicht auf den Rängen abgebildet wird. Der zweite Bereich des Buchs, „Arbeit an und mit Diskriminierungsformen" eröffnet den berufspolitische Blickwinkel systematische Benachteiligungen und deren mögliche Bearbeitung. Ellen Iffland präsentiert Ergebnisse Ihrer Studie über die Akzeptanz sexistischen Handelns im Stadion. Antje Hagel und Stella Schrey arbeiten ebenfalls an diesem Thema, gehen über eine Analyse jedoch hinaus und erörtern Möglichkeiten des Umgangs mit Sexismus im Fußball. Der Beitrag von Robert Claus, Cristin Gießler und Franciska Wölki-Schumacher führt die Erörterung fort und konzentriert sich vor allem auf das geschlechtliche Kippverhältnis von Normierung und Empowerment in den Publika des Fußballs. Dieser Teil des Buchs wird mit der Vorstellung eines Projekts zur Erfassung diskriminierender Vorfällen von Patrick Arnold, Nils Ehleben und David Johannes Berchem weitergeführt und von Daniela Wurbs und Florian Hansing mit einem Aufruf zu mehr Inklusion im Fußball abgeschlossen.

In dem dritten Kapitel wird der Schwerpunkt auf „Bildungsarbeit" gelegt. Anders als dies von anderen Akteuren im Fußball mitunter erwartet wird, ist Sozialarbeit und damit auch Gewaltprävention als Bildungsarbeit nicht als kurzfristige Disziplinierung unerwünschter Elemente der Fanszene zu verstehen.

Dies wird in diesem Kapitel überaus deutlich. Fabian Fritz und Holger Ziegler beginnen die Abteilung mit einem diskussionsanregenden Beitrag über das Projekt „Bildung am Millerntor". Andreas Kahrs, Amelie Gorden und Daniel Lörcher stellen Dortmunder historisch-politische Bildungsarbeit vor. Diese große Ernsthaftigkeit greifen Paula Scholz und Gero Kopp in ihrem Beitrag über Erinnerungskultur im Fußball als Teil der Verantwortung der Vereine und Verbände auf. Die Abteilung schließen Stefan Hoffmann und Thomas Lükewall ab. Sie berichten über inter- und transnationale Jugendbegegnungen als Lernfeld junger Fußballfans. Der letzte Teil des Buchs beschäftigt sich mit „Fanprojekte als klassischer Querschnittsarbeit". Er beginnt mit einem Beitrag von Andreas Groll, Tim Frohwein und Jonas Heiner, in dem diese den Amateurfußball und den Rückgang seines Nachwuchses analysieren. Laura Arasteh-Roodsary, Patrick Arnold und Daniel Deimel berichten über ein tief in den Fanszenen und Fanprojekten eingelassenes Projekt zur Suchtprävention und -beratung. Das Buch schließt mit zwei Beiträgen zur Arbeit der Fanprojekte in unterschiedlichen Rechtskontexten. Hanna Lauter und Edo Schmidt untersuchen die polizeiliche Praxis präventiver Gefährderansprachen. Ronald Bec erörtert abschließend die Frage des Zeugnisverweigerungsrechts, beziehungsweise des Fehlens, im Kontext sozialarbeiterischer Tätigkeiten.

Patrick Arnold und Jochem Kotthaus bedanken sich abschließend bei allen Autorin_innen für ihre fast unendlich Geduld in der Erstellung dieses Bandes. Pandemiebedingt mussten wir sämtliche Planungen über Bord werfen, um dann um schnellste Erledigung zu bitten. Dies alles wurde klaglos und im Dienst der Sache erledigt. Ein weiterer großer Dank geht an unsere Lektorin Daniela Gasteiger (München), die aus sehr unterschiedlichen Beiträge ein Buch geschaffen hat. Wir glauben nicht, dass wir die Arbeit der Fanprojekte vollumfänglich beschrieben haben. Eine solche Publikation steht sicherlich noch aus. Insgesamt ist aber ein umfängliches und sehr vielschichtiges Buch entstanden. Uns ist bewusst, dass mit einer klientelbezogenen, anti-rassistischen und anti-sexistischen pädagogischen Arbeit zwar gemeinsame Grundlinien gibt, sich diese aber bei näherem Hinsehen ebenso differenzieren wie die Fanprojekte und ihre Ausrichtung(en) insgesamt. Wir haben als Herausgeber diese Breite der Argumentation in vollem Umfang stehen lassen – wohl bewusst, dass verschiedene Beiträge nicht nur unterschiedliche Schwerpunkte setzen, sondern auch einander widersprechen. Diese Differenzen muss man ebenso aushalten, wie in einer Außenperspektive sicherlich nicht jede Position anschlussfähig ist. Aber genau darum geht es: um die Möglichkeit, argumentativ und rational Bezug zu nehmen und nehmen zu können. Wir gehen davon, dass wir mit diesem komprimierten Buch die Möglichkeit geschaffen haben, einen intensiven und vertieften sozialpädagogischen Diskurs zu führen. Und hierfür sind die Sozialwissenschaften doch prädestiniert.

Literatur

Der Spiegel (1988): Erwünscht ist der gläserne Fan. In: Der Spiegel, H. 13/1988, S. 192–195.
Gugutzer, R. (2011): Essstörung im Jugendalter. Identitätssuche im Medium von Körper und Leib. In: Niekrenz, Y./Witte, M. (Hrsg.): Jugend und Körper. Leibliche Erfahrungswelten. Weinheim und Basel: Juventa, S. 93–107.
Gugutzer, R. (2015): Soziologie des Körpers. Bielefeld: Transcript.
Nationaler Ausschuss Sport und Sicherheit (2012): Nationales Konzept Sport und Sicherheit. Fortbeschreibung 2012. Online: https://www.lpr.sachsen.de/download/landespraeventionsrat/nkss-20111028.pdf (21.05.2021).
Niekrenz, Y. (2011): Rausch als körperbezogene Praxis. Leibliche Grenzerfahrungen im Jugendalter. In: Niekrenz, Y./Witte, M. (Hrsg.): Jugend und Körper. Leibliche Erfahrungswelten. Weinheim und Basel: Juventa, S. 208–220.
Pilz, G./Albrecht, D./Gabler, H./Hahn, E./Peper, D./Sprenger, J./Voigt, H.-F./Volkamer, M./Weis, K. (1982): Sport und Gewalt. Bericht der Projektgruppe ‚Sport und Gewalt' des Bundesinstituts für Sportwissenschaft. Schorndorf: Hofmann
Plessner, H. (1975): Die Stufen des Organischen und der Mensch. Einleitung in die philosophische Anthropologie. Berlin: de Gruyter.

Teil 1 Grundlagen der Fanarbeit

Hohe Identifikation trotz großer Arbeitsbelastung

Eine quantitative Untersuchung zur Work-Life-Balance im Arbeitsfeld der sozialpädagogischen Fanprojekte

Philip Krüger und Markus Mau

Einleitung

Nach mehrjähriger Felderfahrung können wir, die beiden Verfasser, sagen, dass die Arbeitsbelastung im sozialpädagogischen Fanprojekt durch die aufsuchende Begleitung der Zielgruppe an Spieltagen, bundesweite und teilweise internationale Einsatzorte, ständige Präsenz des Arbeitsumfeldes in den Medien und Beziehungsarbeit in den Abendstunden sowie darüber hinaus recht hoch ist. Eine Vereinbarkeit von Beruf und Privatleben, die sogenannte Work-Life-Balance, ist dabei nicht ohne Weiteres zu realisieren. Zudem haben wir selbst erlebt, dass die Beanspruchung stärker wird, wenn eigene Familienverantwortung hinzukommt. Diese subjektiven Erfahrungen haben zu den Fragen geführt, ob die Arbeit im sozialpädagogischen Fanprojekt einer höheren Belastung unterliegt als andere Arbeitsfelder der Sozialen Arbeit und wie die betroffenen Mitarbeiter_innen in den einzelnen Fanprojekten diese Belastung beurteilen. Daher wurden im September 2018 alle Mitarbeiter_innen der 61 Fanprojekte, die nach dem Nationalen Konzept Sport und Sicherheit (NKSS) arbeiten (vgl. Koordinationsstelle Fanprojekte o. J.), in einem Online-Survey befragt. Über einen Zeitraum von drei Wochen nahmen 138 von 185 Adressat_innen (vgl. Goll und Selmer 2016, S. 15) teil. Der Rücklauf bestand aus 130 komplett ausgefüllten Fragebögen, was einer Quote von 75 % aller Fanprojekt-Mitarbeiter_innen entspricht. Im Rahmen der Auswertung stachen einige Aspekte sofort ins Auge. Zum einen ist im Fanprojekt das Geschlechterverhältnis im Vergleich zu anderen Arbeitsfeldern der Sozialen Arbeit sowie deren Studiengängen (vgl. Ehlert 2020) umgekehrt (75 % im Fanprojekt). Zum anderen ist die Begleitung der Spieltage für die Befragten sowohl ein sehr belastender (60 %) als auch zugleich zufriedenstellender Aspekt (76 %) ihrer Tätigkeit. Auf den ersten Blick könnte man sagen, dass der durchschnittliche Mitarbeitende im Fanprojekt männlich (75 %), ledig (60 %), kinderlos (60 %) und in Vollzeit ($\geq$ 38 Std./Wo.) beschäftigt ist (77 %). Zum Abschluss werfen wir einen Blick auf die Veränderungen der Arbeitssituationen und -anforderungen im Zuge der Corona-Pandemie 2020.

Die Geschichte der Fanprojekte im Hinblick auf strukturelle Veränderungen

Das vom Bundesministerium des Innern in Auftrag gegebene Gutachten zur Thematik „Sport und Gewalt" kam 1982 zu dem Schluss, dass ein zielgruppenorientierter Einsatz von Sozialarbeiter_innen und -pädagog_innen in Fußball-Fanszenen erforderlich sei. „Wenn die Lösung der vielfältigen Probleme der Fans auch zur Reduktion von Gewalthandlungen führt, dann ist ein zielgruppenorientierter Einsatz von Sozialarbeitern und -pädagogen erforderlich. Dieser Einsatz könnte dazu beitragen, dass die Jugendlichen in ihrer Freizeit, insbesondere das Bedürfnis nach Erlebnis, Aktivität, Spannung, eigener Wirksamkeit sozial angemessen (gegebenenfalls auch in anderen Feldern) realisieren, alternative Interessen aufbauen, Vorurteile abbauen" (Pilz 1986, S. 20). Dieses bis dato noch sehr unkonkret gehaltene Fazit konnte in den auf das Gutachten folgenden zehn Jahren in acht neuen Pionierprojekten für die Soziale Arbeit in der Fanszene überprüft werden: Bremen wurde 1981 gegründet, Hamburg 1982, Mannheim/Ludwigshafen 1986, Bielefeld 1984, Frankfurt 1984, Hannover 1985, Karlsruhe 1989 und Dortmund 1988. Weitere Versuche, Fanprojekt-Arbeit zu etablieren, wurden in der Regel aufgrund von fehlenden finanziellen Mitteln eingestellt. Die Gewalt rund um die Stadien und in denselben blieb nach wie vor ein beherrschendes Thema in den Medien, befeuert etwa von den großen Stadionkatastrophen von Heysel (Belgien) 1985 und in Hillsborough (England) 1989. In Deutschland wurden zwei Todesfälle bekannt: 1982 starb Adrian Maleika in Hamburg an den Folgen eines Überfalls, 1990 wurde Mike Polley in Leipzig erschossen.

1989 gründete sich die Bundesarbeitsgemeinschaft der Fanprojekte. Im Jahr 1992 wurde dann mit dem Nationalen Konzept Sport und Sicherheit (NKSS) die sozialpädagogische Jugendarbeit ein wichtiger Baustein in dem gemeinsamen Versuch von Politik, Ordnungsbehörden und dem DFB, die Fanszenen zu befrieden (vgl. Koordinationsstelle Fanprojekte 2013). Tatsächlich hat die Jugendarbeit eine deutliche Aufwertung erfahren, denn „das ‚Nationale Konzept Sport und Sicherheit' – und dies kann angesichts der aktuellen Diskussionen über die Verstärkung repressiver Maßnahmen zur Verhinderung von gewalttätigen Ausschreitungen nicht deutlich genug hervorgehoben werden – [ruht] auf zwei gleichberechtigten Säulen, den ordnungspolitischen und den sozialpädagogischen Maßnahmen und Aufgabenfeldern" (Pilz 2010, S. 82). Daraufhin stieg die Anzahl an Fanprojekten bundesweit, sodass es 1994 zwölf gab, zehn Jahre später bereits 25 und 2019 schließlich 56 Fanprojekte, die 60 Fanszenen betreuen (vgl. Koordinationsstelle Fanprojekt 2020a).

Das NKSS von 1992 (im Jahr 2012 fortgeschrieben) hat für die Fanprojekte zudem, wegen der im Konzept festgelegten Voraussetzungen, für ihre Arbeit und deren Rahmenbedingungen immense Bedeutung. Die finanzielle Ausstattung muss der sogenannten Dreier-Finanzierung (vgl. Koordinierungsstelle Fanprojekt 2020a, 2020b) durch Kommune, Land und Fußball-Verbände (Deutsche Fußball Liga für Fanprojekte mit Bezugsvereinen in der 1. und 2. Bundesliga und Deutscher Fußball-Bund für Fanprojekte mit Bezugsvereinen in der Dritte Liga und darunter) entsprechen. Vorgeschrieben ist vor allem eine personelle Ausstattung von drei Vollzeitkräften, die für die besonderen Anforderungen der Tätigkeit geeignet sind, sowie eine Verwaltungsfachkraft. Die Vergütung der Vollzeitstellen sollte sich an der Bezahlung vergleichbarer Stellen in der Jugendsozialarbeit orientieren. Des Weiteren müssen geeignete, an die spezifischen Bedingungen vor Ort angepasste Räumlichkeiten zur Verfügung stehen. Das Budget sollte nicht nur die laufenden Betriebskosten decken, sondern unter anderem auch die Finanzierung von Projekten, Bildungsmaßnahmen, Öffentlichkeitsarbeit, Qualifizierung und Fortbildung der Mitarbeiter_innen sowie von Supervision ermöglichen (vgl. Nationales Konzept Sport und Sicherheit 2012).

Auch um den Prozess der Professionalisierung zu begleiten und strukturellen wie inhaltlichen Problemlagen zu begegnen, wurde 2010 das Qualitätssiegel „Fanprojekt nach dem Nationalen Konzept Sport und Sicherheit" eingeführt. Entwickelt hat das Konzept des Qualitätssiegels die AG Qualitätssicherung, eine Arbeitsgruppe des Beirats der Koordinationsstelle Fanprojekte (KOS), der Vertreter_innen der folgenden Institutionen angehören: der AG der Obersten Landesjugend- und Familienbehörden (AGJF), der Bundesarbeitsgemeinschaft der Fanprojekte (BAG Fanprojekte), des Deutschen Fußball-Bunds (DFB), der Deutschen Fußball Liga (DFL), der Deutschen Sportjugend (dsj) und der KOS. Vorsitzender der Arbeitsgemeinschaft ist Gunter Pilz. Im ersten Durchlauf wurden 51 Fanprojekte überprüft (bis 2015). Für einen zweiten Durchlauf übergab die AG Qualitätssicherung den Prozess an ein externes Institut, das Centrum für Evaluation (Ceval). Dieses hat den Ablauf und die Durchführung weiterentwickelt und im Jahr 2020 erfolgreich beendet (vgl. Koordinationsstelle Fanprojekte 2020b). Die Finanzierung haben DFB, DFL und das Bundesministerium für Familie, Senioren, Frauen und Jugend gesichert. Grundlage für die Entscheidung sind Gespräche vor Ort mit den Fanprojekt-Mitarbeiter_innen, Vertreter_innen des jeweiligen Trägers, Kooperationspartner_innen und Fans. Ein Gesprächsleitfaden, der sich sowohl an strukturellen als auch inhaltlichen Qualitätskriterien orientiert, diese abfragt und bewertet, bildet dabei die Beurteilungsbasis (vgl. Koordinationsstelle Fanprojekte 2020b).

Ausgangssituation im Arbeitsfeld der sozialpädagogischen Fanprojekte

Auf der Grundlage der öffentlichen Jugendhilfe nach dem Sozialgesetzbuch (SGB VIII § 11) und dem NKSS leisten Fanprojekte demnach seit über drei Jahrzehnten lebensweltorientierte, aufsuchende Soziale Arbeit im Fußballstadion. Die Zielgruppe sind Jugendliche und junge Erwachsene im Alter von zwölf bis 27 Jahren, die zeitweise oder regelmäßig im Umfeld des Profifußballs anzutreffen und daher als Fans eines sogenannten Bezugsvereins anzunehmen sind (vgl. Nationales Konzept Sport und Sicherheit 2012; Goll und Selmer 2016). Die jugendliche Zielgruppe ist sehr heterogen und in unterschiedlichem Maße selbstorganisiert. Das NKSS beschreibt die Tätigkeit der Fanprojekte in diesem Umfeld wie folgt: „Fanprojekte sind eine besondere Form der Jugend- und Sozialarbeit. Sie zeichnen sich durch einen szenenahen und sozialpädagogischen Zugang zu den aktiven Fanszenen aus" (Nationales Konzepte Sport und Sicherheit 2012, S. 7). Dieser Zugang, der von anderen Beteiligten beabsichtigt ist, muss jedoch beiderseitig, vom Fanprojekt und der Zielgruppe, gewünscht und akzeptiert sein. Fanprojekte, deren Aufgabe unter anderem die Teilhabe an der Lebenswelt junger Erwachsener ist, nutzen hier den sozialarbeiterischen Ansatz der Lebensweltorientierung. „Lebensweltorientierung verbindet die Analyse von gegenwärtig spezifischen Lebensverhältnissen mit pädagogischen Konsequenzen. Sie betont – in der Abkehr von traditionell defizitärem und individualisierendem Blick auf soziale Probleme – das Zusammenspiel von Problemen und Möglichkeiten, von Stärken und Schwächen im sozialen Feld und gewinnt daraus das Handlungsrepertoire, zwischen Vertrauen, Niedrigschwelligkeit, Zugangsmöglichkeiten und gemeinsamen Konstruktionen von Hilfsentwürfen auszubalancieren" (Thiersch et al. 2002, S. 162). Im Gegensatz zu anderen Formen der Sozialen Arbeit ist es im Rahmen von Ansätzen der Lebensweltorientierung und aufsuchender Sozialer Arbeit wichtig, bei der Zielgruppe Freiwilligkeit zu berücksichtigen. Außerdem ist die „Basis für eine erfolgreiche Fanarbeit […] ein durch intensive Beziehungsarbeit aufgebautes Vertrauensverhältnis zur Zielgruppe" (Nationales Konzept Sport und Sicherheit 2012, S. 7). Ein weiterer Baustein der aufsuchenden Sozialen Arbeit ist die Verbindlichkeit und Zuverlässigkeit der Sozialarbeiter_innen. Von Vorteil ist, wenn Soziale Arbeit an dieser Stelle als stetig und kongruent wahrgenommen werden kann (vgl. Krafeld 2004). „Als Zielsetzung aufsuchender Arbeit ist demnach nicht nur zentral, auffällige junge Menschen erreichen zu wollen, die anders nicht oder nicht mehr zu erreichen sind, sondern inzwischen mindestens ebenso, junge Menschen bei der (Wieder-)aneignung von Umwelt zu begleiten und zu unterstützen" (Krafeld 2004, S. 16). Diese Aufgabe fällt im Kontext des Profifußballs in Deutschland den Fanprojekten zu. Damit ist auch klar definiert, dass die Zielgruppe der Fanprojekt-Arbeit nicht nur junge Menschen sind, die vermeintlich Probleme bereiten, sondern dass eine allgemeine Begleitung und Unterstützung aller Jugendlicher und junger Erwachsener aus der Zielgruppe heraus zentraler Bestandteil der Sozialen Arbeit ist.

Zu den Aufgaben der Fanprojekte gehört laut NKSS die „Teilnahme an der Lebenswelt der Fans", unter anderem durch Begleitung zu Heim- und Auswärtsspielen, Streetwork, der Organisation von Jugendbegegnungen, Bildungs- und Kulturarbeit sowie Unterstützung bei der Selbstorganisation (vgl. Nationales

Konzept Sport und Sicherheit 2012, S. 8). Besonders die Begleitung am Spieltag stellt für viele Fanprojekte ein zentrales Moment der Beziehungsarbeit dar. Fanprojekte bieten der Fanszene oder einzelnen Gruppen ihre Räumlichkeiten als Treffpunkt vor und nach dem Heimspiel an, teilweise ermöglichen sie auch Fans mit Stadionverbot, das Spiel im Fanprojekt zu sehen. Dadurch ergibt sich für Fans und Fanprojekt-Mitarbeiter_innen ein freiwilliger, aber strukturierter (weil wiederkehrender) Kontakt, der für bilaterale Gespräche und die Anbahnung intensiverer Unterstützung genutzt werden kann. Fans haben die Chance, die Mitarbeiter_innen der Fanprojekte kennenzulernen, ohne explizit um Unterstützung zu bitten. Auf diese Weise können sie ihren Status in der Peergroup aufrechterhalten.

Zwar hat ein Fußballspiel meist nur 90 Minuten, doch für Fans und Fanprojekt-Mitarbeiter_innen ist der Spieltag in der Regel deutlich länger als lediglich der Stadionbesuch. Die Zeit vervielfacht sich, wenn man Auswärtsspiele in den Blick nimmt. Im Rahmen der Spieltagsbegleitung nutzen Fanprojekte in der Regel die gleichen Reisemittel wie die Fanszene. Die An- und Abreise zum Spiel erfolgt daher im Reisebus der Fanszene oder Fangruppe, hier haben Fanprojekt-Mitarbeiter_innen lediglich einen Gaststatus. Die Fahrt kann auch mit der Bahn geschehen, je nach Spielort und Terminierung variiert der zeitliche Ansatz in Umfang, Start und Ende. Spontane Änderungen der Reisewege oder Verzögerungen durch unerwartete Ereignisse verlangen ein hohes Maß an Flexibilität von allen Beteiligten. An ausgesuchten Spieltagen bieten Fanprojekte der jüngeren Zielgruppe besondere Angebote, sogenannte U18-Fahrten. Hier organisieren Mitarbeiter_innen die An- und Abreise und betten den Spieltag in ein pädagogisches Programm, beispielsweise den Besuch einer Gedenkstätte, eine Stadtführung oder die Begegnung mit jugendlichen Fans des anderen Vereins.

Außerhalb von Spieltagen nutzen Fanprojekte und Fans die Möglichkeit, in Räumlichkeiten der Fanprojekte beziehungsweise an formellen und informellen Treffpunkten der Fanszene in Kontakt zu treten. Diese Form der Kontaktaufnahme ist grundsätzlich analog zu den Grundsätzen und Methoden der offenen und aufsuchenden Jugendsozialarbeit. Beziehungsarbeit ist ein wichtiger Bestandteil aller Formen der Sozialen Arbeit im Allgemeinen und der Jugendsozialarbeit im Speziellen. Dabei ist es in der Fanprojekt-Arbeit von besonderer Bedeutung, die Beziehungsarbeit immer wieder in den Mittelpunkt zu stellen – vor allem, da die Zielgruppe häufig schlechte Erfahrungen mit Autoritäten und regulierenden Systemen, zum Beispiel den Fußballverbänden oder Vereinen, gemacht hat und diesen ablehnend gegenübersteht (vgl. Kotthaus 2017). Der Sozialen Arbeit, hier vertreten durch die Fanprojekte, kommt an dieser Stelle die besondere Bedeutung zu, gesellschaftliche Zusammenhänge mit der Zielgruppe zu reflektieren und zu erklären. Wiederkehrendes Thema für die zuständigen Sozialarbeiter_innen ist, dass die geleistete Beziehungsarbeit und aufsuchende Arbeit, welche konzeptionell und vom Auftrag her gefordert ist, sehr ressourcenaufwändig ist. Allein die Begleitung am Spieltag erfordert ein hohes Maß an Arbeitszeit, ungeachtet der potenziellen Ereignisse. Kommunikation mittels sozialer Medien hat Aufgaben der aufsuchenden Sozialarbeit aus dem Face-to-Face-Kontakt an formellen und informellen Treffpunkten in den digitalen Raum verschoben und macht damit ein Arbeiten in der Freizeit und von Zuhause aus möglich. Genau an diesem Punkt setzt die vorliegende Untersuchung an: Nachzugehen ist unter anderem der Frage, inwiefern Soziale Arbeit mit Fußballfans durch die Anforderungen der Beziehungsarbeit mit Freizeit und Familienleben in Einklang gebracht werden kann.

Zur Erhebung

Ziel der Erhebung war es zunächst, die Rahmenbedingungen der Sozialen Arbeit in Fanprojekten, der Beziehungsarbeit mit der Zielgruppe und der erlebten Arbeitsbelastung zu erfassen und in Bezug zu setzen. Im Vordergrund standen dabei der Aspekt der aufsuchenden Arbeit mittels digitaler Medien und der Gegenstand des Fußballs als Bezugspunkt der Sozialen Arbeit. Im Zeitraum vom 3. bis 21. September 2018 wurden dazu alle Mitarbeiter_innen der sozialpädagogischen Fanprojekte in Deutschland per E-Mail angeschrieben und zur Teilnahme an der Erhebung ermutigt. Entsprechend handelt es sich um eine Vollerhebung. Dabei spielten die persönliche Ansprache sowie der gute Feldzugang vermutlich eine große Rolle beim Rücklauf der Fragebögen. Mit 75 % (138 von 175) fällt die Antwortquote sehr gut aus. Vor der Veröffentlichung der Befragung, die aus drei Frage-Items (soziodemografische Daten, Arbeitsbedingungen und Work-Life-Balance) bestand, fand mit ausgewählten Vertreter_innen des Felds ein Pretest statt. Das Forschungsdesign wurde anhand der Rückmeldungen angepasst. Die gesamte Erhebung bestanden aus 42 Fragen, die in Fünfer-Intervallskalen, Single- und Multiple-Choice-Fragen sowie offene Fragen aufgeteilt waren. Neben der deskriptiven Auswertung der quantitativen Daten wurden einige Gruppenvergleiche und Auswertungen mit einem geeigneten Programm (MaxQDA Analytics Pro) auf signifikante Korrelationen überprüft. Während die soziodemografischen Daten und die Rahmenbedingungen der Arbeit vorrangig mit offenen Fragen und Auswahlfragen erhoben wurden, zielten die Intervallfragen (von 1 – Trifft überhaupt nicht zu bis 5 – Trifft voll und ganz zu) vor allem auf die erlebten Arbeitsbelastungen ab.

Deskriptive Statistik und soziodemografische Daten

Wie eingangs beschrieben, sind Mitarbeiter_innen im sozialpädagogischen Fanprojekt, im Kontrast zur sonstigen Berufsgruppe, mehrheitlich männlich (75 %), was insofern nicht weiter überrascht, da Fußball immer noch als Männerdomäne gilt. Des Weiteren ergibt sich ein durchschnittliches Alter von 37,5 Jahren (m = 38,3 Jahre, w = 34,9 Jahre). Der Median der Stichprobe ist 35 Jahre beziehungsweise liegt zwischen den Geburtenjahrgängen 1982 und 1983. Im Durchschnitt wurde der berufsqualifizierende Abschluss im Alter von 26,6 Jahren erworben (m = 26,5 Jahre, w = 26,8 Jahre). Die über 35-Jährigen haben durchschnittlich im Alter von 27 Jahren den Abschluss erreicht, die unter 35-Jährigen im Alter von 25,5 Jahren. Hier lässt sich vermutlich der Effekt verkürzter Ausbildungszeiten etwa nach dem Bologna-Prozess erkennen (vgl. Staub-Bernasconi 2013; Winter 2015).

Schaut man sich die Verteilung der berufsqualifizierenden Abschlüsse an, sind die Parallelen zu anderen Feldern der Sozialen Arbeit erkennbar, in denen verschiedene Berufsgruppen mit unterschiedlichsten formalen Qualifikationen tätig sind. Neben den „Kernqualifikationen", die vor allem Erzieher_innen und Sozialpädagog_innen beziehungsweise Sozialarbeiter_innen umfassen, ist in der Sozialen Arbeit insgesamt ein weites Spektrum mit anderweitigem Profil tätig: Diplom-Pädagog_innen, Lehrer_innen, Psycholog_innen, Heilpädagog_innen und auch Handwerksmeister_innen und Ergänzungskräfte ohne Berufsausbildung (Cloos und Züchner 2012, S. 934f.). Insgesamt ist die Mehrheit der Fachkräfte in den Fanprojekten als Sozialpädagog_in beziehungsweise Sozialarbeiter_in qualifiziert (57%). Für die über 35-Jährigen trifft das auf 48% zu, für die unter 35-Jährigen auf 63%. Hier lässt sich vermutlich zum einen die Professionalisierung der Sozialen Arbeit erkennen (vgl. Herwig-Lempp 1997; Müller 2002), zum anderen greift das Qualitätssiegel für Fanprojekte nach dem NKSS, welches ausdrücklich sozialpädagogisches Fachpersonal fordert (vgl. Pilz 2003; Koordinationsstelle Fanprojekte 2020a, 2020b).

Die Zugehörigkeit zum Arbeitsfeld Fanprojekt verteilt sich über eine Spanne von wenigen Monaten bis zu 33 Jahren. Im Durchschnitt sind es etwa sieben Jahre (m = 7,8 Jahre, w = 5,5 Jahre) der bisherigen Tätigkeit im Fanprojekt. Über 75% der Teilnehmer_innen arbeiten in Vollzeit (mind. 38 Std./Wo.), damit liegt die Stichprobe im bundesdeutschen Durchschnitt der Menschen über 18 Jahre ohne Kinder (vgl. Wippermann 2017). 78% der Befragten gaben an, dass ihr Arbeitsverhältnis unbefristet ist. 66% haben keine Kinder im eigenen Haushalt. 27% der Befragten haben eine Leitungsfunktion, was insofern nicht überrascht, da Fanprojekte in der Regel mit drei Vollzeitstellen ausgestattet sein sollen, wobei einer Person die Leitungsfunktion zukommt (vgl. Goll und Selmer 2016). Leitungskräfte in Fanprojekten haben neben der pädagogischen Arbeit mit der Zielgruppe häufig noch weitere Aufgaben, wie Mitarbeit in Gremien des Trägers, Berichts- und Antragswesen, betriebswirtschaftliche Steuerung und Verantwortung des Personals. Das Auf- und Abbauen von Überstunden als der großen Arbeitsdichte der Fußball-Saison geschuldeter Effekt scheint zu den Rahmenbedingungen der Arbeit im Fanprojekt zu gehören, immerhin begleitet jede_r Mitarbeiter_in im

Schnitt 30 Heim- und Auswärtsspiele pro Jahr beziehungsweise Spielzeit. So wird regelmäßig Mehrarbeit geleistet (über 50 % häufig und ständig), nur 7 % selten oder nie, welche dann in der Freizeit wieder abgegolten wird. 60 % haben regelmäßig (häufig/ständig) die Chance, Überstunden abzubauen.

Belastende Arbeitsinhalte

Zu den zeitlichen Belastungen am Wochenende (Spieltage) kommen unter der Woche die Beziehungsangebote (Beratung, Einzelfallhilfe, Gruppenangebote, offene Treffs etc.), welche vorrangig am Dienstag, Mittwoch und Donnerstag in der Zeit von 14 bis 23 Uhr stattfinden. Sie fordern neben der Begleitung der Heimspiele (durchschnittlich 16 pro Jahr) und der Auswärtsspiele (durchschnittlich 14 pro Jahr) eine starke zeitliche Präsenz. Eben diese Beziehungsangebote mit Face-to-Face-Kontakt werden von den Fanprojekt-Mitarbeiter_innen als besonders wichtig bewertet (4,78 von 5). Als fast ebenso wichtig gelten Kontakt- und Beziehungsangebote mittels digitaler Medien wie Telefon, Messenger-Dienste, soziale Netzwerke etc. (4,01 von 5). Verschiedene Gruppenvergleiche (nach Alter und Geschlecht, mit oder ohne Kinder) haben keine signifikanten Unterschiede in der Ausprägung gezeigt. Neben den bereits beschriebenen Arbeitsinhalten (Spieltagsbegleitung und Beziehungsangebote) gaben 45 % aller Befragten an, dass sie digitale Medien ständig oder häufig nutzen, um nach Feierabend weiterzuarbeiten. Auch diese 45 % verteilen sich ausgewogen über die Altersgruppen und Geschlechter. Die digitale Mehrarbeit nach Feierabend scheint in der Fanprojekt-Landschaft bekannt zu sein und auch schon diskutiert zu werden: „Nutze die *do not disturb*-Funktion deines Handys und akzeptiere, dass du mit dem Moment, in dem du dein Hobby zum Beruf gemacht hast, dein Hobby aufgegeben hast" (m, 37 Jahre). Es scheint sogar so zu sein, dass es Fanprojektler_innen ohne eine Trennung von Dienst- und Privathandy gibt oder eben solche, die ihr Diensthandy nicht ausstellen, wie implizit aus folgender Aussage geschlossen werden kann: „Diensthandy ist sehr wichtig, um es nach dem Dienst auch auszustellen, Wochenendarbeit kann die Beziehungen belasten" (w, 32 Jahre). Das Diensthandy hat entscheidende Bedeutung, sodass es auch ein Kriterium im Qualitätssiegelprozess des NKSS ist. Darüber hinaus wird dort als Muss-Kriterium eine individualisierte E-Mail-Adresse für jede_n Mitarbeiter_in gefordert, was deutlich auf digitalisierte Arbeitsformen hinweist und zusätzlich den Grundsatz persönlicher Beziehungsarbeit unterstreicht (vgl. Koordinationsstelle Fanprojekte 2020a, 2020b). Die Veränderung der Kommunikationsformen im 21. Jahrhundert, vor allem unter Jugendlichen und jungen Erwachsenen, zeigt auch in der Arbeitsbelastung der Sozialarbeiter_innen Effekte: „Durch Social Media ist bei mir die Belastung heftiger geworden. Und es gibt Phasen im Jahr, in denen zu viele Termine (Tagungen, Gremienarbeit, Fortbildungen) liegen. Reduzierung, Delegieren etc. fällt mir schwer ... " (m, 52 Jahre). Als weitere belastende Arbeitsaspekte wurden angegeben Spieltage (61 %), Zusammenarbeit mit der Polizei (55,5 %), Zusammenarbeit mit dem Bezugsverein (38 %), Zusammenarbeit mit dem Träger (30 %) und die Beziehungsarbeit mit der Zielgruppe (23 %), wobei Mehrfachnennungen möglich waren. Die insgesamt hohe Termindichte, vor allem durch die knappen Spieltagsansetzungen, hat auch starken Einfluss auf das Privatleben. „Durch z. B. kurzfristige Spielterminierungen schlechte langfristige Planbarkeit – wenn dann doch was vor (z. B. Konzertbesuch), dann schlechtes Gewissen nicht arbeiten zu können" (m, 39 Jahre).

Zusammenfassend lässt sich feststellen, dass die Befragten ihre Arbeit zeitlich (3,28) und emotional (3,16) relativ belastend, aber körperlich (2,71) weniger belastend wahrnehmen. Die zeitliche Belastung korreliert stark mit dem Thema Work-Life-Balance. Wer die Arbeit zeitlich belastend empfindet, hat auch weniger Zeit und Energie in der Freizeit. Dennoch schätzen die Sozialarbeiter_innen in den Fanprojekten ihre Arbeit in der Mehrheit grundsätzlich als nicht belastender ein als andere Felder der Sozialen Arbeit (2,73). Auch mit der Vergütung (2,87) und der Wertschätzung (3,34) sind sie mehrheitlich zufrieden. Dementsprechend haben auch nur wenige den Wunsch, das Arbeitsfeld zu verlassen (lediglich 17 häufig oder ständig). Die Balance zwischen Beruf und Privatleben wird vermutlich in die Verantwortung eines jeden Teams beziehungsweise der Mitarbeitenden gelegt: „Jede/r muss die eigene Balance selbst finden. Ich denke, die zeitliche Planung von Ausgleichsphasen unter der Woche ist sehr wichtig. Ich denke, einen Beruf sollte man bewusst wählen. Jeder Job bringt positive und negative Aspekte mit sich. Ich denke, dass gerade die Fanprojekt-Arbeit auch eine gewisse Passion für den Sport Fußball und den Einsatzwillen für junge Menschen benötigt. In den letzten Monaten/Jahren schlägt diese Thematik allerdings um. Die Überbelastung an Standorten liegt meines Erachtens auch an Fehlplanungen im Team, ‚falschen' Prioritätensetzung in der alltäglichen Arbeit und immer höheren Anforderungen von Geldgebern und aus Gremien sowie dem Netzwerk. Junge Menschen nehmen die Arbeit der Fanprojekte eher als Berufseinstieg und Sprungbrett wahr, um in anderen Bereichen der Sozialen Arbeit Fuß zu fassen" (m, 35 Jahre).

Interessanterweise korrelieren die Bereitschaft, nach Feierabend digital weiterzuarbeiten, und die Präsenz des Fußballs in den Medien nicht mit den gefühlten Belastungen, was den Eindruck der Identifikation mit und die Passion für den Gegenstand unterstreicht. Zusammenfassend lässt sich feststellen, dass mit einer Stelle in einem Fanprojekt eine große Bereitschaft zur Arbeit an Wochenenden und in den Abendstunden sowie über den Feierabend hinaus einhergeht. Trotzdem werden diese Belastungen nicht unbedingt als solche empfunden, was mit der Leidenschaft für das Thema Fußball und die daraus resultierende Identifikation zu erklären ist. Dafür spricht auch die Bedeutung der Beziehungsarbeit zur Zielgruppe (Fans, Ultras) und deren Themen. Hier scheint es ebenfalls gewisse Überschneidungen zu geben: „Die Arbeitsinhalte korrespondieren doch auf nicht wenigen Ebenen mit (politischen) Themen, die mich auch privat interessieren; das ist Fluch und Segen zu gleich und macht auf jeden Fall die Abgrenzung Beruf/Privates ziemlich schwer" (m, keine Altersangabe). Möglicherweise ist es auch diese Verknüpfung der Arbeit mit dem eigenen Interessensbereich, die dazu motiviert, überhaupt in das Arbeitsfeld zu gehen: „Zum Glück ist Fußball auch ein Hobby von mir" (m, keine Altersangabe). An dieser Stelle könnte man die professionelle Identität, der in der Sozialen Arbeit Tätigen im Allgemeinen diskutieren (vgl. Harmsen 2020) und auf das Arbeitsfeld der Fanprojekte im Speziellen anwenden, das würde für diesen Beitrag allerdings den Rahmen sprengen.

Der primär quantitative Ansatz der Erhebung brachte weitere Limitierungen mit sich. Zwar konnten erstmalig sehr gut verschiedene Aspekte der Sozialen Arbeit im Fanprojekt quantifiziert werden. Da es aber lediglich wenige qualitative Aussagen gibt (nur am Ende des Fragebogens gab es eine offene Frage, welche aber nicht alle Befragten nutzten), können die quantitativen Erkenntnisse nur unzureichend qualitativ untermauert werden. Um weitere Erkenntnisse zu generieren, wären ein Mixed-Methods-Ansatz und in diesem Rahmen Interviews mit ausgewählten Fanprojektler_innen gewinnbringend. Man könnte auf diesem Wege im Sinne einer Längsschnittstudie beispielsweise auch Fluktuationen der Mitarbeiter_innen im Feld erfassen. Aktuell stellt sich diese Frage eher weniger, da die Corona-Pandemie 2020/21 auch den Fußball als Zuschauersport Nummer Eins auf den Kopf gestellt hat.

Veränderungen der Fanprojekt-Arbeit in der Corona-Pandemie seit 2020

Die Corona-Pandemie hat wie in allen Bereichen des Lebens auch in den Fanprojekten großen Einfluss auf die tägliche Arbeit. Ab März 2020 wurde zunächst der Spielbetrieb im Profifußball ausgesetzt und im Verlauf des Frühjahrs ohne Zuschauer wieder aufgenommen. Den Fans wurde damit ihr wichtigster Tag, der Spieltag, genommen, ebenso wie den Sozialarbeiter_innen. Der Lockdown und die zwangsläufige Distanz zu der Fanszene sorgte zunächst für eine kleine Sinnkrise auf dem Weg zu neuen, meist internetbasierten Angeboten. Während einige Fanprojekte auf diesem Weg ihre Arbeit wenigstens in Grundzügen weiterführen und in Teilen den Kontakt zu den Gruppen und der Fanszene aufrechterhalten konnten, beschäftigten sich andere mit der wachsenden Distanz der Fanszene zum Fußball und damit auch der teilweisen Abkehr von den Fanprojekten.

Die Corona-Zeit gibt den Fanprojekten die Chance, ihre Rolle, Zielgruppe und Methoden neu zu entdecken. Die sozialen Medien, die insgesamt in der Sozialen

Arbeit noch unterrepräsentiert sind, müssen stärker in die tägliche Arbeit integriert werden. Auf diesem Weg erreichen Sozialarbeiter_innen in manchen Fällen mehr Klientel, gleichzeitig aber auch Personen, die zunächst kaum eine Überschneidung mit der eigentlichen Zielgruppe aufweisen. Inwieweit dies eine Weiterentwicklung, Ergänzung oder sogar eine Abkehr von der eigentlichen Zielgruppe sein kann, wird die Zukunft zeigen. Zu sehen sein wird auch, wie sehr sich die ursprünglichen Fanszenen im Fußball nach Corona wiederfinden können und ob sie dem Fußball noch so folgen wie in der Vergangenheit. Innerhalb der Szenen gibt es eine Vielzahl an Aktivitäten und großes Engagement, den Fußball (meint: die Verbände) in ihrem Sinn zu ‚bekehren'. Ob dies gelingt, wird auch die Rückkehr auf die Stehtribünen der Republik beeinflussen und damit die zukünftige Klientel der Fanprojekt-Arbeit.

Fazit und Ausblick

Der vorliegende Beitrag zur quantitativen Untersuchung der Work-Life-Balance in sozialpädagogischen Fanprojekten hat aus unserer Sicht mehrere Aspekte verdeutlicht. Die Fanprojekt-Arbeit hat sich im Laufe von vier Jahrzehnten von einem „Experimentier-Feld" zwischen Sport und Jugend zu einem etablierten Bereich der Jugendsozialarbeit entwickelt. Die allgemeinen Rahmenbedingungen der Arbeit wie etwa unbefristete Arbeitsverträge sind erfreulich und werden in diesem Sinne vom NKSS gefordert. Hinsichtlich der Work-Life-Balance konnte eine Ambivalenz der Fanprojekt-Mitarbeiter_innen aufgezeigt werden: Sie sind in der Regel bereit, die Arbeitsbedingungen wie hohe Termindichte, Kurzfristigkeit, Arbeit am Wochenende und in den Abendstunden zu akzeptieren und ihre Arbeitszeiten durch digitale Medien wie mediale Präsenz in die Freizeit zu integrieren. Da die Arbeitszeit hauptsächlich im Freizeitbereich der Jugendlichen und jungen Erwachsenen liegt, ist eine Vereinbarkeit von Familie und Beruf schwer vorstellbar. Die vorliegenden Zahlen stützen dies, eine Mehrheit ist ledig und hat keine Kinder, zudem können durch die hohe Arbeitsbelastung wichtige Anlässe im Privat- und Freizeitbereich nicht wahrgenommen werden. Trotzdem führt der Beruf in vielen zentralen Punkten zur Zufriedenheit, etwa in der Beziehungsarbeit mit der Zielgruppe, und damit auch zum Verbleib im Berufsfeld. Ein Großteil der Fachkräfte nimmt den Arbeitsbereich zwar nicht belastender wahr als andere Tätigkeitsfelder der Sozialen Arbeit, eine Mehrheit empfindet den Beruf aber als zeitlich und emotional relativ belastend. Insbesondere sind hier die Spieltage und die Zusammenarbeit mit der Polizei zu nennen. Während Spieltage zwar als belastend empfunden werden, aber auch im hohen Maße für Zufriedenheit im Beruf sorgen, ist für die Zusammenarbeit mit der Polizei festzuhalten, dass diese für Belastung und Unzufriedenheit sorgt. Insgesamt kann der hohe Einsatz der Mitarbeiter_innen nur durch eine starke Identifikation mit dem

Arbeitsbereich erklärt werden. Dies ist vermutlich auf die hohe Attraktivität des Zuschauersports Fußball zurückzuführen, hiermit könnte auch der überdurchschnittliche Männeranteil begründet werden. Im Weiteren wäre es sicherlich sinnvoll, im Sinne einer Längsschnitterhebung die Erkenntnisse der Erhebung zu überprüfen, dann wären möglicherweise auch Veränderungen durch die Corona-Pandemie 2020/21 festzustellen. Auch im Hinblick auf die individuelle Motivation wären weitere qualitative Forschungen vielversprechend.

Literatur

Becker-Lenz, R./Busse, S./Ehlert, G. /Müller-Hermann, S. (Hrsg.) (2013): Professionalität in der Sozialen Arbeit. Standpunkte, Kontroversen, Perspektiven. Wiesbaden: Springer VS.

Cloos, P./Züchner, I. (2012): Das Personal der Sozialen Arbeit. Größe und Zusammensetzung eines schwer zu vermessenden Feldes. In: Thole, W. (Hrsg.): Grundriss Soziale Arbeit. Ein einführendes Handbuch. Wiesbaden: Springer VS, S. 933–954.

Ehlert, G. (2020): Das Verhältnis von Beruf und Geschlecht. In: Sozialmagazin, 45. Jg., H. 910, S. 32–37.

Goll, V./Selmer, N. (Hrsg.) (2016): Fanprojekte 2016. Die soziale Arbeit mit Fußballfans in Deutschland: Sachstandsbericht Fanprojektarbeit (1993–2015). Frankfurt/M.: Koordinationsstelle Fanprojekte bei der Deutschen Sportjugend

Harmsen, T. (2020): Professionelle Identität von Beschäftigten Sozialer Arbeit. In: Sozialmagazin, 45. Jg., H 9–10, S. 14–19.

Herwig-Lempp, J. (1997): „Ist Sozialarbeit überhaupt ein Beruf?" Beitrag zu einer eigentlich überflüssigen Diskussion. In: Sozialmagazin, 22. Jg., H. 2, S. 16–26.

Koordinationsstelle Fanprojekte (o. J.): Die Fanprojekte. Von Aachen bis Zwickau. Online: https://www.kos-fanprojekte.de/index.php?id=fanprojekte-aachen-bis-zwickau (01.03.2019)

Koordinationsstelle Fanprojekte (2013): 20 Jahre KOS. Beratung – Dialog – Vernetzung, Frankfurt/M.: Koordinationsstelle Fanprojekte bei der Deutschen Sportjugend.

Koordinationsstelle Fanprojekte (2020a): Fanprojekte 2020. Die soziale Arbeit mit Fußballfans in Deutschland: Sachstandsbericht Fanprojektarbeit (1993–2020). Frankfurt/M.: Koordinationsstelle Fanprojekte bei der Deutschen Sportjugend.

Koordinationsstelle Fanprojekte (2020b): Pressemitteilung. Qualität mit Siegel – Bestätigung für die gute Arbeit der Fanprojekte. Frankfurt/M.: Koordinationsstelle Fanprojekte bei der Deutschen Sportjugend.

Kotthaus, J. (2017): Soziale Arbeit mit Fußballfans. In: Soziale Passagen, 9. Jg., H. 2, S. 345–363.

Krafeld, F. J. (2004): Aufsuchende Arbeit und Polizei. In: Krafeld, F. J. (Hrsg.): Grundlagen und Methoden aufsuchender Jugendarbeit. Wiesbaden: Springer VS, S. 195–203.

Müller, B. (2002): Professionalisierung. In: Thole, W. (Hrsg.): Grundriss Soziale Arbeit. Ein einführendes Handbuch. Wiesbaden: VS, S. 725–744.

Nationaler Ausschuss Sport und Sicherheit (2012): Nationales Konzept Sport und Sicherheit. Fortbeschreibung 2012. Online: https://www.lpr.sachsen.de/download/landespraeventionsrat/nkss-20111028.pdf (21.05.2021).

Pilz, G. (Hrsg.) (1986): Sport und körperliche Gewalt. Reinbek bei Hamburg: Rowohlt.

Pilz, G. (2003): Was leisten Fanprojekte. Online: https://www.kos-fanprojekte.de/index.php?id=208 (01.03.2019).

Pilz, G. (2010): Fanarbeit und Fanprojekte. von der Repression zu Prävention – von der Konfrontation zur Kooperation Geschichte und Perspektiven einer gelungenen Zusammenarbeit. In: Deutsche Sportjugend (Hrsg.): 60 Jahre deutsche sportjugend – Statements zur Entwicklung in den Jahren 2000 bis 2010. Frankfurt/M.: Deutsche Sportjungend, S. 82–89.

Staub-Bernasconi, S. (2013): Der Professionalisierungsdiskurs zur Sozialen Arbeit (SA/SP) im deutschsprachigen Kontext im Spiegel internationaler Ausbildungsstandards. Soziale Arbeit – eine verspätete Profession? In: Becker-Lenz, R./Busse, S./Ehlert, G./Müller-Hermann, S. (Hrsg.):

Professionalität in der Sozialen Arbeit. Standpunkte, Kontroversen, Perspektiven. Wiesbaden: Springer VS, S. 23–32.

Thiersch, H./Grunwald, K./Köngeter, S. (2002): Lebensweltorientierte Soziale Arbeit. In: Thole, W. (Hrsg.): Grundriss Soziale Arbeit. Ein einführendes Handbuch. Wiesbaden: Springer VS, S. 161–178.

Thole, W. (Hrsg.) (2012): Grundriss Soziale Arbeit. Ein einführendes Handbuch. Wiesbaden: Springer VS.

Winter, M. (2015): Bologna – die ungeliebte Reform und ihre Folgen. In: Hericks, N. (Hrsg.): Hochschulen im Spannungsfeld der Bologna-Reform. Erfolge und ungewollte Nebenfolgen aus interdisziplinärer Perspektive. Wiesbaden: Springer VS, S. 279–293.

Wippermann, C. (2017): Was junge Frauen wollen. Lebensrealitäten und familien- und gleichstellungspolitische Erwartungen von Frauen zwischen 18 und 40 Jahren. Berlin: Friedrich-Ebert-Stiftung.

Wie setzen sich Fangruppen in einer Fanszene durch?

Jonas Reitz

Sozialraum Stadion

In der Saison 2017/2018 sahen in der 1. Bundesliga durchschnittlich 43.879 Zuschauer_innen ein Spiel; in der 2. Bundesliga immerhin noch 17.473 (vgl. DFB 2018). Das bedeutet, dass pro Spieltag im Schnitt 552.168 Menschen die Partien der beiden obersten deutschen Spielklassen besuchten. Bei diesen enorm hohen Zahlen handelt es sich um einen langfristigen Trend: Seit der Spielzeit 2007/2008 liegt die Marke bei durchschnittlich über einer halben Millionen Zuschauer_innen pro Spieltag (vgl. DFB 2018). Der „beliebteste Sport der Deutschen" bewegt die Massen. Wenn man die abgesetzten Dauerkarten in der Saison 2017/2018 betrachtet, fällt zudem auf, dass es in der 1. Bundesliga mit einer Dauerkartenauslastung von durchschnittlich 57 % (vgl. Statista 2019) einen festen Stamm an Fans gibt, die nicht nur vereinzelt Spiele besuchen, sondern regelmäßig zu jedem Heimspiel ihrer Mannschaft gehen. Wenn sich so viele Menschen über einen längeren Zeitraum hinweg regelmäßig am gleichen Ort und zum gleichen Zweck treffen, bilden sich Strukturen und zeigen sich Dynamiken, die aus sozialwissenschaftlicher Perspektive untersucht werden können.

Die Fankultur in Deutschland ist stark geprägt von der Ultra-Subkultur. Das übergeordnete Ziel jeder Ultragruppe ist „die Unterstützung der jeweiligen Mannschaft" (Kathöfer et al. 2013, S. 39). Dies geschieht mittels „Choreographien, Kurvenshows, Spruchbänder[n], neue[n] Gesänge[n] und wechselnde[n] Stimmungsrituale[n]" (Kathöfer et al. 2013, S. 39), die Akteur_innen treten also nach außen hin sichtbar auf. Um auszuleben, was sie unter Fankultur verstehen, bilden sie häufig Gruppen. In allen Stadien der 1. und 2. Bundesliga gibt es dabei Fanszenen mit unterschiedlichen Fangruppen und unterschiedlichen Ausprägungen. Eines haben alle gemeinsam: Es gibt Gruppen, die innerhalb der Fanszene zentrale Positionen einnehmen und den Ton angeben. Sichtbar wird dies beispielsweise bei der lokalen Verortung auf der Tribüne und innerhalb der Kurve. Doch wie entscheidet sich, welche Gruppe diese zentrale(n) Position(en), nicht nur in Bezug auf die Stehplätze im Stadion, einnehmen darf und wer sich dabei auch gegen Konkurrenz durchsetzt? In der Fanszene von Alemannia Aachen gab es in den 2010er Jahren Konflikte zwischen zwei Ultragruppen. Die 2010 gegründeten Karlsbande Ultras (vgl. Karlsbande Ultras 2021) lösten die vormals tonangebenden Aachen Ultras als dominante Gruppe ab, bis letztere sich schließlich 2013 auflöste (vgl. Aachen Ultras 2013). In diesem Artikel wird beispielhaft die Auseinandersetzung zwischen den beiden Gruppen dargestellt, welche Mechanismen bei einem solchen Prozess wirken und wie sich eine Fangruppe innerhalb einer Fanszene durchsetzen kann.

Was definiert Gruppen?

Eine Gruppe ist ein „soziales System", in dem Handlungen ein „spezifischer Sinnzusammenhang" (Neidhardt 2017, S. 436) beigemessen wird. Das heißt, dass eine Gruppe spezielle Bedingungen erfüllen muss, um als solche definiert werden zu können. Diese Bedingungen, diese Merkmale sind es, die eine Gruppe von anderen sozialen Systemen wie beispielsweise Familien unterscheiden. Im Rekurs auf die Sozialpsychologen Muzafer Sherif und Henri Tajfel ist ebenfalls wichtig zu konstatieren, dass für die Interaktion zwischen Gruppen nicht automatisch die gleichen Annahmen in Bezug auf das Verhalten getroffen werden können wie beim interindividuellen Verhalten (vgl. Mummendey 1984). Im Folgenden werden die speziellen Merkmale von Gruppen vorgestellt und die Interaktion zwischen Gruppen wird erläutert.

Ein essenzieller Bestandteil von Gruppen ist ein „Wir-Gefühl". In einer Gruppe herrscht ein Gefühl von Anbindung und Verbundenheit. Dieses starke „Wir" führt zwangsläufig auch zu einem klaren „Die", es wird nach der „Eigengruppe" und der „Fremdgruppe" unterschieden. Außerdem existiert „ein Innen und ein Außen", welches von beiden Seiten aus gleichermaßen definiert ist. Zum einen bestimmt die Eigengruppe, wer Mitglied ist, welche Ziele verfolgt werden und welche Werte gelten. Zum anderen werden ihr von Fremdgruppen Charaktereigenschaften oder andere Attribute zugeschrieben. Selbst wenn diese nicht zutreffen, können sie, wenn sie häufig genug über einen bestimmten Zeitraum hinweg wiederholt werden, zu einem Label für die Gruppe werden (vgl. Vester 2009, S. 8090).

Eine Gruppe hat zudem eine fest angebbare Gruppengröße. Das bedeutet, dass der Status der Gruppenzugehörigkeit nicht beliebig oder diffus ist. Um ihn zu erlangen, gibt es formelle und informelle Zugangsbedingungen, welche regeln, wie die Mitgliedschaft limitiert und womit sie verknüpft ist. Je nachdem, wie diese Bedingungen gefasst sind, hat dies einen Einfluss darauf, welche und wie viele Menschen der Gruppe angehören. Wenn es einen besonders starken Selektionsprozess gibt, ist es wahrscheinlich, dass die Gruppe kleiner bleiben wird als eine Gruppe ohne strenge Auswahlkriterien.

Jede Gruppe weist gemeinsame Handlungsziele und Strategien auf. Die Mitglieder haben dies anzuerkennen und sich dem unterzuordnen. Dies korreliert direkt mit den geltenden Normen und Werten. Sie haben Einfluss auf den

Umgang der Gruppenmitglieder untereinander und darauf, welche Strukturen sich bilden. Gruppen sind immer kulturell eingebettet. Wenn sich Umstände in der Kultur beziehungsweise Gesellschaft verändern, so wird dies auch auf die Gruppe einwirken. Zur Umwelt gehören ebenso andere Gruppen, mit denen sie in Beziehung steht. Diese Beziehungen können kooperativ oder konfrontativ sein. Aus dem Verhalten zu anderen Gruppen können Wechselwirkungen entstehen, welche möglicherweise das Innenleben der eigenen Gruppe beeinflussen.

Gruppeninterne Konflikte und Spaltung

In der Art, wie die einzelnen Mitglieder die Gruppe beeinflussen, dahingehend, welche Ziele diese verfolgt und welchen Aktivitäten sie nachgeht, so hat umgekehrt auch die Gruppe einen Einfluss auf das Verhalten der Mitglieder. Es handelt sich also um einen komplexen Interaktionsprozess (vgl. Tegethoff 1999). „Der Mensch neigt dazu, sein Verhalten der Mehrheit anzupassen […]. Der Mensch möchte so sein, wie die anderen in seiner Bezugsgruppe offensichtlich sind" (Abels 2009, S. 281). Je nach Gruppe variiert, wie hoch die Erwartungen an das Individuum sind beziehungsweise wie stark von ihnen abgewichen werden darf. Wenn Gruppenmitglieder Normen verletzen, gibt es verschiedene Optionen, wie die Gruppe darauf reagieren kann. Wenn eine gruppenspezifische Norm verletzt worden ist, kann dies entweder toleriert beziehungsweise ignoriert werden, also keine Konsequenzen zur Folge haben. Anderenfalls wird das Verhalten sanktioniert, was bei gravierenden Abweichungen bis zum Gruppenausschluss führen kann. Wenn eine Gruppe keine „Monopolstellung" hat, es also noch andere Gruppen gibt, welche die gleichen oder zumindest sehr ähnliche Ziele verfolgen, verändern sich die Handlungsmöglichkeiten des Individuums. Wird die verlangte bzw. „erzwungene[n] Anpassung" an die Gruppe als zu groß wahrgenommen, kann „die Mitgliedschaft in einer anderen Gruppe" (Schwonke 1999, S. 49) einen Ausgleich verschaffen. Die Einzelperson muss nicht einfach Sanktionen ertragen oder nach einem Ausschluss gruppenlos dastehen, sondern hat die Option, sich einer anderen Gruppe anzuschließen.

Wenn eine Gruppe besonders stark auf der Einhaltung ihrer „Glaubensvorstellungen" (vgl. Antons 2015, S. 350) besteht, erhöht sich bei mangelnden Alternativen der Druck zur Verhaltensanpassung. Wenn aber der Druck nicht nur von einem einzelnen Individuum als zu hoch und nicht mehr tragbar eingeschätzt wird, sondern von einer größeren Anzahl von Personen, besteht eine höhere Wahrscheinlichkeit, dass sich die Gruppe spaltet. Konflikten zwischen Gruppen können zwei Kategorien von Ursachen zugrunde liegen: rationale und irrationale. Zu den rationalen Ursachen gehört der „realistische[n] Konflikt[es] um begrenzte Güter" (Girgensohn-Marchand 1999, S. 76). Diese Güter und

Ressourcen, welche für das Bestehen und Arbeiten einer Gruppe notwendig sind, stehen nicht unendlich zur Verfügung. Verstärkend wirkt die Unterteilung in Eigen- und Fremdgruppe. Diese „soziale Kategorisierung" (Girgensohn-Marchand 1999) kann in eine Position wahrgenommener Dominanz umschlagen. Die Gruppenmitglieder nehmen eine moralische Grundhaltung ein, welche sie zur Rechtfertigung des eigenen Handelns heranziehen. Dies geht oft einher mit der stereotypen Aufladung der Fremdgruppe und der Abwertung von deren Mitgliedern.

Hiermit sind die Grundlagen für eine Entwicklung gelegt, die eintreten kann (jedoch nicht muss): ein antagonistisches Verhalten nach einem Gruppenschisma (vgl. Antons 2015). Dieses kann sich weiter zuspitzen, wie Girgensohn-Marchand (1999, S. 76) ausführt: „Wenn man dann noch gemeinsam die anderen für soziale Probleme verantwortlich machen kann […] und ihnen die Existenzberechtigung absprechen kann, ist der Weg für Gewalt frei."

Konflikte zwischen Gruppen können also gewalttätig ablaufen, müssen es aber nicht. Es gibt Faktoren, die diesen Verlauf begünstigen, und solche, die ihn erschweren. Sowohl in dem diesem Beitrag zugrunde liegenden empirischen Material, dem Interview mit Mitgliedern der Aachen Ultras, als auch in etlichen Presseberichten diverser Medien (vgl. Röhn 2012; Ulrich 2012; Zeit Online 2012) finden sich Aussagen und Berichte über Gewalt. Es wird geschildert, dass Mitglieder der Karlsbande Ultras wiederholt und durchaus zielgerichtet gegen einzelne Mitglieder der Aachen Ultras wie auch gegen die Gruppe als Ganzes Gewalt eingesetzt haben sollen. Dieser Aspekt wird jedoch bei der folgenden Analyse ausgeklammert. Damit soll der Frage gewaltförmigen Verhaltens nicht die Relevanz abgesprochen werden, vielmehr hat dieser Beitrag einen anderen Fokus, indem er in den Blick nimmt, wie sich Fangruppen in einer Fanszene vor allem auf Basis von Ressourcen durchsetzen.

Ressourcen

Ein oftmals in der öffentlichen Debatte zu wenig beachteter Aspekt ist, dass Gruppen „Ressourcen" benötigen (Edding 2015, S. 482), um bestehen und ihre Ziele verfolgen zu können. Diese Ressourcen können personeller, finanzieller, technischer und materieller Art sein. Personelle Ressourcen meinen neben der reinen Anzahl von Mitgliedern auch deren jeweilige Eigenschaften. Über welches Wissen verfügen sie und haben sie relevante Kontakte außerhalb der Gruppe? Finanzielle Ressourcen werden beispielsweise durch die Mitglieder in Form von Mitgliedsbeiträgen zur Verfügung gestellt, aber auch durch das Sammeln von Spenden oder sogar eine wirtschaftliche Betätigung (auch bei reinen Freizeitgruppen). Technische Ressourcen beziehen sich auf die Fähigkeiten, über welche die Gruppe beziehungsweise deren Mitglieder verfügen. Ist es zum Beispiel möglich, Flyer zu entwerfen oder einen Social-Media-Auftritt zu verwalten? Als materielle Ressourcen werden Stehplätze im Stadion, Räumlichkeiten, Fahrzeuge oder Ähnliches bezeichnet, auf welche die Gruppe Zugriff hat. Falls eine Ressource nicht ausreichend vorhanden ist, kann dies (in begrenztem Maße) durch eine andere ausgeglichen werden. Falls beispielsweise kein Geld zur Verfügung steht, um eine Dienstleistung in Anspruch zu nehmen, können ersatzweise die eigenen Mitglieder dies durch eigene, unentgeltliche Arbeit kompensieren. Beim Wechsel in der Aachener Fanszene lassen sich zum Beispiel Muster bei den finanziellen und materiellen Ressourcen erkennen, besonders aber bei den personellen Ressourcen sowie den Beziehungen, Kontakten und Verbindungen zu anderen Gruppen und Akteur_innen, welche entscheidend für den Verlauf des Konflikts waren.

Der Beitritt zur Gruppe

Menschen bilden Gruppen. Der Mensch kann Subjekt nur im Sozialen und in der Interaktion sein. Dieser Grundsatz entspricht einem breiten wissenschaftlichen Konsens und scheint unabhängig von Gesellschaftsform, Kultur oder Epoche eine universelle Gültigkeit zu besitzen (vgl. Gehlen 1966; Plessner 1975). Die Mitgliedschaft in einer Gruppe kann als individuelles Grundbedürfnis bezeichnet werden, es zu erfüllen, trägt zur physischen und psychischen Gesundheit einer Person bei. Die Frage ist jedoch, warum sich ein Individuum der einen Gruppe anschließt, der anderen aber nicht. Welche Eigenschaften muss eine Gruppe aufweisen, damit Individuen zu ihr gehören möchten? Die grundlegende Voraussetzung ist, dass „die Chance für eine Interaktion gegeben" (Girgensohn-Marchand 1999, S. 62) ist. Die Gruppe muss sichtbar auftreten, dem Individuum bekannt sein, und es muss eine Kopräsenz bestehen (vgl. Goffman 1971, S. 28). Nur dann ist die Möglichkeit einer Kontaktaufnahme vorhanden. Aus der Perspektive des Individuums kommt noch hinzu, dass die Mitgliedschaft Vorteile bieten muss, beispielsweise in Form von „Vertrautheit und Intimität" (Schwonke 1999, S. 37).

Weitere Faktoren, die eine Gruppenzugehörigkeit attraktiv erscheinen lassen oder nicht, sind die Zugangsbedingungen zur Gruppe, deren Aktivitäten, ob einzelne Mitglieder Unterstützung erfahren, wie stabil die Gruppe ist, die gelebte Solidarität der Mitglieder, der Drang zur Konformität beziehungsweise die Toleranz für Autonomie sowie das Prestige und die Macht, welche durch eine Gruppenzugehörigkeit erlangt werden können. Wenn der Erstkontakt weitergeführt wird, also die „Häufigkeit der Interaktion" gegeben ist, und sich die Erwartungen des Individuums und erhofften Vorteile bestätigen, erhöht sich die Wahrscheinlichkeit einer dauerhaften Mitgliedschaft (vgl. Girgensohn-Marchand 1999, S. 62).

Forschungsfeld und Methodik

Wie setzen sich Gruppen nun gegen andere durch, welche das gleiche Handlungsziel aufweisen, das heißt sich potenziell im gleichen sozialen Feld bewegen? Zur Beantwortung dieser Frage fiel die Wahl auf ein Forschungsfeld, in dem die größte Wahrscheinlichkeit besteht, dass dort „das beste Material zur Untersuchung" zu finden ist (vgl. Przyborski und Wohlrab-Sahr 2010, S. 21). Deshalb wurde die Entscheidung getroffen, die Fanszene von Alemannia Aachen zu fokussieren – genauer gesagt die Durchsetzung der Karlsbande Ultras und die damit verbundene Auflösung der Aachen Ultras im Jahre 2013 (vgl. Aachen Ultras 2013). Durchsetzung meint das Erlangen der tonangebenden Position innerhalb der Fanszene, es geht hier also um Dominanz (vgl. Preyer 2012). Da dieses Ereignis und einige der vorausgegangenen Geschehnisse auch in der überregionalen Presseberichterstattung Beachtung fanden, stehen einige Quellen zu Verfügung, welche bei der Einordnung von Vorgängen hilfreich sein können.

Das Datenmaterial dieser empirischen Arbeit stammt aus einem leitfadengestützten Expert_inneninterview, das im April 2017 mit zwei Mitgliedern der Aachen Ultras in Aachen geführt worden ist. Der Kontakt konnte über eine lokale Vertrauensperson hergestellt werden. Die Auswertung des Interviews erfolgte auf Grundlage der Grounded Theory. Das Material wurde entsprechend kodiert und interpretiert (vgl. Przyborski und Wohlrab-Sahr 2010). Die beiden Ultras werden im Folgenden Max und Jan genannt; die Namen sind zwecks Anonymisierung geändert worden. Max und Jan sind heute Ende 20 und keine aktiven Ultras mehr. Im Zeitraum des Konflikts mit der Karlsbande waren sie circa 20 Jahre alt, Jan war Angestellter und Max Krankenpfleger.

Die Situation in Aachen

Welche Motivation und welchen Anreiz hatten interessierte Menschen, den Aachen Ultras oder der Karlsbande beizutreten, und was könnte sie abgeschreckt haben? Beide Fragen sind aus Sicht der Fangruppen von besonderer Bedeutung. Inwiefern Nachwuchs zur Verfügung steht, bildet für Gruppen einen entscheidenden Faktor für das langfristige Überleben. Ultragruppen können frei entscheiden, wer ihnen beitreten darf und welche Restriktionen es für eine Aufnahme gibt angesichts normativer Stabilität und der Notwendigkeit, neue Mitglieder zu rekrutieren. Die Gruppen unterliegen damit unterschiedlichen, teilweise widersprüchlichen Interessen.

Zunächst einmal scheint es so, dass die reine Chance zur Kontaktaufnahme zwischen interessierten Menschen und Aachen Ultras schwierig war: *„Also es war schon nicht so einfach dann zu uns zu kommen"*, berichtet Max, einer der beiden interviewten Ultras. Doch auch nach erfolgreichem Erstkontakt hätten es nicht alle Personen geschafft, in die Hauptgruppe zu gelangen. *„Es gab sicherlich Leute, junge Menschen, die jahrelang darauf hingearbeitet haben, in diese Hauptgruppe zu kommen, wo es aus unterschiedlichen Gründen einfach nicht gepasst hat"*, erklärt Max weiter.

Bei der Spaltung der Aachen Ultras und der Gründung der Karlsbande Ultras haben Letztere es geschafft, große Teile der personellen Ressourcen der Aachen Ultras zu übernehmen. Max und Jan berichten beide, dass über drei Viertel der Nachwuchsmitglieder von den Aachen Ultras zu den Karlsbande Ultras gewechselt seien. Max vermutet dahinter ein „Konzept". Jan berichtet, dass Personen von den Karlsbande Ultras angeworben worden seien, die es zuvor bei den Aachen Ultras nicht geschafft hätten, in die Gruppe aufgenommen zu werden, und *„die sich dann automatisch zur Karlsbande damals auch gewendet haben"*. Gleiches wird über vormalige Mitglieder und Sympathisanten der Black-Yellow-Army (einer Hooligangruppe) behauptet, von denen viele *„zur Karlsbande gegangen"* seien. Ein weiterer Faktor soll gewesen sein, dass die Aachen Ultras das *„Thema Pyrotechnik einfach nicht mehr verfolgt"* und deshalb die *„Karlsbande Ultras einen großen Zuwachs erlebt"* hätten.

Max betont stärker die inhaltliche Ausrichtung der Gruppe. Damit korrespondiert, dass für potenzielle Neumitglieder auch die Ziele, die sich eine Gruppe setzt, wichtig sind. Während es vor der Spaltung darum gegangen sei, die *„bestimmende, tonangebende Fangruppierung zu sein"*, sei dieses Ziel nach der Spaltung aufgegeben und es sei mehr *„Wert auf politische Arbeit [...] gelegt"* worden, darauf, *„Texte [zu] schreiben"*. Für Personen, die aber zur dominanten Gruppe gehören und sich nicht mit politischer Arbeit beschäftigen wollten, hatten die Aachen Ultras damit an Attraktivität verloren. Hinzu kommt das äußere Bild der Gruppe. Max spricht davon, dass die Aachen Ultras als *„elitärere Gruppe, jungintellektueller Menschen"* gesehen worden sei, die ein *„arroganteres Auftreten"* gehabt habe – und Jan stimmt dem zu.

Verbindungen zu anderen Gruppen und Akteur_innen

Der Grad an Offenheit, den eine Gruppe nach außen zeigt, und die „Kommunikation zwischen Gruppe und Umwelt" wirkt sich nicht nur auf ihre Attraktivität für potenzielle Neumitglieder aus – beides bestimmt auch, inwiefern eine Gruppe „Veränderungen des Kontexts" (Edding 2015, S. 489) wahrnimmt und mit diesen umgeht. Eine vollständige Abschottung kann dazu führen, dass gesellschaftliche Wandlungsprozesse nicht erkannt werden. Folglich kann nicht mit ihnen umgegangen werden, obwohl Anpassung und Öffnung vielleicht notwendig wären, um eigene Strukturen und Arbeitsweisen neu zu ordnen (vgl. Abels 2009, S. 253 f.). Die rivalisierenden Gruppen scheinen nun in der Gestaltung des Umweltkontakts und der daraus resultierenden Vernetzung sehr unterschiedliche Strategien verfolgt zu haben. Die Karlsbande hat sich in der Fanszene unter anderem mit der Hooligan- und Alt-Hooligan-Szene verknüpft. Mithilfe dieser Beziehungen soll es auch gelungen sein, Druck auf die Aachen Ultras aufzubauen. Diese Gruppe hatte eine nahezu diametral entgegengesetzte Ausrichtung. Mit den anderen Gruppen innerhalb der Fanszene, *„Kutten und [...] Normalos"*, wie Jan sie nennt, habe es keine starke Vernetzung gegeben. Konkret lässt sich dies unter anderem darauf zurückführen, dass kein Fantreff mehr betrieben wurde. Max bedauert: „*[D]as gab's vor der Spaltung, da haben wir Räumlichkeiten gehabt [...] und haben dann da so einen Spieltagstreff betrieben.*"

Dieser strukturelle Mangel an Vernetzung hatte direkte Auswirkungen für die Ultragruppe. Es habe keinen *„Rückhalt in der Fanszene"* gegeben, als es zu den Konflikten mit der Karlsbande kam, man sei isoliert gewesen. Jan unterlegt diesen Umstand mit der Schilderung eines Vorfalls aus dem November 2012, bei dem deutlich geworden sei, dass ein Spannungsverhältnis nicht nur zwischen Aachen Ultras und Karlsbande Ultras bestand, sondern auch zwischen Aachen Ultras und anderen organisierten und unorganisierten Fans, wenn auch aus unterschiedlichen Gründen. „*Die komplette Kurve hat uns halt ausgepfiffen, mit ‚Scheiß Aachen Ultras'-Rufen, das komplette Portfolio. Das war glaube ich so das Erlebnis, wo man gemerkt hat, es ist nicht Karlsbande Ultras, sondern es ist die komplette Kurve, die einen einfach so hasst. Was heißt hasst, die einfach einem diese Ablehnung entgegenbringt.*"

Die Aachen Ultras haben versucht, diese fehlende Anschlussfähigkeit zur Fanszene durch Kontakte zu Ultragruppen anderer Vereine, zur Politik, zur Presse und zunächst noch zum Verein selbst zu kompensieren. Jan berichtet: „*Wir haben versucht, halt Pressekontakte zu knüpfen, wir haben versucht, in Ultra-Gruppierungen, in politischen Kreisen Kontakte zu knüpfen, wir haben das auch breit gefächert.*" Und Max ergänzt: „*Wir hatten schon auch viele Telefonnummern und Kontakte zu wichtigen Vereinsmenschen, seien es jetzt Präsidenten, Geschäftsführer oder Sonstige.*" Jedoch zieht Max die Bilanz, dass die Presseberichterstattung innerhalb des *„Mikrokosmos Aachen"* keinen relevanten Einfluss gehabt habe. Dem Verein selbst sei sie allerdings *„ein Dorn im Auge"* gewesen. Insofern ist es sogar möglich, dass sich die Berichterstattung negativ auf die Durchsetzungsfähigkeit der Aachen Ultras ausgewirkt hat. Insgesamt haben die Kontakte zum Verein für die Aachen Ultras jedenfalls keine positiven Folgen gehabt. Max resümiert: „*[M]ehr als warme Worte kam da aber auch nicht bei rum.*" Ebenfalls erfolglos blieb der Versuch einer Vernetzung in die Kommunalpolitik, wie Jan erörtert: „*Wir haben nach den ersten Übergriffen Briefe geschrieben an alle Fraktionen im Aachener Stadtrat; haben keine Antwort bekommen glaube ich.*"

Somit lässt sich zusammenfassen, dass die Beziehungen der Aachen Ultras zu anderen Gruppen und Akteur_innen bei dem Konflikt nicht unterstützend gewirkt haben, dies bei den Karlsbande Ultras jedoch der Fall war. Dies hatte vermutlich Einfluss auf die personellen Ressourcen.

Materielle und finanzielle Ressourcen und andere Rahmenbedingungen

Materielle und finanzielle Ressourcen prägen den Konfliktverlauf zwischen den Aachen Ultras und den Karlsbande Ultras ebenso wie personelle. Vor der Spaltung verfügten die Aachen Ultras über einen Fantreff. Dieser hatte die Funktion als Anlaufstelle für andere Fangruppen, außerdem seien dort durch den Verkauf von Speisen und Getränken *„sehr hohe Umsätze"* erzielt worden. Diese Einnahmequelle ist nach der Spaltung weggefallen, da der Fantreff nicht mehr betrieben wurde. Während des Konflikts wechselte die Anbindung an das Fanprojekt. Räumlichkeiten und finanzielle Mittel, die für Veranstaltungen genutzt werden konnten, standen den Aachen Ultras nicht mehr zur Verfügung. Max erinnert sich: Da *„haben wir ab und zu auch mal Räumlichkeiten genutzt für Veranstaltungen und Fanprojektgelder einfach genutzt, um Veranstaltungen zu finanzieren"*. Stattdessen bestand dann eine Verbindung zur Karlsbande, zum Beispiel indem diese *„auch später den Schlüssel von den Räumlichkeiten"* gehabt habe und Mittel des Fanprojekts habe nutzen können. Den Karlsbande Ultras standen somit mehr personelle, materielle und finanzielle Ressourcen zur Verfügung als den Aachen Ultras und stärkere Unterstützung aus Kontakten zu anderen Akteur_innen und Gruppen.

Die Fanszene eines Vereins wird zudem immer auch geprägt durch die Situation des Vereins, durch sportliche Erfolge oder Misserfolge. Alemannia Aachen hatte in den letzten Jahren eine sehr wechselhafte Geschichte. Zwar gelang 2006 der Wiederaufstieg in die 1. Bundesliga (vgl. Alemannia Aachen 2019), seitdem waren allerdings etliche sportliche und finanzielle Misserfolge zu verzeichnen, die auf den Verein und die Fanszene Auswirkungen hatten. Max erwähnt mehrmals den Abstieg in die 4. Liga und die beiden Insolvenzen des Vereins. *„Auch zum damaligen sportlichen Leiter [...] würde ich beispielsweise sagen war auch immer ein sehr gutes Verhältnis. Das hat sich natürlich auch besonders dadurch geändert, dass es dann aufgrund der sportlichen sowie als auch finanziellen Misere des Vereins da sehr häufig durchrotiert wurde."* 2013 meldete Alemannia zum ersten Mal Insolvenz an (vgl. Alemannia Aachen 2019) und musste dies 2017 erneut tun (vgl. Sturmberg 2017). Der 2013 erfolgte Abstieg (vgl. Alemannia Aachen 2019) und die Insolvenzen haben den Verein in Max' Augen so destabilisiert, dass er dies als einen Faktor dafür sieht, warum sich die Aachen Ultras nicht gegen die Karlsbande hätten durchsetzen können. *„Und dann halt das Verhalten des Vereins. Da hatten wir dann auch irgendwann keinen Einfluss mehr drauf, wenn Insolvenz und zwei Abstiege in so kurzer Zeit aufeinander folgen."*

Jan unterstützt Max in dieser Sichtweise und wertet die *„ständigen Wechsel in der Vereinsführung"* ebenfalls als problematisch. Denkbar ist, dass die Vereinsführung durch diese Umstände bereits so stark mit anderen Problemen beschäftigt war, dass entweder keine Zeit oder kein Interesse bestanden, sich mit den Entwicklungen und Konflikten in der Fanszene auseinanderzusetzen beziehungsweise dies keine hohe Priorität hatte.

Fazit

Die Frage, wie sich eine Fangruppe innerhalb einer Fanszene durchsetzen kann, ist auch immer eine Frage danach, gegen wen beziehungsweise gegen welche andere Gruppe sie sich behauptet. Bei der Analyse geht es also stets um das Verhältnis von mindestens zwei Akteur_innen. Damit eine Gruppe im Konkurrenzkampf, der nicht zwingend gewalttätig ablaufen muss, erfolgreich sein kann, sind folgende Faktoren von Bedeutung: Welche Gruppe verfügt über höhere personelle Ressourcen? Dazu zählen unter anderem die Anzahl der Mitglieder, deren Eigenschaften und Wissen sowie der Mitgliederzuwachs, welcher von den Beitrittsbedingungen, der Attraktivität und dem Image der Gruppe abhängt. Bei all diesen Punkten weisen die empirischen Erkenntnisse auf einen Vorteil der Karlsbande Ultras hin. Gleiches lässt sich für Kontakte und Verbindungen zu anderen Gruppen in der Aachener Fanszene und weiteren Akteur_innen konstatieren, welche sich für die Karlsbande vorteilhaft ausgewirkt zu haben scheinen.

Des Weiteren wurde analysiert, welche Gruppe höhere materielle und finanzielle Ressourcen hatte. Wenn Räumlichkeiten und Geld zur Verfügung stehen, können diese für die eigenen Gruppenaktivitäten genutzt werden. Ein Fantreff oder öffentliche Veranstaltungen können den Kontakt zur eigenen Fanszene stärken und die personellen Ressourcen positiv beeinflussen. Bei den Aachen Ultras reduzierten sich diese Ressourcen, weil sie ihren Fantreff aufgaben, wohingegen die Karlsbande Ultras in finanziellen und materiellen Belangen Zuwächse verzeichnen konnten.

Als drittes Faktorenbündel wurden abschließend die Rahmenbedingungen für die Gruppen in den Blick genommen. Der Kontext, in dem sich eine Fanszene befindet, hat Einfluss auf die Fangruppen, die sich in diesem bewegen. Unsichere Verhältnisse können wie ein Katalysator latent vorhandene Tendenzen verstärken und destabilisierend auf Gruppen wirken. Bei einer Fanszene wird der Kontext vor allem durch den Verein gebildet, den Personen in der Vereinsführung, aber auch durch die sportliche Situation. Eine wichtige Rolle kommt zudem den Fanprojekten zu. Inwiefern erkennen sie Veränderungen in der Fanszene, auf welcher Basis entscheiden sie sich aktiv zu werden, und wenn ja, in welcher Form? Die sportliche und finanzielle Situation des Vereins Alemannia Aachen kann für den Zeitraum des Konflikts zwischen den Aachen Ultras und den Karlsbande Ultras als unsicher bewertet werden.

Insgesamt finden sich für alle Arten von Ressourcen, welche Gruppen benötigen, um funktionieren zu können, Hinweise in der Empirie, dass die Karlsbande Ultras gegenüber den Aachen Ultras im Vorteil waren und dies den Konfliktverlauf beeinflusst hat.

Literatur

Aachen Ultras (2013): Erklärung. Online: http://www.aachen-ultras.de/files/acu99_erklaerung.pdf (12.05.2019).
Abels, H. (2009): Einführung in die Soziologie. Wiesbaden: Springer VS.
Alemannia Aachen (2019): Vereins-Historie. Geschichte der Alemannia. Online: http://www.alemannia-aachen.de/archiv/vereinshistorie/ (12.05.2019).
Antons, K. (2015): Die dunkle Seite von Gruppen. In: Edding, C./Schattenhofer, K. (Hrsg.): Handbuch. Alles über Gruppen. Theorie, Anwendung, Praxis. Weinheim und Basel: Beltz, S. 322–359.
DFB (2018): Zuschauerzahlen. Online: https://www.dfb.de/bundesliga/statistik/zuschauerzahlen/ (12.05.2019).
Edding, C. (2015): Die Umwelt von Gruppen – Kontextsteuerung und Kontextorientierung. In: Edding, C./Schattenhofer, K. (Hrsg.): Handbuch Alles über Gruppen. Theorie, Anwendung, Praxis. Weinheim und Basel: Beltz, S. 479–509.
Gehlen, A. (1966): Der Mensch. Seine Natur und seine Stellung in der Welt. Frankfurt/M.: Athenäum Verlag.
Girgensohn-Marchand, B. (1999): Ergebnisse der empirischen Kleingruppenforschung. In: Schäfers, B. (Hrsg.): Einführung in die Gruppensoziologie. Geschichte, Theorien, Analysen. Wiesbaden: Quelle und Meyer, S. 54–79.
Goffman, E. (1971): Verhalten in sozialen Situationen. Strukturen und Regeln der Interaktion im öffentlichen Raum. Gütersloh: Bertelsmann.
Gukenbiehl, H. (1999): Bezugsgruppen. In: Schäfers, B. (Hrsg.): Einführung in die Gruppensoziologie. Geschichte, Theorien, Analysen. Wiesbaden: Quelle und Meyer, S. 113–134.
Karlsbande Ultras (2021): Gründung. Online: http://www.karlsbande.de/?site=ueberuns (23.05.2021).
Kathöfer, S./Kotthaus, J./Priluzki, J. (2013): Gelb-Rote Karte: Konflikte in der Lebenswelt von Ultras. In: Kathöfer, S./Kotthaus, J. (Hrsg.): Block X – Unter Ultras. Ergebnisse einer Studie über die Lebenswelt Ultra in Westdeutschland. Weinheim und Basel: Beltz, S. 124–169.
Mummendey, A. (1984): Verhalten zwischen sozialen Gruppen. Die Theorie der sozialen Identität von Henri Tajfel. In: Bielefelder Arbeiten zur Sozialpsychologie. Bielefeld: Universität Bielefeld Online: https://pub.uni-bielefeld.de/record/2592053 (01.04.2021).
Neidhardt, F. (2017): Das innere System sozialer Gruppen. In: Kölner Zeitschrift für Soziologie und Sozialpsychologie, 69. Jg., S. 433–454.
Plessner, H. (1975): Die Stufen des Organischen und der Mensch. Berlin: de Gruyter.
Preyer, G. (2012): Rolle, Status, Erwartungen und soziale Gruppe. Mitgliedschaftstheoretische Reinterpretation. Wiesbaden: Springer VS.
Przyborski, A./Wohlrab-Sahr, M. (2010): Qualitative Sozialforschung. Ein Arbeitsbuch. München: Oldenbourg.
Röhn, T. (2012): Ärger bei Alemannia Aachen – Gewalt unter Fans. Online: https://www.welt.de/sport/fussball/article111246161/Aerger-bei-Alemannia-Aachen-Gewalt-unter-Fans.html (12.05.2019).
Schäfers, B. (1999): Entwicklung der Gruppensoziologie und Eigenständigkeit der Gruppe als Sozialgebilde. In: Schäfers, B. (Hrsg.): Einführung in die Gruppensoziologie. Geschichte, Theorien, Analysen. Wiesbaden: Quelle und Meyer, S. 19–36.
Schwonke, M. (1999): Die Gruppe als Paradigma der Vergesellschaftung. In: Schäfers, B. (Hrsg.): Einführung in die Gruppensoziologie: Geschichte, Theorien, Analysen. Wiesbaden: Quelle und Meyer, S. 37–53.
Statista (2019): Anteil der Dauer- und Tageskarten an den verkauften Tickets der 1. Fußball-Bundesliga in der Saison 2004/2005 bis zur Saison 2017/2018. Online: https://de.statista.com/statistik/

daten/studie/5979/umfrage/anteil-von-tages--und-dauerkarten-in-der-fussball-bundesliga/ (12.05.2019).
Sturmberg, J. (2017): Alemannia Aachen. Eine vermeidbare Insolvenz? Online: http://www.deutschlandfunk.de/alemannia-aachen-eine-vermeidbare-insolvenz.1346.de.html?dram:article_id=384437 (12.05.2019).
Tegethoff, H.G. (1999): Soziale Gruppe und Individualisierung. Neuwied: Luchterhand
Ulrich, R. (2012): Eine Hetzjagd. Online: https://www.11freunde.de/artikel/erneuter-angiff-auf-aachener-ultras (12.05.2019).
Vester, H.-G. (2009): Kompendium der Soziologie, Band 1. Wiesbaden: Springer VS.
Zeit Online (2012): Rechte Aachen-Fans verprügeln linke Aachen-Fans. Online: http://www.zeit.de/sport/2012-08/aachen-saarbruecken-karlsbande-ultras (12.05.2019).

Soziale Arbeit mit Fußballfans

Fanprojekte als Institution und professionelle Praxis

Jochem Kotthaus und Daniela Templin

Der genetische Blick auf die Fanprojekte als therapeutische Institution

Als die Fußballbundesliga 1963 ihren Spielbetrieb aufnahm, war die Welt noch eine andere. Konrad Adenauer gab sein Amt als Bundeskanzler an Ludwig Erhardt ab, John F. Kennedy war ein Berliner und wurde einige Monate später in Dallas erschossen, der Élysée-Vertrag war frisch unterschrieben[1] und auf deutschen Fußballplätzen tummelten sich nur Männer, viele davon mit Hut und Schlips, sowie eine Eisverkäuferin.[2] Die Einführung der Bundesliga stellte eine fundamentale Transformation des Sports dar, den Schritt aus dem Amateur- in den Profifußball. Das begeisterte nicht alle: Jürgen Werner, Spieler des HSV und der Nationalmannschaft, verabschiedete sich anlässlich der Strukturreform sowie aus Protest gegen die Kommerzialisierung des Sports nach der Saison 1962/63 aus dem Fußball. Doch von solchen im Rückblick beeindruckenden, letztendlich jedoch randständigen Ereignisse abgesehen, so Jürgen Zinnecker (1987, S. 141 ff.), wurde der Fußball mit der Aufnahme eines hochklassig organisierten Spielbetriebs zunehmend als versportetes Entertainment verfasst und kommerzialisiert. Eine optimale ökonomische Auswertung kann jedoch nur in Kontexten geschehen, die für ein möglichst breites Publikum problemlos anschlussfähig sind. Das bedeutet (auch): Ein solcherart attraktives Produkt soll frei von Störungen konsumiert werden können. In dieser Hinsicht problematisch sind nicht nur gewaltförmige Auseinandersetzungen im Umfeld von Fußballstadien,

---

1 Im bekannten fotografischen Zeugnis des Ereignisses stehen (und sitzen) vierzig Männer und keine einzige Frau.
2 Wir wissen nicht, ob wirklich nur Männer die Stadien der Spielzeit 1963/64 besuchten. Einschlägige Fernsehbilder lassen auch bei genauem Suchen keine Zuschauerinnen finden. Sülze sieht dies anders und behauptet eine frühe Anwesenheit von Frauen im Stadion (2007, S. 29). Für die 1920er Jahre scheint dies der Fall gewesen zu sein, hier liegen entsprechende fotografische Zeugnisse vor (vgl. Selmer 2014). Zu Beginn der Bundesliga können wir entsprechende Nachweise jedoch weder im Bewegtbild noch in den Fotografien der Zeit finden. Das mag der Perspektive und Bildauswahl der Fotografien geschuldet sein, ist jedoch zunächst als gegebener Umstand hinzunehmen. Insofern scheint es uns falsch und vereinfachend, davon zu sprechen, dass Frauen „schon immer" Teil des Publikums im Stadion waren. Die Eisverkäuferin existierte im Übrigen wirklich und agierte als Vorläuferin der heute im Stadion üblichen mobilen Bierverkäufer.

sei es unter Jugendlichen selbst oder zwischen diesen und der Polizei, sondern auch die Berichterstattung darüber. Hierin werden ungünstige Bedingungen für einen Zugang des Mainstream-Publikums (einschließlich Familien mit Kindern) zu Großveranstaltungen gesehen, wobei als Minimalanspruch an die Freizeitaktivität ‚Sportevent' die Gewährleistung gewisser Sicherheitsvorkehrungen antizipiert wird. Die Problematisierung der Fans erfolgte also im Zuge einer Umgestaltung des Fußballs von einem in kommerzieller Hinsicht relativen Nischen- zu einem Massenprodukt (vgl. Zinnecker 1987, S. 143 f.). Es ist nun sicherlich nicht vermessen, die Arbeit der Fanprojekte historisch in dieser Entwicklung zu verorten. Initial stellten sie den Versuch dar, ein Feld zu befrieden, welches in den späten 1970er und frühen 1980er Jahren außer Kontrolle geraten war und bei dem es schien, als sei es mit rein repressiven Mitteln nicht mehr einzuhegen. Die Fanprojekte tragen diese Spur ihrer Genese weiter mit und in sich; nicht unbedingt bei den Professionellen und der Zielgruppe, wohl jedoch bei den Geldgebern und Programmverantwortlichen. Seitens der Vereine und Verbände, also des organisierten, professionellen Sports – letztendlich der Wirtschaft – wie auch des Rechts und seiner Institutionen (Polizei, Gerichtsbarkeit) ist ein solches Vorgehen und Verständnis auch folgerichtig. Theoretisch vereinigen sich hier zwei Denklinien: Die konzeptionelle Beschreibung des Subjekts als Teil und Träger einer institutionellen Ordnung, wie sie vor allem von Peter L. Berger und Thomas Luckmann erarbeitet und bekannt gemacht wurde, sowie die Fassung der Bearbeitung sozialer Probleme als Resultat eines diskursiven Herstellungs- und Aushandlungsprozesses im Sinne von Günter Albrecht und Axel Groenemeyer.

Der professionelle Fußball kann bei aller theoretischen Gegensätzlichkeit subjektseitig mit Schütz (1971) als geschlossene Sinnwelt und mit Luhmann (1984) in Bezug auf die eigenlogischen Handlungsoperationen und -anschlüsse als Teil eines funktional differenzierten Systems beschrieben werden. Funktional differenzierte Systeme, bei Luhmann ausschließlich durch Kommunikationsprozesse gekennzeichnet und für diesen Beitrag entsprechend modifiziert, zeichnen sich durch eine besondere und eigenartige Form der Operation aus: Wirtschaft wirtschaftet; das Rechtssystem begrenzt, verhindert und ächtet Verstöße gegen kodifizierte Objektivationen; der Verkehr verbringt Menschen und Dinge von Ort zu Ort etc. Als Sinnwelten interpretiert, stehen diese Systeme für eine besondere Form der Wahrnehmung, also der Deutung dessen, was das Subjekt erlebt. Völlig eindeutig wird in der Logik des Verkehrs der Schaffner als berechtigt erlebt, das persönliche Gespräch mit dem Nachbarn zu unterbrechen und den Fahrschein zu kontrollieren, und zwar effizient und rationell. Aus den mannigfaltigen Möglichkeiten der Wahrnehmung drängt sich uns eine davon auf, die wir in einen vorbestimmten Bedeutungszusammenhang integrieren. Ebenso *wissen* wir, dass der wild auf- und abspringende Mensch neben uns im Stadion sich über den Torerfolg seiner Mannschaft freut – und wir weder eine psychotische Episode noch einen Angriff vermuten müssen. Wir *wissen* diese Dinge über die jeweilige Sinnwelt und nehmen Eindrücke in deren Logik wahr, weil wir über funktionale, wenn auch nicht besonders vertiefte entsprechende Kenntnisse verfügen. Wir *wissen* einiges über den Sport und seine Abläufe, spekulieren dank eines ebenso undurchschaubaren Sportjournalismus über Käufe, Abgaben, Entlassungen und Auseinandersetzungen in Vereinen und Verbänden, haben aber von den genauen Abläufen und Logiken nur beschränktes und bestenfalls oberflächliches Wissen.

Institutionen als Grundeinheiten aller Sinnwelten

Man kann nun die Tätigkeit der Fanprojekte praktisch beschreiben: Hier würden sich sofort die offene Jugendarbeit, die Sozialarbeit gegen Sexismus, Homophobie oder Rassismus, die Bildungsarbeit, die rechtliche Beratung und Lobbyarbeit im weiteren Sinne anbieten. In diesem Band geschieht dies umfänglich und oft im Dialog zwischen den Professionellen im Feld und denjenigen in der Wissenschaft. Wir wollen im Folgenden jedoch die Arbeit der Fanprojekte zunächst theoretisch sowie im Anschluss analytisch typisieren. Wir greifen hierbei auf die Konzeption der Sinnwelt zurück sowie auf die theoretische Fassung der Sozialarbeit als therapeutische, resozialisierende Institution (vgl. Kotthaus 2021). Die Grundeinheit jeder Sinnwelt ist die *Institution*, also gewohnheitsmäßige (habitualisierte) Handlungsvollzüge und -ketten, welche sich wiederholt in der Lösung eines Problems als hilfreich herausgestellt haben. Die Größe oder Art des Problems ist dabei nicht entscheidend. Sie reicht von der Frage, wie Menschen sich begrüßen, über die Bearbeitung von abweichendem Verhalten im Fußball bis hin zum ‚Umgang' mit dem Tod.[3] Institutionalisiert werden solche Habitualisierungen, indem sie nicht nur reziprok Akte, sondern auch Akteur_innen hervorbringen und typisieren (vgl. Berger und Luckmann 1969, S. 58 ff.). Institutionen steuern durch ihre Vorhersagbarkeit das Handeln der Subjekte. Die im Subjekt integrierte Seite der Institution ist die Rolle – als solche ein regulatives Programm oder Regulativmuster –, die das Verhalten der Subjekte vorbestimmt, steuert und erkennbar macht (vgl. Berger und Berger 1981, S. 55). Für die Soziale Arbeit mit Fußballfans bedeutet dies, dass bestimmtes, regel- und gewohnheitsmäßiges Handeln sich zu einem habitualisierten Unterstützungs-Tun in einem bestimmten, engen Kontext (dem des Fußballspiels) aufschichtet, verdichtet und gleichzeitig Typisierungen der Akteur_innen hervorbringt: Fans als unterstützungsbedürftige Adressat_innen Sozialer Arbeit, Sozialarbeiter_innen als Hilfeleistende etc. Hiermit werden die Zuschauer_innen des Fußballs als ein Publikum dieses Ereignisses markiert, welches zumindest teilweise der

---

3 Für das erste Problem wurde das Händeschütteln institutionalisiert, für das zweite sozialpädagogische Fanprojekte, für das dritte Religion, Seelsorge und Lebensversicherungen.

Unterstützung bedarf. Das betrifft die Fans, die sich in die institutionalisierten Abläufe und Vollzüge, welche von ihnen als Publikum erwartet werden und die als Teil der Alltagswelt zu betrachten sind, nicht zureichend einfügen. In umgekehrter Perspektive, also aus der Sicht des einzelnen typisch-problematischen Publikums-Subjekts, bedeutet das eine Ambivalenz in der Erfahrung: Seine objektivierten, d. h. der subjektiven Erfahrung entzogenen und mit anderen geteilte und teilbar gemachte Deutungen reichen nicht aus, um subjektives Erleben zufriedenstellend sinnhaft zu machen. Im Idealfall *ist* das Subjekt die von ihm erwartete Rolle. Das bedeutet, dass es sich nicht nur *als* etwas verhält, sondern von einer Identifikation mit kulturellen Zuschreibungen auszugehen ist. Die Gültigkeit der institutionellen Ordnung ergibt sich aus dem in ihrem Wissen begründeten Vollzug. Der primäre Gestaltungscharakter einer Gesellschaft besteht gerade nicht aus Zwangsmaßnahmen, sondern in dem Vorhandensein und dem Vollzug ihrer Institutionen (vgl. Berger und Luckmann, S. 59 f.). Institutionen verweisen aufeinander und bilden eine geschlossene Sinnwelt. Sie sind als *Verpflichtung des Wissens und der Gewissheiten* zu verstehen, die zwar auch von den Subjekten interaktional hervorgebracht werden, ihnen aber gleichzeitig als Veräußerung oder Vergegenständlichung des Handelns gegenüberstehen. Die Ordnung der Sinnwelt erhöht den institutionellen Verpflichtungs- und gleichzeitig den Selbstverständlichkeitscharakter in dem Sinne, dass Subjekte annehmen können, der Modus des Handelns innerhalb einer Ordnung laute: *So ist die Welt*.

Die Welt und ihre Stabilisierungen

Was bearbeitet Sozialarbeit? Um diese Frage zu beantworten, ist zunächst wichtig, sich den Normalfall gesellschaftlicher Stützungsmechanismen anzuschauen. *Legitimierungen* begleiten als sekundäre Objektivierungen die Institutionalisierung habituellen Handelns. Sie werden in besonderem Maße dann notwendig, wenn die Handlungsprobleme, die das institutionalisierte Handeln erst hervorgebracht haben, im Laufe der Zeit nicht mehr Teil der subjektiven Erfahrung des Subjekts sind (vgl. Berger und Luckmann 1969, S. 98–112). Die Einsicht in die Notwendigkeit institutionalisierten Handelns kann ohne eigene Erfahrung der ursprünglich problematischen Situation verloren gehen. Legitimierungen erzeugen deshalb einen überspannenden Bedeutungszusammenhang, sie verknüpfen das Wissen über die Gegenstände und statten Handlungsreglementierungen mit dem Anspruch auf Gültigkeit aus (vgl. Knoblauch und Schnettler 2004, S. 128; Berger und Luckmann 1969, S. 109 ff.). Legitimationen liegen in verschiedenen Abstufungen vor, von einem Begriff oder einem anderen Zeichen für eine Institution über Volksweisheiten oder traditionelles Allgemeinwissen bis hin zu einer Wissenszulieferung durch Expert_innen. Die abstrakteste, nicht mehr handlungspraktische Ebene der

Legitimation besteht in der (die Institutionen absichernden) symbolischen Sinnwelt. Die symbolische Sinnwelt bietet den Bedeutungsrahmen der ihr zugehörigen Institutionen. Symbolische Sinnwelten integrieren alle Wahrnehmungen, Deutungen, alles Handeln in einen Kosmos. Sie verwurzeln die Richtigkeit der Erfahrung und des Wissens selbst unter einem sinnstiftenden Baldachin: So und nicht anders ist die Welt und hat sie zu sein (vgl. Honer 2011, S. 106). Dies trifft nun, wie bereits ausgeführt, vollumfänglich für den professionellen Sport auf jeder Ebene zu: auf den Rängen, dem Rasen, in der Geschäftsführung, in den Verbänden. Alle diese Ebenen verweisen in institutioneller Referenz aufeinander und bieten den Subjekten verschiedene Rollen als Identitätsmuster: als Zuschauer_innen, als Spieler_innen, als Bürokrat_innen, als Pressesprecher_innen oder als Geschäftsführer_innen. Legitimierungen sind essenziell für den Fortbestand von Institutionen. Zwei Stützungsmechanismen sind bekannt, welche die massenweise, permanente Abweichung und letztendlich Abwanderung aus dem Wissenskanon einer Gesellschaft ebenso unterbinden wie das Eindringen und die Legitimation de-legitimen, das heißt de-stabilisierenden und revolutionären Wissens: die Nihilierung und die Therapie (vgl. Berger und Luckmann 1969, S. 121), der auch die Sozialarbeit zuzuordnen ist. Ersteres stellt eher eine kriegerisch geprägte Außenpolitik, Letzteres eine unterstützende Innenpolitik dar (vgl. Schneider 2020, S. 47).

Mit *Nihilierung* sind solche Institutionen bezeichnet, die den Träger_innen abweichender Wissensvorräte beziehungsweise Wirklichkeitsdeutungen einen „inferioren ontologischen Status" (Berger und Luckmann 1969, S. 123) zuweisen. Wissen wird reflexiv entwertet und als der weiteren Objektivierung unwürdig markiert. Nihilierung ist also als De-Legitimierung von Wissen zu betrachten. Empirisch fallen nicht nur Häresien permanent in die Wirklichkeitsordnung einer Gesellschaft ein. Subjekte überschreiten aus den unterschiedlichsten Gründen die Grenzen institutionalisierter Wahrnehmungs- und Handlungsmöglichkeiten. Neben der Nihilierung muss daher eine konkrete und anwendbare Form „sinnweltstützender Theoriebildung" (Berger und Luckmann 1969, S. 121) existieren: die *Therapie*. In der Therapie wird eine ausdifferenzierte, eigenlebige theoretische Konzeption zu den einzelnen Feldern sozialer Probleme auf die von der Abwanderung aus der Sinnwelt bedrohten Individuen angewendet. Zur Therapie gehört die Seelsorge ebenso wie die Teufelsaustreibung, die Psychiatrie oder die sozialpädagogische Beratung. Bei der Sozialarbeit, speziell bei den Fanprojekten, handelt es sich sowohl konzeptionell wie auch im konkreten Fall um eine gesellschaftliche Therapieleistung. Fanarbeit ist ebenfalls Therapie in diesem Sinne. Sie betrifft Individuen, welche aus der Sinnwelt des kommerzialisierten Fußballs auszubrechen drohen. Sie versucht, die Weltwirklichkeit des Fans mit denen der Vereine, Verbände und der staatlichen Ordnungsorgane produktiv zu verbinden, also geteilte Bedeutungen herzustellen. Dass diese Bedeutungen voneinander abweichen, ist als soziales Problem definiert worden. In dieser Lesart ist es das Programm der Fansozialarbeit, durch sozialarbeiterische Prävention und

Intervention eine Resozialisation der Subjekte in diversen Nuancen zu erreichen. Damit ist auch deutlich, dass es bei aller Therapiebedürftigkeit nie einer Eigeneinsicht oder eines Bewusstseins von der Problematik des subjektiven Verhaltens bedarf. Therapie und Nihilierung sind damit Schutzfunktionen der Sinnwelt und ihrer speziellen Institutionen und Logik selbst.

Das soziale Problem und seine Bearbeitung

Nihilierung und Therapie als Stützungsmechanismen und Verteidigungslinie der sekundären Objektivierung von Institutionen und institutionellen Programme erklären noch nicht, wie genau ein Wissen um gesellschaftliche Probleme entsteht und wie dieses Behandlungsinstitutionen zugeführt wird. Woher wissen Gesellschaften also von dem potenziellen Verlust sinnintegrativer Angebote? Wie findet eine Formierung und Identifizierung derjenigen Institutionen statt, welche sich dieser Probleme annehmen? Hilfreich ist hier, die Therapie mit den Ausarbeitungen zu sozialer und gesellschaftlicher Problemarbeit zu verbinden. Blumer (1971) sowie Kitsuse und Spector (1973) verschieben die Definition sozialer Probleme von einer objektiv feststellbaren Abweichung von geltenden Regeln und Normen hin zu einem Prozess, in dem Gruppen Beschwerde über ein bestimmtes Verhalten führen und dieses Verhalten als korrektur- oder unterdrückungsbedürftig markiert wird. Soziale Probleme sind demnach bis zu einem gewissen Grad kontingent. Das „soziale Problem" wird dann vollständig unabhängig von einer Werte- oder Funktionalismustheorie (vgl. Albrecht 1990), vielmehr entstehen nun Karrieremodelle sozialer Probleme als gesellschaftliche Konstruktionsprozesse. Best (2008) formuliert ein Feld von sechs unübersichtlich miteinander verbundenen Instanzen: „Claims-making", „Media Coverage", „Public Reactions", „Policy-making", „Social Problems Work" und „Policy Outcomes". Der Ein- und Ausstieg in diesem Feld ist an jedem Punkt möglich. Groenemeyer (2012, S. 81 ff.) verzichtet auf ein Modell, das eine klare Bewegung oder Linearität suggeriert. Er identifiziert vier Arenen, in denen in oft chaotisch anmutender Art und Weise Probleme diskursiv benannt und synchron bearbeitet werden, wodurch selbst wieder eine Problemreproduktion stattfindet. Groenemeyer (2010, 2012) detailliert einen Prozess, wie sich wechselseitige Bestätigungs- oder Relevanzverhältnisse entwickeln, nämlich zwischen einem vornehmlich individuellen Handlungsproblem und der gesellschaftlichen Bearbeitung des Problems durch eine den Betroffenen zugängliche Bearbeitungsinstitution. Die „Mikrokonstruktionen im gesellschaftlichen Makrokontext" (Groenemeyer 2003, S. 10) werden damit schärfer empirisch rekonstruierbar. Grundthese ist, dass sich die Problematik einer Handlungsweise nicht aus sich selbst heraus erklärt, sondern in der Art und Weise, wie über die Handlung als Institution reflektiert wird. Als *soziale Probleme* können damit all jene

Institutionalisierungen von Objektivierungen gefasst werden, welche sich mit der potenziellen oder tatsächlichen Abwehr von Abweichungen oder sogar Zerstörungen sinnintegrativer Angebote befassen. Hier wird also der Angriff auf die Geltung von Sinnbereichen in eigene institutionalisierte Programme transferiert. Soziale Probleme sind also deshalb *soziale* Probleme, weil die in ihnen implizierte, zunächst noch hypothetische Legitimität als tatsächliche Handlungsalternative zur institutionellen Ordnung zum *Problem* werden würde. Anderenfalls würde dies zu der reflexiven Überzeugung führen können, dass die alternativen Handlungsinstitutionalisierungen prinzipiell gleichwertig sind. Die Antwort auf soziale Probleme ist nun offensichtlich die Therapie im Sinne von Berger und Luckmann. Groenemeyer konstatiert, dass Bearbeitungsinstitutionen wie die Sozialarbeit selbst ein Objektivierungskorrelat darstellen und gleichzeitig diskursiv mit ihrem Aufgabenbereich, den Problemlagen, verknüpft werden. *Doing Social Problems* meint, dass diese zwischen verschiedenen kollektiven Akteuren verhandelten Diskurse eine Problemlage als öffentliches Gut oder geteiltes Wissen etablieren und *besondere* Probleme durch *besondere* Professionelle in *besonderen* institutionellen Kontexten im Zuge einer *Social Problems Work* (vgl. Best 2008) behandelt werden. Am Wissen um Behandlungsbedürftigkeit richten sich wiederum ebenso Institutionalisierungen aus, wie umgekehrt im Zuge der Institutionalisierung des Handelns, verstanden als praktisch gewordener Diskurs, weiteres Wissen entsteht (vgl. ähnlich Keller 2008). Indem zuständige Institutionen subjektive Handlungskrisen durch Hilfe, Unterstützung, Kontrolle, Strafe etc. (mit-)bearbeiten, werden subjektive Krisen in hohem Maße bereits wieder an objektiviertes Wissen, nämlich an eine Typik des subjektiv abweichenden Handelns, angeschlossen. Innerhalb der institutionellen Ordnung haben sich eine Vielzahl von Notfall-Institutionen geschaffen, die als Sicherungsnetz für den Fall bestimmter Krisen fungieren. Entscheidend ist dabei nicht die Schwere der Krise – solche Einschätzungen stellen im besten Sinne eine Reflexionsleistung der Beobachter_innen dar –, sondern die Passgenauigkeit zu dem jeweils prävalenten sozialen Problem und der damit verbundenen Krise. Diese Notfall-Institutionen reichen von der Berufsberatung der Arbeitsagentur über die psychologische Erstberatung eines Großunternehmens, den Männerkreis der örtlichen Gemeinde, die Psychiatrie, den institutionellen Komplex aus Polizei, Gerichtsbarkeit und Strafvollzug in einem rehabilitativen Sinne bis natürlich zur Sozialarbeit. Sozialarbeit kann als ein institutionelles Programm verstanden werden, welches wechselseitig Akte und Akteur_innen dauerhaft typisiert. Sie transferiert Menschen in professionelle Helfende *einerseits* und Hilfebedürftige *andererseits*. Die einzelnen Bestandteile des Regulativs selektieren und schließen aneinander an. Praktisch ist die Sozialarbeit mit einem gesetzlich kodifizierten Auftrag, einem zum Teil verrechteten Handlungsrepertoire und eigenen finanziellen, materialen, zeitlichen und personellen Ressourcen ausgestattet. Sie verfügt weiterhin über bestimmte ‚methodisch' genannte Sozialtechniken der Diagnostik in Bezug auf die eigene Zuständigkeit und das Vorgehen (vgl. Groenemeyer 2012, S. 93).

Genau dies stellt nun dauerhaft ein Problem der Fanprojekte dar. Die Polizei, ebenfalls eine therapeutische Institution und (teilweise) für die Sicherheit an Spieltagen zuständig, verfügt über eine große Kongruenz von Selbstverständnis und Fremdauftrag. Die Polizei unterbindet und verfolgt Straftaten. So will es die Aufgabenbeschreibung und so verstehen Polizist_innen in der Regel ihre Rolle. Verkehrstrainings in der Grundschule oder die Landespolizeiorchester reizen den Spielraum dessen, was als Polizeiarbeit sinnhaft integriert werden kann, deutlich aus.[4] Für die Fanprojekte verhält sich die Sache jedoch anders. Fanprojekte scheinen nicht eindeutig auf Seiten der legitimen Ordnung zu stehen. Sie erwecken den Eindruck, obwohl von kommerziellen Interessensträgern finanziert und beauftragt, (mehr oder weniger) ‚auf Seiten' der Zielgruppe zu sein. Im Konzert der Ordnungsmaßnahmen muss die Fansozialarbeit anderen Akteuren deshalb suspekt und uneindeutig erscheinen. Tatsächlich scheint es uns, dass gerade diese Frage bisher nicht geklärt wurde. Dies ist eine paradoxe Entwicklung: Die Fanprojekte und deren Mitarbeiter_innen haben im Laufe der Jahre zunehmend eigene Vorstellungen ihrer Arbeit entwickelt. Dies hat jedoch nicht immer dazu geführt, dass sie als Akteur_innen im Diskurs heute deutlich stärker und positionierter zu hören sind. Im Gegenteil scheinen die Fanprojekte zum Teil als Exoten in der Organisation des Fußballs wahrgenommen zu werden.

Der Auftrag der Fanarbeit zwischen Selbstverständnis und Zuweisung[5]

Wir schließen an dieser Stelle einige Überlegungen an, deren empirische Basis eine von uns im Jahr 2017 durchgeführte Studie über die Praxis der

---

4   Man könnte überlegen, ob es in Nordrhein-Westfalen 45 polizeiliche Berufsmusiker_innen braucht, vor allem, wenn diese primär als „vertrauensbildende Maßnahme" fungieren sollen, jedoch wahrscheinlich (rein musikalisch) nicht das Zielpublikum erreichen, bei dem diese Maßnahme notwendig wäre.

5   Aus aktuellem Anlass kommen wir nicht umhin, eine Bemerkung zur Ausnahmesituation in der Fanarbeit vorwegzuschicken: Bestand vor Ausbruch der Corona-Pandemie das Kerngeschäft der Fanprojekte in der Begleitung von Heim- und Auswärtsspielen, so stellt sich die Frage, ob sich Auftrags- und Selbstverständnisse im Zuge der Begleitung von Geisterspielen und einer Begrenzung der Möglichkeiten sozialpädagogischer Arbeit durch kontaktbeschränkende Infektionsschutzmaßnahmen wesentlich verändert haben. Diese Frage können wir nachfolgend nicht beantworten. Wir wagen jedoch die vorsichtige Prognose, dass sich nach einer dauerhaften Eindämmung des Pandemiegeschehens mittel- oder längerfristig eine Annäherung an die Fanarbeit beziehungsweise die Rückkehr zu ihr zu der Fanarbeit beobachten lassen wird, deren Charakterisierung wir in einem Spannungsfeld von Innen- und Außenperspektive, von Selbst- und Fremdwahrnehmung entfalten.

Fanarbeiter_innen im Fußball darstellt. Im Rahmen dieser Untersuchung fanden leitfadengestützte narrative Interviews mit Mitarbeiter_innen von Fanprojekten verschiedener Vereine statt. Die Analyse dieser Daten sollte Anhaltspunkte dazu liefern, welche Wissensbestände von Praktiker_innen als relevant für die eigene Arbeit markiert werden und welche professionellen Selbstverständnisse in den Erzählungen erkennbar sind.

Die Fremdzuschreibungen an die Arbeit der Fanprojekte sind bunt und in der Summe ohne Systematik. Das Nationale Konzept Sport und Sicherheit (NKSS) versteht darunter eine „besondere Form der Jugend- und Sozialarbeit" (NKSS 2012, S. 7), die mit dem Konzept einer „Lebensweltorientierung" agiert. Heitmeyer und Peter fassen die Tätigkeit der Fanprojekte etwas unspezifisch als „Jugendarbeit" (1988, S. 138). Tatsächlich werden Fanprojekte regelmäßig der offenen Jugendarbeit zugeordnet und stehen dann recht bruchlos in einer Reihe mit der Offenen Tür des Jugendzentrums und dem Abenteuerspielplatz (vgl. Pilz 2013; Fimpler und Hannen 2016, S. 99).[6] Die gewaltpräventiven Aspekte müssen aber als bedeutender Teil des ursprünglichen Auftrags, der nach wie vor die wesentliche Legitimation der Finanzierung von Fanarbeit bildet, mitgedacht werden. Analysiert man hingegen die Innenperspektiven, also die Selbstdeutungen von Fanarbeiter_innen in Beschreibungen ihres Arbeitsalltags und in Erfahrungsberichten, die eine Ambivalenz zwischen Auftrag und Sympathie für die Zielgruppe erkennen lassen, dann entstehen facettenreiche Eindrücke der individuellen wie kollektiven Ausgestaltung der Auftragserfüllung, welche bemerkenswerterweise dennoch einheitlich als „Vermittlung" bezeichnet wird. Re-Sozialisation[7] betreiben alle Fanarbeiter_innen, jedoch mit sehr unterschiedlichen Schwerpunkten. Diese Diskrepanzen sind so tiefgreifend, dass von eigenen Typen gesprochen werden kann.[8] Ein wichtiger Unterschied ist bereits in der elementaren Grundlegung der eigenen Arbeit festzustellen: Während einige Fanarbeiter_innen sich für die Begründung ihres Auftrags auf das NKSS beziehen, zeigt sich bei anderen mit dem Verweis auf das Sozialgesetzbuch VIII eine explizierte Nähe zu anderen Handlungsfeldern der Sozialen Arbeit.

---

6 Eine entsprechende Zuordnung hatten wir ebenfalls – mit kritischem Blick auf die grundlegende konzeptionelle Basis der Offenen Kinder- und Jugendarbeit – in einem früheren Beitrag bereits vorgenommen (vgl. Kotthaus et al. 2021). In dem genannten Beitrag werden zudem Themen wie Ausbildungswege, die relevanten Wissensbestände und Arbeitsbedingungen der Fanarbeit behandelt, was im Rahmen der hier skizzierten unterschiedlichen Ausprägungen des „Social Problems Work" (vgl. Best 2008) in der Fanarbeit zu weit führen würde.

7 Wir weisen darauf hin, dass diese Begriffe von uns im Sinne des vorstehenden Theoriekapitel genutzt werden. Weder ist ein Verständnis, noch eine Zitation kontextlos möglich.

8 Wir verwenden den Typenbegriff im Anschluss an Weber und Schütz.

In einer idealtypischen Unterscheidung lässt sich das professionelle Personal in Fanprojekten vorläufig in drei Typen[9] einteilen: Diese bezeichnen wir (unter dem gemeinsamen Oberbegriff Fanarbeiter_in) als erstens Sozialarbeiter_in, zweitens Schlichter_in sowie drittens Dolmetscher_in.

Abbildung 1: Typologie Fanarbeiter_innen, eigene Darstellung

Typologie: Fanarbeiter_innen (Professionelle Selbstverständnisse von Leitenden und Mitarbeitenden in Fußball-Fanprojekten)			
Typus	Sozialarbeiter_in	Schlichter_in	Dolmetscher_in
Basis (Auftrag)	SGB XIII	NKSS	SGB XIII und/oder NKSS
Biografischer Bezug	Fußballinteresse eher allgemeiner Art – obwohl nahezu alle Fanarbeiter_innen Quereinsteiger_innen aus anderen sozialpädagogischen Handlungsfeldern sind, wird das Motiv ‚Neuanfang als Karrierechance' oder ‚Herausforderung durch Pionierarbeit in einem neuen Handlungsfeld' vom Typus der Sozialarbeiter_innen stärker betont	Eigene Vorgeschichte als Fan in Kombination mit sozialpädagogischer Ausbildung ergeben ein Gefühl der besonderen Eignung für die Fanarbeit	Unklar bzw. variierend
Umsetzung	Subjektorientierte Fanarbeit: Beziehungsangebot als Basis sozialpädagogischer Intervention; Auffassung: Eskalationen im Kontext Stadionfußball und Fanrivalität als Bewältigungsverhalten lebensphasentypischer Entwicklungsaufgaben – Aufzeigen alternativer Bearbeitungsweisen; akzeptierende Haltung	Geht ähnlich wie ein Lobbyist oder eine Ombudsperson von einer benachteiligten Minderheit aus, wenngleich ein umfassendes Verständnis für das vorliegt, was andere Interessengruppen als bearbeitungsbedürftig problematisieren; Eigenlogik der Sinnwelt des kommerziellen Profi-Fußballs wird ebenso nachvollzogen wie die Logik des Fanseins; Unterstützung und Beratung von Fans, denen Sanktionen drohen; akzeptierende Haltung	Intervention folgt der Überzeugung, dass es sich bei Konfliktlagen zwischen Fans, Polizei und Vereinsrepräsentant_innen vor allem um Kommunikationsprobleme handelt, die sich durch Übersetzungsleistungen und Informierung beheben oder zumindest abschwächen lassen

---

9 Die vorliegenden Typen entsprechen dem Stand der Auswertung des vorliegenden Materials. Weitere Forschung kann die Typologie erweitern und helfen, die Typen weiter auszubauen.

Typologie: Fanarbeiter_innen
(Professionelle Selbstverständnisse von Leitenden und Mitarbeitenden in Fußball-Fanprojekten)

Typus	Sozialarbeiter_in	Schlichter_in	Dolmetscher_in
Zielsetzung	Bearbeitung des problematischen Fans: Verhaltens- und/oder Einstellungsänderung zur Integration in die Sinnwelt des kommerziellen Profi-Fußballs	Bearbeitung der anderen beteiligten Interessengruppen in unterschiedlichen Akzentuierungen, wie zum Beispiel: – Ziel, der Polizei im Umgang mit Fans mehr Menschlichkeit zu vermitteln – Ziel, den Repräsentant_innen der Vereine zu vermitteln, dass Stadionverbote kontraproduktiv sind – Ziel, anderen Beteiligten zu vermitteln, welche Rahmenbedingungen von Fußballevents fanseitig als Provokation aufgefasst werden und damit zum Problem beitragen	Kompromisslösungen finden: im Zuge wechselseitigen Verstehens sollen alle Beteiligten einen Beitrag zur Problemlösung leisten; Interessensabwägungen
Art der Vermittlung	Den Fans etwas vermitteln	Den anderen Interessengruppen die spezifischen Sinnsetzungen des Fanseins vermitteln (im Zweifel: pro Fan)	Zwischen Fans und anderen Interessengruppen vermitteln

Wir vermuten, dass unterschiedliche Trägerstrukturen und damit verbunden unterschiedliche (arbeits-)rechtliche Rahmenbedingungen ebenfalls dazu beitragen, dass der Auftrag *Bearbeitung des problematischen Fantums* inhaltlich divers ausgefüllt und seine Legitimation auf heterogene Weise formuliert wird.

Die Liebe zum Verein und zum Fußball als Authentifizierung

Im Rahmen unserer Studie mit Fanarbeiter_innen wird deutlich, dass sich die *Zielgruppe* nur scheinbar durch eine dem Fußballinteresse und der Liebe zum Verein geschuldete Homogenität auszeichnet. Zutreffender muss für alle Vereine von einer ausgeprägten Vielfalt der Anhängerschaften ausgegangen werden, für die eine Affinität zur je präferierten Mannschaft als alleiniges verbindendes Merkmal zu sehen ist. Merkmalsausprägungen wie Alter, Geschlecht, soziale Herkunft, Ethnizität, Bildung und dergleichen mehr und die daraus resultierenden diversen Lebenslagen können hingegen über die gesamte vorstellbare Bandbreite streuen. Aus dieser Heterogenität des Feldes ergeben sich wiederum die verschiedensten subjektiven Bedarfe, die Fanprojekte mit ihren Angeboten abdecken sollen. Die Anbindung an die Vereine erweist sich hier als konstitutiv. Fansozialarbeit ist in diesem Sinne vorrangig vereinsabhängige Arbeit. Dass ein Mitarbeiter des Gelsenkirchener Fanprojekts selbst offen Fan der Dortmunder Mannschaft sein könnte, ist genauso wenig plausibel wie die Annahme, dass in Düsseldorf ein Anhänger des Rivalen rheinaufwärts einen besonders guten Stand hätte. Auch über bekannte Konkurrenzen und Derbys hinaus erweist sich die Anbindung an den Verein als gemeinsamer Bezugspunkt von Professionellen und Fans. Im theoretischen Rahmen handelt es sich hier um sekundäre Objektivationen, das heißt die Vergewisserung und Reproduktion eines gemeinsamen symbolischen Sinnuniversums, welches nomisch die Weltwirklichkeit legitimiert. Die Geltung solcher Spezifika ist in anderen Lebensbereichen ambivalent: Die protestantische Interpretation des Christentums bleibt katholischen Gläubigen einerseits tendenziell sperrig und unpassend. Ein Wechsel zwischen den Konfessionen, selbst wenn der eigene Pfarrer keine schönen Predigten hält oder die Kirchenbänke unbequem sind, ist nicht so einfach möglich. Genauso wenig wird der feline Tierfreund seine Katze einfach durch einen Hund ersetzen. Stirbt sie, wird er sich jedoch gegebenenfalls eine andere Katze anschaffen. In diesen Beispielen bleibt eher eine gewisse Interessensrichtung prävalent: Fans einer bestimmten Band können recht problemlos die Konzerte ähnlicher Musikgruppen besuchen. Im Fußball ist dies für Zuschauer_innen jenseits des Schönwetter-Fans jedoch kaum möglich: Zwar werden sich alle Vereine vordergründig im modernen und kommerziellen Fußball immer ähnlicher, gerade aktive Fußballfans als Zielgruppe der Fanarbeit verstehen sich tendenziell aber eher traditionsbewusst und der Geschichte des Vereins, seiner eigenen ‚Logik', der Stadt und ihren Besonderheiten sowie den eigenen Gepflogenheiten als Fans und Fangruppen verpflichtet. Die Art der diskursiven Erzeugung eines symbolischen Sinnuniversums kann dabei durchaus zufällig und der Situation geschuldet sein. So erzählt diese_r Mitarbeiter_in eines Fanprojekts die Episode des Legitimierungsmoments:[10]

> *Ich hatte einmal dann ein Gespräch mit Teilen der Ultras und es ging um irgendeine Saison unseres Vereins, und ich habe gesagt: „Oh, ja, da hatte ich auch eine Dauerkarte!" Und alle Ultras gucken mich an: „Öh, krass! Okay!?" Und ich wurde dann halt ein bisschen ernster genommen.*

---

10 Alle Interviewsequenzen wurden zur besseren Lesbarkeit und zum Zwecke der Anonymisierung leicht verändert: Redepausen, Wortabbrüche oder Gesprächspartikel wurden entfernt, mundartliche Besonderheiten geglättet und Personen-, Organisations- und Ortsnamen maskiert. Auslassungen wurden durch […] kenntlich gemacht. Wir zitieren nachfolgend aus Interviews mit weiblichen und männlichen Fanarbeiter_innen, ohne jedoch die einzelnen Zitate geschlechtsspezifisch zuzuordnen.

Für die Praxis der Fanarbeit bedeutet das, dass Fanarbeiter_innen auf der basalen Wissensebene der Umgangsformen kulturell kompetent in der Lage sein müssen, in der Ansprache von einzelnen Fans und Fangruppierungen permanent ‚den richtigen Ton' zu treffen. Entsprechend einer mimetischen Anpassungsleistung (vgl. Köngeter 2009, S. 31) erweist sich hierfür die ‚authentische' Inszenierung einer gewissen Sympathie für die jeweils präferierte Mannschaft als Schlüssel, um eine Arbeitsbeziehung zwischen Fanarbeiter_innen und Fans aufzubauen und aufrechtzuerhalten. Eine gewisse ‚Credibility' ist also vonnöten, konkret die Legitimität eines gemeinsamen Sinnuniversums, die dem eigenen Fansein der Mitarbeiter_innen von Fanprojekten entspringt und ohne die Fanarbeit nicht erfolgreich zu leisten ist. Noch grundlegender scheint uns das Interesse am Fußball selbst zu sein. Offensichtlich ist eine gemeinsame Verständigungsbasis notwendig, die Augenscheinlichkeit, in das gleiche diskursive Feld eingebunden zu sein, um therapeutisch arbeiten zu können. Im Prinzip wird hier eine Verständigung über die Gültigkeit des gleichen Wahrnehmungs- und Deutungsrahmens erzeugt. Auf die Frage, wie wichtig das Fußballinteresse sei, antwortete der_die oben bereits zitierte Fanarbeiter_in wie folgt:

> *Mir persönlich hat das schon geholfen, dass ich mich schon im Fußball auskannte. Wenn man neu in diesen Job kommt, wird man halt auch erst einmal ein bisschen beäugt und es wird geguckt, wer man so ist und was man so macht.*

Während *Sozialarbeiter_innen* gemeinsame Interessen als Basis des methodisch kontrollierten, therapeutischen Eingriffs verwendet, verknüpfen *Schlichter_innen* dies eher mit Aspekten einer akzeptierenden Jugendarbeit (vgl. Krafeld 1996). Auf die Frage nach dem Speziellen der Fußball-Fansozialarbeit folgt ein Plädoyer für die Akzeptanz fußballspezifischer Weltwirklichkeit:

> *Man muss akzeptieren, dass Fußballfans halt Fußballfans sind und sich so verhalten, wie sie sich verhalten. Das ist für ‚normale' Leute manchmal schwer, sich herein zu versetzen. Wenn eine grölende Meute zu Fußballspielen fährt und durch die Stadt geht, dann ist das erst mal befremdlich. Aber das ist ein Gruppenerlebnis und in 95 Prozent der Situationen passiert ja nichts. Es wird keiner gewalttätig und nichts kaputt gemacht. Zwar werden immer irgendwie Grenzen überschritten, der normale Fußballfan ist befremdlich, aber das ist nun einmal sein Lebensmittelpunkt: Das Spiel am Samstag. Mit den Kumpels zu den Spielen zu gehen. Auch wenn sie nicht ins Stadion dürfen, wenn sie Stadionverbot haben, dass sie trotzdem mitfahren und die Hin- und Rückfahrt mit ihren Kumpels genießen. Das ist nun mal so!*

Wir gehen hier nun nicht von einer Zufälligkeit oder auch Unbedarftheit aus. Solche Aussagen dienen einer diskursiven Absicherung, einer Objektivierung der Welt des Fußballfans. Mehr als nur implizit sind wir, die „‚normalen' Leute", aufgefordert, diese Wirklichkeit zu verstehen: Im Regelfall passiert ja nichts. Dies ist ein Appell an die Menschen der Alltagswelt, die besondere Logik der Fußballfans zu verstehen. Wir begreifen solche Stellen jedoch nicht als Verharmlosung eines erkannten und durchdachten Problems, sondern als ehrlichen Versuch, die Wirklichkeit der Fans für den Alltagsmenschen und die Forscher_innen verstehbarer zu machen.

Schlichter_innen richten sich mit ihrer Art der Vermittlung gegen die Auftraggeber und gegen die bereits legitimierte, weil rechtlich abgesicherte Organisation zur Aufrechterhaltung institutioneller Ordnung. Sie tun dies, indem sie einerseits die Rolle von Grenzgänger_innen zwischen den konkurrierenden Sinnwelten des kommerziellen Profifußballs und des Fantums einnehmen und andererseits die Deutungshoheit der anderen beteiligten Akteursgruppen angreifen – mit der Forderung, dass der Auftrag und Eigenanspruch von Fanprojekten durch eine bundesweit einheitliche rechtliche Grundlegung der Interventionsmöglichkeiten und Zuständigkeiten von Fanarbeiter_innen ‚endlich' anerkannt werden müsse.

Sozialarbeiter_innen als Typus kennen ebenfalls eine weitreichende Akzeptanz des Fremden und eigentlich nur bedingt Verstehbaren. Sie verwenden eine gemeinsame Verständnisgrundlage jedoch als Ausgangspunkt therapeutischer Arbeit mit dem Ziel der Re-Sozialisation, beispielsweise wie folgt:

> *Wenn wir beim Thema Gewalt bleiben, was bringt dann einen jungen Menschen mit Anfang zwanzig dazu, die Motivation zu haben, jemanden am Spieltag eins auf die Fresse zu hauen? Einfach, weil er Spaß dran hat. Klingt für jemanden, der nichts damit zu tun hat, erst mal total bekloppt. „Warum? Den müsste man eigentlich wegsperren!" Wir beschäftigen uns halt auch mit dieser Person, verurteilen den aber nicht. Wir nehmen das so an, akzeptieren das, dass diese Person Lust an Gewalt hat und versuchen dahinter zu gucken: „Wo kommt das her?" Ich sage immer, kein Mensch kommt als Gewalttäter auf die Welt. Und sich dann damit zu beschäftigen und die Person ernst zu nehmen und ihn nicht abzuwerten, das ist, glaube ich, ein ganz, ganz wichtiger Teil. Ansonsten kann man mit den Personen, wenn sie sich nicht ernst oder angenommen fühlen, dann kann mit den Personen auch nicht arbeiten.*

Akzeptanz wird hier nicht einseitig aufgefasst. Vielmehr bringen die interviewten Fanarbeiter_innen ein Wechselspiel des Akzeptierens zum Ausdruck: Die Fans zu akzeptieren ist die Basis dafür, von diesen akzeptiert zu werden. Die Bereitschaft, sich auf das symbolische Sinnuniversum und die Weltwirklichkeit der Fans einzulassen und diese verstehend nachzuvollziehen, ist den beiden Fanarbeiter-Typen *Sozialarbeiter_in* und *Schlichter_in* gemeinsam. Die Typen unterscheiden sich jedoch dahingehend, dass aus dem verstehenden Nachvollzug unterschiedliche Konsequenzen für den Umgang mit weiteren beteiligten Akteuren, Akteursgruppen und deren Interessen abgeleitet werden. Dies zeigt sich besonders deutlich an dem jeweils formulierten Eigenanspruch an eine als handlungsfeldtypisch hervorgehobene Vermittlerrolle.

Doing-Social-Problems mit anderen Akteuren

Das Verhältnis der Fansozialarbeit zu anderen therapeutischen Akteuren ist durchaus komplex, obwohl mit der gemeinsamen Bearbeitung eines sozialen Problems eine ähnliche Zielsetzung existiert. *Schlichter_innen* tendieren hier stärker als *Sozialarbeiter_innen* zu Abgrenzungsbewegungen. Sehr typisch formuliert dies die Leitung eines Fanprojekts:

> *Der Spieltag im Stadion ist der wichtigste Tag, um die Beziehungen aufrecht zu erhalten, um ins Gespräch zu kommen und um in Kontakt zu bleiben. Vor dem Spiel, nach dem Spiel, während des Spiels. Man ist ja immer bei den Leuten dabei, man ist akzeptiert. Wir werden ja nicht als Aufpasser gesehen, sondern wir sind ein Teil der Szene und die wissen genau: wir sind auch, wenn es Probleme gibt, immer für die da. Die haben keine Nachteile durch uns und deswegen werden wir akzeptiert. […] Und wir sind durch die Arbeit in diesem Sicherheitsnetzwerk, das ist auch immer wichtig den Jungs auch deutlich zu machen, zwar vernetzt mit der Polizei, wir sind vernetzt mit dem Verein, wir sind vernetzt mit dem Ordnerdienst. Wir sind auch ein Teil dieses Netzwerks, das wissen die Jungs auch. Deswegen ist es für Fan-Projekte wichtig, sich zu positionieren gegenüber der Polizei, aber auch gegenüber den Fans. […] Auch der Polizei zu sagen: „Leute! Wir verpfeifen keine Fans!"*

Durch die Fans akzeptiert zu werden, bildet die essenzielle Vertrauensgrundlage für den Zugang zur Fanszene. Fanprojekt-Mitarbeiter_innen beschreiben diesen Zugang in den Interviews immer auch als durch den eigentlichen Auftrag beziehungsweise die daran gekoppelten Kooperationsstrukturen bedroht. Ob die oben zitierte Leitung dies als Bedingung ihrer Arbeit erkannt hat, oder ob sie qua ihrer beruflichen oder persönlichen Situation eher zurückhaltend auf andere Akteure reagiert, können wir nicht sagen. Deutlich wird jedoch, dass unbedingte Parteilichkeit ein Fundament der Fanarbeit ist. Die Herabwürdigung, welche die aktiven Fanszenen durch die Polizei spüren, erfahren auch die Mitarbeiter_innen der Fanprojekte trotz des gemeinsamen Auftrags mit den Ordnungsbehörden – obschon unter unterschiedlichen Vorzeichen. Die Grenzen zwischen innen und außen werden hier auf eine sehr besondere Art und Weise gezogen. Ausschlaggebend für den Objektivationsraum, für eine geteilte Deutung der Welt, ist der gemeinsame Sinnbereich der Liebe zum Fußball und zum Verein – weniger der Auftrag. Ein_e Mitarbeiter_in bringt diese für die Praxis der Fanarbeit typische Distinktion auf den Punkt:

> *Also ich glaub der Klassiker ist, dass die Polizei einfach den Strafverfolgungsauftrag hat. Es gibt Gesetze und Regeln und die dürfen nicht überschritten werden. Ansonsten gibt es die Konsequenzen. Wir haben diesen Auftrag nicht. Wir können einfach auch benennen, warum junge Menschen Grenzen übertreten müssen. Warum es gut ist, warum*

es dazugehört zu so einer Entwicklungsphase Jugend. Zum Erwachsenwerden. Und wir können so ein Stück weit vielleicht ein bisschen die Menschlichkeit reinbringen, die eben bei den Gesetzen untergehen kann.

Als bearbeitungsbedürftig wird hier in erster Linie die Polizei bezeichnet. Das als problematisch markierte Verhalten von Fußballfans, an das der Auftrag der Fanprojekte ja zunächst gekoppelt ist, wird als erforderliches Bewältigungsmuster lebensphasentypischer Entwicklungsaufgaben verstanden. Eine solche Haltung im Modus der Schlichtung (verstanden als eine von mehreren Typiken der praktischen Fanprojekt-Arbeit) einzunehmen, kann in dieser gemäßigten Form bei der Polizei für mehr Verständnis für die Fans werben. Sie kann sich aber auch, je nachdem, ob akute Eskalationserlebnisse den Erfahrungshintergrund von Fanarbeiter_innen prägen, bis zu der Forderung zuspitzen, die Polizei solle sich an Spieltagen möglichst weitreichend aus dem Geschehen rund um das Stadion und darin heraushalten, also so wenig wie möglich Präsenz zeigen, um Konfrontationen mit Fans zu vermeiden.[11]

Sozialarbeiter_innen sind demgegenüber eher weniger mit der Konfrontation mit der Polizei beschäftigt, sondern verstehen sich als Spezialist_innen, welche mit unterschiedlichen Methoden an einer gemeinsamen Sache – der Sicherheit im Stadion – arbeiten, wie diese Einrichtungsleitung ausführt:

Die gute Zusammenarbeit mit Polizei, die wurde hier in der Behörde gelebt. Der Polizeidirektor hat all seinen Polizisten im Feld eben mitgeteilt, welchen Stellenwert wir haben, wie wichtig wir für diese Arbeit sind und dass man mit uns auch dementsprechend kommunizieren muss. Es gibt Tage, wo er sagt: „Die Fanprojekte, das sind die Wichtigsten am Spieltag. Wir lassen die erst mal reden und wenn die nicht weiterkommen, können wir immer noch anderes versuchen". Das passiert nicht an vielen Standorten. Oftmals lässt Polizei sich auf so etwas gar nicht ein. Also, da werden die Maßgaben immer von oben herab bestimmt und da ist man Beiwerk! Hier sind wir Partner.

---

11 Dahinter steht die Auffassung, dass eine Sichtbarkeit von Ordnungshütern kommunikativ auch als Zeichen einer Unterstellung von Gewaltbereitschaft und damit von Fangruppierungen allein genommen schon als Provokation aufgefasst werden kann. Anders gewendet könnte man auch sagen, dass Polizeipräsenz auf das Vorhandensein öffentlicher Aufmerksamkeit verweise und insofern durch Fangruppierungen als „Bühne" aufgefasst werden könnte (vgl. für die Übertragung der Goffman'schen Bühnenmetaphorik auf (Jugend-)Szenen auch Rohmann 1999). Dieser Perspektive folgend würde die Art des Auftretens der Polizeikräfte Ausschreitungen überhaupt erst anreizen, bei denen Fans sich, ihre Stärke und ihren Zusammenhalt, performativ darstellen können.

Dem Typus *Sozialarbeiter_in* ist bewusst, dass Anerkennung für die Herangehensweise der Fanprojekte erarbeitet werden muss, wie in dem nachstehenden Zitat zum Ausdruck gebracht wird:

> *Also, ich glaube, Schwierigkeiten [mit der Polizei] sind immer da. Wir hatten das eine ganze Zeit so, dass auf diversen Ebenen nicht miteinander gesprochen wurde. Das haben wir uns jetzt letzte Saison ziemlich erkämpft, dass mit uns gesprochen wird, und zwar auch auf der Ebene der Polizeieinsatzleitung gegenüber uns. Dass man anders wahrgenommen wird als nach dem Motto: „Ihr seid ja ‚nur Sozialarbeiter'"! Und dass man sich da schon ein bisschen die Position auch erkämpfen muss und sagen muss: „Ja genau! Und eben weil wir Sozialarbeiter sind, haben wir einen Blickwinkel, den ihr überhaupt nicht beachtet. Und genau deswegen ist es wichtig, auch unsere Meinung und unsere Sichtweise zu hören!"*

Die hier berichtete Einstellungsänderung seitens der Polizei („dass man anders wahrgenommen wird") scheint ebenso wie der Beziehungsaufbau zu den Fans auf einem langwierigen Prozess der Vertrauensbildung zu basieren („letzte Saison ziemlich erkämpft") und entsprechend fragil zu sein. In dem Zitat schwingt jedoch nicht nur mit, dass Fanarbeit in einem Geflecht jederzeit aufkündbarer Tolerierung oder Kooperationsbereitschaften stattfinden kann, sondern auch, dass die aufgebauten Arbeitsbeziehungen personengebunden sind. Die Vertrauensperson, der Fans, Polizei oder Vereine bestimmte Zugeständnisse einräumen, ist nicht ohne Weiteres austauschbar. Die Polizei dürfte der wirkmächtigste Akteur während der Spieltage sein. An einer wie auch immer gearteten Zusammenarbeit mit ihr geht schlicht kein Weg vorbei. In der Ultima Ratio von Polizeieinsätzen können auch Hausherr-Entscheidungen des Vereins situationsbedingt außer Kraft gesetzt werden. Dieses ambivalente Verhältnis zwischen Anerkennung und Geringschätzung können *Sozialarbeiter_innen* von allen Typen am ehesten sehen. Hier lösungsorientiert tätig werden zu können und Sinnwelten zu vermitteln, macht für den_die im Folgenden zitierte Sozialarbeiter_in ihre Arbeit zutiefst und pragmatisch aus:

> *Man muss sich ein bisschen herein versetzen können in die Fans und man muss sich auch in die Polizei und den Verein versetzen können. Man muss halt die Rollen annehmen können und sich auch einmal vorstellen können: „Wie wäre es jetzt, wenn du der Polizist wärst?" Und so etwas dann vor allen Dingen den Fans vermitteln können. Es geht ja nicht darum, den Fans zu sagen: „Das darfst du nicht!" Es geht darum, die Fans dazu zu bewegen, über ihr Verhalten nachzudenken. Und das ist die Kunst. Das ist Sozialarbeit. Und dann bringt es auch was.*

Obwohl sich dieser Anspruch, Rollen verstehend nachzuvollziehen, nicht nur auf die Fans, sondern auch auf die Polizei bezieht, bleibt die Absicht der Einwirkung einseitig auf die Fans ausgerichtet. Es gilt, Reflexionsprozesse bei den Fans anzustoßen, um eine Verhaltensänderung durch Einsicht zu erreichen. Dies wird als nachhaltiger angesehen als ‚oberflächliche' kurzfristige Verhaltensänderungen, die durch Sanktionsandrohung erwirkt werden („dann bringt es auch was"). Ganz im Sinne des Auftrags sind und bleiben es aber die Fans, die eine Motivation entwickeln sollen, sich zu ändern. Im Kontrast dazu steht eine andere Spielart pragmatisch-praktischer Fanarbeit, in der eine solche Sinndeutung auch auf weitere Akteure ausgeweitet wird, wie der nachfolgende Interview-Auszug verdeutlicht:

> *Wenn beide einen Schritt aufeinander zu tun, also die Fans und der Verein, dann kommt man doch irgendwie auf einen gemeinsamen Nenner. […] Und wir als Vermittler können immer nur versuchen, der einen Seite, den Fans zu erklären, wie der Verein tickt und dem Verein versuchen zu erklären, wie die Fans ticken. Beide setzen sich dann hin und wollen eigentlich nichts davon hören. Dann schlage ich mir auch oft die Hände über den Kopf und denke: „Mein Gott, es kann eigentlich so einfach sein."*

Das Vermittlungsverständnis, das in diesem Statement aufscheint, unterscheidet sich in einem wesentlichen Punkt von dem zuvor vorgestellten sozialarbeiterischen Anspruch: Auch die ‚Gegenseite' soll zu einem Reflexionsprozess angeregt werden, der zum Ziel hat, die Relevanzen der Fanszene nachvollziehend zu verstehen. Im genannten Beispiel wird die Beziehung zwischen Verein und Fans in erster Linie als Kommunikationsproblem beschrieben, wobei der_die Fanarbeiter_in in einer Vermittlerrolle als *Dolmetscher_in* fungiert. Beiden Konfliktparteien muss erklärt werden, was die jeweilige Gegenseite meint, will oder tut. Die Intervention folgt also der Überzeugung, dass sich Interessenskonflikte durch Übersetzungsleistungen oder, in einer weiteren Spielart, durch Informierung beheben oder zumindest abschwächen lassen. Daran gekoppelt ist eine Zielsetzung, die sich von den beiden anderen Typiken praktischer Fanarbeit dadurch unterscheidet, dass alle Beteiligten einen Beitrag zu einer Kompromisslösung leisten sollen. Während also *Sozialarbeiter_innen* eine Verhaltensänderung der Fans erzielen (*den Fans vermitteln*) wollen und sich die Handlungspraxis von *Schlichter_innen* durch eine Parteilichkeit „im Zweifel pro Fan" auszeichnet (*den anderen vermitteln*), vermitteln *Dolmetscher_innen* dem Eigenanspruch nach wechselseitig beziehungsweise in beide oder alle Richtungen, was die jeweilige Perspektive und daran geknüpfte Prioritätensetzungen der Beteiligten ausmacht (*zwischen Fans und anderen Interessengruppen vermitteln*).

Abschluss und Forschungsbedarf

Eine Frage konnten wir mit unseren bisher erhobenen und interpretierten Daten nicht auflösen: Verkörpern Leitende und Mitarbeitende der Fanprojekte ihre professionellen Selbstverständnisse dauerhaft oder setzen sie diese vielmehr situativ-strategisch ein? Denkbar ist, dass die Akteur_innen eine jeweils als zielführend erscheinende Vermittlungsart bewusst auswählen, nachdem sie die akute Problemlage abgewogen und ihr Gegenüber eingeschätzt haben.[12] Sicherlich macht es einen Unterschied, ob im Verlauf einer angespannten und akuten Eskalation während eines Spieltags mit Dritten verhandelt werden muss oder ob sich die Vermittlungtätigkeit beispielsweise auf die organisatorische Vorbereitung von Spieltagen im Rahmen von Netzwerktreffen bezieht. Ein solcher Unterschied wird durch Interviewpassagen nahegelegt, die wir in diesem Beitrag aus Gründen der Anonymisierung nicht zitieren, sondern nur indirekt wiedergeben. Wird beispielsweise darüber berichtet, dass man sich zu von der Polizei eingekesselten Fangruppen habe „durchboxen" müssen, um die Fans zu beruhigen oder aber vor einer angenommenen Willkür der Ordnungskräfte und repressiven und als übertrieben dargestellten Mitteln zu schützen, so entsteht ein anderes Bild der praktischen Fanarbeit – wohlgemerkt innerhalb desselben Interviews. In dieser sozialarbeiterischen Praxis existieren mehrere Paar Schuhe, die zu unterschiedlichen Anlässen getragen werden wollen: Dazu gehört eine kumpelhafte Vertrauensbasis zu den Fans als Basis für präventive oder intervenierende Einwirkungen ebenso wie die Verhandlungstaktik am runden Tisch oder die Verteidigung der schutzbedürftigen Adressat_innen dieser besonderen Form der Jugendarbeit, wobei die Heftigkeit der Schutzreaktion an Löwenmütter erinnern kann. Zu dieser Verschiedenartigkeit von Anforderungskonstellationen und damit verbundenen Handlungsspielräumen tragen unterschiedliche rechtliche Absicherungen praktischer Fanarbeit sicherlich ihr Übriges bei.[13]

Unterm Strich wird deutlich: Wenn Fanprojekte von ihrer Tätigkeit berichten, dann sind hiermit ausgesprochen vielfältige Typen der Bearbeitung eines sozialen Problems gemeint. Hinter dem Begriff „Fanprojekt" stehen sehr unterschiedliche Handlungsspielräume, sehr unterschiedliche Problemkonstruktionen und damit verbunden auch sehr unterschiedliche Praktiken der Prävention und Intervention. Diese Unterschiede können aus den verschiedenen professionellen

---

12 Ebenfalls denkbar bleibt, dass sich die verschiedenen Typen innerhalb der Teams von Fanprojekten im Sinne konzeptioneller Vielfalt ergänzen können und damit Antagonist_innen in einem Good-Cop-Bad-Cop-Modell der zuständigen Sicherheitskräfte bilden.

13 Auf diesen Umstand können wir im vorliegenden Beitrag aus Gründen des Umfangs nicht ausführlich eingehen. Gemeint sind unterschiedliche Arbeitsbedingungen, die sich aus den unterschiedlichen Organisationsformen praktischer Fanarbeit ergeben: Während einige Fanprojekte als freie Träger in Vereinsform operieren, sind andere an kommunale, kirchliche oder verbandliche Trägerstrukturen angebunden. In diesem Zusammenhang thematisieren Praktiker_innen, dass sich die rechtliche Rückendeckung durch die Art der Trägerstruktur unterscheiden kann, beispielsweise in Bezug auf den praktischen Umgang damit, dass es kein Zeugnisverweigerungsrecht für Fanarbeiter_innen gibt, allerdings eine gewisse Verschwiegenheit als Basis der Arbeitsbeziehung zu den Fangruppierungen erforderlich sein kann.

Selbstverständnissen resultieren, die in diesem Beitrag skizziert wurden. Was zu erforschen bleibt, ist die Frage, ob Fanprojekte ihren Auftrag in dem Möglichkeitsraum erfüllen, den die anderen beteiligten Akteure ihnen offenlassen. Letzterer Eindruck verstärkt sich durch verschiedentlich vernehmbare Forderungen aus der Praxis der Fanarbeit, eine bundeseinheitliche rechtliche Grundlage für die Arbeit von Fanprojekten in Relation zur Polizeiarbeit zu schaffen.

Literatur

Albrecht, G. (1990): Theorie sozialer Probleme im Widerstreit zwischen ‚objektivistischen' und ‚rekonstruktionistischen' Ansätzen. In: Soziale Probleme, 1. Jg., H. 1, S. 5–20.
Berger, P./Berger, B. (1981): Wir und die Gesellschaft. Reinbek bei Hamburg: Rowohlt.
Berger, P./Luckmann, T. (1969): Die gesellschaftliche Konstruktion der Wirklichkeit. Frankfurt/M.: Fischer.
Best, J. (2008): Social Problems. New York: Norton.
Blumer, H. (1971): Social Problems as Collective Behavior. In: Social Problems, 18. Jg., 298–306.
Fimpler, T./Hannen, P. (2016): Kernaufgaben der Offenen Jugendarbeit. Wiesbaden: VS.
Gabler, J. (2017): Fußball, Sicherheit und Soziale Arbeit. Fußball-Fanprojekte: Jugendhilfeeinrichtung oder Sicherheitsdienstleister? In: Soziale Passagen, 9 Jg., H. 2, S. 299–316.
Goffman, E. (1969): Wir alle spielen Theater. Die Selbstdarstellung im Alltag. München: Piper.
Groenemeyer, A. (2003): Soziale Probleme und politische Diskurse. Konstruktionen von Kriminalpolitik in sozialen Kontexten. Bielefeld: Universität Bielefeld.
Groenemeyer, A. (2010): Doing Social Problems – Doing Social Control. In: Groenemeyer, A. (Hrsg.): Doing Social Problems. Wiesbaden: Springer VS, S. 13–56.
Groenemeyer, A. (2012): Soziologie sozialer Probleme. Fragestellungen, Konzepte und theoretische Perspektiven. In: Albrecht, G./Groenemeyer, A. (Hrsg.): Handbuch soziale Probleme, Bd. 1 und 2. Wiesbaden: Springer VS, S. 17–116.
Honer, A. (2011): Kleine Leiblichkeiten. Erkundungen in Lebenswelten. Wiesbaden: Springer
Keller, R. (2008): Diskurse und Dispositive analysieren. Die Wissenssoziologische Diskursanalyse als Beitrag zu einer wissensanalytischen Profilierung der Diskursforschung. In: Historical Social Research, 33. Jg., H. 1, S. 73–107.
Kitsuse, J./Spector, M. (1973): Toward a Sociology of Social Problems. Social Conditions, Value-Judgments, and Social Problems. In: Social Problems, 20. Jg., H. 4, S. 407–419.
Klatetzki, T. (2012): Wie die Differenz von Nähe und Distanz Sinn in den Einrichtungen der Sozialen Arbeit stiftet. Eine organisationstheoretische Deutung. In: Dörr, M./Müller, B. (Hrsg.): Nähe und Distanz. Ein Spannungsfeld pädagogischer Professionalität. Weinheim: Beltz, S. 76–87.
Knoblauch, H./Schnettler, B. (2004): Vom sinnhaften Aufbau zur kommunikativen Konstruktion. In: Gabriel, M. (Hrsg.): Paradigmen der akteurszentrierten Soziologie. Wiesbaden: Springer VS, S. 121–137.
Köngeter, S. (2009): Relationale Professionalität. Eine empirische Studie zu Arbeitsbeziehungen mit Eltern in den Erziehungshilfen. Baltmannsweiler: Schneider Hohengehren.
Kotthaus, J. (2021): Wissenssoziologische Sozialpädagogik. Entwurf einer Theorie der Sozialarbeit. Wiesbaden: Springer VS.
Kotthaus, J./Schmidt, H./Templin, D. (2021): Fanarbeit. In: Deinet, U./Sturzenhecker, B./von Schwanenflügel, L./Schwerthelm, M. (Hrsg.): Handbuch Offene Kinder- und Jugendarbeit. Wiesbaden: Springer VS, S. 625–636.
Krafeld, F.-J. (1996): Die Praxis akzeptierender Jugendarbeit. Konzepte, Erfahrungen, Analysen aus der Arbeit mit rechten Jugendlichen. Opladen: Leske + Budrich.
Nationaler Ausschuss Sport und Sicherheit (2012): Nationales Konzept Sport und Sicherheit, Fortschreibung 2012. Online: https://www.kos-fanprojekte.de/fileadmin/user_upload/material/soziale-arbeit/Richtlinien-und-Regeln/nkss_konzept2012.pdf (30.09.2018).

Pilz, G./Albrecht, D./Gabler, H./Hahn, E./Peper, D./Sprenger, J./Voigt, H.-F./Volkamer, M./Weis, K. (1982): Sport und Gewalt. Bericht der Projektgruppe ‚Sport und Gewalt' des Bundesinstituts für Sportwissenschaft. Schorndorf: Hofmann.

Pilz, G. (2013): Was können Fan-Projekte, was Fan-Beauftragte leisten? In: Pilz, G. (Hrsg.): Sport, Fairplay und Gewalt. Beiträge zu Jugendarbeit und Prävention im Sport. Hildesheim: Arete, S. 103–115.

Rohmann, G. (1999): Spaßkultur im Widerspruch – Skinheads in Berlin. Bad Tölz: Tilsner.

Schneider, P. (2020): Normal, gestört, verrückt. Über die Besonderheiten psychiatrischer Diagnosen. Stuttgart: Schattauer.

Schütz, A. (1971): Gesammelte Aufsätze, Bd. 1. Das Problem der sozialen Wirklichkeit. Den Haag: Nijhoff.

Schulze, G. (1992): Die Erlebnisgesellschaft. Kultursoziologie der Gegenwart. Frankfurt/M.: Campus.

Selmer, N. (2014): „Wir sind keine Cheerleader, wir stehen nicht am Rand". Weibliche Fans im Männerfußball. Online: https://www.bpb.de/gesellschaft/medien-und-sport/bundesliga/156699/weibliche-fans-im-maennerfussball (19.03.2019).

Sülzle, A. (2011): Fußball, Frauen, Männlichkeiten. Eine ethnographische Studie im Fanblock. Frankfurt/M.: Campus.

Zinnecker, J. (1987): Jugendkultur 1940–1985. Opladen: Leske + Budrich.

Fußball in der Migrationsgesellschaft
Bildet sich die Migrationsgesellschaft in den Fußballstadien der Fußballbundesliga ab?[1]

Carsten Blecher

Fußball verbindet. Die Stadien der 1. Bundesliga sind immer weitestgehend voll, über 13 Millionen Menschen besuchten die Spiele in der Saison 2017/18. Auf dem Platz wird Vielfalt gelebt, auf den Tribünen sollten körperliche und soziale Unterschiede keine Rolle spielen, denn das gleiche Fantrikot, die Farben des eigenen Vereins überdecken alle für Ungleichheit ausschlaggebenden Merkmale, die in der Gesellschaft zu Ausgrenzung führen. Das Selbstverständnis der Vereine und Verbände im Fußball liest sich entsprechend und betont ein gängiges Narrativ des Fußballs, wonach dessen „Integrationskraft" und das „Verbindende" an ihm Menschen, unabhängig von askriptiven Merkmalen wie der ethnischen Herkunft, zusammenbringe. Die Bekenntnisse für Vielfalt und Offenheit allen Kulturen gegenüber finden sich in verschiedenen Vereins- und Verbandssatzungen. Ein kritischer Blick auf Fußball und Fußballfans ist hier insofern interessant, als diese eine „eigene Kultur" leben, die „Zugehörigkeit, Identität und Zusammenhalt" (Thole et al. 2019, S. 5) ermöglicht und herstellt.

Tatsächlich haben zahlreiche Fans und überwiegend linkspolitisch aktive Ultragruppen beispielsweise als Reaktion auf die Fluchtbewegungen von 2015 und der folgenden Jahre Aktionen für Geflüchtete gestaltet. „Refugees-Welcome"-Transparente in den Fankurven wiesen das Stadion als antirassistischen Ort aus. Clubs luden Geflüchtete zu Spielen ein und bezogen damit Position als eine integrative, offene Institution in der Stadt. Sozialpädagogisch arbeitende Fanprojekte organisierten in ihrem Aufgabenfeld der Antidiskriminierung Turniere und Begegnungen von jugendlichen Fans und fußballbegeisterten geflüchteten Kindern und Jugendlichen. Aber ist die Vielfalt, die in der Migrationsgesellschaft Normalität ist, tatsächlich auch unter Fußballfans vorhanden?

In diesem Beitrag werden Fußball und Fans als Forschungsfeld hinsichtlich einer die Migrationsgesellschaft abbildenden Diversität beleuchtet. Einen wichtigen Bezug bilden die ersten beiden Teilprojekte der Studie *Diversität unter Fußballfans*.[2] Skizziert wird, welche Handlungsempfehlungen sich aus den bis-

---

1 Der folgende Text bezieht sich ausschließlich auf Männerfußball.
2 Diese wurde von März 2015 bis Februar 2016 aus dem Pool zur Förderung innovativer Fußball- und Fankultur (PFIFF) der Deutschen Fußball Liga GmbH finanziert und war von Juni 2016 bis März 2017 angesiedelt am Forschungskolleg „Zukunft menschlich gestalten" (FoKoS) der Universität Siegen.

herigen Erkenntnissen generieren lassen. Das Forschungsfeld Fußball, genauer der Kommunikationsraum Stadion, wurde für diese Untersuchung gewählt, da dieser Sport als relevant für eine Gesellschaft und ihren Umgang mit Migration angenommen wird. Die Populärkultur Fußball wird als wichtige zivilgesellschaftliche Institution betrachtet, deren Wirkmacht über das rein Sportliche hinausreicht (vgl. Hebestreit 2012).

Sozialstruktur des Fußballfans

Im Folgenden soll ein Überblick über den Forschungsstand zum Verhältnis von Fußball und Gesellschaft bezüglich der Themenbereiche Migration und Fußball, Ungleichheitskategorien und Rassismus gegeben werden. Die sozialwissenschaftliche Fußballforschung ist in Deutschland im Vergleich zu Großbritannien noch nicht sehr lange wissenschaftlich institutionalisiert. Den Schwerpunkt bilden Forschungen mit gewaltsoziologischem Fokus; zu nennen sind vorrangig die Arbeiten von Heitmeyer und Pilz (vgl. Pilz 1981; Pilz et al. 1982; Heitmeyer und Peter 1988). Innerhalb dieses Schwerpunkts differenzierte sich die Forschung zu deviantem Verhalten aus. Eine Perspektive verfolgt Verknüpfungen mit sub- und jugendkulturellen Szenen und untersucht einzelne Gesellungsformen, wie die Unterscheidung von Fantypen, Hooliganismus und Ultrakultur (vgl. Pilz et al. 2006; Kathöfer/Kotthaus 2013; Winands 2015). Gleichzeitig werden Rechtsextremismus und Nationalismus im Zusammenhang mit Fußball thematisiert (vgl. Heitmeyer/Peter 1988; Dembowski 2003; Duben 2015).

Die Leerstelle in der Erforschung von Migrationsphänomenen aus Perspektive der Fußballforschung wird in theoretischen Arbeiten bemerkt (u. a. von Selmer/Schwenzer 2010). Dass Migrant_innen in den Stadien unterrepräsentiert sind, beschreiben zumindest explorative Fußballforschungen als nicht intendierten Befund mit Hinweis auf notwendige Anschlussuntersuchungen (vgl. Pilz 2006; Winands 2015). Pilz et al. konstatieren in ihren Studien zur Ultrakultur den immer noch geringen Frauenanteil und den geringen Anteil an Migrant_innen in den Stadien. Weitere Arbeiten und Fanbefragungen, unter anderem in Berlin und Hannover, stützen diesen Befund. Sie sind jedoch entweder unveröffentlicht oder wurden als Praxisprojekte durchgeführt – und wurden damit nicht systematisiert und blieben letztlich unwissenschaftlich (vgl. Schwenzer/Selmer 2010).

Winands stellt bei seinen Feldforschungen zur Ultrakultur im Stadion die (Un-)Sichtbarkeit von Ethnizität fest, dass „die Anzahl derer, bei denen aufgrund ihrer äußerlichen Differenz zur autochthonen Bevölkerung ein Migrationshintergrund vermutet werden konnte, verschwindend gering" (Winands 2015, S. 252) gewesen sei. Die Diversität hinsichtlich ethnischer Markierungen, die schließlich die Normalität in einer Einwanderungsgesellschaft darstellen, bildet sich demnach im Fußballstadion nicht ab, wenngleich davon ausgegangen werden kann, dass Fußball nicht nur in Deutschland zu den beliebtesten Sportarten zählt (vgl. Winands 2015, S. 253).

Studien zur Sozialstruktur im Stadion haben ergeben, dass das Fußballpublikum heterogen ist. Fürtjes (2013) zeigt in seinen sozialstrukturanalytischen Forschungen aus historischer Perspektive, dass der Fußball seit seiner Etablierung in Deutschland zu Beginn des 20. Jahrhunderts „ein schichtübergreifendes Massenphänomen" darstellt (vgl. Fürtjes/Hagenah 2011). Er weist nach, dass sich eine der Gesamtgesellschaft entsprechende Sozialstruktur im Fußballpublikum widerspiegelt. Eine detaillierte Studie zur Sozialstruktur und zum Verhalten des Fußballpublikums legte Bromberger (2001) für Italien und Frankreich vor. Er hat in seinen ethnologischen Forschungen die Sozialstruktur der Zuschauer_innen in Stadien in Frankreich und Italien, unter anderen in Marseille, Turin und Neapel, zur jeweiligen Stadtstruktur in Beziehung gesetzt. Die Publikumsstruktur ist demnach ein Abbild der Stadt. Die Stadionbesucher_innen gruppieren sich innerhalb der Arenen der untersuchten Städte nach denselben Kategorien, wie sie in Stadtvierteln segregiert leben. Nach Horaks Lesart dieser Befunde Brombergers ist das Stadion damit „als eine Art Stadtplan zu lesen, als ein Ort, an dem die Zurschaustellung sozialer Beziehungen und kultureller Praxen zu beobachten wäre" (Horak 2008, S. 14). Hinsichtlich ethnischer Vielfalt kann dieser in Italien und Frankreich erhobene Befund für Deutschland aber nicht angenommen werden.

Zu Ungleichheitskategorien liegen Arbeiten zu Geschlecht und Geschlechterkonstruktionen vor (vgl. Claus 2016; Sülzle 2005). Aus Gender-Perspektive sieht Sülzle im Stadion einen „wichtigen Ort gesellschaftlich wirksamer Konstruktionen von Männlichkeit", auch unabhängig von der empirisch nachgewiesenen geringen Anzahl an Frauen in den Stadien – gemessen an der gesellschaftlichen Verteilung (vgl. Sülzle 2005, S. 39). Nach Pilz (2006, S. 16) ist das Stadion ein „Brennglas gesellschaftlicher Entwicklungen und Problemfelder", insbesondere auch mit Blick auf Rechtsextremismus und Fremdenfeindlichkeit. Gabriel (2008, S. 43) wendet die Brennglas-Metapher auf rechtsextreme Tendenzen und Rassismus an. Auch Dembowski beobachtet Phänomene wie Rechtsextremismus „im Fußball wie durch eine Lupe an Schärfe gewinnen" (Dembowski 2007). Schubert sieht im Fußball einen „Seismograph für rechtsextreme Stimmung in der deutschen Gesellschaft" (Schubert 2009, S. 5). „Fußballspiele", konstatieren Scheuble und Wehner (2006, S. 26), seien „nicht von Politik und nationaler Identität zu trennen".

In Differenz dazu betont eine andere Lesart des Fanverhaltens im Stadion eine Egalisierung gesellschaftlicher Differenzkategorien und Problemfelder. Strukturanalog zu anderen rituellen Großgruppen, etwa bei religiösen Messen oder im Karneval, werden in solchen Ritualen gesellschaftliche Verhältnisse nicht gespiegelt oder verstärkt, vielmehr stellen sie nach Moser eine Gegenstruktur zur Realität dar: „Gerade durch die vereinheitlichende Kleidung und das vereinheitlichende Verhalten gelingt es gar nicht, sich sozial so stark zu distinguieren, wie dies im Alltag der Fall ist. Der Habitus der Fußballfans ist tendenziell einheitlich, ungeachtet der sozialen Stellung, welche die jeweiligen Individuen außerhalb des Stadions innehaben" (Moser 2012, S. 70). Unklar bleibt, wie genau sich diese Egalisierung darstellt und wie wirkmächtig sie für Menschen ist, die außerhalb des Stadions ausgegrenzt werden. Das Stadion kann als Ort der „Außeralltäglichkeit" beschrieben werden, an dem gesellschaftliche Konventionen in der Großgruppe überschritten werden können (vgl. Bronner 2017). Doch dieses außeralltägliche Agieren im Stadion ist kein außergesellschaftliches – die Teilnahme dort ist ebenso an Machtverhältnisse gekoppelt: Man muss teilnehmen dürfen (vgl. Claus 2016, S. 41). Die gesellschaftlich relevanten askriptiven Merkmale werden im Fußball keineswegs obsolet. Der „komplexen und dynamischen Konfiguration des Fußballpublikums" wird man nach Horak nicht gerecht, wenn man dieses als „homogene Masse" der Gleichgesinnten beschreibt (vgl. Horak 2008, S. 14). Dem „gesellschaftlichen Zerrbild" im Stadion ist zu eigen, dass es zwar einerseits spezifischen Regeln folgt, andererseits jedoch nicht unabhängig von gesellschaftlichen Entwicklungen ist (vgl. Pilz et al. 2006, S. 361). Mit der Erkenntnis von Pilz et al. aus umfangreichen Fanforschungen, dass „das Stadion und die Stadionkultur vorwiegend männlich, heterosexuell und mono-ethnisch geprägt sind" (Pilz et al. 2006, S. 360), wird deutlich, dass das Forschungsprojekt einen Schwerpunkt auf die Dialektik von Fußballkultur und gesellschaftlichen Bedingungen legen muss.

Wir gegen die Anderen: Ein Blick auf die kulturelle Logik des Fußballs

Der Ordnungsrahmen der kategorialen Zuordnungen im Fußball (und grundsätzlich im Teamsport) sieht eine dichotome Unterscheidung in eine Wir-Gruppe und eine Gruppe der Anderen vor. Die Clubzugehörigkeit im Stadion markiert die Differenz, nach der das eigene vom gegnerischen Team, die eigenen Fans von den Fans des Gegners, die Heim- von der separierten Gästetribüne und so weiter unterschieden werden. Diese Konstruktion ist interessant und implizit konfliktträchtig, weil das „Wir" und die „Anderen" als Rassismus-Motiv konstitutiv ist (vgl. Rommelpacher 2009). Die Konformität durch die äußerlich zur Schau getragene Kostümierung, die einen als Angehörigen der einen oder der anderen Fangemeinschaft ausweist, entfaltet eine „tendenziell egalisierende Wirkung" (Moser 2012, S. 70). Das Zusammengehörigkeitsgefühl der Solidargemeinschaft (vgl. Moser 2012, S. 70) im Stadion stärkt das Zugehörigkeitsgefühl zur Wir-Gruppe und speist sich nicht zuletzt auch aus der Existenz der Anderen, den Anhänger_innen des gegnerischen Clubs. Mit Nina Degele (2009) kann zusammengefasst werden, dass Fußball gerade durch Ausgrenzung verbindet.

Durch das emotionalisierte, fanatische Zusammentreffen, das Agieren in der anonymen Masse bieten Stadien entsprechend ein Feld, auf welchem sowohl

Zusammengehörigkeit als auch Ausschluss praktiziert werden. Dabei liegt die Besonderheit im Fußball im Betonen seiner Tradition, seiner lokalen Bindungen. „Dem Verein zugeschriebene Werte und symbolische Bedeutungen speisen sich aus der Konstruktion der Vereinsgeschichte, die eng mit dem lokalen Imaginären des Stadtteils der Stadt verknüpft ist" (Schwenzer und Selmer 2010, S. 392). Herkunft kann über die identifikatorische Verbindung zu einem Verein und seiner Geschichte angeeignet werden. Schäfer und Roose (2008) verweisen im Rekurs auf die Grundlagenwerke von Tönnies, Durkheim und Weber und deren Bestimmung der Beziehung von Gemeinschaft und Gesellschaft auf die Vergemeinschaftung von Fußballfans anhand der Dimensionen Identifikation, Interaktion und Kollektivwohlorientierung. Diese moderne Form der Vergemeinschaftung ist demnach charakterisiert durch die Identifikation mit dem Fanobjekt, dem Fußballclub, die subjektiv empfundene Gruppenzugehörigkeit sowie die affektivemotionale Interaktion. Der freiwilligen emotionalen Teilnahme an einer Gemeinschaft steht bei Tönnies (1979) der zweckrationale, vernünftige oder konstruierte Charakter der Gesellschaft gegenüber.

Insgesamt wird die Notwendigkeit eines Forschungssettings deutlich, welches die Normalisierungspraktiken innerhalb des Fußballs fokussiert. Wenn man die Problematik einer ethnischen Kulturalisierung fortlaufend beachtet und sich der Erforschung von Fußballkulturen zuwendet, gilt in zweifacher Hinsicht das Postulat von Sökefeld (2004, S. 17): „Kultur erklärt nichts – sie muss selbst erklärt werden." Weiterführend ist ein differenz- und dominanzsensibler Ansatz, welcher sowohl Konstruktionen als auch Wechselbeziehungen und Aushandlungsprozesse gesellschaftlicher und fußballspezifischer Normalität in den Blick nimmt. Die diversitätsfokussierende Perspektive betont den konstruktivistischen Charakter des Anderen. Um diese Unterscheidungspraxis zu verdeutlichen, führt Mecheril (2004, 2010) den Begriff „Migrationsandere" ein. Diese sind „Ausdruck einer gesellschaftlichen – also: einer politischen und einer kulturellen – Relation. [...] Migrationsandere ist also ein Wort, das zum Ausdruck bringt, dass es ,Migranten' und ,Ausländerinnen' und komplementär ,Nicht-Migranten' und ,Nicht-Ausländerinnen' nicht an sich, sondern nur als relationale Phänomene gibt" (Mecheril 2004, S. 24). In Abgrenzung zu immer noch wirkmächtigen Integrations- und Assimilationskonzepten wird im Sinne der kritischen Migrations- und Rassismusforschung der_die Migrationsandere als Handlungssubjekt betrachtet. Ebenso grenzt sich diese Perspektive der Subjektivierung von einer defizitorientierten Betrachtung von Migrationsanderen als Opfer von Diskriminierung ab. Zentral sind die Forschungsfragen: Warum fühlt man sich einer Fußballclub-Fangemeinschaft zugehörig? Welche Bedeutung hat Migrationsgeschichte in der Fußballfangemeinschaft? Wie positioniert sich der_ die Migrationsandere (als derart Bezeichnete_r) im Feld der Fußballfankultur unter den Bedingungen von Diskriminierung?

Zwischenergebnisse der Studie *Diversität unter Fußballfans*

Da bislang Arbeiten fehlen, welche Migrations- und Fanforschung verbinden, sollte dieses Feld mittels verschiedener Erhebungen ausgeleuchtet werden. Daher wurde ein Forschungsdesign mit verschiedenen quantitativen und qualitativen Methoden gewählt. Auf eine Triangulation von Methoden und Daten musste verzichtet werden. Angelehnt wurde das Vorgehen dabei an das Vertiefungsmodell, nach welchem auf eine quantitative Erhebung eine qualitative folgt, um interpretierende Analyseschritte der quantitativ erhobenen Daten vorzunehmen (vgl. Kuckartz 2014, S. 27 ff.; Mayring 2001, S. 22). Da es keine veröffentlichten Befunde dazu gab, wie viele Menschen mit Migrationsgeschichte Fußballstadien besuchen, wurden quantitative Fanbefragungen bei zwei Heimspielen eines Bundesligisten durchgeführt. Darauf folgte ein Gruppeninterview mit zwei Fanbeauftragten des Clubs, da diese die quantitativ gewonnenen Erkenntnisse mit ihrem Expertenwissen interpretieren sollten (vgl. Mayring 2001, S. 24; Helfferich 2014). Anschließend wurde wiederum mit qualitativer Methodik auf die Zielgruppe jugendlicher Fußballfans abgestellt: In zwei Gruppendiskussionen ging es um deren Fanbiografien sowie die Bedeutung des Fußballs und des Lieblingsclubs in ihrem Leben. Ein Vereinsportrait sollte schließlich die Voraussetzungen für eine diversitätssensible Ausrichtung des Clubs prüfen.

Zunächst interessierte im ersten Teil der Forschungsarbeit die Überprüfung der Wahrnehmung, dass Menschen mit Migrationsgeschichte in den Stadien der Proficlubs unterrepräsentiert seien. In einem ersten empirischen Schritt fanden daher zwei Zuschauerbefragungen im Heimstadion des untersuchten Bundesligisten statt. Diese dienten zunächst einem Überblick, welche Bevölkerungsgruppen im Stadion in Bezug auf Alter, Geschlecht und Herkunft unter- beziehungsweise überrepräsentiert sind. Im Vorfeld boten sich verschiedene Durchführungsmethoden an. Um einer systematischen Stichprobenziehung Rechnung zu tragen, wurde aufgrund des Problems der Selbstselektion auf eine Online-Befragung ebenso verzichtet wie auf die Befragung von Vereinsmitgliedern. Diese Erhebung hätte das Kriterium der Mitgliedschaft vorausgesetzt und somit Probleme in Bezug auf eine Einschränkung der Grundgesamtheit hervorgerufen. Vielmehr ging es entscheidend um die Teilnahme an den Inszenierungen im Stadion. Um schließlich die zentrale Fragestellung nach der Anzahl der Menschen mit Migrationsgeschichte beantworten zu können, eignete sich am besten eine Vor-Ort-Zuschauerbefragung. Als Erhebungseinheit wurden die tatsächlich körperlich im Stadion anwesenden Personen ausgewählt. Die Untersuchungseinheit ist mit der Erhebungseinheit identisch, das heißt die Anwesenheit im Stadion ist das Kriterium für die Wahrnehmungsüberprüfung.

Mittels Fragebogen wurden von einer Stichprobe sozialstrukturelle Merkmale (Alter, Geschlecht, Ausbildung, Wohnort), Charakteristika der Anhängerschaft

(Anzahl besuchter Spiele, Platz im Stadion) und verschiedene fußballbezogene Einstellungen erhoben. Die entscheidende Frage war hierbei die nach der natioethno-kulturellen Herkunft, konkret die (familiäre) Migrationsgeschichte. Daher sollten die Befragten neben dem eigenen auch den Geburtsort und das Geburtsland der Eltern und Großeltern angeben. Die Stichprobe wurde über eine einfache Zufallsauswahl erhoben. Um einen hohen Rücklauf gewährleisten zu können und eine möglichst gleich verteilte Anzahl Befragter aus den verschiedenen Bereichen des Stadions zu erhalten, wurde eine kombinierte Quoten- und Zufallsauswahl vorgenommen (vgl. Stollenwerk 1996, S. 38 ff.). Bei den beiden Spielen ergab sich eine Grundgesamtheit N = 96.936. Insgesamt wurden 350 Fragebögen in den 2,5 Stunden zwischen Einlass und Anpfiff verteilt. Die Rücklaufquote war mit 55 % recht hoch. Bezogen auf die beiden Befragungen ergab sich bei der ersten Spielpaarung ein Rücklauf von 107 von 175 Fragebögen (61 %), bei der zweiten Spielpaarung ein Rücklauf von 86 von 175 Fragebögen und somit eine Quote von 49 %. Die Fragebögen wurden anschließend mit einer Statistik-Software ausgewertet.

Anhand des von den Vereinen zur Verfügung gestellten Datenmaterials zu ihren Mitgliedern sollten für deren Sozialstruktur sowie in Bezug auf den Stadtteil (unter anderen Verteilung der Fanclubs, Einzugsgebiet der Dauerkarteninhaber_innen) charakteristische Merkmale herausgearbeitet werden. Des Weiteren wurde in diesem Vereinsportrait das Leitbild des Clubs hinsichtlich des Forschungsthemas untersucht. Mit zwei Fanbeauftragten des Clubs fanden Experteninterviews statt. Dafür standen zwei der insgesamt drei Fanbeauftragten des Clubs zur Verfügung. Sie wurden aufgrund ihrer Reputation und ihrer Position als relevante Akteure im Forschungsfeld und zu der Forschungsfrage ausgewählt. Zudem sind sie in die Fans betreffende relevante Entscheidungen verantwortlich involviert. Ihnen ist die Lebenswelt der Fans vertraut. Zudem wurden vier Gruppendiskussionen mit Jugendlichen an einer Schule durchgeführt. Die Entscheidung für ein Gruppendiskussionsverfahren resultierte aus der Annahme, dass neben individueller Fanbiografie im gemeinsamen Gespräch unter Jugendlichen unterschiedliche Meinungen diskutiert würden, beispielsweise zu den Fragen, warum man ins Stadion geht beziehugsweise nicht geht, wie die Atmosphäre dort erlebt wird und wie sich die Wahrnehmungen diesbezüglich unterscheiden. Zentral waren Fragen nach der subjektiven Bedeutung des Fußballs beziehungsweise des Fußballerlebens, der Vereinszugehörigkeit und -bindung sowie nach möglichen Ausgrenzungs- und Diskriminierungserfahrungen im Kontext Fußball. Hinsichtlich eigener Migrationsgeschichte und Geschlecht der jugendlichen Gesprächsteilnehmer_innen wurden keine Vorgaben gemacht. Vielmehr war davon auszugehen, dass sich bei einer diversen Schülerschaft an der Schule eine entsprechend diverse Gesprächsrunde ergeben würde. Der Migrationsanteil der Schülerschaft entsprach mit ca. 39,7 % annähernd dem Anteilswert an Migrationsgeschichten der Stadt.

In der ersten, einjährigen Projektlaufzeit erhärteten sich die Hinweise darauf, dass sich die diverse Stadtgesellschaft nicht im Stadionpublikum spiegelt. Quantitative Fanbefragungen bei zwei Heimspielen des Bundesligaclubs lieferten den Befund, dass lediglich vier der 193 befragten Zuschauer_innen nicht in Deutschland geboren waren. Die Personen mit Migrationsgeschichte waren – gemessen am Anteil in der Stadtgesellschaft – unterrepräsentiert. Dies wird auf Grundlage des geringen Datensatzes bewusst zurückhaltend formuliert. Betrachtet man die große Gruppe türkeistämmiger Menschen in Deutschland beziehungsweise in der untersuchten Stadt, so irritiert der Befund von lediglich jeweils einer Angabe des Geburtslandes Türkei unter den Eltern- und Großelternausprägungen. Der Blick in die Daten ergibt, dass es sich hierbei um einen 22-jährigen in Deutschland geborenen Mann handelt, der als einziger eine familiäre türkeistämmige Migrationsgeschichte aufweist. Für belastungsfähigere Befunde sind weitere Fanbefragungen mit einem größeren Datensatz in verschiedenen Fußballstadien notwendig.

Hinsichtlich des Vergleiches der Stadiongemeinschaft mit der Stadtgesellschaft wird nun auf den städtischen Ausländeranteil und den Anteil der Menschen mit Migrationsgeschichte geblickt. Der Ausländeranteil der Stadt des Fußballclubs betrug bei 1,04 Mio. Einwohner_innen 17 % im Jahr 2014. 186.995 Ausländer_innen lebten 2014 in der Stadt, diejenigen mit türkischer Staatsangehörigkeit bildeten mit 30,6 % die größte Gruppe unter ihnen. Im Jahr 2014 hatten 376.220 Einwohner_innen einen Migrationshintergrund, das entspricht 35,7 % der Gesamtstadtbevölkerung. Davon sind 189.225 deutsche Staatsangehörige mit Migrationshintergrund. Blickt man auf die Zahl der Einbürgerungen (2.528), fallen vor allem Einwohner_innen mit früherer türkischer Nationalität mit 28,4 % im Jahr 2014 ins Gewicht (vgl. Statistisches Jahrbuch 2015, S. 24–64).

Diskriminierungserfahrungen im Stadion gaben die Befragten mit Migrationsgeschichte nicht als Grund für ihr Fernbleiben an. Vielmehr beschrieben die Jugendlichen das Stadion aus ihrer Perspektive als Ort eines homogenen, ethnisch einheitlichen und gemäß der nationalen Liga zuzuordnenden Publikums, in dem Migrationsandere sich nicht einfänden. Die Jugendlichen lieferten mit ihren Aussagen Hinweise, denen hinsichtlich Ausgrenzungsmechanismen nachgegangen werden muss. Diese Hinweise finden sich in Beschreibungen des „Unwohl-Fühlens" sowie in der Annahme, dass im Stadion „Leute unter sich" seien. Dies verweist auf die Notwendigkeit eines stärker ethnografisch angelegten Forschungsdesigns, welches Erkenntnisse über die Atmosphäre im Stadion, die fußballkulturellen Konventionen, Traditionen und Konstruktionen der Zugehörigkeiten liefert.

Der Einfluss der Fußballclubs kann hierbei als eher gering eingeschätzt werden, da die Prägung durch die Familie bei der Clubwahl sehr stark ist. Dies wird von allen Jugendlichen, die einen Lieblingsclub haben, in den Gesprächen betont. Auffallend ist, dass der Fußball keine Möglichkeit der Mehrfachzugehörigkeiten zu bieten scheint; fußballkulturell herrscht ein Entweder-oder vor, während ein Sowohl-als-auch bei der großen Bedeutung des Lieblingsclubs keine Alternative darstellt. Der Entscheidungszwang, der von manchen Gesprächsteilnehmer_innen anschaulich anhand von Streits innerhalb der Familie und an Beeinflussungen der Kinder verdeutlicht wird, verweist – übertragen auf das Integrationsthema – eher auf Assimilationskonzepte als auf gegenwärtige Vielfalts- und postmigrantische Positionen (vgl. Yildiz 2013). Die quantitativen Erhebungen lieferten Hinweise darauf, dass die „gelebte Diversität" (Bukow 2010, S. 101) im Fußballstadion nicht auffindbar ist. Der gelingende Umgang mit Fremdheit, den Bukow durch die historische Entwicklung der von ihm untersuchten Stadtviertel (vgl. Bukow 2010, S. 108 ff.) erklärt, wird im Stadion nicht eingeübt. Die „bemerkenswerte[n] Veränderungsresistenz der Fußballfankultur" (Sülzle 2005, S. 39) wird sichtbar.

In den Interviews wurde deutlich, dass der Fußball mit seiner gesellschaftlichen Bedeutung – und insbesondere der Club als Markenzeichen der Stadt – mehr ist als nur eine Sportart beziehungsweise ein Sportverein. Er ist emotional aufgeladen, definiert Zugehörigkeiten und markiert die Stadt. Im Stadion sind die Fans aus der Stadt und der Region, wie anhand der Postleitzahlen-Verteilung der quantitativen Erhebung erkannt wurde. Das Stadion kann als Kommunikationsraum beschrieben werden, in dem sich eine nach Alter, Bildungsgrad und Beruf heterogene Gruppe regional ansässiger Fußballfans trifft. Demgegenüber steht die Homogenität hinsichtlich ethnischer Herkunft. Mosers (2012) Beschreibung des Fußballpublikums als „einheitliche Masse" findet sich in den Aussagen der Jugendlichen wieder, sofern man auf die ethnische Kategorie fokussiert. Das Stadion als „ideale[r] Rahmen, um das Bedürfnis der Menschen nach Gemeinschaft zu befriedigen" (Moser 2012, S. 69), enthält aus Perspektive der Jugendlichen eine ethnisch definierte Gemeinschaft. Über familiäre Bindungen und lebensweltliche Bezüge zum Herkunftskontext der Eltern oder Großeltern differenzieren die Interviewten zwischen nationalen Ligen, zum Beispiel zwischen deutschem oder türkischem Fußball, dem wiederum entsprechende ethnische Fangruppen zugeordnet werden, oder einfacher gesagt: In deutschen Stadien sind deutsche und in türkischen Stadien türkische Fans anzutreffen. Das Stadion, so lässt sich mit Blick auf die quantitativen und qualitativen Erhebungen resümieren, ist insgesamt also kein Ort, „an dem herrschende Normen in Frage gestellt und eine andere urbane Selbstverständlichkeit erzeugt wird" (Yildiz 2016, S. 5).

Schluss und Folgerungen für die Praxis: Diversity

Hinsichtlich der postulierten Integrationskraft im Selbstverständnis des Fußballs – und insbesondere in der Selbstdarstellung der Vereine – ergibt sich folgende wichtige Annahme für diese Forschungsarbeit: Im Gegensatz zu anderen Organisationen, welche Vielfalt organisieren und im Sinne des Diversity-Managements handeln wollen, bedeutet dies für den Fußball zunächst nicht „Mehraufwand, Konflikte und Disharmonie verursachend[e]" Irritationen (Munsch 2010, S. 158), sondern drückt vielmehr einen wichtigen Teil des Selbstverständnisses aus. Diversity bezieht sich nicht nur auf ethnische Zugehörigkeiten sowie die Definition und das Verhältnis von „Wir und die Anderen" zwischen als deutsch und als nicht deutsch markierten Menschen, sondern konzentriert sich auf die bessere Wahrnehmung, Förderung und Partizipation von Minderheiten als sozialen Gruppen, denen aufgrund bestimmter Merkmale der Zugang zu Ressourcen und sozialen Positionen erschwert ist. Wichtig für die Selbstwahrnehmung sollte eine Zielformulierung sein, die vorsieht zu analysieren, inwieweit der eigene Club für unterschiedliche Gruppen grundsätzlich offen ist. Die Gefahr beim Abbilden und Repräsentieren von Vielfalt im Sinne einer „interkulturellen Öffnung" ist die Überbetonung von (vermeintlicher) Kultur, die Zuschreibung eines „Migrationshintergrunds" oder einer vermeintlichen ethnischen Zugehörigkeit mit dem Ergebnis, Klischees zu reproduzieren und Vorurteile zu bedienen (vgl. Mecheril und Plößler 2011, S. 285). Gerade die Expert_innen der sozialpädagogischen Fanprojekte können eine diversitätssensible Fanarbeit initiieren und vor allem eine Mitwirkung der aktiven Fanszene fördern. Zudem deckt sich die Durchführung von pädagogischen Maßnahmen mit den im Nationalen Konzept Sport und Sicherheit (NKSS) festgeschriebenen Aufgabenbestimmungen der Fanprojekte, konkret mit der „Teilnahme an der Lebenswelt der Fußballanhänger [...], Organisation von Jugendbegegnungen, Bildungsarbeit [...] und kulturpädagogischer Arbeit" (NKSS 2012, S. 12). Die Beschreibung eines Arbeitsziels im NKSS, welches eine „diversitätssensible Arbeit mit Fußballfans" ausführt oder grundlegend diversitätssensible Arbeitsgrundlagen definiert, erscheint ebenso zeit- wie sachgemäß.

Literatur

Behn, S./Schwenzer, V. (2006): Rassismus, Fremdenfeindlichkeit und Rechtsextremismus im Zuschauerverhalten und Entwicklung von Gegenstrategien. In: Pilz, G. A. et al. (2006): Wandlungen des Zuschauerverhaltens im Profifußball. Schorndorf: Hofmann, S. 320–435.
Bromberger, C. (2001): Le match de Football. Ethnologie d'une passion partisane à Marseille, Naples et Turin. Paris: Éditions de la maison des sciences de l'homme.
Bronner, B./Paulus, S. (2017): Intersektionalität. Geschichte, Theorie und Praxis. Opladen: Budrich.
Bukow, W.-D. (2010): Urbanes Zusammenleben. Zum Umgang mit Migration und Mobilität in europäischen Stadtgesellschaften. Wiesbaden: Springer VS.
Claus, R./Gießler, C./Wölki-Schumacher, F. (2016): Geschlechterverhältnisse in Fußballfanszenen. Eine Expertise der KoFaS Hannover. Hannover: KoFaS gGmbh.
Degele, N. (2013): Fußball verbindet – durch Ausgrenzung. Wiesbaden: Springer VS.
Dembowski, G. (2003): Spieler kommen, Trainer gehen – Fans bleiben. Kleine Standortbestimmung der Fußballfans. In: Bündnis Aktiver Fußballfans BAFF (Hrsg.): Ballbesitz ist Diebstahl. Fußballfans zwischen Kultur und Kommerz. Göttingen: Die Werkstatt, S. 8–34.
Duben, D. (2015): Strategien gegen Rechtsextremismus im Fußballstadion. Frankfurt/M.: Peter Lang.

Fürtjes, O. (2013): Gentrifizierung des Stadionpublikums seit den 1990er Jahren? Fußball und der Mythos vom Proletariersport. In: Sport und Gesellschaft, 10. Jg., H. 1, S. 27–54.

Fürtjes, O. /Hagenah, J. (2011): Der Fußball und seine Entproletarisierung. Eine empirische Analyse zur Erklärung der Veränderung des Sozialprofils des Fußballsports in Deutschland, exemplifiziert an der Leserschaft des Kicker-Sportmagazins von 1954 bis 2005. In: Kölner Zeitschrift für Soziologie und Sozialpsychologie, 63. Jg., H. 2, S. 279–300.

Gabriel, M. (2008): Eine Fankurve ohne Nazis und Rassisten. Möglichkeiten und Grenzen der sozialpädagogischen Fan-Projekte. In: Glaser, M./Elverich, G. (Hrsg.): Rechtsextremismus, Fremdenfeindlichkeit und Rassismus im Fußball. Halle: DJI, S. 35–52.

Hebenstreit, S. (2012): Das Fußballspiel als negativer Spiegel der Gesellschaft. In: Brandt, C./Hertel, F./ Stassek, C. (Hrsg.): Gesellschaftsspiel Fußball. Eine sozialwissenschaftliche Annäherung. Wiesbaden: Springer VS, S. 19–37.

Heitmeyer, W./Peter, J.-I. (1988): Jugendliche Fußballfans. Soziale und politische Orientierungen, Gesellungsformen, Gewalt. Weinheim und Basel: Juventa.

Helfferich C. (2014): Leitfaden- und Experteninterviews. In: Baur N./Blasius J. (Hrsg.): Handbuch Methoden der empirischen Sozialforschung. Wiesbaden: VS, S. 559–574.

Horak, R. (2008): Game without Frontiers? Fußball zwischen Atavismus und Modernität. In: Rautenberg, M./Tillmann, A./Böhnisch, L. (Hrsg.): Doppelpässe. Eine sozialwissenschaftliche Fußballschule. Weinheim und Basel: Juventa, S. 10–23.

Kathöfer, S./ Kotthaus, J. (Hrsg.) (2013): Block X – Unter Ultras. Ergebnisse einer Studie über die Lebenswelt Ultra in Westdeutschland. Weinheim und Basel: Beltz Juventa.

Kuckartz, U. (2014): Mixed Methods. Methodologie, Forschungsdesigns und Analyseverfahren. Wiesbaden: Springer VS.

Mayring, P. (2001): Kombination und Integration qualitativer und quantitativer Analyse. In: Forum Qualitative Sozialforschung 2.1, Art. 6.

Mecheril, P./Scherschel, K. (2009): Rassismus und „Rasse". In: dies. (Hrsg.): Rassismuskritik, Bd. 1: Rassismustheorie und -forschung. Schwalbach/Ts.: Wochenschau, S. 39–58.

Mecheril, P. (2004): Einführung in die Migrationspädagogik. Weinheim und Basel: Beltz.

Mecheril, P. et al. (2010): Migrationspädagogik. Weinheim und Basel: Beltz.

Moser F. (2012): Das Fußballritual als negativer Spiegel der Gesellschaft. In: Brandt, C./ Hertel, F./ StassekC. (Hrsg.): Gesellschaftsspiel Fußball. Wiesbaden: Springer VS, S. 67–84.

Munsch, C. (2010): Diversity. In: Bock, K./Miethe, I. (Hrsg.): Handbuch Qualitative Methoden in der Sozialen Arbeit. Opladen: Budrich, S. 152–162.

Nationales Konzept Sport und Sicherheit (2012): Online: http://www.kos-fanprojekte.de/fileadmin/user_upload/material/soziale-arbeit/Richtlinien-und-Regeln/nkss_konzept2012.pdf (01.07.2020).

Pilz, G. A. (1981): Einstellungen zu sportartspezifischen aggressiven Handlungen. In: Kutsch, T./Wiswede, G. (Hrsg.): Sport und Gesellschaft. Die Kehrseite der Medaille. Königstein: Hain, S. 153–180.

Pilz, G. A. (1982): Wandlungen der Gewalt im Sport. Eine entwicklungssoziologische Analyse unter besonderer Berücksichtigung des Frauensports. Ahrensburg: Czwalina.

Pilz, G. A. et al. (2006): Wandlungen des Zuschauerverhaltens im Profifußball. Schorndorf: Hofmann.

Rommelpacher, B. (2009): Was ist eigentlich Rassismus? In: Melter, C./Mecheril, P. (Hrsg.): Rassismuskritik, Bd. 1: Rassismustheorie und -forschung. Schwalbach/Ts.: Wochenschau, S. 25–38.

Schäfer, M. S./Roose, J. (2008): Die gesellschaftliche Bedeutung von Fußballbegeisterung: Vergemeinschaftung und Sozialkapital-Bildung auf dem Prüfstand. In: Klein, G./Meuser, M. (Hrsg.): Ernste Spiele. Zur politischen Soziologie des Fußballs. Bielefeld: Transcript, S. 201–225.

Scheuble, V./Wehner, M. (2006): Fußball und nationale Identität. In: Der Bürger im Staat, 56. Jg., H. 1, S. 26–31.

Schubert, F. (2015): Antisemitismus in Fußball-Fankulturen. In: Dembowski, G./Endemann, M./Gabler, J. (Hrsg.): Zurück am Tatort Stadion: Diskriminierung und Antidiskriminierung in Fußball-Fankulturen. Göttingen: Die Werkstatt, S. 90–101.

Schwenzer, V./Selmer, N. (2010): Fans und Migration. In: Roose, J./Schäfer, M. S./Schmidt-Lux, T. (Hrsg.): Fans. Soziologische Perspektiven. Wiesbaden: Springer VS, S. 387–414.

Sökefeld, M. (2004): Das Paradigma kultureller Differenz. Zur Forschung und Diskussion über Migranten aus der Türkei in Deutschland. In: Sökefeld, M. (Hrsg.): Jenseits des Paradigmas kultureller Differenz. Neue Perspektiven auf Einwanderer aus der Türkei, Kultur und soziale Praxis. Bielefeld: Transcript, S. 9–33.

Statistisches Bundesamt (2015): Bevölkerung und Erwerbstätigkeit. Bevölkerung mit Migrationshintergrund, Ergebnisse des Mikrozensus, Wiesbaden. Online: https://www.destatis.de/DE/Publikationen/Thematisch/Bevoelkerung/MigrationIntegration/Migrationshintergrund2010220147004.pdf?__blob=publicationFile (10.08.2016).

Stollenwerk, H. (1996): Sport-Zuschauer-Medien. Aachen: Meyer & Meyer.

Sülzle, A. (2005): Männerbund Fußball – Spielraum für Geschlechter im Stadion. Ethnographische Anmerkungen in sieben Thesen. In: Dinges, M. (Hrsg.): Männer-Macht-Körper, Hegemoniale Männlichkeiten vom Mittelalter bis heute. Frankfurt/M.: Campus, S. 175–191.

Thole, W. et al. (Hrsg.) (2019): Fußball als Soziales Feld. Studien zu Sozialen Bewegungen, Jugend- und Fankulturen. Wiesbaden: VS.

Tönnies, F. (1979): Gemeinschaft und Gesellschaft. Grundbegriffe der reinen Soziologie. Darmstadt: Wissenschaftliche Buchgesellschaft.

Winands, M. (2015): Interaktionen von Fußballfans. Das Spiel am Rande des Spiels. Wiesbaden: Springer VS.

Yildiz, E. (2013): Die weltoffene Stadt. Wie Migration Globalisierung zum urbanen Alltag macht. Bielefeld: Transcript.

Yildiz, E. (2016): Stadt ist Migration. Urbane Alltagspraxen als Ausgangspunkte für Bildungsprozesse, In: Büro trafo.K (Hrsg.): Zwischenräume Nr. 4, Juni 2016, Wien.

Teil 2 Arbeit an und mit Diskrimierungsformen

Sexismus im Stadion und Soziale Arbeit mit Fußballfans

Ergebnisse einer Untersuchung zur Bewertung von ausschließendem Sexismus durch Fußballfans in der 1. bis 3. Bundesliga und den Regionalligen im deutschen Männerfußball

Ellen M. Iffland

Einleitung

Diddens et al. (2019) beschreiben Geschlecht als eine Schlüsselkategorie des Fußballs. Mehrere Autor_innen charakterisieren die Fußballfanszenen als androzentristisch strukturiert (vgl. Selmer 2004; Kreisky 2006; Marschik 2006; Diddens et al. 2019). Fußball gilt als Männerort beziehungsweise als ein Ort männlicher Dominanz (vgl. Sülzle 2005; Behn und Schwenzer 2006; Kreisky 2006; Sülzle 2011; Winands 2015). Dies betrifft, zumindest in Deutschland,[1] alle Bereiche des Fußballs (vgl. Sülzle 2011), auch seinen „sozialen Raum" (vgl. Heyde 2018). Diese Männerdominanz bezieht sich nicht ausschließlich auf eine numerische Überlegenheit von männlichen Fans im Stadion, sondern auch auf dort herrschende Rollenmuster. Auch die Fans gelten als ein männliches Phänomen – Frauen stellen eine Ausnahme dar. Selmer (2004) konstatiert: „Der Fußballfan ist eine männliche Erfindung" und beschreibt ein allgemein gültiges „Bild vom Fußballfan als Mann und Mann als Fußballfan". Demnach müssen Frauen ihre Rolle im Stadion „aushandeln", wenn sie von ihrem Rollenstereotyp abweichen wollen. Anders als Männer müssen sich Frauen den Fanstatus erst erkämpfen (vgl. Behn und Schwenzer 2006). Dem Fußball wird aufgrund einer maskulinen „Wert- und Weltordnung" (vgl. Kreisky 2006) beziehungsweise einer „männliche[n] Logik" (Claus et al. 2016) zugeschrieben, „männerbündisch" zu sein. Dies bedeutet den Ausschluss von Frauen beziehungsweise Weiblichkeit (vgl. Sülzle 2011). Dieser Ausschluss kann sowohl explizit als auch implizit sein und zeigt sich durch Sexismus.

---

1 Dies gilt in Ländern, in denen Fußball Nationalsport ist. In anderen Ländern, beispielsweise den USA oder einigen asiatischen Ländern, handelt es sich um einen geschlechtsneutralen Ort oder eine weiblich konnotierte Sportart (Kreisky und Spitaler 2006; Lehnert 2006; Meuser 2008).

Sexismus

Sexismus ist Diskriminierung qua Geschlecht. Diese Form der Diskriminierung „meint alle Handlungen, die diese [stereotypen] Geschlechterverhältnisse immer wieder aufs Neue herstellen und stabilisieren" (Hagel et al. 2019). Sexismus im Stadion ist „allgegenwärtig" und vielfältig. Er gehört zur Fankultur und tritt auf verschiedenen Ebenen auf. Hagel und Wetzel (2002) definieren ihn unter anderem als „Äußerungen, Taten und Darstellungen, die Frauen aufgrund ihres Geschlechts einschränken oder diskriminieren". Sie unterscheiden drei Formen von Sexismus. Neben offenem Sexismus und verstecktem Sexismus nennen sie den ausschließenden Sexismus, welcher Gegenstand dieser Arbeit sein soll. Der ausschließende Sexismus ist die überwiegend unbewusste Gleichsetzung von *Fan* mit *Mann*.

Trotz des Androzentrismus und Sexismus sind etwa ein Viertel der Stadionbesucher_innen weiblich (vgl. Sülzle 2011). Obwohl Sexismus Frauen aufgrund ihres Geschlechts diskriminiert, scheinen sie im Fußball nicht darauf zu reagieren und ihn gar zu verharmlosen, obwohl sie dies außerhalb des Fußballs nicht tun würden. Selmer (2004) beschreibt eine „höhere Toleranzschwelle" im Fußball, welche sich unter anderem „auf den Bereich frauenfeindlicher Strukturen oder Äußerungen" erstrecke. Mehrere Autor_innen verweisen auf eine „Diskriminierungs-Hierarchie", an deren unterem Ende Sexismus steht (vgl. Schwenzer 2005; Behn und Schwenzer 2006; Töpperwein 2010; Degele und Janz 2011). Sexismus werde zumeist nicht als solcher wahrgenommen und folglich auch nicht problematisiert. Selmer (2004) konstatiert jedoch, dass es aus subjektiver Sicht „gute Gründe" für weibliche Fans gebe, sich durch sexistische Ausrufe nicht angesprochen zu fühlen. Würden Frauen Sexismus im Fußball kritisieren, würden sie – unbewusst oder auch bewusst – die Regeln des Männerortes Fußball infrage stellen. Die Kritik könnte die „Aufkündigung [des] Fanstatus" und somit „der Ausstieg aus dem Boys' Club" sein. Sülzle fasst zusammen: „Wenn Frauen gegen Sexismus Stellung beziehen, machen sie eine Grenze sichtbar und verlassen so ihren Status als Fan unter Fans" (2015). Der Ausschluss wird folglich erst durch Intervention wirksam, durch das Akzeptieren des Sexismus können Frauen jedoch dazugehören.

Die Nicht-Beschäftigung mit Sexismus wird bereits seit Anfang der 2000er Jahre und inzwischen zunehmend kritisiert. Antisexismus habe keine Lobby und es gebe keine ausreichende Sensibilität für sexistische Ausrufe. Töpperwein (2010) nimmt unter anderem Verbände, Vereine und die Fanprojekte in die Pflicht. Diese sollen Diskriminierungen erkennen und erfassen, aufarbeiten und ein Handlungskonzept dagegen ausarbeiten, „um den Nährboden für Ausgrenzung aller Art zu entziehen". Auch Diddens et al. (2019) verdeutlichen, dass Antisexismusarbeit, die auch den Abbau von Geschlechterungleichheiten in den Fanszenen beinhaltet, eine Aufgabe der sozialpädagogischen Fanprojekte ist. In diesem Beitrag soll auf die Bedeutung von Sexismus für Fußballfans und die daraus resultierenden Aufgaben der Sozialen Arbeit in den Fanprojekten eingegangen werden. Zunächst steht die Arbeit der Fanprojekte zum Thema Geschlecht im Mittelpunkt. Anschließend rückt der Forschungsstand zum Thema Fußball und Geschlecht in den Blick, um die Bedeutung von Sexismus im Fußball zu beleuchten und die Hypothesen dieses Beitrags abzuleiten. Im Methodenteil wird das Vorgehen während der Untersuchung erläutert. Abschließend erfolgt die Einordnung und Diskussion der Ergebnisse in einem Fazit.

Sozialpädagogische Fanprojekte

Die Arbeit mit Fußballfans ist ein kleiner Bereich der Sozialen Arbeit. Bundesweit gibt es circa 150 Mitarbeiter_innen (vgl. Kotthaus 2017b). Derzeit existieren in Deutschland 63 Fanprojekte, die für insgesamt 65 Fanszenen zuständig sind (Koordinationsstelle Fanprojekte 2020). Dennoch handelt es sich um ein etabliertes Feld der Sozialen Arbeit (vgl. Claus et al. 2016). Zuständig sind die Fanbeauftragten der Vereine sowie die vereinsunabhängigen und sozialpädagogischen Fanprojekte (vgl. Löwenstein et al. 2020). In diesem Beitrag wird der Fokus auf die Fanprojekte gelegt, deren Fanarbeit auf Konzepten der Sozialen Arbeit fußt. Zielgruppen sind junge Fußballfans zwischen 12 und 27 Jahren, unabhängig des Geschlechts (vgl. Nationales Ausschuss Sport und Sicherheit 2012). Claus et al. (2016) beschreiben jedoch „junge Männer aus den aktiven Fanszenen" als „Hauptadressaten" der Fanprojekte und führen dies auf eine „männliche Dominanz" im Fußball(-umfeld) zurück. Sie benennen als wichtige Zielgruppe für Fanprojekte aber auch „junge weibliche Fans", die gestärkt und unterstützt werden sollen. Kotthaus (2017b) beschreibt als Aufgaben der Fanprojekte den „Abbau von gewaltförmigem, delinquentem und extremistischem Verhalten" sowie die „Rückbindung jugendlicher Fußballanhänger an ihre Vereine" (Arbeitsgruppe Nationales Konzept Sport und Sicherheit 2003, S. 7). 2012 wurde das Nationale Konzept Sport und Sicherheit (NKSS) überarbeitet und die Aufgaben der Fanprojekte entsprechend den Zielgruppen angepasst. Aufgaben sind demnach unter anderem die Teilnahme an der Lebenswelt der Fans, beispielsweise durch die Begleitung zu Spielen oder das Aufsuchen der Fan-Treffpunkte, die Unterstützung der Selbstorganisation der Fans, die Schaffung von Freizeitangeboten sowie Bildungs- und kulturpädagogische Arbeit, Gewaltprävention, Netzwerkarbeit, Beratung und Kurzintervention sowie Gender Mainstreaming (vgl. Nationaler Ausschuss Sport und Sicherheit 2012).

Um die Aufgabe des Gender Mainstreamings (Nationaler Ausschuss Sport und Sicherheit 2012) zu erfüllen, wird zunehmend die Einbeziehung der

Kategorie Geschlecht in die Fanarbeit gefordert (vgl. Behn und Schwenzer 2006; Lehnert 2006; Gabriel und Zeyn 2019), da sie eine wichtige Dimension in der Identitätsfindung beziehungsweise -bildung von Jugendlichen darstellt. Die Kompetenzgruppe Fankulturen & Sport bezogene Soziale Arbeit (KoFaS) griff die Forderungen nach geschlechterreflektierter Fanarbeit 2015 mit dem Modellprojekt *Kicks für Alle! Fußball. Fanszenen. Geschlechtervielfalt.* auf. Die Expertise *Geschlechterverhältnisse in Fußballfanszenen* (Claus et al. 2016) und die Handreichung *Alles männlich?! Praxistipps für eine geschlechterreflektierende Fanarbeit* (Claus et al. 2019) geben Empfehlungen für die Auseinandersetzung mit sexueller und geschlechtlicher Vielfalt in der Arbeit der Fanprojekte. Ein besonders wichtiger Punkt ist dabei, dass die Sozialarbeiter_innen ihre eigenen Geschlechterbilder und -rollen reflektieren. Lehnert (2006) betont die große Bedeutung, die der Auseinandersetzung von Sozialpädagog_innen mit der eigenen Männlichkeit zukommt. Sexismusreflexion und die Reflexion der Geschlechterbilder sollen auch innerhalb des Teams stattfinden, zum Beispiel mit Blick auf die geschlechtliche Zusammensetzung und die Aufgabenverteilung. Zentral ist außerdem, dass die Auseinandersetzung mit Geschlecht und Sexismus als Querschnittsaufgabe verstanden wird und nicht als „Frauenthema" (Claus et al. 2019).

Auch der Angebotsebene kommt für das Gender Mainstreaming in den Fanprojekten eine besondere Rolle zu. Mädchen sollen über explizite Angebote Stärkung und Rückbindung an den Verein erfahren, was besonders Mitarbeiter_innen durch Beziehungsarbeit leisten sollen. Spezifische Angebote für Jungen können mit antisexistischer beziehungsweise reflektierender Jungenarbeit geschaffen werden, um den Jungen alternative Rollenbilder zu bieten und männliche Dominanz zu hinterfragen (vgl. Gabriel und Zeyn 2019). Zudem können entsprechende Veranstaltungen zu den Themen Sexismus und Geschlecht stattfinden, wie Lesungen, Filmvorführungen und Diskussionsrunden. Töpperwein (2010) bewertet diese Aufklärungsarbeit als bedeutsam, da zu wenig Menschen Sexismus (als Problem) erkennen. Claus et al. (2019) beschreiben einen „pädagogischen Dreiklang" von Prävention, Früherkennung und Intervention. Erstens geht es darum, die Fans für Diskriminierung zu sensibilisieren, zweitens muss diskriminierendes Verhalten innerhalb der Fanszene erkannt und benannt werden und drittens soll eingeschritten werden. Wichtige Akteur_innen sind hier nicht nur Betroffene, sondern auch Zeug_innen und Täter_innen. Für die Gestaltung konkreter Angebote muss stets die Entwicklung der Fanszene betrachtet werden. Sozialarbeiter_innen sollen sexistische Vorkommnisse in der Fanszene aufgreifen und kritisch darauf reagieren beziehungsweise intervenieren. Aktionen gegen Diskriminierung beziehungsweise Sexismus, die aus der Fanszene selbst kommen, gilt es zu unterstützen. Die Handlungen der Fanprojekte sind demnach den Bedürfnissen der Fanszenen und deren Situation anzupassen.

Forschung und theoretischer Hintergrund

Zunächst sollen der Forschungsstand sowie der theoretische Hintergrund von Sexismus und Männlichkeit im Fußball erläutert werden, um den Handlungsbedarf der Fanprojekte zu verdeutlichen. Seit etwa Ende der 1990er Jahre und Anfang der 2000er Jahre wird zunehmend die bis dahin nicht vorhandene Auseinandersetzung der Forschung mit Fußballfans und Geschlecht kritisiert. Seitdem entstehen entsprechende Studien (vgl. Claus et al. 2016). Grob kann unterschieden werden in Werke, die sich mit Frauen als Fußballfans beschäftigen (vgl. Selmer 2004; Hagel et al. 2005; Sülzle 2011; Heyde 2018) und Publikationen, die sich mit Fußball und der Konstruktion von Geschlecht beziehungsweise von Männlichkeit auseinandersetzen (vgl. Hagel et al. 2005; Kreisky 2006; Meuser 2008; Sülzle 2011; Winands 2015). Ein damit zusammenhängendes Thema, welches sowohl in den genannten Publikationen Bedeutung erlangt als auch in den Arbeiten von Hagel und Wetzel (2002) und Degele (2013), ist Sexismus.

Kotthaus (2017a) unterscheidet in Bezug auf die sozialwissenschaftliche Fußballfanforschung vier Phasen. Die vierte Phase beschreibt er als „paradigmatische[n] Wechsel". Seit Beginn dieser Phase (Mitte der 2000er Jahre) arbeitet die Forschung zunehmend kultursoziologisch und körperzentriert. Im Fokus stehen nicht bestimmte Akteur_innen und Wirkungen externer Strukturen, sondern die Gesamtheit von bereits erfassten und „re-produzierten Wissensbestände[n] und Praktiken, nach über den Körper performierte[n] Kategorien wie Geschlecht, Alter, Fan, Ultra". Bestehende Theorien der Sozialwissenschaft beziehungsweise Soziologie werden somit auf den Fußball angewandt. Zentral für diese Phase sind das Konzept der hegemonialen Männlichkeit nach Connell (2015) und die Theorie männlicher Herrschaft von Bourdieu (1997), auf welche zurückgegriffen wird, um die Männlichkeit des Fußballs zu erklären (vgl. Lehnert 2006; Meuser 2008; Sülzle 2011, Claus et al. 2016). Im Folgenden sollen beide Konzepte erläutert werden.

Theorie männlicher Herrschaft

Bourdieu (1997) beschreibt hinsichtlich der Geschlechterverhältnisse eine männliche Herrschaft, welche sich darin zeigt, dass alle Gegenstände und Praktiken der Welt in Bezug auf einen Gegensatz von „männlich" und „weiblich" eingeteilt werden und das Männliche das Maß aller Dinge ist – Mann und Mensch werden gleichgesetzt. Bourdieu (1997) konstatiert eine „faktische Universalität der männlichen Herrschaft", welche deshalb schwer greifbar ist. Er skizziert einen Zyklus, in dem die männliche Herrschaft durch die Praktiken, die sie voraussetzt, bestätigt und somit legitimiert wird. Ein zentraler Aspekt der männlichen

Herrschaft ist die „grundsätzliche Ablehnung alles Weichen und Weiblichen" (Lehnert 2006). Damit die männliche Herrschaft aufrechterhalten wird, ist es wichtig, dass „echte Männlichkeit" und „echte Weiblichkeit" konstruiert werden. Dazu braucht es „männliche Räume", wie das Stadion einer ist beziehungsweise sein soll. In diesen Räumen können dann die „ernsten Spiele des Wettbewerbs" stattfinden, in denen Anerkennung und Ehre erzielt werden sollen. Von diesen ernsten Spielen sind Frauen ausgeschlossen, da in den Wettbewerben das „Prinzip gleicher Ehre" gilt, das Frauen aufgrund ihres Geschlechts nicht erfüllen können (vgl. Bourdieu 1997). Durch diese heterosoziale Ausschlussdimension vergemeinschaftet der Wettbewerb. Meuser (2008) versteht Männlichkeit deshalb als eine „kompetitive und homosoziale Praxis".

Das Konzept hegemonialer Männlichkeit

Grundlegend für das Konzept hegemonialer Männlichkeit ist die Annahme, dass es verschiedene Männlichkeiten gibt, die in hierarchischer Beziehung zueinander stehen (vgl. Connell 2015). Männlichkeiten sind demnach „gelebte soziale Praxen" (Lehnert 2006). Die hegemoniale Männlichkeit definiert Connell (2015) als „jene Form von Männlichkeit, die in einer gegebenen Struktur des Geschlechterverhältnisses die bestimmende Position einnimmt". Sie ist nicht starr, sondern veränderbar und die „Konfiguration geschlechtsbezogener Praxis […], welche die momentan akzeptierte Antwort auf das Legitimitätsproblem des Patriarchats verkörpert und die Dominanz der Männer sowie die Unterordnung der Frauen gewährleistet (oder gewährleisten soll)". Lehnert (2006) weist der hegemonialen Männlichkeit deshalb einen „normativen Charakter" zu. Connell beschreibt weiter die untergeordnete, die marginalisierte und die komplizenhafte Männlichkeit. Bedeutsam in Bezug auf Fußball ist vor allem letztere: Die Komplizenschaft liegt quer zu den anderen Formen von Männlichkeit und alle Männer (und auch Frauen) können eine Komplizenschaft zur hegemonialen Männlichkeit eingehen. In Bezug auf Männer können so auch jene, die die hegemoniale Männlichkeit nicht verkörpern oder erreichen können, von dieser profitieren. Connell nennt dies die Teilhabe an der „patriarchalen Dividende".

Ausgrenzung durch Sexismus

Von zentraler Bedeutung sowohl für Bourdieus Theorie der männlichen Herrschaft als auch für Connells Konzept der hegemonialen Männlichkeit sind eine homosoziale Dominanz und Abgrenzung durch das Herstellen einer Hierarchie innerhalb der Gruppe der Männer sowie eine heterosoziale Dimension durch die Dominanz und Abgrenzung nach außen zu der Gruppe der Frauen. Ein Mittel zum Ausschluss von Frauen, das Kreisky (2006) als „Kennzeichen des Männerbündischen" beschreibt, ist Sprache. Für Kathöfer et al. (2013) stellt die „im Fußball verwendete Sprache einen systematischen Ausschluss weiblicher Fans dar". Ausschließende Sprache zeigt sich hier unter anderem durch spezifische Fangesänge, in der Sprache von Offiziellen, beispielsweise Stadionsprechern, Spielern oder Trainern,[2] sowie in sexistischen Sprüchen, Ausrufen beziehungsweise Beleidigungen. Nach Winands (2015) zeigt die Äußerung sexistischer Diskriminierungen, dass diese zumindest teilweise akzeptiert seien, was „eine nach wie vor problematische Interaktionsordnung der Geschlechter zutage treten" lasse. In Anknüpfung an diese Beobachtung sowie die Annahme, dass Sexismus am unteren Ende einer Diskriminierungshierarchie steht und ein fester Bestandteil von Fußball ist, soll überprüft werden, ob Fans Sexismus im Stadion tolerieren. Ausgangshypothese (Hypothese 1) der Studie war deshalb, dass ausschließender Sexismus (in Form von sexistischen Äußerungen) im Stadion toleriert wird. Angenommen wurde aber auch, dass Frauen den ausschließenden Sexismus negativer bewerten als Männer, da sich der Ausschluss gegen sie richtet. Die Ausgangshypothese ist deshalb dahingehend zu konkretisieren, dass die Bewertung sexistischer Äußerungen abhängig vom Geschlecht des Publikums ist (Hypothese 2). Aufgrund der Akzeptanz des Sexismus im Fußball wird abschließend davon ausgegangen, dass die Fußballfans nicht an Fanarbeit zum Thema Sexismus interessiert sind (Hypothese 3).

Methodik

Die vorliegende Studie wurde online durchgeführt. Einzige Bedingung für die Teilnahme war, dass sich die Teilnehmenden als Fan eines deutschen Bundesliga- oder Regionalligavereins des Männerfußballs sehen und regelmäßig das Stadion besuchen. Die Untersuchung wurde in bekannten Fanclubs und -initiativen ebenso wie über Twitter und verschiedene fußballbezogene Facebook-Gruppen beworben. Fans konnten vom 14. bis 28. Juli 2020 an der Umfrage teilnehmen.

Aus der Summe der angegebenen Heim- und Auswärtsspiele wurde eine Gesamtzahl für die Häufigkeit des Stadionbesuches ermittelt. Alle Personen, die in der Regel weniger als zwölf Spiele pro Saison besuchen, wurden im weiteren Verlauf der Umfrage nicht berücksichtigt, da sie nicht als regelmäßige Stadionbesucher_innen gesehen werden. Um Hypothese 1 zu prüfen, wurden die Antworten des entsprechenden Items „Stimme eher zu" und „Stimme absolut zu" als Zustimmung, „Stimme eher nicht zu" und „Stimme überhaupt nicht zu" als Ablehnung verstanden. Um zu prüfen, ob zwischen Zustimmung und

---

2 Wie in der Literatur wird an dieser Stelle die maskuline Form verwendet, da es sich bei den Offiziellen im Männerfußball fast ausschließlich um Männer handelt.

Ablehnung signifikante Unterschiede bestehen, wurde für jeden der fünf Ausdrücke mittels des Programms *RStudio* ein nonparametrischer Wilcoxon-Test für zwei unabhängige Stichproben durchgeführt. Um Hypothese 2 zu prüfen, wurde untersucht, ob die Bewertung der jeweiligen Begriffe abhängig vom Geschlecht der Teilnehmenden ist. Dabei wurden nur Frauen und Männer berücksichtigt. Mittels *RStudio* wurde ein Chi-Quadrat-Unabhängigkeitstest für jeden der fünf Ausdrücke durchgeführt. Um Hypothese 3 zu prüfen, wurden die Antworten auf die Aussage „Ich wünsche mir eine (verstärkte) Auseinandersetzung mit dem Thema Sexismus durch das Fanprojekt" ausgewertet. Hier wurde erneut ein Chi-Quadrat-Unabhängigkeitstest durchgeführt (vgl. Sedlmeier/Renkewitz 2008), um zu prüfen, ob die Bewertung abhängig vom Geschlecht der Befragten ist. Dabei wurden ebenfalls nur Frauen und Männer berücksichtigt.

Ergebnisse

Beschreibung der Stichprobe

Im zweiwöchigen Erhebungszeitraum nahmen insgesamt 389 Personen an der Umfrage teil. Nach der Datenaufarbeitung und dem Ausschluss von Teilnehmenden, die nicht regelmäßig ins Stadion gehen, lagen die Daten von 315 Personen vor. Davon gaben 96 an weiblich, 215 männlich und drei divers zu sein. Eine Person machte keine Angabe zu ihrem Geschlecht. Es nahmen Personen im Alter von 17 bis 69 Jahren teil. Das Durchschnittsalter betrug 30 Jahre (Mittelwert; Median = 28), nur vier Personen machten keine Altersangabe. Die befragten Fans stammten aus mindestens 50 Vereinen aus sieben Ligen (1. bis 3. Bundesliga, Regionalliga Nord, Nordost, West und Südwest).[3] Von den Teilnehmenden waren Fans von Borussia Dortmund am häufigsten vertreten (29,84 %). 59,05 % der Teilnehmenden ordneten sich der aktiven Fanszene ihres Lieblingsvereins zu. Fast die Hälfte der Befragten (46,35 %) gab an, kein Mitglied in einer organisierten Fangruppierung zu sein. 18,41 % der Befragten erklärten, Mitglied in einer Ultragruppierung oder Faninitiative zu sein, 29,52 % gaben an, Mitglied in einem Fanclub zu sein. Die meisten Personen gaben an, bei Heimspielen im „Stimmungsblock" (52,70 %) oder dessen Umfeld (33,97 %) zu stehen. 8,89 % der Befragten gaben die Auskunft, auf einer anderen Tribüne zu stehen, 3,81 %, dass sie keinen festen Standort haben (0,63 % non-response). 15,56 % der Befragten erklärten, die Angebote des Fanprojektes oder der Fanbetreuung nie zu nutzen. Die anderen Angaben zeigen, dass insgesamt 82,54 % der Befragten

---

3 Bei vier Personen konnte die Vereinszugehörigkeit nicht eindeutig zugeordnet werden, da sie Angaben wie „VfB" oder „FCK" machten.

Nutzer_innen der Fanarbeit sind (33,02 % selten, 33,97 % ab und zu, 13,29 % häufig, 1,27 % immer (0,63 % non-response)).

Zur Frage der Toleranz gegenüber sexistischen Ausdrücken im Stadion

Um zu prüfen, ob Fans sexistische Ausdrücke im Stadion tolerieren, sollten die Teilnehmenden zu jedem angeführten Ausdruck bewerten, ob sie es „in Ordnung" finden, wenn dieser im Stadion gerufen wird. Die Ergebnisse sind in Abbildung 1 grafisch dargestellt.

Abbildung 1: Antworten auf die Aussage „Ich finde es in Ordnung, dass [solche Ausdrücke] im Stadion gerufen werden.", n = 315. Bei den Frageblöcken „Wir sind alles [Stadtname] Jungs" machten zwei Personen (≙ 0,63 %) keine Angabe, bei den Frageblöcken „Unsere Jungs" und „Du Mädchen" machte jeweils eine Person (≙ 0,32 %) keine Angabe.

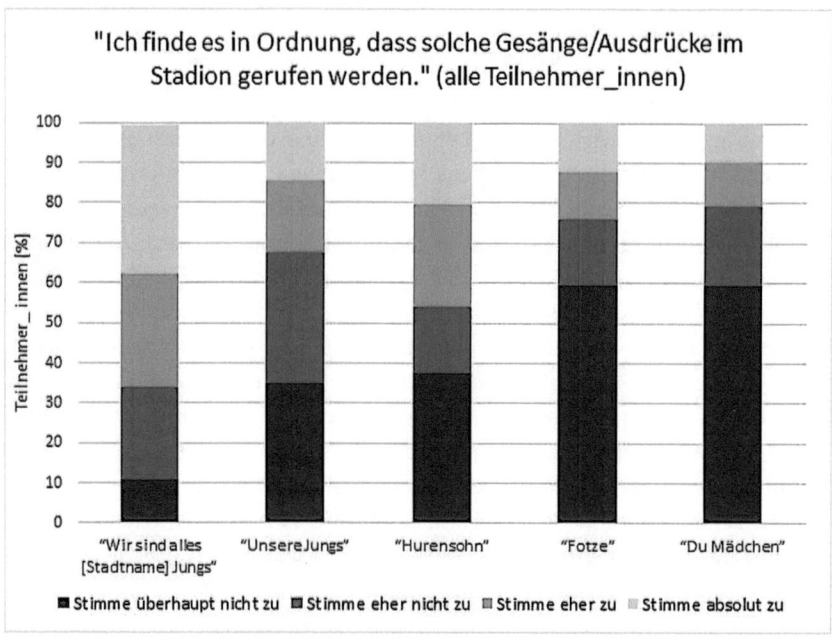

Die Antworten „Stimme eher zu" und „Stimme absolut zu" werden als Tolerierung der Begriffe gewertet, die Antworten „Stimme eher nicht zu" und „Stimme überhaupt nicht zu" als Ablehnung. Demnach zeigt Abbildung 1, dass mit Ausnahme von „Wir sind alles [Stadtname] Jungs" alle Ausdrücke mehrheitlich als „nicht in Ordnung" bewertet wurden. Besonders deutlich wird die Differenz zwischen Zustimmung und Ablehnung bei den Ausdrücken „Fotze"

und „Du Mädchen". Dort stimmten nur 24,13 % („Fotze") beziehungsweise 20,32 % („Du Mädchen") zu. Der Wilcoxon-Test ergab für alle Items bei einem Testniveau von 5 % einen signifikanten Unterschied zwischen Zustimmung und Ablehnung, außer bei „Hurensohn" (p = 0,159). Den Ergebnissen zufolge kann Hypothese 1 nur für die Ausdrücke „Wir sind alles [Stadtname] Jungs" und „Hurensohn" nicht verworfen werden. Für die Ausdrücke „Unsere Jungs", „Fotze" und „Du Mädchen" muss die Hypothese 1 verworfen werden. Es kann somit nicht davon gesprochen werden, dass ausschließender Sexismus im Stadion vollumfänglich akzeptiert wird.

Zur Frage der Geschlechtsabhängigkeit in der Bewertung sexistischer Begriffe

Um zu überprüfen, ob die Bewertung der sexistischen Begriffe abhängig vom Geschlecht der Befragten ist, wurden die Antworten der befragten Frauen und Männer miteinander verglichen. Die Antworten der Frauen und Männer sind in den Abbildungen 2 und 3 grafisch dargestellt.

Abbildung 2: Antworten der Teilnehmerinnen auf die Aussage „Ich finde es in Ordnung, dass [solche Ausdrücke] im Stadion gerufen werden.", n = 96. Bei den Frageblöcken „Unsere Jungs" und „Du Mädchen" machte jeweils eine Teilnehmerin (≙ 1,04 %) keine Angabe.

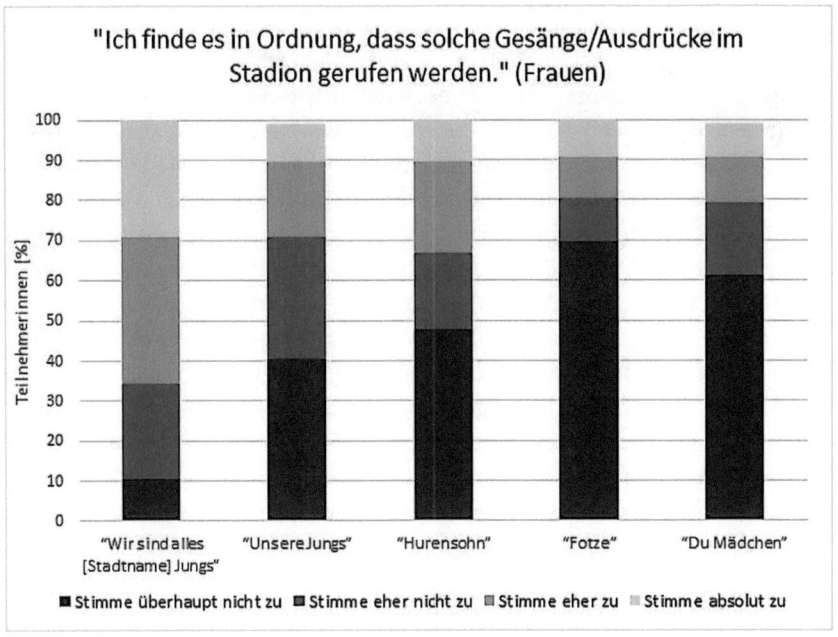

Abbildung 3: Antworten der Teilnehmer auf die Aussage „Ich finde es in Ordnung, dass [solche Ausdrücke] im Stadion gerufen werden.", n = 215. Bei dem Frageblock „Wir sind alles [Stadtname] Jungs" machten zwei der Teilnehmer (≙ 0,93 %) keine Angabe.

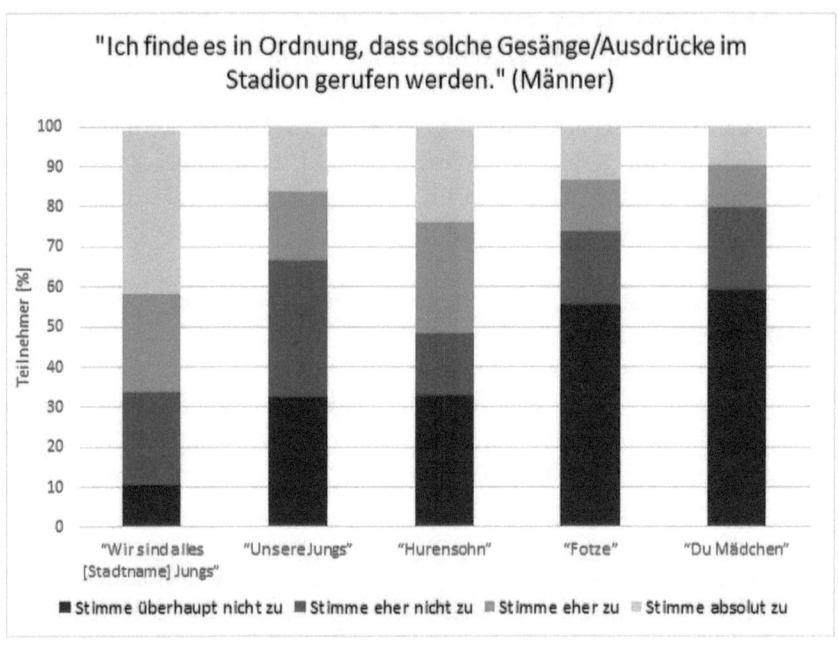

Mit Ausnahme des Ausdrucks „Wir sind alles [Stadtname] Jungs" und dem Ausdruck „Hurensohn" bei den Männern lehnte die Mehrzahl der Frauen und Männer die sexistischen Ausdrücke ab. Eine besonders hohe Ablehnung ist bei den Begriffen „Fotze" (Frauen = 80,21 %; Männer = 73,95 %) und „Du Mädchen" (Frauen = 79,17 %; Männer = 79,53 %) zu erkennen. Mit Ausnahme des Ausrufes „Du Mädchen" stimmten mehr der befragten Frauen als der befragten Männer „eher nicht" oder „überhaupt nicht zu". Die Unterschiede sind jedoch zumeist marginal. Besonders deutlich wird die Differenz zwischen den Antworten der befragten Männer und Frauen ausschließlich bei dem Wort „Hurensohn" (Frauen = 66,76 % Männer = 48,37 %). Mit einem Chi-Quadrat-Unabhängigkeitstest wurde geprüft, ob die Bewertung abhängig vom Geschlecht der Befragten ist. Dabei fanden nur Frauen und Männer Berücksichtigung. Bei einem Testniveau von 5 % ergab sich nur bei der Bewertung von Gesängen, in denen „Hurensohn" vorkommt, ein signifikanter Unterschied (p = 0,011). Demnach ist diese Bewertung abhängig vom Geschlecht. Zwar bewerteten überwiegend mehr Personen aus der Gruppe der Frauen als der der Männer die jeweiligen Ausdrücke als „nicht in Ordnung", jedoch sind die Unterschiede marginal und nicht signifikant. Die zweite Hypothese wird deshalb außer für den Begriff „Hurensohn" verworfen.

Zur Frage der Beschäftigung von Fanprojekten mit dem Thema Sexismus

Die Teilnehmenden sollten angeben, ob sie sich eine (verstärkte) Auseinandersetzung mit dem Thema Sexismus durch das Fanprojekt oder die Fanbeauftragten ihres Lieblingsvereins wünschen. Die Ergebnisse sind in Abbildung 4 grafisch dargestellt.

Abbildung 4: Antworten auf die Aussage „Ich wünsche mir [...] eine (verstärkte) Auseinandersetzung mit dem Thema Sexismus." Vergleich zwischen allen Teilnehmenden (n = 315), den Teilnehmerinnen (n = 96) und den Teilnehmern (n = 215). Vier der befragten Teilnehmer (≙ 1,86 %) gaben an, es gäbe kein Fanprojekt, ein Teilnehmer (≙ 0,47 %) machte keine Angabe. Dies entspricht 1,27 % bzw. 0,32 % der gesamten Stichprobe.

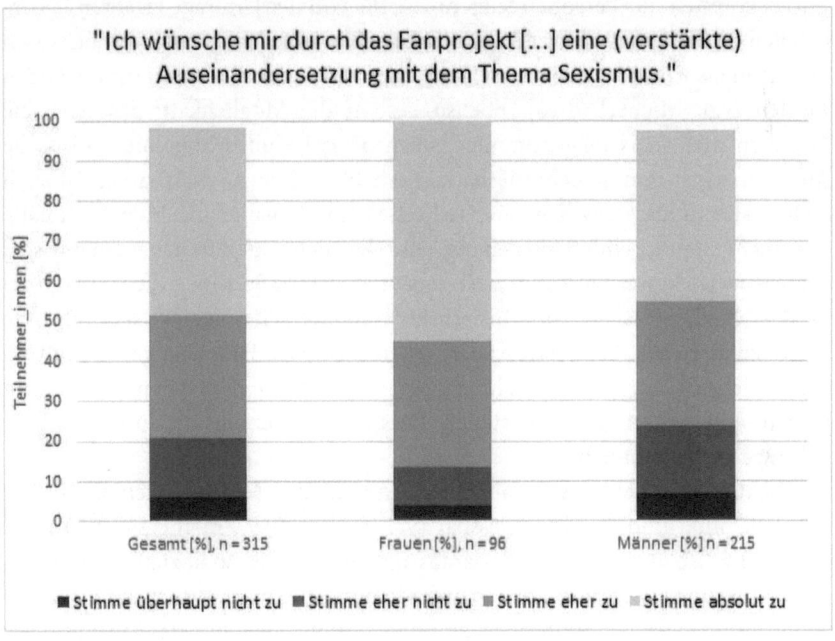

Insgesamt stimmten über 77 % der Befragten der Aussage „eher zu" oder „absolut zu". Demzufolge wünscht sich die Mehrheit der befragten Fans eine (stärkere) Auseinandersetzung mit Sexismus durch die Fanarbeit. Dies betrifft sowohl die Mehrheit der befragten Frauen (86,46 %) als auch der befragten Männer (73,95 %). Allerdings stimmten mehr der befragten Männer als Frauen „überhaupt nicht" oder „eher nicht" zu (Männer = 23,72 %; Frauen = 13,54 %). Diese Beantwortung der Frage ist jedoch nicht abhängig vom Geschlecht der Befragten ($\alpha = 0,05$; $p = 0,107$). Die dritte Hypothese wird folglich verworfen.

Diskussion

Im Folgenden werden die Ergebnisse diskutiert und ihre Bedeutung für die Soziale Arbeit mit Fußballfans erläutert.

Zur Methodenkritik

Grau et al. (2017) weisen auf die Schwierigkeiten hin, die für quantitative Methoden in der Fußballfanforschung gegeben sind. Ein Kritikpunkt ist die Datenerhebung. Um nicht auf einen bestimmten Personenkreis beschränkt zu sein, wurde die Umfrage online frei zugänglich gemacht. Dadurch konnten zwar Fans verschiedener Vereine und aus verschiedenen Regionen erreicht werden, jedoch konnten nur Personen teilnehmen, die von der Umfrage erfahren haben. Folglich ist die Zufallsauswahl nicht erfüllt. Die Auswahl ist nichtprobalistisch und kann als Kombination aus willkürlicher und Schneeballauswahl verstanden werden (vgl. Micheel 2010). Ebenso besteht die Möglichkeit, dass einzelne Personen mehrmals teilgenommen haben. Dies beeinträchtigt die statistische Auswertbarkeit und Generalisierbarkeit erheblich. Die Auswertbarkeit ist auch dadurch beeinflusst, dass Personen teilweise keine Angaben machten. Dem hätte mit einer entsprechenden Einstellung, dass alle Felder ausgefüllt werden müssen, entgegengewirkt werden können. Zudem verbreiteten Personen die Umfrage die für das Thema Sexismus sensibilisiert sind und ihrerseits ebenfalls sensibilisierte Personen erreichen. Es ist davon auszugehen, dass diese Fans eher gewillt sind, an einer solchen Umfrage teilzunehmen, als Personen, die dem Thema ablehnend oder desinteressiert gegenüberstehen. Dies könnte sich auf die Ergebnisse der Umfrage ausgewirkt haben.

Die Qualität von Testverfahren ist anhand der Gütekriterien Objektivität, Reliabilität und Validität messbar (vgl. Häder 2019). Micheel (2010) führt an, welche Schwierigkeiten sich daraus für die empirische Sozialforschung ergeben. Da subjektive Einstellungen und Meinungen erfragt, jedoch nicht getestet werden, finden die Gütekriterien kaum Anwendung. Lediglich das Kriterium der Objektivität ist in dieser Arbeit erfassbar und erfüllt, da die Forscherin die Teilnehmenden aufgrund der anonymisierten Onlinebefragung nicht beeinflusste. Auch die Auswertungskriterien wurden im Voraus festgelegt, sodass die Ergebnisse unabhängig von der forschenden Person immer gleich ausfallen würden. Die Kriterien Reliabilität und Validität konnten in dieser Arbeit jedoch nicht umgesetzt werden (vgl. Micheel 2010). Nach Grau et al. (2017) ist die Repräsentativität in der Fußballfanforschung ohnehin nur schwierig zu erfüllen. Das ergibt sich bereits aus der fehlenden Begriffsdefinition der Fußballfans, welche laut Grau et al. (2017) eine „kaum überschaubare [...] Personengruppe" sind. In dieser Arbeit wurde die Auswahlgesamtheit auf Personen gelegt, die sich selbst als Fan bezeichnen und regelmäßig ins Stadion gehen. Dabei gilt es zu berücksichtigen, dass Regelmäßigkeit einer subjektiven Bewertung unterliegt. Obwohl Fans vieler Vereine erreicht wurden, muss auch in dieser Hinsicht die Repräsentativität der Stichprobe infrage gestellt werden. Gründe dafür sind neben der nicht einheitlich vorhandenen Definition der Grundgesamtheit „Fußballfans" die in dieser Arbeit nicht erfüllte Zufallsauswahl der Stichprobe. Die fehlende Repräsentativität wird, neben der Größe der Stichprobe, mit Blick auf die vertretenen Vereine, die Anzahl ihrer Fans und deren Standort im Stadion deutlich. Da fast 60 % der Befragten angaben, Teil der aktiven Fanszene ihres Lieblingsvereins zu sein, ist auch diese Zahl nicht repräsentativ, denn diese aktive Szene macht zumeist nur einen kleinen Teil der gesamten Fans eines Vereines aus. Allerdings ist die Zahl mit Blick auf die Soziale Arbeit der Fanprojekte bedeutsam, da diese zumeist mit den aktiven Fanszenen arbeiten (vgl. Claus et al. 2016). Die Mehrheit der Befragten gab schließlich an, die Angebote der Fanprojekte „selten" bis „immer" zu nutzen. Die Geschlechterverteilung in dieser Studie ist repräsentativ, da circa 30 % der Teilnehmenden Frauen waren und dies in etwa den Geschlechterverhältnissen in den (Bundesliga-)Stadien entspricht (vgl. Sülzle 2011).

Zu den Hypothesen

Die erste Hypothese wurde nur in Bezug auf die Ausdrücke „Wir sind alles [Stadtname] Jungs" und „Hurensohn" nicht verworfen. Der größte Teil der sexistischen Begriffe wird von der Mehrheit der Befragten im Stadion nicht toleriert. Bei der Überprüfung der zweiten Hypothese zeigte sich, dass nur die Bewertung des Wortes „Hurensohn" abhängig vom Geschlecht der Befragten ist und von den Teilnehmerinnen mehrheitlich abgelehnt wird. Mit Ausnahme des Gesanges „Wir sind alles [Stadtname] Jungs" lehnten sowohl die Frauen als auch die Männer die anderen Ausdrücke mehrheitlich ab. Diese Ablehnung spiegelt eine gewisse Haltung der Fans wider, nämlich, dass die besagten Ausdrücke nicht nur nicht zum Fußball dazugehören, sondern ebenso in anderen gesellschaftlichen Bereichen nicht akzeptiert werden. Die mehrheitliche Bewertung des Gesangs „Wir sind alles [Stadtname] Jungs" als „in Ordnung" entspricht den Erwartungen. Dieser Gesang gilt in vielen Vereinen als traditionell und soll die Verbundenheit zu Stadt und Verein sowie die „Bodenständigkeit" der Fans ausdrücken. Er ist fester Bestandteil des Liedgutes vieler Fanszenen, das von sehr vielen Fans gesungen wird und in anderen gesellschaftlichen Kontexten nicht thematisiert wird, da es dort keine Relevanz hat. Zudem ist die Intention, ein solches Lied zu singen, eine andere als bei der Benutzung von eindeutigen Schimpfwörtern. Aus diesen Gründen ist zu vermuten, dass die Einordnung als „nicht in Ordnung" den meisten Fans fernliegt. Da es sich um anerkannte Gesänge handelt, existiert für jene, die diese Gesänge „nicht in Ordnung" und/oder sexistisch finden und jene, die sich von diesen Gesängen ausgeschlossen fühlen, eine größere Hürde, sich klar dagegen zu positionieren und andere Fans darauf hinzuweisen. Dies ist jedoch nötig, da es sich um einen Gesang handelt, der Verbundenheit ausdrücken soll. Wenn sich jedoch durch solche Gesänge Frauen ausgeschlossen fühlen, ist diese Verbundenheit nicht für alle erfüllt beziehungsweise wird sogar geschwächt.

Die Bewertung der anderen sexistischen Begriffe als „nicht in Ordnung" entspricht nicht den Erwartungen. Anzunehmen ist, dass die Stichprobenauswahl das Ergebnis beeinflusste. Vermutlich nahmen überwiegend Personen an der Umfrage teil, die sich für das Thema Sexismus interessieren und sich damit bereits auseinandergesetzt haben. Zudem wurden mehrheitlich solche Begriffe als „nicht in Ordnung" bewertet, die auch außerhalb von Fußball und Stadion als Schimpfwörter vorkommen („Hurensohn", „Fotze") oder in denen eindeutig ein „geschlechtlicher Bezug" zu erkennen ist („Unsere Jungs", „Du Mädchen"). Diese Begriffe werden auch in anderen gesellschaftlichen Kontexten diskutiert, was eine bereits vorhandene Sensibilisierung der Teilnehmenden für diese Begriffe vermuten lässt.

Das Wort „Hurensohn" transportiert eine Norm von „weiblichem Verhalten" beziehungsweise mißbilligt die Abweichung davon. Anzunehmen ist, dass Frauen diesen Zusammenhang erkennen, weil sie selbst schon einmal direkt mit dem Ausdruck konfrontiert wurden und er sich unmittelbar gegen sie richtete. Männer hingegen müssen sich mit diesem Begriff nicht intensiv auseinandersetzen, da nicht sie direkt angegriffen werden, sondern ihre Mutter beleidigt wird. Dies könnte die Abhängigkeit der Bewertung vom Geschlecht erklären, da mehr Frauen als Männer das Wort als „nicht in Ordnung" beurteilten. Die Ergebnisse geben jedoch keine Auskunft darüber, warum die Begriffe abgelehnt wurden. Nicht auszuschließen ist, dass die Teilnehmenden sie aufgrund ihrer semantischen Implikationen und ihres Gebrauchs als Schimpfwörter beanstandeten – und eben nicht aufgrund ihres sexistischen Gehalts. Grundsätzlich zeigen die Resultate jedoch, dass die befragten Fans bereit sind, sich mit der Thematik Sexismus zu beschäftigen. Aus den Ergebnissen zur Hypothese 3 geht hervor, dass die Mehrheit der Befragten sich eine (verstärkte) Auseinandersetzung mit dem Thema von Seiten der Fanprojekte wünscht.

Für die Fanprojekte bedeutet das eine gute Ausgangslage, da die Fanarbeit auf der Freiwilligkeit der Adressat_innen basiert (vgl. Koordinationsstelle Fanprojekte 2015). Wichtig ist, das Interesse und mögliche Vorwissen der Fans aufzugreifen und die Sensibilisierung zu vertiefen. Um Fans in Aktionen gegen Diskriminierung zu unterstützen (vgl. Claus et al. 2019), ist es sinnvoll, mit ihnen in Kontakt zu treten und sich über Sexismus, der in Form von Sprache auftritt, auszutauschen und dies zu diskutieren. Es geht nicht darum, bestimmte Gesänge zu „verbieten", sondern die Fans zu ermutigen, die Gesänge zu reflektieren und sich darüber auszutauschen (vgl. Töpperwein 2010). Damit werden die Fans zum

Nachdenken angeregt, wie auch sie (beispielsweise durch Singen) zum Sexismus im Stadion beitragen. Diskussionsrunden können Grenzen verschieben, sodass die Fans langfristig auch vermeintlich harmlose Aussagen (wie „Wir sind alles [Stadtname] Jungs") als sexistisch erkennen und im Stadion ablehnen. Diese Sensibilisierung ist nicht nur wichtig, um sexistische Diskriminierungen zu verhindern, sondern auch, um Transparenz zu schaffen. Damit können Fans zu Zeug_innen werden und Betroffene Unterstützung durch Umstehende erwarten. Um Betroffene außerdem zu stärken, Vorfälle von sexistischer Diskriminierung zu erfassen und transparent zu machen, ist eine Anlaufstelle für solche Fälle zu benennen. Die Vorfälle müssen vertraulich und anonym behandelt werden, auf Wunsch der Betroffenen sollten aber weitere Schritte wie etwa die Unterstützung beim Erstatten einer Anzeige eingeleitet werden (vgl. Hagel et al. 2019).

Eine weitere Möglichkeit, um das Interesse der Fans aufzugreifen, zu verstärken und weitere Personen zu erreichen, ist eine aktive und öffentliche Auseinandersetzung mit dem Thema Sexismus, bei dem das Fanprojekt beziehungsweise die Mitarbeitenden eine klare Haltung entwickeln und diese nach außen zeigen. Beispielsweise können in den Räumlichkeiten des Fanprojekts klare Regeln zum Umgang mit Diskriminierung insgesamt und Sexismus im Besonderen für alle deutlich sichtbar angebracht werden (vgl. Claus et al. 2019). Über sexistische Sprüche oder ‚Witze' seitens der (männlichen) Fans sollten die Mitarbeiter_innen nicht lachen, sondern stattdessen mit Verweis auf die Regeln intervenieren. Des Weiteren können explizite Aktions-Spieltage zum Thema Sexismus und geschlechtliche Vielfalt entwickelt werden, auf denen verschiedene thematische Workshops, je nach individuellem Interesse und Kenntnisstand der Teilnehmenden, angeboten werden. Dabei gilt es, nicht nur Frauen zu erreichen, sondern auch Männer. Für diese sind explizite Angebote notwendig, in denen sie sich mit dem Thema Männlichkeit, ihrer eigenen Männlichkeit und den damit verbundenen Privilegien und Handlungsmustern auseinandersetzen (vgl. Lehnert 2006). Dies ist nicht nur in Bezug auf Fußball und das Stadion, sondern mit Blick auf die Gesamtgesellschaft wichtig. Dass Männer dazu bereit sind, zeigt das geschlechtsunabhängige Interesse an (mehr) Antisexismus-Arbeit von Seiten der Fanprojekte. Männer mit Antisexismus-Arbeit zu erreichen, ist besonders mit Blick auf die Intervention bei sexistischen Vorfällen von Bedeutung. Da Männer sich im Gegensatz zu Frauen ihren Fanstatus nicht erst erkämpfen müssen, sondern qua Geschlecht als Fan anerkannt sind, besteht für sie, anders als für Frauen, keine Gefahr, bei einer Intervention gegen Sexismus ihren Fanstatus zu verlieren (vgl. Selmer 2004). Wenn Männer sexistische Vorfälle offen kritisieren, können Frauen sich dem anschließen, ohne dass sie ihren Fanstatus verlassen, da es auch andere – männliche – Fans gibt, die Sexismus kritisieren und dies nicht (mehr) als „Frauenangelegenheit" verstanden werden kann. Intervention muss demnach nicht mehr Ausschluss bedeuten, sondern kann auch Teilhabe sein. Auch eine Auseinandersetzung kann „eine Form der

Partizipation am Geschehen im Stadion sein", da auf diesem Weg Regeln mitbestimmt werden, anstatt sich ihnen stillschweigend unterzuordnen (vgl. Selmer 2004). Die Umfrage zeigt außerdem, dass das Thema Sexismus bei Fans verschiedener Vereine auf Interesse trifft. Für die Fanarbeit empfiehlt es sich, dieses vereinsübergreifende Interesse zu bündeln, indem spezifische Fan-Netzwerke unterstützt werden. Das Klima im Fußball ist nicht nur durch die eigene Fanszene bestimmt, sondern wird von Fans aller Vereine beeinflusst. Um einen Grundkonsens der Antidiskriminierung auf allen Feldern zu schaffen und aufrechtzuerhalten, müssen nicht nur die Fans, sondern auch die Fanprojekte in einem stetigen Austausch stehen, damit sich ihre Antidiskriminierungs-Arbeit nachhaltig etabliert (vgl. Töpperwein 2010).

Fazit

Dieser Beitrag diskutierte Herausforderungen, denen sich die Soziale Arbeit mit Fußballfans stellen muss, sowie Chancen von Antisexismus-Arbeit im Fußball. Fans sind bereit, sich mit dem Thema Sexismus im Fußball zu beschäftigen. Diese Bereitschaft muss die Fanarbeit aufgreifen, unterstützen und festigen. Das würde dem Wunsch der Fans, dass sich die sozialpädagogischen Fanprojekte verstärkt mit dem Thema Sexismus auseinandersetzen sollen, entsprechen. Die Studie zeigt, dass Behauptungen, es gäbe keine Antisexismus-Lobby, nicht mehr aktuell sind. Dies wird vor allem angesichts vereinsübergreifender Bündnisse deutlich, wie dem Netzwerk gegen Sexismus und sexualisierte Gewalt und *F_in – Netzwerk Frauen im Fußball*. Diese Zusammenschlüsse sowie die Initiative von nichtorganisierten Fans müssen weiterhin unterstützt werden, damit die Fans Handlungssicherheit im Umgang mit Sexismus entwickeln können. Dadurch sollen sie, sowohl im als auch außerhalb des Stadions, sexistische Diskriminierungen jeglicher Art erkennen und gegen diese vorgehen können, sodass sich alle Personen unabhängig von ihrem Geschlecht sicher im Stadion bewegen und als gleichberechtigte Fans erleben können. Die Umsetzung von geschlechtersensiblen Maßnahmen sowie eine ständige Reflexion durch die sozialpädagogischen Fanprojekte und die Evaluation von deren Arbeit durch die Koordinationsstelle Fanprojekte bei der Deutschen Sportjugend (KOS) sind weiterhin notwendig, um Sexismus im Fußball konsequent entgegenzuwirken.

Literatur

Arbeitsgruppe Nationales Konzept Sport und Sicherheit (NKSS) (2003): Ergebnisbericht, Deutsche Sportjugend. Frankfurt/M.: NKSS. (Wiederabdruck der 1. Auflage von 1992).
Behn, S./Schwenzer, V. (2006): Anmerkungen zu Sexismus und Gender Mainstreaming im Kontext von Fußball und Fanarbeit. In: Sozial Extra, 30. Jg., H. 3/4, S. 45–48.

Bourdieu, P. (1997): Die männliche Herrschaft. In: Dölling, I. (Hrsg.): Ein alltägliches Spiel. Geschlechterkonstruktion in der sozialen Praxis. Frankfurt/M.: Suhrkamp.
Claus, R./Gießler, C./Wölki-Schumacher, F. (2016): Geschlechterverhältnisse in Fußballfanszenen. Eine Expertise der KoFaS. Online: http://library.fes.de/pdf-files/dialog/12993-20170522.pdf (02.07.2020).
Claus, R./Gießler, C./Wölki-Schumacher, F. (2019): Alles männlich?! Praxistipps für eine geschlechterreflektierende Fanarbeit. Online: http://library.fes.de/pdf-files/dialog/15826.pdf (25.05.2020).
Connell, R. (2015): Der gemachte Mann. Konstruktion und Krise von Männlichkeiten. Wiesbaden: Springer VS.
Degele, N. (2013): Fußball verbindet – durch Ausgrenzung. Wiesbaden: Springer VS.
Degele, N./Janz, C. (2011): Hetero, weiß und männlich? Fußball ist viel mehr! Berlin: Friedrich-Ebert-Stiftung.
Diddens, F./Grau, A./Winands, M./Zick, A. (2019): Das Geschlecht als Baustein von Identitätskonstruktionen in Fußball-Fanszenen – weibliche Fußballfans als Abweichung in einem männlichen Raum? In: Soziale Passagen, 11. Jg., H. 2, S. 323–343.
Gabriel, M./Zeyn, J. (2019): Die unabhängigen Fanprojekte. In: Sozial Extra, 43. Jg., H. 1, S. 27–32.
Grau, A./Winands, M. (2017): Herausforderungen quantitativer und qualitativer Forschungen in (Jugend-)Kulturen und Szenen. Das Beispiel der Fußballfanforschung. In: Grau, A./Heyde, J. von der/Kotthaus, J./Schmidt, H./Winands, M. (Hrsg.): Sozialwissenschaftliche Perspektiven der Fußballfanforschung. Weinheim und Basel: Beltz Juventa, S. 56–74.
Häder, M. (2019): Empirische Sozialforschung. Eine Einführung. Wiesbaden: Springer VS.
Hagel, A./Gerschel, S./Grabenhorst, A./Breit, H./Schrey, S./Wurbs, D./Scholz, P./Steding, R./Rudolph, S. (2019): Handlungskonzepte gegen sexualisierte Gewalt im Zuschauer*innensport. Online: http://www.fussball-gegen-sexismus.de/wp-content/uploads/2019/11/Brosch%C3%BCre_ Handlungskonzept_Auflage_2.pdf (26.08.2020).
Hagel, A./Selmer, N./Sülzle, A. (Hrsg.) (2005): Gender kicks. Texte zu Fußball und Geschlecht. Frankfurt/M.: KOS.
Hagel, A./Wetzel, S. (2002): Sexismus im Stadion. Das Stadion – Raum für Frauen? In: Dembowski, G./Scheidle, J. (Hrsg.): Tatort Stadion. Rassismus, Antisemitismus und Sexismus im Fußball. Köln: PapyRossa, S. 147–156.
Heyde, J. von der (2018): Doing Gender als Ultra – Doing Ultra als Frau. Weiblichkeitspraxis in der Ultrakultur. Eine Ethnographie. Weinheim und Basel: Beltz.
Kathöfer, S./Kotthaus, J./Priluzki, J. (2013): Gelb-Rote Karte. Konflikte in der Lebenswelt von Ultras. In: Kathöfer, S./Kotthaus, J. (Hrsg.): Block X – Unter Ultras. Ergebnisse einer Studie über die Lebenswelt Ultra in Westdeutschland. Weinheim und Basel: Beltz, S. 124–169.
Koordinationsstelle Fanprojekte bei der Deutschen Sportjugend (KOS) (2015): Fanprojekte 2016. Die soziale Arbeit mit Fußballfans in Deutschland: Sachstandsbericht Fanprojektarbeit (1993–2015). Frankfurt/M.: KOS.
Koordinationsstelle Fanprojekte bei der Deutschen Sportjugend (KOS) (2020): Online: www.kos-fanprojekte.de/index.php?id=fanprojekte-aachen-bis-zwickau (25.06.2020).
Kotthaus, J. (2017a): Die Ordnung des Feldes. Diskursstränge der deutschsprachigen Forschung über Fußballfans. In: Grau, A./Heyde, J. von der/Kotthaus, J./Schmidt, H./Winands, M. (Hrsg.): Sozialwissenschaftliche Perspektiven der Fußballfanforschung. Weinheim und Basel: Beltz, S. 30–55.
Kotthaus, J. (2017b): Soziale Arbeit mit Fußballfans. Überlegungen zur Genese eines Handlungsfelds. In: Soziale Passagen, 9. Jg., S. 345–363.
Kreisky, E. (2006): Fußball als männliche Weltsicht. Thesen aus Sicht der Geschlechterforschung. In: Kreisky, E./Spitaler, G. (Hrsg.): Arena der Männlichkeit. Über das Verhältnis von Fußball und Geschlecht. Frankfurt/M.: Campus, S. 21–40.
Kreisky, E./Spitaler, G. (2006): Einführung: Geschlecht als fußballanalytische Kategorie. In: dies. (Hrsg.): Arena der Männlichkeit. Über das Verhältnis von Fußball und Geschlecht. Frankfurt/M.: Campus, S. 8–17.
Lehnert, E. (2006): Auf der Suche nach Männlichkeiten in der sozialpädagogischen Arbeit mit Fans. In: Kreisky, E./Spitaler, G. (Hrsg.): Arena der Männlichkeit. Über das Verhältnis von Fußball und Geschlecht. Frankfurt/M.: Campus, S. 83–96.
Löwenstein, H./Steffens, B./Kunsmann, J. (2020): Sportsozialarbeit. Strukturen, Konzepte, Praxis. Stuttgart: Kohlhammer.

Marschik, M. (2006): „It's a Male Ball". Über Fußball und Maskulinität, Cultural Studies und Kulturwissenschaften. In: Kreisky, E./Spitaler, G. (Hrsg.): Arena der Männlichkeit. Über das Verhältnis von Fußball und Geschlecht. Frankfurt/M.: Campus, S. 53–65.

Meuser, M. (2008): It's a Men's World. Ernste Spiele männlicher Vergemeinschaftung. In: Klein, G./Meuser, M. (Hrsg.): Ernste Spiele. Zur politischen Soziologie des Fußballs. Bielefeld: Transcript, S. 113–134.

Micheel, H.-G. (2010): Quantitative empirische Sozialforschung. München: Reinhardt.

Nationaler Ausschuss Sport und Sicherheit (2012): Nationales Konzept Sport und Sicherheit. Fortbeschreibung 2012. Online: https://www.lpr.sachsen.de/download/landespraeventionsrat/nkss-20111028.pdf (21.05.2021).

Schwenzer, V. (2005): Samstags im Reservat. Anmerkungen zum Verhältnis von Rassismus, Sexismus und Homophobie im Fußballstadion. In: Hagel, A./Selmer, N./Sülzle, A. (Hrsg.): Gender kicks. Texte zu Fußball und Geschlecht. Frankfurt/M.: KOS.

Sedlmeier, P./Renkewitz, F. (2008): Forschungsmethoden und Statistik in der Psychologie. München: Pearson.

Selmer, N. (2004): Watching the Boys Play. Frauen als Fußballfans. Kassel: Agon.

Selmer, N./Sülzle, A. (2006): „TivoliTusssen" und Trikoträgerinnen. Weibliche Fankulturen im Männerfußball. In: Kreisky, E./Spitaler, G. (Hrsg.): Arena der Männlichkeit. Über das Verhältnis von Fußball und Geschlecht. Frankfurt/M.: Campus, S. 123–139.

Sülzle, A. (2005): Männerbund Fußball. Spielraum für Geschlechter im Stadion. Ethnographische Anmerkungen in sieben Thesen. In: Dinges, M. (Hrsg.): Männer, Macht, Körper. Hegemoniale Männlichkeiten vom Mittelalter bis heute. Frankfurt/M.: Campus, S. 173–191.

Sülzle, A. (2011): Fußball, Frauen, Männlichkeiten. Eine ethnographische Studie im Fanblock. Frankfurt/M.: Campus.

Töpperwein, J. (2010): Weibliche Fans im Fußball: Emanzipationsgeschichte, Erfahrungen, Perspektiven. In: Lederer, B. (Hrsg.): Teil-Nehmen und Teil-Haben. Fußball aus Sicht kritischer Fans und Gesellschaftswissenschaftler. Göttingen: Die Werkstatt, S. 25–53.

Winands, M. (2015): Interaktionen von Fußballfans. Das Spiel am Rande des Spiels. Wiesbaden: Springer VS.

Wölki, F. (2005): „Kleine Maus, zieh dich aus!" Als „Pink Lady" in der Machowelt des Fußballs. In: Hagel, A./Selmer, N./Sülzle, A. (Hrsg.): Gender kicks. Texte zu Fußball und Geschlecht. Frankfurt/M.: KOS.

Zur Analyse von und zum Umgang mit Sexismus im Fußball

Perspektiven aus der Fansozialarbeit

Antje Hagel und Stella Schrey

Sexismus und sexualisierte Gewalt im Fußball erleben weibliche Fans, Fanprojekt-Mitarbeiterinnen und Angestellte der Vereine gleichermaßen. Von besonderen, nicht unbedingt alltäglichen Vorfällen berichten Frauen immer wieder. Die Übergriffe und Angriffe variieren in ihrer Intensität. In den seltensten Fällen werden die Strafverfolgungsbehörden involviert. Im April 2018 kam es allerdings zu einer Situation, in der eine junge Frau in einem Sonderzug mit Mönchengladbach-Fans von einem Mann vergewaltigt wurde.[1] Nachdem die junge Frau über ihre Eltern die Polizei gerufen hatte, nahm diese von allen Zugfahrenden beim jeweiligen Ausstieg die Personalien auf. Anders als bei anderen strafrelevanten Vorkommnissen unterstützten die im Zug befindlichen Fans die Aufklärung des Falls und kooperierten weitgehend. Der Fall gelangte an die Öffentlichkeit und löste ein großes Medienecho aus. Dies veränderte die Debatten im Fußball rund um Sexismus und sexualisierte Gewalt erheblich. Frauen, Männer und Personen anderer Geschlechter[2] sind in sexistische Strukturen involviert und können zu Täter_innen und Betroffenen werden. In diesem Beitrag beleuchten die Autorinnen neben Erfahrungen von Betroffenen (insbesondere von Frauen) mit Sexismus und sexualisierter Gewalt im Fußball vor allem die bereits existierenden Unterstützungsstrukturen rund um den Fußball. Es geht zum einen um Institutionen und Hilfesysteme, die sich mit der Thematik auseinandersetzen und Betroffene auffangen und begleiten können, zum anderen aber auch um die Forderung nach der Entwicklung weiterer Hilfe- und Stärkungsnetzwerke. Und darum, welche Dynamik das Aufbringen neuerer Debatten entwickeln kann.

---

1 Zunächst wurde der Angeklagte 2019 schuldig gesprochen und zu einer Haftstrafe von drei Jahren und neun Monaten verurteilt, wegen der hier beschriebenen Vergewaltigung und einer gefährlichen Körperverletzung gegen eine andere Person. Er war bereits wegen weiterer Gewaltdelikte sowie einer Vergewaltigung vorbestraft. In der zweiten Instanz wurde das Urteil zurückgenommen und der Mann freigesprochen. Der Grund: Nach Ansicht der Strafkammer war für den Mann nicht ersichtlich, dass die Frau keinen Sex wollte (F_in 2020).

2 Beispielsweise Non-binary-, intergeschlechtliche oder Trans*personen, die sich weder als Mann noch als Frau verstehen. Für diesen Artikel möchten die Autorinnen im binären Diskursfeld des Fußballs bleiben, das stark zweigeschlechtlich strukturiert ist.

Wir wollen im Folgenden eine Bestandsaufnahme dessen liefern, was bereits existiert – ohne Anspruch auf Vollständigkeit. Ganz im Gegenteil, der Beitrag soll dazu einladen, sich mit den eigenen lokalen Strukturen und Diskursen auseinanderzusetzen und diese für sich selbst und die eigene Institution oder Gruppe zu ordnen und zu reflektieren.

Sexismus als Ausschluss von Weiblichkeit im Fußball

Als Sexismus können alle Aussagen, Handlungen und Einstellungen verstanden werden, „die Frauen aufgrund ihres Geschlechts einschränken oder diskriminieren" (Hagel und Wetzel 2002, S. 148). Die Autorinnen identifizierten drei Formen von Sexismus: offenen Sexismus, versteckten Sexismus und ausschließenden Sexismus. *Offener Sexismus* umfasst Gesänge, Witze und Sprüche im Stadion ebenso wie sexistische Werbung rund um den Fußball. Er meint aber auch direkte sexualisierte Gewalt, wie unter anderem unerwünschte Berührungen, aber auch direkte körperliche Angriffe. Der Begriff *versteckter Sexismus* bezieht sich auf die Definition des Stadions als Raum für Männerfußball, als Ort, an dem Frauen keinen selbstdefinierten Platz finden. Im Stadion schafft für sie das Geschlecht – anders als bei Männern – nicht per se Sicherheit, sondern erzeugt eine von außen wie von innen angenommene Unsicherheit. Hier wird Frauen zudem ein eigenständiges Interesse an Fußball abgesprochen. Zu oft berichten Frauen, die privat oder dienstlich zum Fußball gehen, dass sie gefragt werden, ob es nicht gefährlich sei, ins Stadion zu gehen, und ob sie alleine dort seien. *Ausschließender Sexismus* hingegen bezieht sich auf Sprache und Organisationsformen im Fußball. Schon allein der Begriff *Fußball* beinhaltet einen Ausschluss, indem er das Spiel als solches beansprucht. Denn in der Regel ist ausschließlich der von Männern gespielte Fußball gemeint. Der ‚12. Mann' spricht die männlich dominierte Fanszene an, Vereinsfunktionäre wie Fans reden über Duisburger, Offenbacher und Leverkusener Jungs. Fangruppen entscheiden sich gegen weibliche Mitglieder und begründen das mit dem ‚Störfaktor Frau'. Frauen wird in diesem Zusammenhang unterstellt, sie seien nicht wehrhaft genug und würden die Gruppendynamik durcheinanderbringen. Öffentlich zum Ausdruck kommt das allerdings eher durch die Aufforderung an Frauen, nicht in der Kurve zu erscheinen (vgl. Ultras FC Hansa Rostock 2016) oder zumindest den ersten zehn Reihen fernzubleiben (vgl. taz 2018). Auch dass weniger als vier Prozent Frauen unter den Fußballfunktionär_innen zu finden sind (vgl. Zeit 2017), lässt darauf schließen, dass Frauen (Fußball-)Kompetenz und Durchsetzungsvermögen abgesprochen werden.

Dass es bei diesen Vorgängen nicht zwingend um einen Ausschluss von Frauen als physische Gruppe geht, sondern vielmehr um einen Ausschluss von Weiblichkeit und der damit verbundenen gesellschaftlichen symbolischen Ordnung, darauf weist der Soziologe Michael Meuser hin (vgl. Meuser 2017, S. 185). Weibliche Erfahrungen, Interessen und Positionen werden aufgrund der Gleichsetzung männlicher Erfahrungswerte mit dem Allgemeinen negiert und unsichtbar. Die soziale Ordnung der Lebenswelt Fußball aber sortiert sich kontinuierlich neu in der Wahrnehmung, Einschätzung und Bewertung dessen, was männlich oder weiblich ist (vgl. Gildemeister 2017, S. 1–3, Meuser 2010, S. 118). Diese Ordnung ist also einer stetigen Veränderung unterzogen – und das, obwohl die verschiedenen Beschreibungen und Bezeichnungen für das Feld des Fußballs vermeintliches Beharrungsvermögen und Starre vorgeben: Die Ethnologin Almut Sülzle etwa nennt Fußball ein „Reservat" (vgl. Sülzle 2005, S. 38) für tradierte Konstruktionen von Männlichkeit, während Meuser von einem „Refugium" (vgl. Meuser 2017, S. 189) spricht. Die Politikwissenschaftlerin Eva Kreisky geht sogar so weit, Fußball als Männerbund[3] zu beschreiben: „Männerbünde definieren sich über – expliziten oder auch nur impliziten – Ausschluss von Frauen und dienen der Konservierung männlicher Vorherrschaft" (Kreisky 2006, S. 33). Auch weil Fußball „eine männerbündische Kultur [ist], die zu etwa einem Viertel aus Frauen besteht" (Sülzle 2005, S. 40), ist es wichtig, diesen Begriff breiter zu denken. Und auch hier muss in Anlehnung an Meuser ergänzt werden, dass es sich nicht immer um einen Ausschluss von Frauen handeln muss, sondern vielmehr um einen rigiden Ausschluss von Weiblichkeit (vgl. Meuser 2017, S. 185).

Im Fußball werden emotionale Verbundenheit und Leidensfähigkeit – anders als im gesamtgesellschaftlichen Geschlechterdiskurs – nicht mit Weiblichkeit gleichgesetzt, sondern zu einer männlichen Eigenschaft umkodiert. Weiblichen Fans werden genau diese Eigenschaften in Bezug auf den Verein abgesprochen: Sie werden diskursiv entweder zu Erfolgsfans, die bei Misserfolg das Interesse verlieren, oder zur „Begleiterin", die nur Anhängsel eines männlichen Fans ist[4] (vgl. Meuser 2017, S. 181 f.). Fußball wird von der Geschlechterforschung deshalb auch als „Arena der Männlichkeit"[5] (Meuser 2008, S. 113) in einer

---

3   Relevante Charakteristika dieser Männerbünde sind „Treue, Ehre, Kameradschaft, Gefolgschaft, Gehorsam, Unterwerfung", die „Spannungszone zwischen heroischer Führung und loyaler Gefolgschaft" sowie die „keineswegs nur rational[e], sondern vor allem emotional[e]" Befestigung der eigenen Ideale und Werte (vgl. Kreisky 2006, S. 33). Man denke an die mediale Inszenierung von Ultragruppen, die sich gegen die Kommerzialisierung des Fußballs und für die „emotionale Seite des Spiels" positionieren (vgl. Meuser 2017, S. 181).

4   Nimmt eine Frau beispielsweise aufgrund von sexualisierter Belästigung und Gewalt nur in Begleitung eines männlichen Freundes oder eines Partners an Spieltagen teil, reproduziert sich dieser Diskurs erneut.

5   Dies wird vor allem für den europäischen und südamerikanischen Raum konstatiert, nicht für den US-amerikanischen. Nach Meuser zeigt dies, dass „kulturelle[n] Diskurse und die soziale[n] Umgangsweise" für diese männliche Kodierung verantwortlich seien, nicht etwa die Natur des Sports selbst. Hierfür führt er zudem an, dass Fußball einer hegemonialen Sportkultur im deutschsprachigen Raum entspreche und schon deshalb eine Verknüpfung mit Männlichkeit grundlegend sei (vgl. Meuser 2017, S. 179 f.).

postfordistischen Gesellschaft beschrieben (vgl. Kreisky 2006, S. 21), in der eine Erosion alter Männlichkeitsideale und damit alter Sicherheiten beobachtet werden kann (vgl. beispielsweise Meuser/Scholz 2011). Männlichkeit als ordnendes Prinzip des Feldes *Fußball* zeigt sich auf diversen Ebenen, vom Amateursport bis in die hochkommerzialisierte Welt des Profifußballs, von Leitungsorganen über Spieler_innen bis in die Fankultur (vgl. Meuser 2017, S. 180), und schafft somit stetig aufs Neue männlichkeits-dominierte Räume. Meuser nennt diese Räume „homosozial". Um Einlass zu finden, müssen Frauen erst beweisen, dass sie sich den Praktiken und Verhaltensweisen der Gemeinschaften anpassen können, die zumeist jedoch Frauen und Weiblichkeit diskreditieren (vgl. Meuser 2017, S. 185). Beispiele können die Auswahl von Kleidung und der Verzicht auf Make-up im Stadion und in anderen Fußballkontexten sein, aber auch die Aneignung männlich dominanter Gesten sowie sexistischen Redeverhaltens.

Der verlockende Trugschluss, Diskriminierungsformen wie Sexismus könnten *allein* durch die bloße Anwesenheit von Frauen behoben werden, ist deshalb aus geschlechtersoziologischer Perspektive zu verneinen (vgl. Meuser 2017, S. 185f.). Dies bedeutet allerdings nicht, dass die Sichtbarkeit und die kulturelle Repräsentanz weiblicher Fans nicht zu Veränderungen führen können.

Eine Perspektive (aus) der Praxis

In der Praxis allerdings gilt es für Frauen wie für Männer, konkreten Erfahrungen entgegenzutreten, die sich aus dem Ausschluss von Weiblichkeiten und der Erhöhung von Männlichkeiten ergeben. An den bereits beschriebenen Formen sexistischer Angriffe auf Frauen hat sich in den letzten Jahren nicht viel geändert, es sind eher noch neue hinzugekommen: Mobbing gegen Frauen wird zu Hate Speech im Netz, wo sexistische Doppelhalter und Spruchbänder eine noch größere Wirkung entfalten. Sehr wohl hat sich aber an der Diskussion über Sexismus und sexualisierte Gewalt etwas verändert, insbesondere durch die Gründung des Netzwerks *Frauen im Fußball F_in* im Jahr 2004 und die Umsetzung des *Gender-Mainstreamings* in der Sozialen Arbeit wie in den Aus- und Fortbildungen für Fanprojekt-Mitarbeiter_innen. Heute gibt es mehr Frauen in den Fanprojekten, davon deutlich mehr mit Vollzeitstellen, wenn auch immer noch wenige in Leitungspositionen. Auch bei den Zuschauer_innen und Fans hat es allem Anschein nach eine gesteigerte Wahrnehmung und Selbstdarstellung von Frauen in der Fankurve gegeben. Genaue Zahlen gibt es nicht. Auch die Macherinnen der Ausstellung *fan.tastic.females Her.Story* haben keine Steigerungen gegenüber den Angaben von 2005 recherchieren können (vgl. Wetzel, 2005; fan.tastic.females, 2018).

Frauen in der Fanarbeit

Frauen, die sich in der Lebenswelt Fußball bewegen, sowohl professionell als Mitarbeiterinnen in Fanprojekten und von Vereinen als auch weibliche Fans, schwanken aber weiterhin zwischen dem Recht auf körperliche und seelische Unversehrtheit und der Bereitschaft, sich in eine männerdominierte Domäne zu begeben, der Gewalt gegen Frauen inhärent ist. Auch deshalb haben Mitarbeiter_innen der Fanprojekte das Anliegen und den Auftrag, Sexismus und sexualisierte Gewalt zu thematisieren, zum Teil aufgegriffen. Sie (Männer wie Frauen) müssen sich immer wieder der Frage stellen, wie ein (gemischtgeschlechtliches) Team die notwendige Aufmerksamkeit für die Belange von Frauen und Mädchen im Fußball sicherstellen kann. Das aber führt zu weiteren Fragen: Welche Voraussetzungen sind nötig, um eine solche Sensibilität zu entwickeln? Welche Interventionsmöglichkeiten sind wann gegeben, wenn Mitarbeiter_innen Vorfälle beobachten oder diese ihnen zugetragen werden? Welche Handlungskonzepte gibt es und können Orientierung geben? Was ist, wenn Fanprojekt-Mitarbeiterinnen selbst Betroffene von sexualisierter Gewalt werden? Während auf kommunaler Ebene in den vergangenen Jahren teilweise weitreichende Hilfesysteme entwickelt wurden und auch einige Verbände anderer Sportarten sich dem Thema stellen, stehen die Diskussionen im Fußball diesbezüglich immer noch am Anfang. Die wenigsten Fußballinstitutionen verfügen über Schutz- und Handlungskonzepte, die einerseits die sexualisierte Gewalt als dem Zuschauer_innensport Fußball immanent zur Kenntnis nehmen und andererseits und genau deshalb die Betroffenen ernst nehmen.

Doch nicht nur ‚der Fußball' muss Verantwortung übernehmen, sondern auch die Institutionen rund um ihn herum sowie die Kommunen. Fanprojekt-Träger sollten beispielsweise Zugänge zu geschlechterreflektierender Sozial- und Jugendarbeit gewährleisten. Dies kann vom Kontakt zu möglichen regionalen Anlaufstellen bis hin zu eigenen Fort- und Weiterbildungen reichen. Mitarbeiter_innen in Fanprojekten stehen beispielsweise Informationsmaterialien zu Anlaufstellen für Betroffene von sexualisierter Gewalt, rechtlichen Möglichkeiten und themenbezogenen kommunalen Arbeitsgemeinschaften zur Verfügung. Dies kann bei den Mitarbeiter_innen zu einer Grundsicherheit im Umgang mit der Thematik beitragen.

Ebenfalls verantwortlich sind die Fanprojekt-Träger für die Einstellung der Fanprojekt-Mitarbeiter_innen. Im Sachbericht der Koordinationsstelle Fanprojekte 2016 äußern sich Heidi Thaler und Antje Hagel dazu wie folgt: „In der täglichen Fanprojektarbeit müssen sich männliche wie weibliche Mitarbeiter*innen mit den […] Realitäten in der Fanszene, aber auch innerhalb des eigenen Teams auseinandersetzen und einen Umgang damit finden, am besten in gemischtgeschlechtlichen Teams" (Hagel und Thaler 2016, S. 24). Dieser Forderung, so banal wie verständlich, kommen jedoch nicht alle Fanprojekt-Träger und Fanprojekte nach. Dabei ist die Arbeit in gemischtgeschlechtlichen Teams, gerade vor dem Hintergrund der geschlechterreflektierenden Fanarbeit, enorm wichtig. Für diese reicht es nicht aus, lediglich Mädchen- und Jungenarbeit anzubieten, sondern es gilt auch, durch ein heterogenes Team Geschlechter-Barrieren zu durchbrechen und den Klient_innen in all ihrer Vielfalt gerecht zu werden.

In der Trägerverantwortung liegen auch die Fanprojekt-Beiräte. Hier sitzen Vertreter_innen aus dem Bezugsverein, der Kommune, der Landes- und Bundespolizei, des Trägers, der Verbände, der *Koordinationsstelle Fanprojekte (KOS)* und der Politik, um das Fanprojekt in seiner Arbeit zu begleiten und zu unterstützen. Die Beiräte dienen aber auch dem fachlichen Austausch zu Themen, die sich im und um den Fußball abspielen. Sie bieten somit die Möglichkeit, Sexismus und sexualisierte Gewalt im Fußball zu platzieren und mögliche Handlungs- und Lösungsstrategien für den lokalen Kontext zu entwickeln.

Frauen in der Lebenswelt Fußball vernetzen sich

Wie in vielen anderen gesellschaftlichen Bereichen haben die Betroffenen selbst längst begonnen, sich eigene Schutz- und Empowerment-Strukturen aufzubauen. Diese Strukturen können dabei helfen, individuelle Erfahrungen zu verarbeiten und zu bewerten. Dazu gehört neben *F_in Netzwerk Frauen im Fußball* auch die regelmäßig stattfindenden Treffen der *Arbeitskreise Frauen in der Fanprojektarbeit* oder das jährliche Treffen der Ultrafrauen unter dem Namen *Ultra just girls*. Die verschiedenen Zusammenschlüsse und Gruppen decken unterschiedliche Bereiche ab.

Das Netzwerk *F_in* schafft seit 2004 durch die jährlich stattfindenden Treffen einen Raum zur Vernetzung und zum Austausch für Frauen aus unterschiedlichen Bereichen des Fußballs, das heißt aus der Wissenschaft, Sozialarbeit, aus Fanszenen etc. *F_in* bietet sich darüber hinaus als Sprachrohr für Frauen im Netzwerk Fußball an. Der Zusammenschluss von Frauen äußert sich unter anderem zu sexistischen Vorfällen oder Übergriffen, ordnet diese ein und skizziert die Probleme, mit denen Frauen im Fußball zu kämpfen haben.

Im August 2017 veröffentlichte die *Kompetenzgruppe Fankulturen und Sport Bezogene Soziale Arbeit (KoFaS)* eine Handreichung, die auf Grundlage einer umfangreichen Expertise Männlichkeiten und Weiblichkeiten im Fußball analysierte (KoFaS 2016). Dies eröffnet neue Ansätze in der Fansozialarbeit, die Praxistipps für eine geschlechterreflektierende Fanarbeit (KoFaS 2017) beinhaltet. Mit Hilfe von Fallbeispielen skizzieren die Verfasser_innen Handlungsmöglichkeiten für Fanprojekt-Mitarbeiter_innen und Fanbeauftragte. Die Broschüre thematisiert nicht nur Sexismus in der Fanszene, sondern geht auch auf strukturellen Sexismus innerhalb des Netzwerks Fußball ein. Dieser strukturelle Sexismus kann von vermeintlichen ‚Witzen' in der Sicherheitsbesprechung oder im Kurvengespräch über Anmachsprüche bis hin zum Absprechen der Notwendigkeit, sich im Team mit Sexismus auseinanderzusetzen, reichen.

Die *Arbeitskreise Frauen in der Fanprojektarbeit* sind Zusammenschlüsse von Fanprojekt-Mitarbeiterinnen aus den Regionalverbünden der *Bundesarbeitsgemeinschaft Fanprojekte (BAG)*. Die regelmäßig stattfindenden Treffen bieten einen Schutzraum, in dem sich Fanprojekt-Mitarbeiterinnen über ihre Erfahrungen im Feld austauschen können. Primäres Ziel ist es, sich gegenseitig zu unterstützen und an Lösungsansätzen, möglichen Umgangsformen und zukünftigen Herangehensweisen zu arbeiten. In den Arbeitskreisen werden Schwerpunkte gesetzt, die gefördert und weiterentwickelt werden, wie beispielsweise geschlechtersensible Fanarbeit oder Umgang mit Sexismus und sexualisierter Gewalt. Die BAG organisierte im Frühjahr 2018 und Herbst 2020 Workshops für Fanprojekt-Mitarbeiterinnen.

Auch innerhalb der deutschen Fanszenen-Landschaft organisieren sich Frauen. Seit einigen Jahren findet jährlich ein Treffen von Ultrafrauen statt. Unter dem Namen *Ultra just girls* treffen sich (junge) Frauen aus unterschiedlichen Fanszenen, um sich gegenseitig zu unterstützen, zu stärken und ihre eigene Rolle in der Fanszene zu reflektieren. Finanziell unterstützt werden die Treffen, die vor allem die Selbstorganisation weiblicher Fußballfans fördern, unter anderem aus der Fanprojekt-Landschaft.

Die Organisation in Netzwerken und Gruppen ist besonders dann wichtig, wenn es zu sexualisierten Übergriffen, sexualisierter Gewalt und sexistischen Vorfällen kommt, wie im oben beschriebenen Vorfall im Sonderzug mit Mönchengladbach-Fans. Die Reaktionen auf den Übergriff waren unterschiedlich. F_in bettete den Vorfall im Rahmen einer Pressemitteilung in einen gesellschaftlichen und männerfußballspezifischen Kontext ein und forderte eine größere Sensibilität für das Thema Sexismus im Fußball sowie standortbezogene Konzepte, die als Handlungsleitfaden für den Umgang mit Sexismus und sexualisierter Gewalt fungieren können (vgl. F_in 2018). Doch wie kann ein solches Konzept aussehen? Hier gibt bereits eine Vielzahl von Ansätzen, wie man mit sexistischen Vorfällen und sexualisierter Gewalt umgehen kann – rund um den Sport und in der Sozialen Arbeit.

Im Sommer 2018, nachdem die Vergewaltigung im Sonderzug bekannt geworden war, erarbeiteten Mitglieder der Faninitiative *Unsere Kurve*, der *BAG* und von *F_in* eine Umfrage (F_in 2019), die bundesweit nach bestehenden Hilfekonzepten sowie Bedarfen nach Handlungsanleitungen fragte wie auch nach der Bereitschaft, sich an der Entwicklung von Konzepten beteiligen zu wollen. Unter anderem aus dieser Umfrage entstand das *Netzwerk gegen Sexismus und sexualisierte Gewalt* im Januar 2019. Es setzte sich zum Ziel, das Thema sexualisierte Gewalt im Zuschauer_innensport Männerfußball aus der Tabuzone zu holen, Handlungsmöglichkeiten aufzuzeigen und Veränderungen aktiv zu begleiten. Das Konzept des Netzwerks (vgl. Netzwerk gegen Sexismus und sexualisierte Gewalt 2019) zielt zum einen darauf ab, Handlungsbedarfe und Handlungsmöglichkeiten aufzuzeigen, und zum anderen darauf, Fußballverbänden, Vereinen, Fanprojekten und Fangruppen eine inhaltliche Orientierung zu geben, damit diese standortspezifische Strukturen und (Schutz-)Konzepte erarbeiten und etablieren können. Dafür gliedert sich das Konzept in vier Bereiche auf: In der *Begrifflichen Klärung und Verortung des Themas* ordnen die Autor_innen den Begriff sexualisierte Gewalt ein. Unter sexualisierter Gewalt verstehen sie „alle Handlungen, die ohne Zustimmung oder gegen den Willen einer Person ausgeübt werden". Der zweite Teil widmet sich der Frage nach *Grundhaltungen* im Umgang mit sexualisierter Gewalt. Dazu gehört neben der eindeutigen Ächtung von sexualisierter Gewalt auch das Prinzip, das Handeln immer an den Bedürfnissen der betroffenen Person auszurichten. Das bedeutet im Umkehrschluss auch, dass eine „Strafverfolgung […] nicht das vorrangige Ziel [ist]" (Netzwerk gegen Sexismus und sexualisierte Gewalt 2019, S. 9). Im Kapitel *Prävention* nehmen die Beitragenden vier notwendige Handlungsschritte in den Blick: die Anerkennung von Sexismus und sexualisierter Gewalt als ein Problem im Fußballkontext durch alle beteiligten Akteur_innen, die Sensibilisierung potenziell Betroffener und von Beobachter_innen, die Ausarbeitung eines lokalen Handlungskonzepts und den Aufbau eines Netzwerks zum Umgang mit sexualisierter Gewalt sowie die Schaffung eines Beschwerdemanagements. Das Kapitel *Intervention* bezieht sich auf konkrete Situationen, in denen es zu Vorfällen sexualisierter Gewalt kommt. Die Verfasser_innen unterteilen dabei in Hinweise an angesprochene und beobachtende Person, Hinweise zum Umgang des Ansprechpartner_innen-Teams (beispielsweise *Awareness*) mit Betroffenen und Hinweise zum Umgang mit grenzüberschreitenden Personen. Ergänzt werden die Hinweise durch einen Vorschlag, wie eine inhaltliche Nachbereitung aussehen könnte.

Durch die Veröffentlichung des Handlungskonzepts im Rahmen der Bundeskonferenz der KOS zum Thema „Fußball und Geschlecht" (KOS 2020), die Wanderausstellung *fan.tastic females. Football. her story* und einzelne Initiativen an Standorten sowie Expert_innen in unterschiedlichen Funktionen begann eine verstärkte Auseinandersetzung auf verschiedenen Ebenen mit sexualisierter Gewalt im Zuschauer_innensport Männerfußball. Sexismus und sexualisierte Gewalt sind nicht mehr nur ein ‚Randthema', mit dem sich *F_in*-Frauen und einzelne engagierte Fanprojekt-Mitarbeiter_innen und Vereinsvertreter_innen auseinandersetzen. Vielmehr ist es in den Köpfen der Verantwortlichen in Vereinen und Verbänden angekommen. Auf dieser Basis wurden bereits erste ganzheitliche und standortspezifische (Schutz-)Konzepte entwickelt. Unter Mithilfe der *KoFaS* und des *Netzwerks gegen Sexismus und sexualisierte Gewalt* entstanden in den letzten anderthalb Jahren nicht wenige Projekte, die sich in diesem Kontext begreifen und sehr unterschiedlich gestaltet sind. Die Fan- und Förderabteilung des SV Darmstadt 98 erarbeitete in Zusammenarbeit mit engagierten weiblichen Fans eine Anlaufstelle für Frauen, die auch vom Vereinspräsidium unterstützt wird. Vier bislang ehrenamtliche weibliche Fans stehen als Ansprechpartnerinnen an Spieltagen, aber auch unter der Woche zur Verfügung und begleiten (wenn gewünscht) zu Hilfeangeboten für von sexualisierter Gewalt Betroffene in der Stadt. Auch wenn Festanstellungen für die Mitarbeiterinnen wünschenswert wären, sehen wir in diesem Projekt einen Anfang hin zu professionellen Strukturen.

Die Abteilungen Fanangelegenheiten und Corporate Responsibility von Borussia Dortmund entwickelten in Zusammenarbeit mit der *KoFaS* das „Panama-Konzept" des Konzertveranstalters FKP Skorpio weiter, auf dessen Grundlage Hilfestrukturen im Spieltagskontext aufgebaut werden. Das Konzept ist intersektional sowie ganzheitlich angelegt und soll Menschen, die sich bei Spielen der Borussia nicht wohlfühlen, bedrängt oder belästigt werden oder sich in einer für sie bedrohlichen Situation befinden, Unterstützung ermöglichen. Inwiefern eine Umsetzung des Konzepts bei voller Auslastung der Stadionkapazitäten möglich ist, wird die Zukunft zeigen. Zu erkennen ist, dass vor allem Verbände und Vereine die gegenwärtige Corona-Pandemie unter anderem dazu nutzten, Ideen zu verschriftlichen und Konzepte zu schreiben. Dabei ist größtenteils eine intersektionale Herangehensweise, die alle Vielfaltsdimensionen berücksichtigt, zu erkennen. Ob die Papiere den Weg aus der Theorie in die Praxis finden, bleibt abzuwarten.

Ungeahnte Kontinuitäten öffnen neue Türen

Im Bemühen um einen Praxisbezug stellen die gemeinsamen Fachtage der Deutschen Fußball Liga (DFL) und des Deutschen Fußball-Bunds (DFB) zu Sexismus und sexualisierter Gewalt 2020 und 2021 eine ungeahnte Kontinuität her. Die teilnehmenden Vertreter_innen von Vereinen der verschiedenen Ligen setzen sich mehrtägig mit verschiedenen Aspekten diskriminierenden Verhaltens rund um den Fußball auseinander und diskutieren Ansätze der Prävention und Intervention. Zum ersten Mal wurde beim Fachtag im Februar 2020 das Thema Sexismus und sexualisierte Gewalt auf die Agenda gehoben und fand einen beeindruckenden Anklang. Sicherheitsbeauftragte, Fanbeauftragte und Fanprojekt-Mitarbeiter_innen diskutierten über Dinge, für die ihnen bis dato zum Teil die Worte gefehlt hatten.

Und wie kann es weitergehen?

Die Erfahrungen der Autorinnen zeigen vor allem die Stärke von Netzwerken für Betroffene von Sexismus und sexualisierter Gewalt im Fußball. Diese Netzwerke dienen nicht nur der Vernetzung verschiedener Akteur_innen, sondern können auch zur Etablierung geschlechtersensibler Perspektiven beitragen. So gelang es, eine kritische Reflexion der Kategorie Geschlecht – sowie ihrer Intersektionen wie der sozialen und ethnischen Herkunft und des sexuellen Begehrens – in andere Netzwerke und Organisationen im Fußball hineinzutragen, in denen noch wenig bis keine Sensibilisierung für geschlechterpolitische Themen stattgefunden hat. Neben Möglichkeiten, Betroffene von Sexismus zu stärken, sollte zudem eine Reflexion bestehender Männlichkeitskonstruktionen im Fußball angeregt werden. Ein Wissenstransfer zwischen Wissenschaftler_innen und Sozialarbeiter_innen, von dem beide Seiten profitieren, ist dabei dringend erforderlich. Genauso wie der Austausch mit politischen Akteur_innen, wie etwa Gleichstellungsbeauftragten oder zivilgesellschaftlichen Organisationen, die sich mit Fragen rund um geschlechter- und diversitätssensible Sozialarbeit beschäftigen. Um Veränderungen herbeizuführen, ist es notwendig, dass die unterschiedlichen Akteur_innen im Männerfußball aktiv bleiben oder werden. Eine Auseinandersetzung mit Sexismus und sexualisierter Gewalt muss dabei auf den unterschiedlichen Ebenen erfolgen. Nur so können nachhaltig Veränderungen erreicht werden. Die gegenwärtige Auseinandersetzung mit Sexismus und sexualisierter Gewalt durch Fans, Fanprojekte, Vereine und Verbände gibt dabei Grund zur Hoffnung.

Literatur

F_in (2018): Vereine sind in der Pflicht, sich mit sexualisierter Gewalt auseinanderzusetzen! Online: https://www.f-in.org/presse/vereine-sind-in-der-pflicht/ (27.11.2018)

F_in (2019): Ergebnisse der Onlineumfrage. Online: https://www.f-in.org/presse/ergebnisse-der-onlineumfrage/ (02.03.2021)

F_in (2020): Wir.Sind.Fassungslos. Freispruch in 2. Instanz im Falle der mutmaßlichen Vergewaltigung in einem Gladbacher Sonderzug. Online: https://www.f-in.org/presse/pm-zur-2-urteil-im-falle-der-vergewaltigung-im-sonderzug/ (02.03.2021).

fan.tastic.females Her. Story (2018): Ausstellungshomepage: https://www.fan-tastic-females.org

Gildemeister, R. (2017): Doing Gender: eine mikrotheoretische Annäherung an die Kategorie Geschlecht. In: Kortendiek, B./ Riegraf, B./Sabisch, K. (Hrsg.): Handbuch Interdisziplinäre Geschlechterforschung. Wiesbaden: VS.

Hagel, A./Wetzel, S. (2002): Sexismus im Stadion. Das Stadion – Raum für Frauen? In: Dembowski, G./Scheidle, J. (Hrsg.): Tatort Stadion. Rassismus, Antisemitismus und Sexismus im Fußball. Köln: PapyRossa, S. 147–156.

Hagel, A./Thaler, H. (2016): Mix it up! Gemischtgeschlechtliche Teams in der Fanarbeit. In: Koordinationsstelle Fanprojekte bei der Deutschen Sportjugend (KOS) (Hrsg.): FANPROJEKTE 2016. Die soziale Arbeit mit Fußballfans in Deutschland. Frankfurt/M.: Koordinationsstelle Fanprojekte bei der Deutschen Sportjugend, S. 24 f.

Kompetenzgruppe Fankulturen & Sport bezogene Soziale Arbeit (KoFaS) (2016): Geschlechterverhältnisse in Fußballfanszenen. Eine Expertise der KoFaS. Hannover.

Kompetenzgruppe Fankulturen & Sport bezogene Soziale Arbeit (KoFaS) (2017): Alles männlich?! Praxistipps für eine geschlechterreflektierende Fanarbeit. Online: https://www.vielfalt-mediathek.de/data/kofas_alles_maennlich_vielfalt_mediathek.pdf (06.03.2019).

Koordinationsstelle Fanprojekte bei der dsj (KOS) (2020): Fußball und Geschlecht. Fanszenen zwischen Vielfalt und Diskriminierung und der Umgang der Fanarbeit mit sexualisierter Gewalt. Online: https://www.kos-fanprojekte.de/fileadmin/user_upload/materialien/KOS-Schriften/KOS-schriften13-202011-screen.pdf (02.03.2021).

Kreisky, E. (2006): Fußball als männliche Weltsicht. Thesen aus Sicht der Geschlechterforschung. In: Kreisky, E./Spitaler, G. (Hrsg.): Arena der Männlichkeit. Über das Verhältnis von Fußball und Geschlecht. Frankfurt/M.: Campus, S. 21–40.

Meuser, M. (2008): Ernste Spiele. Zur Konstruktion von Männlichkeit im Wettbewerb der Männer. In: Baur, N./Luedtke, J. (Hrsg.): Die soziale Konstruktion von Männlichkeit. Hegemoniale und marginalisierte Männlichkeit in Deutschland. Opladen: Budrich, S. 33–44.

Meuser, M. (2010): Geschlecht und Habitus. Überlegungen zu einer soziologischen Theorie der Männlichkeit. In: ders.: Geschlecht und Männlichkeit. Wiesbaden: VS, S. 121–134.

Meuser, M. (2017): Fußballfans. Inszenierungen außeralltäglicher Männlichkeit. In: Günter, S./Sobiech, G. (Hrsg.): Sport & Gender – (inter)nationale sportsoziologische Geschlechterforschung. Theoretische Ansätze, Praktiken und Perspektiven. Wiesbaden: VS, S. 179–192.

Meuser, M./Scholz, S. (2011): Krise oder Strukturwandel hegemonialer Männlichkeit? In: Bereswill, M./Neuber, A. (Hrsg.): In der Krise? Männlichkeiten im 21. Jahrhundert. Münster: Verlag Westfälisches Dampfboot, S. 56–79.

Netzwerk gegen Sexismus und sexualisierte Gewalt (2019): Handlungskonzept gegen sexualisierte Gewalt im Zuschauer*innensport Fußball. Online: https://www.fussball-gegen-sexismus.de/download/ (02.03.2021).

Sülzle, A. (2005): Fußball als Schutzraum für Männlichkeit? Ethnographische Anmerkungen zum Spielraum für Geschlechter im Stadion. In: Koordinationsstelle Fanprojekte bei der Deutschen Sportjugend (Hrsg.): gender kicks – Texte zu Fußball und Geschlecht. Frankfurt/M.: Koordinationsstelle Fanprojekte bei der Deutschen Sportjugend.

taz (2018): Ultras von Rom gegen Frauen in der Kurve – Und immer wieder Lazio. Online: http://www.taz.de/!5529284/ (27.11.2018).

Ultras FC Hansa Rostock (2016): Greif Zu! (Kurvenflyer).

Wetzel, S. (2005): Die im Dunkeln sieht man nicht… Weibliche Fußballfans im Fokus von Marketing, Medien und Meinungsmachern, In: Koordinationsstelle Fanprojekte bei der Deutschen Sportjugend (Hrsg.): gender kicks – Texte zu Fußball und Geschlecht. Frankfurt/M.: Koordinationsstelle Fanprojekte bei der Deutschen Sportjugend.

Zeit (2017): Frauen im Fußball: Wo bleibt die erste Präsidentin? Online: https://www.zeit.de/2017/38/profifussball-frauen-fuehrungspositionen (27.11.2018).

Zwischen Normierung und Empowerment
Geschlechterverhältnisse in Fußballfanszenen

Robert Claus, Cristin Gießler und
Franciska Wölki-Schumacher

Einleitung

Sie tanzen und singen, sie jubeln und hüpfen. Aktive Fußballfans bevölkern Woche für Woche die Stadien der Bundesrepublik und sind dabei sehr wahrnehmbar. Mit bunten Choreografien und enormem Einsatz unterstützen sie ihre Teams und sind aus der Welt des Fußballs kaum wegzudenken. Somit bilden Fans zugleich ein äußerst interessantes Feld für die Sozialwissenschaften, zumal Fanszenen ihre eigenen Werte jenseits etablierter Institutionen verhandeln – auch in Bezug auf sexuelle und geschlechtliche Verhältnisse. Im Folgenden werden wir uns zuerst dem Begriff des Fußballfans zuwenden, um anschließend Männlichkeiten, Weiblichkeiten sowie Homo- und Transfeindlichkeit in den Fanszenen des deutschen Profifußballs zu untersuchen. Anschließend wird die Praxis der Sozialen Arbeit mit Fußballfans beleuchtet.[1]

Fußballfans

Wir argumentieren in Anlehnung an Schmidtke (1995, S. 24), dass Fußballfans *kollektive Identitäten* bilden. Der Begriff entstammt der Forschung zu

---

[1] Die vorliegenden Ergebnisse sind Auszüge der Expertise *Geschlechterverhältnisse in Fußballfanszenen* der Kompetenzgruppe Fankulturen & Sport bezogene Soziale Arbeit (KoFaS gGmbH). Sie wurde im Rahmen des Modellprojekts „Kicks für Alle! Fußball. Fanszenen. Geschlechtervielfalt." erarbeitet. Im Rahmen der Forschung wurden 15 leitfadengestützte Interviews mit Mitarbeiter_innen der sozialpädagogischen Fanprojekte sowie fünf Interviews mit Mitgliedern von Ultragruppen geführt. Die Interviews waren erzählgenerierend angelegt. Ihre Ergebnisse beziehen sich auf Geschlechterverhältnisse in Ultragruppen und -szenen. Darüber hinaus wurden verschiedene Quellen aus der Ultraszene wie etwa die Publikation *Blickfang Ultra* auf dort vorgenomme Geschlechterkonstruktionen hin analysiert. Das Projekt wurde durch das Bundesprogramm „Demokratie leben!" des Bundesministeriums für Familie, Frauen, Senioren und Jugend (BMFSFJ), die Friedrich-Ebert-Stiftung, den Deutschen Fußball-Bund, die Amadeu Antonio Stiftung, die Landesarbeitsgemeinschaft der Fanprojekte NRW e. V. sowie die Koordinationsstelle Fanprojekte gefördert und lief von 2015 bis 2019. Die Expertise ist abrufbar unter www.kofas-ggmbh.de/kicks (09.10.2021).

sogenannten posttraditionellen Gemeinschaften (wie Szenen und Sozialen Bewegungen) – also Gruppen, die ihre Zugehörigkeit nicht allein über das formelle Instrument einer Mitgliedschaft regeln. Die kollektive Identität von Fußballfans besteht letztlich immer aus vier Elementen:

(1) der Wir-Gruppe eines kollektiven Akteurs, die Identität als Fan des Teams beziehungsweise Vereins,
(2) der Definition gegnerischer Fans beziehungsweise von Rivalen, mit denen um den Konfliktgegenstand, den sportlichen Sieg, gerungen wird,
(3) dem Bezug auf einen gemeinsamen Handlungsrahmen durch die relevanten Institutionen (Verbände, Polizei) sowie
(4) der Produktion gemeinsamer Erfahrung durch konstante Thematisierung zentraler Ereignisse wie Siege oder Niederlagen, Erfolge oder Abstiege.

Zudem lassen sich Fans als Personen definieren, „die längerfristig eine leidenschaftliche Beziehung zu einem für sie externen, öffentlichen, entweder personellen, kollektiven gegenständlichen oder abstrakten Fanobjekt haben und in die emotionale Beziehung zu diesem Objekt Zeit und/ oder Geld investieren" (Roose et al. 2010, S. 12). Heitmeyer und Peter (1992) differenzieren diese Definition für das Feld der Fußballfans in die drei Kategorien der „konsumorientierten", „fußballzentrierten" und „erlebnisorientierten" Fans. König (2002) ergänzte dies um den „kritischen Fan", der darauf abzielt, partizipativ an der Vereinspolitik mitzuwirken. Diese Fan-Definitionen unterscheiden sich voneinander durch unterschiedliche Grade der Begeisterung, Motivation und Identifikation. Folglich rekrutieren sich organisierte Fans aus den drei letztgenannten Gruppen. Innerhalb dieser Fanlandschaften sind Ultras von besonderem Interesse, da sie die größte und präsenteste Gruppe beziehungsweise Szene bilden. Sie bestellen den kreativen Support im Stadion (vgl. Gabler 2011) und gelten als „hochengagiert und strukturiert" (Kathöfer und Kotthaus 2013, S. 45).

Zu guter Letzt bilden Fans sogenannte Szenen. Hitzler und Niederbacher (2010) zufolge zeichnet sich diese Form posttraditionaler Vergemeinschaftung als Gesinnungsgemeinschaft thematisch fokussierter Netzwerke aus, in denen sich Individuen mittels kommunikativer und interaktiver Prozesse in einer spezifischen Kultur verorten. Szenen bilden dynamische Gebilde, haben eigene Treffpunkte und sind Netzwerke von Gruppen und Individuen, welche vororganisierte Erfahrungsräume um Organisationseliten strukturieren. Dies trifft auf Fußballfans insofern zu, als dass diese eigene Kommunikationskanäle betreiben, wie Foren, Chatgruppen und Fanzines, eigene Treffpunkte und Gruppenräume oder -kneipen nutzen sowie eigene Codes herausbilden. Hierdurch gerät die Funktion der Szenen für das Peer-to-Peer-Learning in den Blick. Fußballfankulturen als jugendkulturell geprägte Szenen messen der Selbstorganisation einen enorm hohen Stellenwert bei. Demzufolge generieren sie großes Wissen, welches in internen Prozessen stetig weitergegeben wird. Jugendliche lernen hier voneinander. Dies betrifft unter anderem die Verwaltung der Mitgliedschaften, das Sammeln von Geldern, die Organisation von Fahrten, Erfahrungen im juristischen Bereich, die Durchführung von Choreografien und die Rekrutierung des eigenen Nachwuchses. Die ressourcenreichen Rollen umfassen somit beispielsweise Führen, Organisieren, Gestalten und Netzwerken (vgl. Claus et al. 2016, S. 55).

Männlichkeiten

Im Folgenden werden Männlichkeiten in den organisierten und aktiven Fanszenen des deutschen Männerfußballs untersucht. Da *Männlichkeit* nicht als biologisches Geschlecht, sondern als soziale Struktur (vgl. Connell 2000)[2] und gesellschaftliches Handeln (vgl. Meuser 2008)[3] verstanden wird, dienen zur Analyse folgende Eckpunkte, die sich jeweils in Unterkapiteln widerspiegeln: Rekrutierung von Aktiven und damit einhergehende Anforderungen, um anerkanntes Mitglied in den Strukturen zu werden; Fragen von Gewalt und Disziplin; Hierarchien innerhalb und zwischen den Szenen sowie Ideale von Ehre (vgl. Claus et al. 2016; Winands 2015; Heyde 2017). Wir schreiben dabei stets von Männlichkeiten im Plural, da sich bereits anhand dieser kurzen Auflistung andeutet, dass die einzelnen Aspekte durch eine Vielfalt an Einstellungen, Idealen und Praxen geprägt sind. Ultragruppen sind oft – wie andere soziale Gruppen auch – durch verschiedene interne Hierarchieebenen gekennzeichnet. Die Gruppen bestehen aus einem Kern – dem mehr oder minder expliziten Führungskreis –, Menschen, die Aktivitäten organisieren und Positionen bestimmen, Mitläufer_innen und einem Umfeld, in dem sich Anwärter_innen auf eine Mitgliedschaft finden. Über die Teilhabe Einzelner an den jeweiligen Ebenen entscheiden übernommene Verantwortung, Dauer der Präsenz, Charisma, Alter und Körperlichkeit. Diese münden letztlich in Führungspositionen: *„Es gibt gerade bei den Älteren diejenigen, die manchmal Ratschläge erteilen und die sich um gewisse Rituale kümmern"*, sagt

---

2   Raewyn Connell wies mit der Theorie zu hegemonialer Männlichkeit darauf hin, dass sich Männlichkeiten nicht nur zu Weiblichkeiten abgrenzen, sondern entlang gesellschaftlicher Machtverhältnisse auch untereinander in Hegemonie, Unterordnung und Marginalisierung hierarchisiert sind. Durch komplizenhafte Männlichkeit profitieren die Akteure dennoch von sexistischer Diskriminierung gegenüber Frauen (vgl. Connell 2000, S. 98 ff.).

3   In Anlehnung an Pierre Bourdieus Ausführungen zu männlicher Herrschaft arbeitete Meuser anhand von beispielsweise studentischen Verbindungen heraus, wie Männer ihre Männlichkeit durch Konkurrenz bei gleichzeitiger Vergemeinschaftung unter als Gleichen angesehenen Männern herstellen. Beispielhaft kann hier das Mensurschlagen genannt werden. Diese Praxis der Konkurrenz, mit der Männer Gemeinschaften erzeugen, kann in vielen weiteren Feldern beobachtet werden, auch im Fußball.

ein_e Interviewpartner_in. Zudem entscheidet körperliche Präsenz über Macht: *„Ich glaube die Körperlichkeit, also die Bereitschaft auch, sich in die erste Reihe zu stellen und Ansagen zu machen. Ich glaube, das ist ein sehr autoritäres System, auch wenn sie unter der Hand sagen: ‚Das ist alles demokratisch und wir stimmen alle ab.' Aber doch, es gibt Leute, die eine Ansage machen können."* „Ansagen" werden entweder mit Druck durchgesetzt oder aber durch entsprechende Zugänge zu den Gruppenmitgliedern vermittelt. Dies könne durch Führungspersönlichkeit, angemessene Ansprachen und persönliche Autorität erfolgen, wie ein_e Interviewpartner_in erklärt.

Ultragruppen sind in verschiedene Rollen, Funktionen und Organisationseliten ausdifferenziert. Diese Rollen sind nicht allein funktional, sondern unterscheiden sich in ihrer jeweiligen Macht, Entscheidungen und Positionen innerhalb der Gruppe durchzusetzen. Insofern sind die Gruppen auch intern hierarchisch strukturiert, wenn auch in unterschiedlichem Ausmaß. Hieraus ergeben sich vier Hierarchieebenen (vgl. Claus et al. 2016, S. 58 f.), die in den meisten Gruppen vorhanden sind:[4]

Führung

In manchen Gruppen gibt es einen offiziellen Führungszirkel, einen sogenannten Direttivo beziehungsweise Vorstand und sogenannte Capos. Diese werden entweder gewählt oder entwickeln sich durch ihre lange Präsenz, Durchsetzungskraft und Übernahme von Verantwortung in diese Position. In anderen Gruppen existiert zwar kein derartiges offizielles Gremium, doch herrschen informelle Hierarchien anhand derselben Kriterien. Diese Ebene ist selten größer als zehn Personen. Sie verfügen über das Machtmonopol.

Organisation

Auf der zweiten Ebene findet sich die Mehrzahl der benannten Rollen: organisieren, gestalten, kämpfen, umsorgen, unterhalten. Der Personenkreis ist größer und bestellt den Betrieb der Gruppe. Er gehört zum Inner Circle und führt

---

[4] Kathöfer und Kotthaus greifen in ihrer Studie *Block X – Unter Ultras* (2013) andere Kategorien auf. In Anlehnung an szenetypische Sprache im Feld sehen sie einen „harten Kern", der sich über Leistung und Aktivität definiert. Dieser Gedanke scheint uns mit unserer Definition von Führung und Organisation kompatibel. Zudem beschreiben Kathöfer und Kotthaus Ausdifferenzierungen innerhalb der Gruppen anhand von Aktivitätsorientierung, Konsumorientierung sowie politischen, ideologischen und kommerzkritischen Ausrichtungen.

Beschlüsse aus beziehungsweise setzt diese um. Hier liegt zumeist das physische Gewaltmonopol.

Mitläufer_innen

Diese Gruppe zeichnet sich vor allem durch soziale Präsenz aus, nimmt an Fahrten, Spielen und Partys teil. Diese Mitglieder übernehmen selten konkrete Aufgaben, sind aber am zahlreichsten und stellen damit das Gros der Gruppe.

Umfeld und Anwärter_innen

Junge Menschen stoßen durch Interesse zu der Gruppe beziehungsweise zuerst in deren soziales Umfeld. Hier bewegen sie sich an der Peripherie der Gruppe und müssen sich durch Zuverlässigkeit und Präsenz beweisen. In manchen Gruppen wird dies „Anwärterkreis" oder auch „Nachwuchs" genannt. Manchmal ist dieser in einer eigenen Gruppe organisiert, die wiederum ihre eigene Hierarchisierung aufweist.

Männlichkeit und Ehre

Die Produktion von Ehre ist ein zentrales Moment in den Männlichkeitsvorstellungen vieler Fanszenen. Dabei sind drei Elemente konstitutiv: Gewalt, Territorialeinnahme und Materialdiebstahl. Diese Elemente werden folgend erläutert. Zudem verdeutlichen weitere Quellen, dass innerhalb der Fanszenen ebenso Gruppen existieren, die explizit den Ausstieg aus den Anforderungen an Männlichkeit suchen, indem sie sich dem Begriff der Ehre und ihrer Herstellung verweigern. Wir verstehen Gewalt[5] in Anlehnung an Heinrich Popitz (1992, S. 48) als „absichtsvolle körperliche Verletzung" beziehungsweise Beschädigung fremden Eigentums. Zudem folgen wir Alexander Leistner, der bei Fangewalt die intervenierende und kompetitive Art unterscheidet sowie nach Situativität, Kontext und Intensität differenziert (vgl. Leistner 2010, S. 270). Demzufolge gibt es gesellschaftlich wie auch in Fanszenen verschiedene Gewaltanlässe und -formen. Für die Herstellung von Männlichkeit und Ehre gilt allerdings generell, dass sich die Beteiligten diesen Situationen und Handlungen stellen müssen. Insofern existiert zum Teil zwar ein abstraktes Übereinkommen bezüglich der

---

5 Uns ist bewusst, dass Gewaltforschung eines der umfassendsten, datenreichsten und zugleich unübersichtlichsten Forschungsfelder innerhalb der Sozialwissenschaft darstellt (vgl. Hagan und Heitmeyer 2002).

Gewaltanwendung zwischen Fanszenen und -gruppen. Allerdings existieren keine Regeln für die konkreten Gewalthandlungen und Kämpfe. Die Herstellung von Ehre durch Gewalt verdichtet sich im sogenannten „Materialklau". Da die Behauptung über und die tatsächliche Entwendung des Fanmaterials eine derart zentrale symbolische Rolle in der Konkurrenz zwischen den Ultraszenen spielen, führt die Fanszene zugleich eine intensive Debatte darüber, welche Arten des Materialdiebstahls legitim beziehungsweise ehrenhaft seien und welche nicht. Unter dem Titel „Materialklau aus Containern" diskutierten zum Beispiel Leser_innen des *Blickfang Ultra* (BFU) damit einhergehende Fragen im Herbst 2014 (Blickfang Ultra 2014, S. 96–99). Zuvor waren einige Fahnen und weiteres Material aus geschlossenen Räumlichkeiten durch Einbrüche entwendet worden. Die Diskutant_innen sind sich grundsätzlich einig, diese Tendenz negativ zu bewerten: *„Meine persönliche Meinung dazu: Unehrenhaft! Einbrechen kann jeder … So könnte selbst die kleinste Pissgruppe einer gestandenen und respektierten Gruppe die Zaunfahne zocken. Im Kampf wäre dies jedoch wahrscheinlich nie geschehen. Dem Gegner muss zumindest die Möglichkeit gegeben werden, sein Material zu verteidigen".* Ein_e andere_r sekundiert: *„Mit der Erbeutung des Gruppenbanners möchte ich der gegnerischen Gruppierung meine Überlegenheit zum Ausdruck bringen […] Sie in Grund und Boden demütigen"* (Blickfang Ultra 2014, S. 98). Der Aspekt der „Konkurrenz auf Augenhöhe" kommt hier deutlich zum Tragen. Durch die mehrfach geäußerte Position wird ein Code sichtbar, der den Fahnendiebstahl allein dann gerechtfertigt sieht, wenn dieser im Rahmen einer direkten körperlichen Auseinandersetzung geschieht.

Ein_e weitere_r Diskussionsteilnehmerin führt zwei Fälle an, in denen der Materialdiebstahl auch in der direkten Konfrontation unehrenhaft sei: *„Weiterhin soll es schon vorgekommen sein, dass sich eine anbietende Gelegenheit an gegnerisches Tifomaterial zu gelangen, nicht ergriffen wurde, weil ‚der Gegner' doch sehr nach U16 aussah, oder dass ein frisch geraubter Gruppenschal zurückgebracht wurde, weil der Gegner als ‚unwürdig' erachtet wurde (der Schal gehörte einer Frau)"* (Blickfang Ultra 2014, S. 97). Hier wird der Gedanke der ehrenhaften Beute abgegrenzt vom Raub an vermeintlich Schwächeren und als „unwürdig" Betrachteten: Jugendliche und Frauen. Somit führt die Fanszene an dieser Stelle eine Debatte um die eigenen Wert- und Moralvorstellungen, welche zutiefst vergeschlechtlicht sind: zum einen, da Raub an Ehre gebunden ist, zum anderen, weil er nur unter Männern als ehrenhaft gilt.

Im Zentrum dieser Logik steht ein Männlichkeitsappell, der zur Abgrenzung nach außen sowie zur Ordnung nach innen dient. Dies kann an einem Beispiel verdeutlicht werden: 2012 hisste die Dortmunder Ultragruppe Desperados ein Spruchband beim Spiel gegen Werder Bremen, auf dem stand: *„Gutmensch, Schwuchtel, Alerta-Aktivist, wir haben dir mit 20 gegen 100 gezeigt, was Fußball ist."* Der Buchstabe „w" in „*Schwuchtel*" war als Bremer Vereinswappen dargestellt, klein und in grün war „*Ihr Fotzen*" hinzugeschrieben. Die Aussage *„20 gegen 100"* bezieht sich auf einen Überfall der Gruppe auf Bremer Fans im Vorjahr. Dieses Spruchband verdeutlicht die Charakteristika des Männlichkeitsappells: (1) das offensive Suchen und zuweilen gewaltvolle Austragen von Konkurrenz, (2) den Anspruch auf territoriale Dominanz, (3) die Abgrenzung zu Homosexualität und Weiblichkeit sowie (4) den Anspruch auf die Deutungshoheit über ‚den' Fußball.

Wer in der entsprechenden Fanszene als Mann gelesen werden will, kommt nicht umhin, diesen Anforderungen gerecht zu werden, sie mindestens aber anzustreben. Demnach erzielt dieser Appell sowohl eine individuelle als auch eine strukturelle Wirkung. Auf individueller Ebene appelliert er an den Habitus, Gewalt, Konkurrenz und Machtstreben als Teil von Männlichkeit zu verkörpern. Auf struktureller Ebene hierarchisiert er Geschlechteridentitäten. Um mit Connell zu sprechen: Er legitimiert die eigene hegemoniale Position in der Kurve, fordert von der restlichen Fanszene eine mindestens stillschweigende Komplizenschaft ein, verweist Frauen außerhalb des Feldes und ermächtigt sich über die untergeordneten, „schwulen" Gegner (vgl. Connell 2000). Allerdings reflektieren manche Gruppen die Funktion des Materialdiebstahls und verweigern sich der Logik dieses Männlichkeitsappells. Für entsprechenden Aufruhr sorgte eine Erklärung der Horidos aus Fürth im April 2013, nachdem ihre Zaunfahne aus dem Lagerraum gestohlen worden war: *„Es geht weiter! Wir machen weiter! Horidos lebt weiter! Ihr mögt unsere Fahnen haben; unsere Gedanken, unsere Beziehungen untereinander, unsere Werte und Ideale, unsere Ziele und Träume habt ihr nicht [...] Sie passen nicht in euer enges, verkapptes – ja gar reaktionäres und destruktives – Weltbild. [...] Welche Affekte und Triebe bewegen Menschen, die sich durch an Vernichtungswahn grenzenden blinden Hass gegenüber anderen definieren, sich zeitgleich jedoch gegenüber der ‚Mainstreamgesellschaft' als etwas ‚ehrenhaftes' und ‚rebellisches' darstellen und verstehen?"* (Faszination Fankurve 2015). Die Gruppe löste sich seinerzeit nicht auf und nahm durch dieses Statement kritischen Abstand zur Logik der Herstellung von Ehre.

Weiblichkeiten

Obwohl auch junge Mädchen Interesse am Fußball zeigen, führt ihr Weg immer noch deutlich seltener vom Stadionbesuch in die Fußballfanszenen. Denn die Anforderungen an Frauen und Mädchen sind dort sehr hoch: Sie werden nicht nur als Fan, sondern vor allem auch ständig körperlich als anderes Geschlecht wahrgenommen. In einem der Interviews heißt es dazu: *„Naja, erst mal werden die Frauen, wenn sie attraktiv sind, getestet, wie weit die sich anbaggern lassen, und es wird geguckt, wie weit sie sich darauf einlassen. Die werden dann erst mal begutachtet."* Bei WhatsApp kursierte beispielsweise in den Szenen längere Zeit ein Bild von zwei Frauen auf dem Zaun – *„oberkörperfrei"* und *„nur im BH"* bekleidet. Nicht nur Frauen und Mädchen außerhalb der Fanszene, sondern vor allem weibliche Mitglieder innerhalb der Gruppen werden stets nach den Kriterien männlicher Blicke beurteilt und kategorisiert.

Überwiegend kann beobachtet werden, dass eine hohe Gewaltbereitschaft oder sogar Gewalttätigkeit innerhalb einer Szene eher zu einem Rückgang von Frauen und Mädchen führt: *„Die hatten viele Mädchen dabei, die wollten Gleichberechtigung. Die Mädchen treten immer mehr in den Hintergrund, und das kannst du auch so ein bisschen mit der Gewaltaffinität ... das bedingt sich gegenseitig, die haben dann keinen Bock mehr auf diese Gewalt, treten immer mehr in den Hintergrund oder kommen gar nicht mehr. Je mehr Gewalt in den Ultragruppen wieder in oder salonfähig ist, desto mehr haben sich die Mädchen zurückgezogen."* Diese These lässt sich auch mit Blick auf die Entwicklung der bundesdeutschen Ultraszenen erweitern. Waren viele Frauen laut einiger Interviewaussagen in den Anfangsjahren der Gruppen um die Jahrtausendwende herum Teil der Szenen, ging ihr Anteil bis heute zurück. Gleichzeitig entwickelten viele Gruppen eine wachsende Gewaltaffinität und legten gesteigerten Wert darauf, andere Gruppen anzugreifen sowie ihnen Material zu stehlen. Nicht zuletzt hat diese Steigerung der Gewalt auch interne Folgen: Wer physische Gewalt als legitimes Mittel zur externen Auseinandersetzung betrachtet, tut dies eventuell auch im eigenen Kreis. Es kann also davon ausgegangen werden, dass einige Ultragruppen auch intern gewalttätig funktionieren.

Frauen und Mädchen sind beim Fußball zum einen Opfer sowie Zuschauer_innen von Konflikten und Gewalt in Fanszenen. Zum anderen gibt es auch Frauen in den Gruppen, die sich bewusst an körperlichen Auseinandersetzungen beteiligen: *„Die wissen in so Situationen dann aber auch, worauf sie sich einlassen. Trotzdem ist das nur ein ganz geringer Teil, meistens sind das über 95 Prozent männliche Personen, wenn es um Konfrontationen geht."* Wenn es zu Konflikten kommt, laufen einige Frauen nicht weg: *„Nicht zu eigenen Matches, aber wenn es drauf ankam, haben sie zugeschlagen".* Sie übernehmen komplizenhaft einen gewaltbereiten Habitus: *„Das ging wie bei den Jungs. Da hast du dann auch schnell so Fälle, dass die eine ihre Anzeige wegen Körperverletzung hat, weil sie in der Disko jemanden mit einem abgeschlagenen Flaschenhals bedroht hat."* Dazu passt eine anonymisierte Schilderung einer gewaltaffinen Ultragruppe, die sich teilweise als Hooligans versteht und eine sogenannte *„Boxpflicht"* in der Gruppe pflegt. Dies bedeutet, dass alle Mitglieder der Gruppe zum Boxtraining gehen müssen, um dazuzugehören – auch Frauen. Auf Mobfotos und Gruppenbildern sind Frauen und Mädchen in entsprechend martialischer Haltung aber nicht zu sehen. Insofern findet hier ein ambivalenter Prozess der gleichzeitigen Vergemeinschaftung und Ausgrenzung statt: Einerseits sehen sich Frauen gezwungen, sich an einem männlichen Verhaltenskodex zu orientieren und reproduzieren somit Männlichkeit in den Szenen – auch aus eigenem Interesse heraus. Andererseits werden sie im selben Atemzug marginalisiert, aus der öffentlichen Wahrnehmung gedrängt und unsichtbar gemacht, selbst wenn sie aktiv gewalttätig sind.

Eine weitere Form von Gewalt, die sich sowohl in Fanszenen als auch außerhalb der Szenen und somit in der gesamten Gesellschaft findet, ist sexualisierte Gewalt. Sie betrifft nicht ausschließlich, jedoch überproportional oft Frauen und Mädchen, insbesondere in männlich geprägten Feldern – wie auch im Fußball und seinen Fanszenen. Dieses Thema ist erst seit kurzer Zeit Teil der medialen Debatte um Gewalt in Fußballfanszenen. Im fachlichen Diskurs findet sich das Thema sexualisierte Gewalt bislang kaum wieder, weshalb nicht zuletzt das Netzwerk F_in (Frauen im Fußball) die involvierten Institutionen herausfordert, Konzepte zu erarbeiten, wie auf sexualisierte Gewalt regiert werden kann und wie betroffene Frauen unterstützt werden können (vgl. F_in Netzwerk Frauen im Fußball 2018). Das Netzwerk gegen Sexismus und sexualisierte Gewalt erarbeitete bereits selbst die ersten Konzepte zum Thema.

Obwohl viele Gruppen Werte wie Kameradschaft und Gemeinschaft für sich hochhalten, findet sexualisierte Gewalt auch innerhalb der Gruppen und Szenen statt. Eine Interviewpartnerin schilderte Folgendes: *„Auf einer Auswärtsfahrt hielt er ihr seine Schnapsflasche hin und hat sie dann am Nacken gepackt und ihr ihn regelrecht eingeflößt, obwohl sie ‚nein' gesagt hatte, und dass sie nichts mehr trinken mag. Drumherum hat das auch niemanden interessiert [...] Völlige Abwehr. ‚Ja ach, is' halt so. Die kommen doch ganz gut miteinander klar."* Die Interviewpartnerin schildert darüber hinaus, wie der weibliche Fan verbalen sexualisierten Angriffen ausgesetzt wird. Die junge Frau – die eine ihrer ersten Auswärtsfahrten erlebte – wird verbal sexuell belästigt und gleichzeitig mit physischem Druck dazu gezwungen, Alkohol gegen ihren Willen zu konsumieren. Somit wird sie zur Betroffenen sexualisierter Gewalt. Laut der weiteren Interviewaussage soll es auch die letzte Auswärtsfahrt der Frau gewesen sein: An dieser Stelle werden die Ausschlussmomente und Kosten für Frauen und Mädchen deutlich.

Solche Szenen beschränken sich allerdings nicht auf Ausnahmen. Vielmehr kann die Androhung sexueller Gewalt als Bestandteil einer häufiger eingesetzten Strategie verstanden werden, um einen Konflikt zu gewinnen: *„Eine Zeit lang, besonders während der Gründung war das öfter so, weil der ganze Hass auf uns Frauen auch ging, ich glaube auch bewusst. Uns wurde Gewalt angedroht, teils auch, wenn wir nicht dabei waren, das ging dann an andere Gruppenmitglieder, dass gesagt wurde ‚die fick ich auch noch'. Also echt krasse Vergewaltigungsandrohungen, da bin ich auch nicht alleine aufs Klo gegangen im Stadion. Das mache ich immer noch nicht."* Szeneinterne Konflikte werden somit auch über die Androhung sexueller Gewalt ausgetragen und dienen zur Einschüchterung und Demonstration (sexueller) Macht und Überlegenheit. Letztlich sehen sich junge Frauen und Mädchen in Fußballfanszenen mit unterschiedlichen Ausschlussmechanismen konfrontiert – auf einer persönlichen (gruppeninternen), auf einer strukturellen und einer öffentlichen (medialen) Ebene. Dies bedeutet – wie bereits gezeigt – nicht, dass Frauen nicht an Fanszenen teilhaben, sondern dass sie sich mit den Mechanismen auseinandersetzen müssen, um sich zu behaupten und an den Szenen teilhaben zu können. Für die einzelnen Ebenen der Ausschlüsse werden folgend exemplarische Beispiele erläutert und analysiert.

Frauen und Mädchen haben beim Fußball nicht die gleichen Chancen wie Jungen und Männer. So zeigen verschiedene Fälle, in denen junge Frauen versucht haben, als Capo zu agieren, dass sie in dieser Rolle überwiegend Ablehnung erfahren: „*Sie ist eine Halbzeit auf den Zaun gegangen, und der Block hat ihr komplett die Gefolgschaft versagt, teilweise überhaupt nicht mitgesungen. In dem Moment ist dann auch alles, also Liebe zum Verein und alles, egal geworden, die haben einfach nicht mitgesungen.*" Die Einstellungen gegenüber Frauen und Mädchen in Fußballfanszenen – vor allem in sicht- und hörbareren (Führungs-)Positionen – sind unter Männern und Jungen zu großen Teilen noch ablehnend. Die hegemonial geprägte Gruppe lässt Frauen kaum bis gar keinen Platz an einer repräsentativen Position wie der der Vorsängerin beziehungsweise des Capos. Es wird der Szene als Schwäche ausgelegt, wenn eine Frau eine solch prägnante Rolle spielt. Frauen sind weiter mit einer Reihe von strukturellen Ausschlüssen konfrontiert, etwa wenn ihre Lebensbedingungen und gesellschaftliche Ungleichheiten negiert oder bagatellisiert werden. Ein_e Interviewpartner_in berichtet von einer weiblichen Ultra mit Kind: „*Die Gruppe hat immer im Wechsel dienstags eine offene Runde [...]. Sie meinte, für sie ist es genau andersrum viel praktischer, weil sie an dem Dienstag der geschlossenen Veranstaltung das Kind nicht los kriegt und hat einen Tausch des Rhythmus vorgeschlagen. [...] Und das hat die Gruppe einfach nicht hinbekommen, die Tage zu tauschen.*" Das Zitat zeigt exemplarisch, mit welchen strukturellen Ausschlüssen Frauen konfrontiert sind. Care-Aufgaben wie Kinderbetreuung sind noch immer traditionell weiblich konnotiert und verhindern an dieser Stelle die Teilnahme von Frauen an den Gruppenaktivitäten. Obwohl sich in der entsprechenden Gruppe niemand direkt weigert, eine Frau aufzunehmen, wird ihrem Ausschluss auch nicht aktiv entgegengewirkt. Dementsprechend entstand an einigen Standorten der Wunsch, sich als Frauen zu einer eigenen Ultragruppe zusammenzutun. Das Ziel bestand darin, einen eigenen, sichtbaren Platz in der Fankurve zu bekommen und zu behaupten. Dies geschieht teilweise als Untergruppe einer großen Ultragruppe, teilweise aber auch vollständig selbst organisiert. In einem Artikel auf www.publikative.org heißt es von einer weiblichen Ultra und Redakteurin zu den Aktivitäten der Mädchengruppe: „*So lange das Ziel, dass alle gleichberechtigt nebeneinander Ultra sein können noch nicht erreicht sei, brauche es Schutzräume [...]: ‚Zudem ist eine reine Frauengruppe natürlich auch ein Statement. Das zeigt dann ganz plakativ, dass Mädchen das auch spannend finden, und es eben auch ‚können'.'* Wichtig ist ihr auch die Präsenz von Frauen, egal ob auf Kurvenfotos oder in der ersten Reihe beim Fanmarsch. ‚Das ist in Bremen schon relativ oft so, aber ein reiner Mädchen-Mob würde auch hier noch auffallen. Das wäre schon echt cool!', sagt sie.*" (Publikative.org 2015) Insofern dient die Selbstorganisation einerseits dazu, die eigene Sichtbarkeit und Teilhabe zu erhöhen. Andererseits werden somit personelle wie auch strukturelle Ausschlüsse minimiert und umgangen. Diese Vorgehensweise bietet den Mädchen und Frauen bei eigener Resignation mindestens die Möglichkeit, weiter zum Fußball zu fahren, im besten Fall gar einen Raum um sich selbst zu organisieren und somit weiterzuentwickeln.

Homo- und Transfeindlichkeit

Aussagekräftige Statistiken darüber, wie groß der Anteil an homosexuellen und transgeschlechtlichen Personen unter den Besucher_innen in den Fußballstadien ist, existieren nicht. Dennoch ist nicht auszuschließen, dass es aktive Fans und Ultras in den Szenen gibt, die nicht der Hetero-Norm entsprechen. Einige Gruppen und Initiativen sind in entsprechenden Bündnissen wie den Queer Football Fanclubs organisiert – die allerdings nur wenig mit der Ultraszene zu tun haben. So stellen sich beispielsweise folgende Fragen: Inwiefern stehen Erfahrungs- und Lernwelten der Ultraszenen für homosexuelle und transgeschlechtliche Menschen offen? Welche Erfahrungen machen sie darin und mit welchen Ausschlüssen und Kämpfen sind sie befasst? In den Interviews mit Fanprojekt-Mitarbeiter_innen und Fans sowie in der Analyse der Fanmagazine ist deutlich geworden, dass homosexuelle und transgeschlechtliche Menschen partiell aus den Lern- und Erfahrungswelten des Fußballs ausgeschlossen werden. Um genauer zu betrachten, in welcher Form Ausschlüsse stattfinden und welche Mechanismen dabei greifen, werden im folgenden Abschnitt in drei Ebenen die Interaktionen näher betrachtet: individuell, kollektiv und diskursiv beziehungsweise medial-öffentlich. Obwohl diese Ebenen getrennt voneinander beleuchtet werden, findet die Betrachtung in dem Bewusstsein statt, dass sie sich gegenseitig beeinflussen und bedingen.

Homo- und transfeindliche Diskriminierung auf individueller Ebene bezeichnet persönliche Haltungen und Handlungen eines Individuums, durch welche Vorurteile und Abneigung gegen lsbt* Menschen zum Ausdruck gebracht werden. Die Spannbreite reicht von unbeabsichtigten verbalen Diskriminierungen bis hin zu körperlicher Gewalt. In vielen Szenen herrscht – zum Beispiel anders als bei dem Thema Rassismus – nach wie vor Uneinigkeit darüber, ob sich einzelne Personen einer Gruppe gegen Homofeindlichkeit[6] positionieren sollen oder die ganze Gruppe geschlossen, wenn überhaupt. In folgendem Gesprächsauszug wird dies deutlich: *„Zu Homophobie haben die ihre klare Meinung und lassen da auch nicht mit sich diskutieren. Der eine Vorsänger hält Homosexualität für eine Krankheit"*. Die explizite Haltung des (einflussreichen)

---

6 Hier wird explizit nicht von Transfeindlichkeit gesprochen, weil noch viel weniger Bewusstsein darüber existiert als zum Thema Homofeindlichkeit.

Vorsängers zeigt auf, wie Ausschlüsse von nicht heterosexuellen Menschen nach innen und nach außen wirken können. Ein nicht offen schwules Mitglied der Gruppe hätte es ungleich schwerer, sich zu offenbaren, und die Botschaft nach außen lautet: Wir sind ausschließlich offen für heterosexuelle Mitglieder. Anzunehmen ist auch, dass sich die Haltung einer Führungsperson auf die Gruppe auswirkt beziehungsweise in hierarchisch organisierten Gruppen nicht dagegen rebelliert, sodass diese Haltung implizit zum Gruppenkonsens wird. Individuelle homo- und transfeindliche Haltungen und Kommentare diskriminieren einerseits einzelne Personen und schließen sie aus, und andererseits dienen sie der Rückversicherung einer im Fußballumfeld vorherrschenden Hetero-Norm.

Aber auch von körperlicher Gewalt gegenüber Schwulen im Fußballumfeld schrecken einige Fußballanhänger_innen nicht zurück, was in folgendem Zitat deutlich wird: *„Beispielsweise ist bei einem CSD* [Christopher Street Day] *der Wagen von einem anderen Verein angegriffen worden. Der Weg ging vorbei an einer Hoolkneipe. Es war wahrscheinlich beides, denn ich will nicht sagen, dass sie den Wagen angegriffen haben, weil da Schwule drauf waren, sondern auch weil's der andere Verein war, die dann auch noch Linke sind. Es wird eine Mischung gewesen sein"*. Hier wird der Angriff durch ein Zusammenspiel verschiedener Faktoren begründet. Demnach kann der sichtbare und offene Umgang mit Homosexualität und Transgeschlechtlichkeit eine Gefahr für die körperliche Integrität darstellen, wie in diesem Beispiel deutlich wird. Mit Homosexualität in Verbindung gebracht zu werden, gilt weiterhin zu großen Teilen als imageschädigend für die eigene Gruppe und darüber hinaus für die gesamte Szene. Dabei spielt die Angst, rivalisierende Szenen könnten annehmen, die eigene Gruppe oder Szene stünde Homosexualität positiv gegenüber, beziehungsweise sie würden lesbische und (vor allem) schwule Mitglieder darin vermuten, eine wichtige Rolle, wenn es um Abwertung von Homosexualität geht. Ein_e Interviewpartner_in erzählt: *„Wobei es auch mal eine Situation gab, in der sich zwei Jungs ganz angeregt unterhielten und zu dem einen dann hinterher so was gesagt wurde wie: ‚Ohje, bist du jetzt schwul? Wie peinlich wär das, wenn das rauskäme, wir wären die erste Szene mit Homos!'"* Um einer potenziellen Abwertung durch andere Szenen vorzubeugen, wird das Gruppenmitglied in seinem Verhalten gemaßregelt. Das beinhaltet zum einen die Botschaft, dass angeregtes Unterhalten schwul, ergo nicht männlich sei, und zum anderen, dass dies sich wiederum negativ auf die eigene Szene niederschlage. Deutlich wird, dass die Anforderung, sich „männlich" und heterosexuell zu geben, für den Jungen Druck erzeugt, sich entsprechend dem vorgegebenen Rollenverständnis zu verhalten. Dies geschieht vollkommen unabhängig von seiner sexuellen Orientierung.

Grundsätzlich spielt die Angst vor einer negativen Reputation der Gruppe oder der eigenen Szene eine gewichtige Rolle, wenn es um Abwertung von Homosexualität und Transgeschlechtlichkeit in der öffentlichen Diskussion geht. Auch die mediale Verhandlung dieser Themen in Fanzines lässt darauf schließen, dass insbesondere die Abwertung von Homosexualität und vor allem die eigene Abgrenzung davon notwendig sind, um sich selbst als bedeutungsvolle und wirkmächtige Gruppe beziehungsweise Szene zu inszenieren. *„Da sind zum einen die normalen Ultras und zum anderen die Homo-Ultras. Man steht im gleichen Block, singt aber sein eigenes Liedgut. Aha. Zum Hinspiel in Dresden sah das Ganze auch äußerst merkwürdig aus. Eine Gruppe abgekapselt vom Rest im gleichen Block. Ein Bild, welches wir nicht verstehen können"* (Blickfang Ultra Saisonrückblick 2015, S. 76). Unverständnis wird demnach nicht nur den sogenannten „Homo-Ultras" entgegengebracht, sondern auch den „normalen Ultras", die es in ihren Augen nicht vermögen, ein geschlossenes und einheitliches Bild abzugeben. Allein die Existenz und die ‚Duldung' einer Gruppe, die in die unmittelbare Nähe von Homosexualität gebracht wird, bringt die anderen in der öffentlichen Wahrnehmung in Misskredit. Deutlich wird, dass die Möglichkeit, offen lesbisch, schwul, bi, trans_, inter_ oder queer zu leben, in vielen Ultraszenen kaum gegeben ist. Dort, wo tendenziell ein wertschätzender Umgang mit sexueller und geschlechtlicher Vielfalt in der Fanszene gepflegt wird, ist die Sichtbarkeit von nicht heteronormativen Identitäten höher. Allerdings ist auch dieser wertschätzende Umgang in den überwiegend maskulinistisch geprägten Fußballfanszenen noch nicht konsensfähig. Dementsprechend gering ist derzeit die Sichtbarkeit von nicht heterosexuell oder cisgeschlechtlich[7] lebenden Fans oder Ultras in bundesdeutschen Fußballfanszenen.

Fazit zu Sexismus, Homo- und Transfeindlichkeit in Fußballfanszenen

Weibliche, homosexuelle und transgeschlechtliche Fußballfans sind stets genötigt, sich mit einem Kanon auseinanderzusetzen, der normativ festschreibt, was Fan-Sein und Männlichkeit bedeutet. Hier werden Fragen von Hierarchien, Macht, Ehre und Gewalt verhandelt. Präsenz, Durchsetzungsvermögen, Heterosexualität und traditionelle Männlichkeit werden zu Anforderungen und einer Erwartungshaltung, die innerhalb der Szenen konstant wiederholt werden. Wer an einer Gruppe beziehungsweise Szene und ihren Ressourcen teilhaben möchte, muss sich diesem Maßstab stellen, sich beweisen und gegebenenfalls daran abarbeiten. Obwohl Frauen und Mädchen schon lange fußballinteressiert waren (vgl. Selmer 2004), stellen sie auch heute noch eine Minderheit in den Fankurven dar. Was sich in Abständen ändert, ist die Sichtbarkeit von Frauen und Mädchen in Fußballfanszenen. Diese Sichtbarkeit wird zum einen von Fans und speziell vielen Ultras aber eher unterdrückt, um das einheitliche, männerbündische

---

7   Cisgeschlechtlich sind Menschen, die sich mit dem ihnen bei der Geburt zugewiesenen Geschlecht identifizieren können.

Gruppenbild in der Öffentlichkeit und die hegemoniale Ordnung nicht zu gefährden. Zum anderen unterliegt die Darstellung von Frauen und Mädchen im Fußballfankontext immer noch klassischen, hegemonial männlichen Vorstellungen, die sowohl von Fans als auch Journalist_innen oder Marketingexpert_innen im Wirtschaftskosmos des Fußballs reproduziert werden. Das heißt, Frauen und Mädchen werden beim Fußball – wenn sie sichtbar sind – eher sexualisiert, stereotyp weiblich dargestellt und teilweise dabei auch überzeichnet und klar abgegrenzt von Männlichkeit: der „wahre" Mann (vgl. Brändle und Koller 2002, S. 208) versus die „echte" Frau.

Die Anforderungen und Kosten für Frauen und Mädchen in der Fanszene sind sehr hoch: Auf der einen Seite sollen sie am besten körperlich einem stereotypen Bild von Weiblichkeit entsprechen, sich mehr engagieren, mehr beweisen und mehr kümmern – sowohl um die männlichen Mitglieder als auch das Gruppenmaterial oder teils auch fanpolitische Dinge. Auf der anderen Seite sollen sie nicht zu sichtbar sein, einen männlichen Habitus übernehmen, am besten „mitpöbeln", „mittrinken" und sexistische, homo- (oder trans-)feindliche Sprüche und Verhaltensformen aushalten, ironisieren, übergehen oder belächeln und damit verharmlosen beziehungsweise nivellieren. Wer es wagt, derartige Begebenheiten öffentlich zu kritisieren, muss persönlich im Stadion oder medial im sozialen Netzwerk der Fans mit einem Shit-Storm und gleichzeitig mit dem Verlust der eigenen Anerkennung rechnen. Frauen und Mädchen sind demnach ständig mit Abgrenzungen konfrontiert und von Ausschlüssen innerhalb der Fanszene bedroht. Der Ausschluss von Frauen und Menschen, die nicht der Hetero-Norm entsprechen, findet sowohl auf einer personellen als auch auf einer strukturellen Ebene statt. Auf der personellen Ebene funktioniert er durch direkte, explizite Ausgrenzungen und wirkt voll und ganz schließend. Das trifft auf Gruppen zu, die keine Frauen und schwulen Männer aufnehmen und die deren Anwesenheit und Mitwirkung bei anderen Szenen zum Anlass nehmen, sie zu beschimpfen und abzuwerten. Auf einer strukturellen Ebene fungieren Ausschlüsse über die der Kultur eingeschriebenen Funktionslogiken, Werte und Anforderungen. Frauen und Homosexuelle sind aus manchen Szenen nicht direkt ausgeschlossen und doch kaum präsent. Dies hat viel mit den herrschenden Hierarchien, dem System von Führung und Unterordnung sowie den geforderten Handlungen wie Gewalt, Durchsetzung und Sexualisierung zu tun. Viele Frauen sind nicht gewillt, sich in diese Strukturen zu begeben. Die wenigen, die gewillt sind, kämpfen um ihren Status.

Letztlich ist Heterosexismus im Fußballstadion noch immer allgegenwärtig und reicht von anzüglichen Kommentaren über sexualisierte Beleidigungen, abwertende Symboliken und Bilder bis hin zu körperlichen Übergriffen. Während Frauen und Mädchen im Gewalt-Diskurs überwiegend eine gewalthemmende und befriedende Funktion zugeschrieben und die Möglichkeit der aktiv-verstärkenden Funktion ausgegrenzt wird, ist das Thema der sexualisierten

Gewalt noch weitestgehend unbeleuchtet. Erst neueste Ereignisse führen dazu, dass das Thema in fachlichen Debatten Einzug hält. Weiterhin besteht erheblicher Bedarf, das Problem zu thematisieren, öffentlich zu machen und eindeutig zu intervenieren.

Viele Mädchen, Frauen, Homosexuelle und deren Verbündete nehmen sich dieser männlichen Strukturlogik von Fanszenen auch kritisch an und versuchen, sie zu beeinflussen beziehungsweise eigene Schutzräume zu entwickeln: indem sie eigenständige, rein weibliche Ultragruppen oder zumindest Untergruppen bilden, sich aktiv gegen Homofeindlichkeit positionieren oder eigene Netzwerke aufbauen (vgl. F_in Netzwerk Frauen im Fußball, Fantastic Females 2020). Dieses Engagement einiger aktiver Fans sowie vereinzelter Frauen hat die Sensibilisierung und Diskussionen im Fußball um das Thema Sexismus in den letzten Jahren – wenn auch noch nicht flächendeckend – erweitert. Dennoch besteht auch heute noch eine Art Hierarchisierung von Diskriminierungen: Während beispielsweise Diskussionen über und Ablehnung von Rechtsextremismus, Rassismus und Antisemitismus weit verbreitet sind, gelten Sexismus, Homo- und Transfeindlichkeit nach wie vor als legitimer Teil einer traditionell männlich konnotierten Fan-Praxis.

Immer existieren aber auch Ausnahmen von der Regel: Frauen-Ultragruppen, Homosexuelle in den Szenen, Frauen in Leitungspositionen, Gruppen, die sich gegen Gewalt und Materialdiebstahl aussprechen und autoritäre Strukturen kritisieren, sich Gedanken um Basisdemokratie und Gleichberechtigung machen. Sie stehen für eine Umgestaltung der Geschlechterhierarchien und fechten ihre lokalen Auseinandersetzungen aus. Doch gleichzeitig finden sie kaum mediale Beachtung, müssen um ihre Existenzberechtigung in den Szenen ringen und werden auf der fanmedialen Ebene stark marginalisiert. Auseinandersetzungen um Ressourcen und Ideale, Strukturen und Geschlechterwelten werden damit permanent aktiv geführt – mitten in den Szenen.

Soziale Arbeit mit Fußballfans

Der Umgang und die Erfahrungen mit Themen wie geschlechterreflektierenden Ansätzen der Sozialen Arbeit, Sexismus, Homo- und Transfeindlichkeit und dem Verhandeln von Sexualität im Allgemeinen variieren stark in der Fanprojekt-Landschaft. Ebenso gibt es Unterschiede, was das Bewusstsein für die Themen und das Wissen um Inhalte betrifft. Im Folgenden wird das breite Spektrum der Erfahrungen und Umgangsweisen der einzelnen Standorte und interviewten Fanprojekt-Mitarbeiter_innen dargestellt. Folglich werden individuelle Handlungs- und Haltungsbeispiele dargelegt, um die pädagogischen Fachkräfte in der Interaktion mit ihrer Klientel zu zeigen. Über die individuelle Haltung und direkte Interaktion mit den Jugendlichen hinaus spielt auch die Angebotsebene eine wichtige Rolle. Im Folgenden wird ebenfalls dargestellt, welche Angebote es für welche Zielgruppen gibt und inwiefern Angebotspolitik bezüglich der Ein- und Ausschlussmechanismen eine Rolle spielt. Es stellt sich die Frage, mit welchen Herausforderungen sich die Soziale Arbeit mit Fußballfans konfrontiert sieht, speziell vor dem Hintergrund diverser geschlechtlicher Inszenierungen und Anforderungen.

Männlichkeiten und Soziale Arbeit

Wenn normative Geschlechtervorstellungen und Konstruktionen kritisch bearbeitet werden sollen, ist die Auseinandersetzung und die Reflexion über die eigene Geschlechtszugehörigkeit unerlässlich (vgl. Pohlkamp und Rauw 2010). Geschieht dies nicht, besteht die Gefahr, auch in der Sozialen Arbeit, gängige Macht- und Ungleichheitsverhältnisse zu reproduzieren. Die Auseinandersetzung mit der eigenen Geschlechtszugehörigkeit sowie mit an Geschlechtszugehörigkeit geknüpften Ungleichheitsverhältnissen eröffnet dagegen viele Möglichkeiten: neue Räume für vielfältige Identitäten, die sich jenseits von starren Geschlechterklischees und Vorgaben bewegen können, sowie vielfältige Geschlechterperformances und Teilhabe an den Ressourcen, die die verschiedenen Szenen beinhalten. Damit einhergehend werden Jugendliche vom Druck geschlechtlicher Anforderungen und Normierungsstrukturen entlastet. Ebenso wird der Abbau von Diskriminierung vorangetrieben. Eine Auseinandersetzung mit Geschlechterrollen, Stereotypen und normativen Strukturen birgt also viele Potenziale. Gerade in Bezug auf das männlich dominierte Fußballumfeld kann es besonders für die männlichen Kollegen relevant sein, sich mit der eigenen Geschlechtszugehörigkeit und den Männlichkeitsappellen, die an sie gerichtet werden, auseinanderzusetzen. Wenn geschlechtliche Anforderungen und Normen nicht reflektiert werden, kann es auch dazu kommen, dass Mitarbeiter_innen sich auf ein physisches ‚Kräftemessen' mit den männlichen Jugendlichen einlassen: *„Oder wir haben es auch schon gebracht, ihn auf die Schulter zu nehmen, wenn er wieder anfing zu zeigen, dass ihm niemand was kann, denn gewichtsmäßig war das ein Handtuch. Dann guckt er immer komisch, aber dann ist erst mal Ruhe"*. Auf diese Weise wird einerseits bestätigt, dass körperliche Auseinandersetzungen innerhalb der Peergroup als angemessen gelten. Andererseits legitimiert die eigene Beteiligung daran physische Auseinandersetzungen zusätzlich. Letztlich kommen die Mitarbeiter_innen dem Männlichkeitsappell nach, über körperliche und kräftemäßige Dominanz hierarchische Ordnungen auszuhandeln.

Dem gegenüber stehen Situationen, in denen männlichen Jugendlichen aktiv alternative Rollenbilder vorgelebt werden: *„Ich denke erstens, es funktioniert nur über die praktische Arbeit, indem man selber auch als ‚role model' fungiert […]. Ein Klassiker aus der Jugendarbeit war bei uns, haushaltliche Tätigkeiten zu* *übernehmen. Die Jungs dort haben so was grundsätzlich nicht gemacht, keinen Müll rausgebracht oder so, weil sie dachten, das ist Frauensache und wenn du da als männlicher Protagonist in diesem Spiel anders agierst, kannst du letztendlich zeigen, dass das auch möglich ist".* Der zitierte Fanprojekt-Mitarbeiter ist sich über die gängigen Rollenbilder im Klaren und bricht ganz bewusst damit, um alternative Formen von Männlichkeit aufzuzeigen. Er ist sich auch im Klaren darüber, dass seine Position und sein Verhalten eine Vorbildfunktion beinhalten und er gerade als männlicher Mitarbeiter in der Jungenarbeit seine Rolle absichtlich vielfältig anlegen kann. In dieser Form kann sein Angebot einer alternativen Männlichkeit, die ‚männeruntypische' Verhaltensweisen zeigt, als Entlastung betrachtet werden, der einen vorgegebenen Rolle entsprechen zu müssen.

Weiblichkeiten und Soziale Arbeit

Im Unterschied zu Jungenarbeit – die sich auch selbst als solche versteht – in Fußballkontexten hat die klassische Mädchenarbeit in der Sozialen Arbeit mit Fußballfans eine längere Tradition. Vor allem in den 1990er Jahren gab es vielerorts Angebote ausschließlich für Mädchen, die sich bis in die 2000er Jahre hielten. Die Angebotspalette reicht hier von erlebnispädagogischen Paddeltouren bis hin zu Mädchenfußballturnieren. Jedoch wird von vielen Fanprojekten berichtet, dass die Teilnehmerinnenzahlen rückläufig sind. Spezielle Angebote für Mädchen scheinen vielerorts nicht (mehr) attraktiv zu sein. Unter den Anzeichen moderner Weiblichkeitsanforderungen, nach denen keine Ängste und Unsicherheiten mehr zugelassen sind und die sich somit an das männliche Rollenbild annähern, können spezielle Mädchenangebote einen defizitären Anschein erwecken. Um den eigenen (und vorgegebenen) Vorstellungen von Weiblichkeit gerecht zu werden, kann es unzuträglich sein, ein spezielles Mädchenangebot wahrzunehmen. Vor allem dann, wenn dieses wie im Fußballkontext von der Norm der Angebote abweicht. Dies trifft jedoch nicht grundsätzlich auf alle Standorte zu. Im Fanladen St. Pauli gibt es beispielsweise nach wie vor aktive und gut besuchte Mädchenangebote, wie etwa den Kiezkick für Mädchen. Außerdem konnte festgestellt werden, dass die U-18-Fahrten stark von Mädchen und jungen Frauen frequentiert werden. Für die pädagogische Fanprojekt-Arbeit stellt sich also die Frage, wie Mädchen längerfristig gebunden werden und mit welchen Angeboten sie erreicht werden können.

Ein Ansatz, um Mädchen längerfristig zu integrieren, ist die persönliche Beziehungsarbeit besonders von Fanprojekt-Mitarbeiterinnen. Eine Interviewpartnerin erklärt: *„Ich glaube, in einem Kontext wie Fußball ist sowohl der offene Diskurs gegen Sexismus und Homophobie total wichtig, aber auch eine Atmosphäre zu schaffen, in der Frauen, die sich aktiv beteiligen wollen, auch einen Platz* bekommen. *In den 1980ern hatten wir [dafür] den Begriff des 'Affidamento*[8]*', der besagt, dass ältere Frauen für die jüngeren Vorbildrollen übernehmen und ihnen Mut machen sollen. Ein Stück weit ist das auch mein Selbstverständnis in diesem Kontext".* Das Selbstverständnis der Mitarbeiterin speist sich daraus, eine Vorbildfunktion für die jungen Mädchen und Frauen einzunehmen, die sich aktiv in der Fanszene beteiligen wollen. Auch hier wird deutlich, wie wichtig die Haltung der Pädagoginnen ist. Sie dient als Vorbild, Orientierung und Instrument in der alltäglichen Arbeit.

Sexualitäten und Soziale Arbeit

Sexualität und sexuelle Orientierung nehmen in der Sozialen Arbeit mit Fußballfans einen großen Raum ein – und das auf unterschiedliche Weise. Sie spielen etwa eine Rolle in partnerschaftlichen Beziehungen, dem Konsum von pornografischen Filmen sowie dem sogenannten „Dissen" anderer Szenen. Dabei sind Sexualität und sexuelle Orientierung immer verknüpft mit Vorstellungen von Männlichkeit(en) und Weiblichkeit(en) und damit einhergehenden Hierarchien. Aus diesem Grund werden im Folgenden verschiedene Ebenen, die in diesem Themenfeld eine Rolle spielen, beleuchtet. Einerseits geht es für die Soziale Arbeit darum, Jugendliche in ihrer (sexuellen) Selbstfindungsphase zu begleiten, Aufklärungsarbeit beispielsweise zum Thema Verhütung zu leisten und in Zeiten der Unsicherheiten beratend zur Seite zu stehen. Andererseits ist aber auch ein Ziel, Normen infrage zu stellen, die mit Sexualität und sexueller Orientierung einhergehen – besonders dann, wenn mit diesen Normvorstellungen eine Abwertung von anderen, weniger dominanten Lebensweisen einhergeht und beispielsweise Homosexualität gegenüber Heterosexualität als minderwertig betrachtet wird. Soziale Arbeit steht dann vor der Herausforderung, mit diesen Ausschlussmechanismen umzugehen, ohne den Bezug zur Klientel zu verlieren. Nachfolgend sollen einige Beispiele aus der Praxis diskutiert werden, die auf diese Ebenen rekurrieren.

Homofeindliche Diskriminierung und Geschlechtervielfalt

Das Abwägen von Reaktionen und situativen Entscheidungen ist immer auch alltäglicher Bestandteil Sozialer Arbeit mit Fußballfans. Wie eingangs beschrieben, bietet es sich nicht immer an, bei diskriminierenden Äußerungen sofort zu

---

8 „Affidamento" kommt aus dem Italienischen und lässt sich schwer übersetzen. Das Verb „affidarsi" bedeutet übersetzt „sich anvertrauen". Es kommt aus der italienischen Frauenbewegung der 1970er Jahre.

intervenieren. Einerseits braucht es dafür die Basis einer gewachsenen Beziehung zwischen Sozialarbeiter_in und Klient_in und andererseits hängt eine Reaktion auch immer von der jeweiligen Situation ab. Im Gespräch über homofeindliche Diskriminierung drückt das ein_e Interviewpartner_in so aus: *„Wir verurteilen das ganz klar und sagen, wo wir da stehen. Und auch da muss man immer situativ agieren. Der Mehrwert während eines Spiels in einer Kurve* [zu intervenieren], *und da regt sich einer über den Schiedsrichter auf und schreit ‚Du Schwuchtel', der ist sehr gering. Wenn ich nachher auf ihn zugehe, und ich sag mal, den Sozialpädagogen total rauskehre, funktioniert das in der Regel auch nicht so gut. Sondern man erlebt es, speichert es ab, und wenn die Situation passt, konfrontiert man denjenigen damit. Aber auch das hängt vom Verhältnis zu der Person ab. Wenn man denjenigen erst drei Mal gesehen hat, sehr schwierig."* Die befragte Person beschreibt also einen komplexen Zusammenhang, bei dem viele Faktoren entscheidend sind für die anschließenden Reaktionsmöglichkeiten. Ein_e weitere sekundiert: *„Wenn so* [homofeindliche] *Sprüche fallen, versuchen wir weniger, auf den Einzelnen zuzugehen, sondern wollen das eher in der Gruppe lösen. Aber auch nicht direkt. Manches gehört dann zum Sprachgebrauch dazu oder hat sich so eingebürgert."* In beiden Beispielen wird deutlich, dass eine direkte Reaktion in manchen Situationen als unangemessen oder als pädagogisch nicht sinnvoll gilt. Darüber hinaus wird durch die Formulierung ersichtlich, dass manche diskriminierenden Ausdrücke als „Sprachgebrauch" normalisiert sind. Homofeindliche Ausdrücke und sprachliche Verwendungen hätten sich „eingebürgert". Dies bedeutet, dass der entsprechende Begriff zum Fußballalltag gehört. Eine vielfaltsorientierte und für diskriminierende Sprache sensible Pädagogik hat an der Stelle die Möglichkeit, diese Form von Abwertung zu hinterfragen und – situationsbedingt und mit Bedacht auf das Verhältnis von Nähe und Distanz – mit Jugendlichen über Teilhabe und Ausschlüsse, die mit sexueller Orientierung einhergehen, zu diskutieren.

Geschlechterreflektierende Pädagogik kann auf der individuellen Interaktionsebene zwischen Pädagog_in und Klient_in Räume und Möglichkeiten öffnen und Zugang zu Ressourcen verschaffen, die ansonsten vorrangig dominanten Formen von Männlichkeit vorbehalten sind. Darüber hinaus besteht auch die Möglichkeit, über die individuelle Handlungsebene hinaus Angebote zu schaffen, die öffentlichkeitswirksam eine große Zahl an Menschen erreichen können. Mitunter haben diese Angebote auch einen präventiven Charakter und werden in Form von unterschiedlichen Veranstaltungen praktiziert, zum Beispiel als Diskussionsrunde, Filmvorführung oder durch Inputs von Expert_innen. Hierdurch können kritische Positionen mit antisexistischen oder antihomophoben Inhalten transportiert werden. Anhand biografischer Erfahrungen von lesbischen und schwulen Personen, die nicht zu der eigenen Klientel gehören, wird für das Thema Homophobie sensibilisiert. Durch die Externalisierung wird eine nötige Distanz geschaffen, die es möglich macht, sich personenunabhängig diesem vielleicht schwierigen Thema anzunähern. Das ermöglicht beispielsweise eine Sensibilisierung für ein Coming-out, bevor es überhaupt eine konkrete Person mit einem solchen Vorhaben in der Szene gibt. Durch die Einbindung verschiedener Personen kann einerseits der Fußballbezug und die Relevanz in diesem Umfeld verdeutlicht als auch für die Bereitstellung weiterführender Informationen und Anlaufstellen gesorgt werden.

Deutlich wird auch, dass nicht alle Themen zugleich und in einer Veranstaltung Raum finden können und müssen. Homophobie fungiert an dieser Stelle als Einstiegsthema, von wo aus nach Bedarf weitere Diskriminierungsformen besprochen werden können. Auch was die Öffnung von Räumen für möglichst viele Personen angeht, spielt eine explizite Haltung eine wichtige Rolle. Nur weil implizit gemeint ist, ein Ausflug, Angebot oder eben eine Räumlichkeit sei für alle offen und zugänglich, bedeutet das noch nicht, dass sie von Menschen genutzt wird, die sich nicht dem dominanten männlichen Spektrum zuordnen können. Demnach bietet eine solche Ausgestaltung und Ausrichtung eines Fanprojekts auch einen sichereren Rahmen für Jugendliche, die potenziell von Diskriminierung betroffen sind, weil sie davon ausgehen können, im Zweifelsfall geschützt zu werden.

Zusammensetzung und Arbeitsteilung im Team und Umgang mit dem Thema Geschlecht

Zum Zeitpunkt der Erhebung 2016 waren in den Fanprojekten insgesamt 25 Prozent Frauen und 75 Prozent Männer beschäftigt. Einige Fanprojekte bestehen noch immer aus rein männlichen Teams. In den meisten Fällen sind Fanprojekte mit ausschließlich männlicher Besetzung gestartet. Weibliche Fachkräfte kamen zunehmend in den 1990er Jahren dazu und wurden vermehrt eingestellt, um Mädchenarbeit zu machen. Ein Interviewpartner erklärt dazu: *„Angefangen haben wir als reines Männerteam. Mitte der 1990er kam dann eine Kollegin, die Mädchenarbeit gemacht hat"*. Zusätzlich zu der „normalen" Tätigkeit waren die neuen Kolleginnen damit auch für die neu eingerichtete Mädchenarbeit zuständig. Das heißt, ihnen kam in zweifacher Hinsicht eine Sonderrolle zu. Sie waren die einzige (neue) Frau im Team und kümmerten sich um das „Sonderthema" Mädchenarbeit.

Der Umstand, dass an einigen Standorten noch heute reine Männerteams arbeiten, beschreiben viele Befragte als *„eher ungünstig"*. Das heißt, es gibt vielfach den Wunsch, in gemischtgeschlechtlichen Teams tätig zu sein. Ein Fanprojekt-Mitarbeiter erzählt: *„Um gendersensibel zu arbeiten ist, denke ich, extrem wichtig, die Stellen geschlechtsparitätisch zu besetzen, aber das ist letztendlich auch nichts Neues. Dadurch sind die Zugänge aber einfach leichter. Das empfehle ich auch total aufgrund meines Berufshabitus, als Mann wirst du mit Mädchen einfach nie über* *bestimmte Themen sprechen, es ist einfach so, dass es da eine Grenze gibt. Genauso werden Jungs auch Frauen gegenüber bestimmte Sachen nicht äußern, wobei sie da vielleicht nochmal redseliger sind"*. Gemischtgeschlechtliche Teams empfehlen sich damit nicht nur aus Sicht der Jugendlichen, die bei Themen wie Sexualität eher eine_n gleichgeschlechtliche_n Pädagog_in konsultieren, sondern auch aus Sicht der Fachkräfte, die eine zusätzliche Perspektive zu Rate ziehen können. Gleichzeitig kann daraus nicht grundsätzlich abgeleitet werden, dass nicht auch in reinen Frauen- oder Männerteams geschlechterreflektierte Arbeit geleistet werden kann.

Dass das Thema Jungenarbeit wenig Raum einnimmt, kann auch aus der folgenden Aussage herausgelesen werden: *„Das Thema Jungenarbeit war auf so Bundeskongressen oder ähnlichen Veranstaltungen immer recht leer. Es wurde sich mehr auf die typischen Sachen wie Stadionverbote, Polizei, Gewalt gestürzt. Sich aber selbst auch mal für so was zu sensibilisieren, weniger. Mädchenarbeit ist Thema nach dem Motto: ‚jetzt kommen die Frauen und müssen das richten'. Das ist ja auch die Kritik, dass wir auch Jungenarbeit machen müssen oder geschlechtersensible Arbeit."* Jungenarbeit gilt demnach als ungleich relevant beziehungsweise wird nicht mit den in dem Zitat genannten Themen in Verbindung gebracht, was sich an der geringeren Teilnehmer_innenzahl der Workshops zeigt. Dabei bietet gerade eine geschlechterreflektierende Perspektive auf stark männlich konnotierte Themen wie Stadionverbote, Gewalt oder Polizei neue Herangehensweisen für deren Bearbeitung. Auch hier deutet sich eine vergeschlechtlichte Aufgabenverteilung an. Männliche Fanprojekt-Mitarbeiter scheinen sich oft weniger mit den geschlechtlichen Dimensionen ihrer Arbeit zu befassen und dies als Aufgabengebiet der weiblichen Kolleginnen zu betrachten. Darüber hinaus wird auch berichtet, dass nicht alle Mitarbeiter_innen in Fanprojekten geschlechterreflektierte Arbeit und Interventionen bei diskriminierendem Verhalten als erstrebenswert erachten. Dies wird in folgendem Beispiel deutlich: *„Dann wird überwiegend von dem Männern – da sind wir wieder bei Geschlechterhierarchien – gesagt, dass das nicht gebraucht wird, weil sie mit anderen Problemen, mit Rassismus, mit Gewalt zu tun haben. Das wird mir auch selbst von anderen Pädagogen im persönlichen Gespräch entgegengebracht: ‚Ey, ich hab ganz andere Probleme, als euer: Ich will kein F*tz*n[9] hören!' Da ist es kein Wunder, wenn wir in der geschlechterbewussten Sozialen Arbeit nicht vorankommen"*. Ersichtlich wird, dass Geschlechterhierarchien und die Deutungshoheit über die Relevanz entsprechender Themen auch im Kontext von kollegialen Zusammenhängen eine Rolle spielen. Themen der Antidiskriminierung werden einander gegenübergestellt und es wird abgewogen, womit sich berechtigterweise

---

9 Der_die Interviewpartner_in hat den Begriff selbst und absichtlich ohne Vokale ausgesprochen. Die Sternchen sind also Teil der Interviewaussagen und keine Korrektur der Autor_innen.

auseinandergesetzt werden darf und was als irrelevant herabgestuft wird. Somit deuten sich auch in kollegialen Konstellationen Geschlechterhierarchien an. Insbesondere weibliche Mitarbeiterinnen der Fanprojekte wünschen sich demnach mehr Kooperation von ihren männlichen Kollegen, die die Themen Sexismus und Homofeindlichkeit oft als weniger relevant einstufen und sich darüber hinaus weniger dagegen einsetzen.

Zusammenfassung

An den diversen Standorten der bundesdeutschen Fanprojekte wird sehr unterschiedlich zu den Themen Geschlecht, Sexualität, Sexismus sowie Trans- und Homofeindlichkeit gearbeitet. Vielerorts fließen Ansätze der geschlechterreflektierenden Sozialen Arbeit bereits in die Fanarbeit mit ein. Dabei wird erkannt, dass die Reflexion und Auseinandersetzung mit (eigenen) Geschlechtervorstellungen und Normierungen zu einer Entlastung von geschlechtlichen Anforderungen führen. Darüber hinaus können Räume für Möglichkeiten eröffnet und Teilhabe diverser Identitäten an den Ressourcen der Szene erarbeitet werden. Die beiden Aspekte der geschlechtlichen Anforderungen und der Kosten, die mit dem Männlichkeitsideal einhergehen, gilt es noch mehr von Seiten der Sozialen Arbeit aufzugreifen und Entlastung zu schaffen.

Andererseits werden mitunter tradierte Geschlechternormen und Hierarchien von der Sozialen Arbeit nicht erkannt und somit reproduziert. Dies geschieht unter anderem durch Akzeptanz dominanter Männlichkeit, Bestätigung der männerbündischen Ordnung, Unterordnung von Frauen und Marginalisierung von Homosexualität und Transgeschlechtlichkeit durch Bestätigung einer heterosexuellen und zweigeschlechtlichen Norm. Auch Normalisierungen von diskriminierendem Verhalten und die Hierarchisierung von Diskriminierungsformen tragen dazu bei, gängige Herrschaftsverhältnisse zu reproduzieren. Es hat sich außerdem gezeigt, dass das Thema Geschlecht auch in der Teamzusammensetzung und in der Arbeitsteilung im Team eine Rolle spielt. So wünschen sich vielerorts gerade die weiblichen Fanprojekt-Mitarbeiterinnen eine umfassendere Auseinandersetzung ihrer männlichen Kollegen mit den Themen Geschlecht und Sexualität. Nach der Forschung zur Expertise *Geschlechterverhältnisse in Fußballfanszenen* führte das Projektteam in den Jahren 2017 bis 2019 Fortbildungsveranstaltungen zu geschlechterreflektierender Fanarbeit entlang der Inhalte dieses Textes bei über 30 Fanprojekten durch. Zudem widmete sich die Jahrestagung der Koordinationsstelle Fanprojekte 2019 in Stuttgart dem Thema, sodass die Debatte um die Kategorien Geschlecht und Sexualität in der Fanarbeit seither vorangeschritten ist. Die kritische Reflexion von Geschlechterverhältnissen in Fanszenen sowie der Fanarbeit wird auch zukünftig ein wichtiges Thema bleiben.

Literatur

Behn, S./Schwenzer, V. (2006): Rassismus, Fremdenfeindlichkeit und Rechtsextremismus im Zuschauerverhalten und Entwicklung von Gegenstrategien. In: Pilz, G./Behn, S./Klose, A./Schwenzer, V./Steffan, W./Wölki, F. (Hrsg.): Wandlungen des Zuschauerverhaltens im Profifußball. Schriftenreihe des Bundesinstituts für Sportwissenschaft. Schorndorf: Hofmann, S. 320–435.
Blickfang Ultra, Jahrgänge 2013–2015. Nr. 27–37.
Brändle, F./Koller, C. (2002): Goal! Kultur- und Sozialgeschichte des modernen Fußballs. Zürich: Orell Füssli.
Claus, R./Giessler, C./Wölki-Schumacher, F. (2016): Geschlechterverhältnisse in Fußballfanszenen. Hannover: KoFaS.
Connell, R. W. (2000): Der gemachte Mann. Opladen: Westdeutscher Verlag.
Fantastic Females (2020): www.fan-tastic-females.org/index.php/en (22.01.2020).
Faszination Fankurve (2015): Als alle relevanten Banner der Horidos geklaut wurden. Online: http://www.faszination-fankurve.de/index.php?head=Als-alle-relevante-Banner-der-Horidos-geklaut-wurden&folder=sites&site=news*detail&news*id=11632 (01.10.2016).
Gabler, J. (2011): Die Ultras: Fußballfans und Fußballkulturen in Deutschland. Köln: PapyRossa
Gerschel, S. (2009): Frauen im Abseits? Eine Untersuchung zu weiblichen Ultras in der Fußballfanszene. Unveröffentlichte Diplomarbeit: Universität Leipzig.
Goltermann, S. (1998): Körper der Nation. Habitusformierung und die Politik des Turnens 1860–1890. Göttingen: Vandenhoeck & Ruprecht.
Hagan, J./Heitmeyer, W. (2002): Internationales Handbuch der Gewaltforschung. Wiesbaden: Springer VS.
Heitmeyer, W./Peter, J.-I. (1992): Jugendliche Fußballfans. Soziale und politische Orientierungen, Gesellungsformen, Gewalt. Weinheim und Basel: Beltz.
Heyde, J. von der (2017): Doing Gender als Ultra – Doing Ultra als Frau. Weiblichkeitspraxis in der Ultrakultur. Eine Ethnographie. Weinheim und Basel: Beltz.
Hitzler, R./Niederbacher, A. (2010): Leben in Szenen. Wiesbaden: Springer VS.
Kathöfer, S./Kotthaus, J. (2013) (Hrsg.): Block X – Unter Ultras. Weinheim und Basel: Beltz.
König, T. (2002): Fankultur. Eine soziologische Studie am Beispiel des Fußballfans. Münster: Lit.
Kreisky, E./Spitaler, G. (Hrsg.) (2006): Arena der Männlichkeit. Über das Verhältnis von Fussball und Geschlecht. Frankfurt/M.: Campus.
Leistner, A. (2010): Fans und Gewalt. In: Roose, J./Schäfer, M./Schmidt-Lux, T. (Hrsg.): Fans. Soziologische Perspektiven. Wiesbaden: Springer VS, S. 249–280.
Lehnert, E. (2006): Auf der Suche nach Männlichkeiten in der sozialpädagogischen Arbeit mit Fans. In: Kreisky, E./Spitaler, G. (Hrsg.): Arena der Männlichkeit. Über das Verhältnis von Fußball und Geschlecht. Frankfurt/M.: Campus, S. 83–96.
Meuser, M. (2008): It's a Men's World. Ernste Spiele männlicher Vergemeinschaftung. In: Klein, G./Meuser, M. (Hrsg.): Ernste Spiele. Zur politischen Soziologie des Fußballs. Bielefeld: Transcript, S. 113–134.
Netzwerk F*in Frauen im Fußball (2018): Netzwerk F*in Frauen im Fußball fordert klares Konzept gegen sexualisierte Gewalt. Online: www.f-in.org (19.07.2018).
Netzwerk gegen Sexismus und sexualisierte Gewalt (2020): www.fussball-gegen-sexismus.de (22.01.2020).
Nieland, J.-U. (Hrsg.): Die Sexualisierung des Sports in den Medien. Köln: Halem, S. 263–278.
Pohlkamp, I./Rauw, R. (2010): Mit Lust und Beunruhigung. Heteronormativitätskritik einbringen. In: Busche, M./Maikowski, L./Pohlkamp, I./Wesemüller, E. (Hrsg.): Feministische Mädchenarbeit weiterdenken. Zur Aktualität einer bildungspolitischen Praxis. Bielefeld: Transcript, S. 107–123.
Popitz, H. (1992): Phänomene der Macht. Tübingen: Mohr.
Publikative.org (2015): Der Ausschluss von Frauen aus der Fankultur. Online: http://publikative.org/2015/03/27/44687/ (27.9.2016).
Roose, J./Schäfer, M./Schmidt-Lux, T. (Hrsg.) (2010): Fans. Soziologische Perspektiven. Wiesbaden: Springer VS.
Selmer, N. (2004): Watching the Boys Play – Frauen als Fußballfans. Berlin: Argon.
Schmidkte, O. (1995): Kollektive Identität in der politischen Mobilisierung territorialer Bewegungen. In: Forschungsjournal Neue Soziale Bewegungen, 8. Jg., H. 1, S. 24–31.

Schweer, M. (2011): Is anybody out there? Homosexualität in der Sportberichterstattung. Sozialpsychologische Spezifika des (Medien-)Sports mit Blick auf ein Tabuthema. In: Schaaf, D./Nieland, J.-U. (Hrsg.): Die Sexualisierung des Sports in den Medien. Köln: Halem, S. 263–278.
Selmer, N. (2004): Watching the Boys Play – Frauen als Fußballfans. Berlin: Argon.
Sülzle, A. (2011): Fußball, Frauen, Männlichkeiten. Eine ethnographische Studie im Fanblock. Frankfurt/M.: Campus.
Winands, M. (2015): Interaktionen von Fußballfans. Wiesbaden: Springer VS.

Black-Box-Diskriminierung
Ein Plädoyer für die Dokumentation und Analyse diskriminierender Vorfälle im Fußball in Nordrhein-Westfalen

Patrick Arnold, Nils Ehleben und David Johannes Berchem

„Großartig ist, dass Deutschland und Deutsch-Sein und Deutscher-Sein so bunt, so plural wie noch nie in der Geschichte dieser Bevölkerung war. Und wir sehen, dass dieser Pluralismus diese Bevölkerung in einer großartigen Art und Weise trägt. Was geschehen muss, ist die Bildung zur Menschlichkeit. Dort, wo sie in den Familien nicht stattfindet, muss sie in die formelle Bildung glaubwürdig hineingetragen werden. Kinder werden nicht als Rassisten geboren. Wenn wir Erwachsene, die wir ihre Vorbilder sind, mit unserer Stereotypisierung sie in die falsche Richtung bringen, zuhause, denn dort hören die Kinder das erste Mal, die Gruppe A ist so und die Gruppe B ist anders. Dann ist es die Pflicht des Staates, aller Bildungsinstitutionen, sich nicht nur gegen Rassismus zu stellen, sondern für die Anerkennung des Menschen, also für den demokratischen Prozess. Dass es davon nicht ausreichend gibt, dass wir es nicht schaffen, in der formalen wie informalen Bildung, im Alltag, in den Vereinen dies deutlich zu machen, das beweist leider auch wieder der Gewaltakt in Hanau. Wie reden wir eigentlich über Menschen? Wie sprechen wir eigentlich über Menschen? Wie markieren wir Menschen? Und dort, wo es passiert, gerade bei Jugendlichen, wie reagieren die Anderen darauf? Das ist unsere Pflicht. Wer nicht reagiert, macht sich mitschuldig." Michel Friedman, 19.02.2021[1]

Fußball und gesellschaftliche Verantwortung

Der Fußballsport steht in besonderer Weise in Beziehung zur Gesellschaft. Mehr als in anderen Sportarten kommen hier gesellschaftliche, kulturelle, religiöse und politische Erscheinungen zum Ausdruck. Zum einen lassen sich im Umfeld des

---

[1] www.tagesschau.de/sendung/tagesthemen/ (20.02.2021).

Fußballs vielfältige Phänomene und Dynamiken erkennen (beispielsweise Gewaltvorfälle, Vereinsvielfalt, Ethnisierung, Diskriminierung, Fankulturen). Zum anderen aber kann der Fußball diese Erscheinungsformen und Entwicklungen mit seinen systemimmanenten Instrumenten und Strukturen konstruktiv beeinflussen und kreativ mitgestalten (etwa durch Gewaltprävention, Integrationsangebote, Diversity Management, Fanprojektarbeit). Der Fußball in der Gesamtheit ist damit als zivilgesellschaftlicher Akteur zu begreifen (vgl. Dembowski et al. 2015; Gabler 2010; Gebhardt 2017). Um dieser herausfordernden Aufgabe gerecht werden zu können, ist zivilgesellschaftliches Bewusstsein bei allen Beteiligten, seien es aktive Sportler_innen, Funktionsträger_innen, Zuschauer_innen und Fans oder Vereins- und Verbandsmitarbeiter_innen, eine notwendige Konstante.

Diskriminierende Vorfälle im Fußball untergraben dabei nicht nur die Idee von Fairplay im Sport, sondern sind darüber hinaus als Angriff auf den demokratisch-rechtsstaatlichen Konsens unserer pluralen und durch Vielfalt geprägten postmigrantischen Gesellschaft zu verstehen (vgl. Blecking und Dembowski 2010; Schwell et al. 2016). Das Spektrum reicht dabei vom sexistischen Vorfall über hegemoniales Männlichkeitsgebaren bis hin zur klar rechtsextremen Grundhaltung gewisser Personengruppen (vgl. Duttler und Haigis 2016, S. 27). Aufmerksamkeit für derartige Ereignisse zu generieren ist eine zivilgesellschaftliche Querschnittsaufgabe, um eine integrierte, offene und tolerante Gesellschaft zu gewährleisten, die sich wehrhaft gegen Ausgrenzung, Intoleranz, Rassismus, Populismus, Diskriminierung und Demokratiefeindlichkeit positioniert. Hierzu gehört neben der wissenschaftlichen Dokumentation und der evidenzbasierten Analyse nicht zuletzt auch eine politische Einordnung.

Dieser Beitrag ist ein Plädoyer für die Realisierung einer Meldestelle, die Praxisformen der Diskriminierung und gruppenbezogenen Menschenfeindlichkeit (vgl. Kathöfer et al. 2013, S. 127 ff.) registriert, nach wissenschaftlichen Maßstäben auswertet und aus diesem empirischen Datenmaterial Handlungsempfehlungen und Interventionskonzepte entwickelt. Das bei der Landesarbeitsgemeinschaft der Fanprojekte NRW e. V. (Eigenschreibweise: LAG NRW) im Entstehen begriffene Projekt Meldestelle für Diskriminierung im Fußball in NRW (MeDiF-NRW) wird sich in Kooperation mit diversen Netzwerkpartner_innen dieser gesellschaftlichen Herausforderung annehmen, um die präventive, auf Früherkennung und nah an der Praxis ausgerichtete Antidiskriminierungsarbeit im Fußballland Nordrhein-Westfalen qualitativ zu steigern.

Ausgangslage

Die Zentrale Informationsstelle Sporteinsätze (ZIS) erhebt regelmäßig Daten im Bereich Fußball und Gewalt. Diese Berichte dienen als statistische Grundlage zur Bewertung der Sicherheitslage im Fußball an den Standorten der 1., 2.

und 3. Liga sowie den derzeit fünf Regionalligen. Über diese in die Statistik einfließenden Vorfälle hinaus gibt es im Fußball, insbesondere auch im Umfeld von Amateurligen, anders geartete Vorfälle der Diskriminierung. Hier sind beispielsweise Vorkommnisse gemeint, die im Vorfeld strafrechtlich relevanter Handlungen und Aussagen diskriminierender Natur sind. Nicht nur die Sportplätze sind Austragungsorte dieser diskriminierenden Phänomene, sondern in erster Linie werden auch die sozialen Medien mit Bezug zum Fußballsport verstärkt genutzt (wie Facebook oder Twitter). Hasskommentare, die am Rande der strafrechtlichen Delinquenz zu verorten sind, werden in den Social-Media-Kanälen regelmäßig gepostet.

Aber auch eindeutig rechtsextreme Vorfälle finden keinen als solche benannten Eingang in die Statistik. Zu verzeichnen ist in erster Linie eine Häufung von rassistischen, homophoben, sexistischen, antiziganistischen und antisemitischen Vorkommnissen. Diese Varianten der *gruppenbezogenen Menschenfeindlichkeit* (vgl. Zick et al. 2010, Zick et al. 2012) bedingen und intensivieren sich gegenseitig, sodass bei der Analyse die Perspektive der Intersektionalitätsforschung gefragt ist (vgl. Hess et al. 2011; Marten und Walgenbach 2017). Keine Seltenheit sind das Zeigen des Hitlergrußes, Nazigesänge, „Sieg-Heil"-Rufe von den Zuschauerrängen sowie eine camouflageartige Zurschaustellung von neonazistischen Zeichen, Symbolen und Signalwörtern. Öffentlichkeitswirksam agieren aus Nordrhein-Westfalen beispielsweise die „Hooligans gegen Salafisten", die sich am Konzept der English Defence League orientieren. Im Oktober 2014 kam es bei einer Großdemonstration dieses Hooligan-Zusammenschlusses in Köln zu Straßenschlachten. Aber auch enge Verbindungen zur rechtsextremen Kampfsportszene werden immer wieder öffentlich sichtbar (vgl. Claus 2020). Gerade in Nordrhein-Westfalen sind solche gewaltaffinen, rechtsoffenen, neorassistischen und erlebnisorientierten Szenen rund um den Fußball ausgeprägt. Von hier aus organisieren diese professionell vernetzten Kräfte der Neuen Rechten (vgl. Müller 1995; Schiffauer 1995) rechtslastige Aktionen, sowohl in bundesweiter als auch transnationaler Ausrichtung (vgl. Quent 2019; Häusler und Schedler 2011; Biermann et al. 2021). Der sogenannte „Kampf der Nibelungen" im sächsischen Ostritz oder das Rechtsrock-Konzert „Rock gegen Überfremdung" im thüringischen Themar sind nur die bekanntesten Beispiele. Solche Vorfälle und Erscheinungen erregen mediale Aufmerksamkeit, wenn die Skandalträchtigkeit des Geschehens besonders hoch ist. Darüber hinaus aber bleiben diskriminierende Vorfälle im Fußball unbearbeitet. Insofern kein unmittelbarer strafrechtsrelevanter Handlungsbedarf besteht, sind sie zumeist folgenlos und finden keinen offiziellen Niederschlag in der wissenschaftlichen Verarbeitung sowie in der politischen Wahrnehmung. Vor allem aber bleiben sie unbearbeitet im Hinblick auf ihre Bedeutung für die unmittelbar betroffenen Menschen. Sie nehmen diese hier geschilderten Formen der Diskriminierung als Bruchstellen des zivilgesellschaftlichen Konsenses und des kulturellen Selbstverständnisses über demokratische Werte wahr (vgl. El-Mafaalani 2017, S. 48 ff.). Im Interesse einer aktiven Zivilgesellschaft ist es aber bedeutsam, derartige Bruchstellen frühzeitig zu erkennen und einer Kategorisierung, Analyse und Bewertung zu unterziehen, um angemessene Maßnahmen im Sinne präventiver, früherkennender und nachhaltiger Handlungskompetenz zu entwickeln.

Meldestelle für Diskriminierung im Fußball in Nordrhein-Westfalen

An dieser Problembeschreibung setzt das Projekt der Meldestelle an. Es schafft für das Land Nordrhein-Westfalen ein Forum, das derartige Vorfälle erstmalig systematisch und nach transparenten Qualitätskriterien erfasst. Diese Daten werden für den gesellschaftspolitischen Diskurs anhand wissenschaftlich erprobter, methodisch fundierter und theoretisch reflektierter Maßstäbe aufgearbeitet und analysiert. Damit liefert die Meldestelle nicht nur eine numerische Bestandsaufnahme von diskriminierenden Vorfällen im Profi- und Amateurbereich des Fußballs, sondern schafft auch die Voraussetzungen für eine qualitative Analyse und Bewertung der Vorfälle, um gezielte Unterstützungsangebote und Präventionsmodelle in einem Netzwerkverbund zu entwickeln. In dieser Funktion ergänzt die Clearingstelle die bewährten Formen der Datenerhebungen in Nordrhein-Westfalen, wie sie etwa die polizeilichen Daten der Zentralen Informationsstelle Sporteinsätze (ZIS-Berichte) darstellen.

Gleichzeitig fördert die Meldestelle die Idee „Sportland NRW" durch die Stärkung der zivilgesellschaftlichen Verantwortung des Fußballsports. In ihrer Arbeit zielt die Clearingstelle auf die kontinuierliche und passgenaue Etablierung und Verstetigung von präventiven gesellschaftspolitischen Effekten und Strategien in den Bereichen Gewalt, Extremismus, Radikalisierung, Rassismus, Sexismus, Homophobie, Antisemitismus und Antiziganismus. In dieser Hinsicht stellt sie auch eine wichtige unterstützende Plattform für aktive Menschen dar, die in ihrer Szene oft Schwierigkeiten haben, derartige Vorfälle öffentlich zu machen, weil sie – wie beispielsweise in Fanszenen mit geschlossenen Weltbildern – von gewaltbereiten rechten Personengruppen unmittelbar eingeschüchtert und bedroht werden (vgl. Wellgraf 2016; Claus 2018). Vor diesem Hintergrund gewährleistet die Meldestelle zivilgesellschaftliche Solidarität und Transparenz, die vor Ort zuweilen fehlt, weil diskriminierende Vorfälle, Alltagsrassismus sowie Ausgrenzungen, Ressentiments und Stereotypisierungen auf der Grundlage von Herkunft, Hautfarbe, Sprache, Religion, Kultur, Ethnie, sexueller Orientierung und sozialer Zugehörigkeit (vgl. Benz 2019, S. 15 ff.) verharmlost, relativiert, bagatellisiert, fehlgedeutet, verschwiegen oder aufgrund einer nicht vorhandenen Sensibilisierung der Akteur_innen schlicht nicht erkannt werden.

Methodisches Vorgehen

Die Meldestelle für Diskriminierung nutzt zur Erfassung und Auswertung von diskriminierenden Vorfällen einen mehrschrittigen Methodenpluralismus. Im Vordergrund steht sowohl die quantitative Erfassung als auch die qualitative Aufarbeitung der empirischen Daten. Ein zentraler Bestandteil der Erfassung wird die Möglichkeit sein, Vorfälle zum Betroffenenschutz in einem anonymisierten Verfahren auf einer eigens eingerichteten Homepage melden zu können. Um den notwendigen methodischen Validierungsprozess eines gemeldeten Vorfalls durchzuführen, wird ein Netzwerkverbund herangezogen, der aus multiprofessionellen Teams mit direktem Bezug zum Fußballkontext besteht. Intern werden die gemeldeten Vorfälle zunächst quantitativ erfasst. Gleichzeitig garantieren die Detailinformationen mittels der bestehenden Netzwerkpartner_innen eine tiefergehende und multiperspektivische Betrachtung. Der Gesamtprozess der mehrschichtigen Analyse wird durch jährliche Zwischenberichte und einen Evaluationsbericht am Ende der Projektlaufzeit abgerundet. Die Untersuchung der Daten erfolgt mittels einer induktiven und einer deduktiven Verfahrensweise (vgl. Bohnsack et al. 2018), sodass eine gesamtgesellschaftliche Einordnung sowie eine Verknüpfung der Ergebnisse zwischen Sport und Gesellschaft sichergestellt wird. Auf dieser Basis lassen sich sowohl gesamtgesellschaftliche Grundsatzfragen zum Verhältnis zwischen Mensch, Sport, Gesellschaft und Kultur beantworten als auch Interventionsstrategien und Handlungskonzepte zum praxisorientierten Umgang mit diesen Varianten der gruppenbezogenen Menschenfeindlichkeit konzipieren.

Der Netzwerkverbund

Das Projekt der Meldestelle für Diskriminierung wird bei der Landesarbeitsgemeinschaft der Fanprojekte NRW angesiedelt sein. Darüber hinaus ist das Vorhaben in einen Netzwerkverbund einzubetten. Hierzu gehören Vereine (Bundesliga- und Amateurvereine), Verbände (inklusive der Fußballverbände auf Landesebene, Fußballkreise), Bünde im „Sportland NRW" (Landessportbund, Stadtsportbünde), Schulen und zivilgesellschaftliche Organisationen, die in den Feldern Rechtsextremismusprävention, Antidiskriminierungsarbeit und Politische Bildung tätig sind (zum Beispiel Mobile Beratung gegen Rechtsextremismus Nordrhein-Westfalen und Opferberatungen in diesem Bundesland – für Betroffene rechtsextremer und rassistischer Gewalt). Zudem werden insbesondere Fans, Fanclubs sowie Fangruppen und -organisationen engmaschig in das Projektvorhaben eingebunden.

Um auch universitäre Institutionen zu integrieren, wurden bereits Kooperationen initiiert. Die Anzahl und Intensität wird sukzessive im Projektverlauf ausgebaut. Als erster Kooperationspartner konnte bereits David Johannes Berchem vom Lehrstuhl für Ethnologie der Ruhr-Universität Bochum gewonnen werden. Er wird seine Expertise projektbezogen auf mehreren Ebenen einbringen. In erster Linie fungiert er als wissenschaftlicher Berater, der seine akademischen Schlüsselqualifikationen aus den Bereichen Migrations-, Integrations-, Rassismus- und Diskriminierungsforschung in die Projektabläufe einspeist. Zudem verantwortet er die Supervision der unterschiedlichen Arbeitsschritte und ist in fachliche Entscheidungsprozesse involviert. Des Weiteren boten die Autoren dieses Beitrags an der Fakultät für Sozialwissenschaft der Ruhr-Universität Bochum im Wintersemester 2020/2021 eine forschungsorientierte, praxisbezogene und kollaborative Lehrveranstaltung (vgl. Straub et al. 2020) an mit dem Titel „Wir schämen uns für alle, die gegen uns schreien: Diskriminierung und gruppenbezogene Menschenfeindlichkeit im Fußball". Das zweisemestrige Empiriemodul ging im Bachelorstudiengang Sozialwissenschaft mit 13 Teilnehmer_innen an den Start. Am Anfang stand folgende Gesellschaftsdiagnose: Der vielerorts von Medienvertreter_innen und Wissenschaftler_innen konstatierte gesellschaftliche Backlash, der konservatives, rechtspopulistisches und rechtsextremistisches Gedankengut in unterschiedlichen Gesellschaftsschichten befördert, intensivierte auch im Fußballkontext ein rassistisches Differenzdenken sowie Formen der gruppenbezogenen Menschenfeindlichkeit. Diffamierungen, Anfeindungen, Beleidigungen und aggressive Äußerungen gegenüber Menschen, die den Idealbildern einer mehrheitlich männlichen, weißen und heterosexuellen Fancommunity widerstreben, sind in der jüngeren Vergangenheit nicht seltener geworden. Stereotypisierende Ingroup-vs.-Outgroup-Figurationen (vgl. Roth 1998), aggressive Identitätspolitiken (vgl. Eriksen 2014), die Anwendung kontrastiv-binärer Ideologiewelten und die Suche nach Projektionsflächen zur ethnozentrischen Abgrenzung gehören zum Tagesgeschäft in den ausdifferenzierten Fanszenen. Dabei ist auffällig, dass diese Erscheinungsformen ausgrenzender Verhaltensweisen auf allen Ebenen des Fußballsports zu beobachten sind.

Der wechselseitige Transfer und der dialogische Austausch von Wissensressourcen zwischen den im universitären Kontext tätigen Partner_innen, den Studierenden und den Netzwerkakteur_innen der Meldestelle stehen bei dieser kollaborativen und „auf Augenhöhe" (vgl. Sprung 2016) stattfindenden Zusammenarbeit im Vordergrund. Die im Zuge dieser Kooperation erzielten Forschungsergebnisse werden publiziert. Des Weiteren haben namhafte, in Nordrhein-Westfalen ansässige Fußballvereine ihre Unterstützung zugesagt. Vor allem die (mediale) Reichweite und die bei diesen institutionellen

Multiplikator_innen zu erkennende Selbstverpflichtung, Gesellschaft, Kultur und Demokratie aktiv und konstruktiv mitzugestalten, werden als notwendige Gelingensfaktoren bei der Implementierung und zukunftsfähigen Verstetigung der Meldestelle angesehen. Neben der institutionalisierten Ebene kommt der Integration zivilgesellschaftlicher Bündnisse vor allem im Bereich der Recherche sowie der empirischen Validierung möglicher Vorfälle eine elementare Rolle zu.

Die auf verschiedenen Ebenen geschlossenen Kooperationen verschaffen dem Vorhaben die notwendige Resonanz und eine multiprofessionelle Handlungskompetenz. Weiterhin stärkt die Zusammenarbeit die Identifikation aller beteiligten Menschen und Institutionen mit den Intentionen, Chancen und Herausforderungen des Projekts. Zudem generieren die Bündnisse im Netzwerk einen zusätzlichen Mehrwert in Form von Öffentlichkeit für die jeweils eigenen lokalen Strukturen und Projekte. Öffentliche Solidarität, so ist sich das Projektteam sicher, stärkt individuelle zivilgesellschaftliche Verhaltenssicherheit bei diskriminierenden Vorfällen sowohl auf lokaler Ebene als auch im unmittelbaren sozialen Nahbereich.

Die Initiatoren

Landesarbeitsgemeinschaft der Fanprojekte NRW

Die Landesarbeitsgemeinschaft der Fanprojekte NRW ist in besonderer Weise geeignet, die Meldestelle zu realisieren und zu koordinieren. Als Dachorganisation bündelt sie die bewährte Kompetenz der im Bundesland ansässigen Fanprojekte. Das betrifft zunächst eine in vielfältigen Projekten und Maßnahmen sich materialisierende fachlich-methodische Schlüsselqualifikation. Darüber hinaus sind die Fanprojekte an vielen Orten im Land tätig, sodass eine flächendeckende Präsenz sichergestellt ist. Damit einher geht eine gute Kenntnis der Szene vor Ort. Das schafft Glaubwürdigkeit und erzeugt Verhaltensorientierung für die engagierten Menschen in den Projekten. So entstehen Vorbildeffekte, die auch dem Projekt der Meldestelle zugutekommen. In dem Maße, wie die Clearingstelle verantwortungsbewusst die Glaubwürdigkeit ihres Anliegens vermitteln kann, wird sie von den Menschen auch genutzt und getragen. Die einzelnen Fanprojekte sind vor Ort bereits gut mit anderen Trägern, Vereinen und Einrichtungen im Arbeitsfeld vernetzt. Darüber hinaus sind die Fanprojekte an ihren Standorten auf Grundlage des Nationalen Konzepts Sport und Sicherheit (NKSS) Mitglieder in den Örtlichen Ausschüssen Sport und Sicherheit (ÖASS), in denen vor allem für die Sicherheitsbelange bei lokalen Fußballgroßveranstaltungen alle Akteur_innen an einem Tisch sitzen. Zusätzlich bündelt die Fachstelle der Landesarbeitsgemeinschaft diese Vernetzungspotenziale und erweitert sie auf Landesebene. Die Fachstelle vertritt die 15 ihr angeschlossenen sozialpädagogischen Fanprojekte in Nordrhein-Westfalen.

Mobile Beratung gegen Rechtsextremismus NRW

Die Landesarbeitsgemeinschaft der Fanprojekte NRW wird die Meldestelle für Diskriminierung in Kooperation mit der Mobilen Beratung gegen Rechtsextremismus (MBR) NRW betreiben. Diese wird aus Mitteln des Landes Nordrhein-Westfalen sowie über das beim Bundesministerium für Familie, Senioren, Frauen und Jugend angesiedelte Programm „Demokratie leben" gefördert. Seit ihrer Gründung im Jahr 2008 ist sie verlässlicher Ansprechpartner für alle, die sich aktiv mit Rechtsextremismus, Rassismus, Antisemitismus und anderen Ungleichwertigkeitsvorstellungen auseinandersetzen wollen oder vor konkreten Herausforderungen stehen. In den vergangenen zehn Jahren haben unterschiedliche Zielgruppen die Angebote der fünf Beratungsstellen in den Regierungsbezirken Detmold, Köln, Münster, Arnsberg und Düsseldorf in Anspruch genommen. Beraten werden Engagierte aus Vereinen und Verbänden, Migrant_innenorganisationen, Parteien und Gewerkschaften, Kirchen und Religionsgemeinschaften, Wohlfahrtsverbände, Initiativen und Bündnisse sowie Unternehmen aus der Wirtschaft.

Die Mobile Beratung NRW kooperiert eng mit kommunalen Verwaltungen sowie staatlichen Einrichtungen und Behörden. Sie dokumentiert extrem rechte Vorfälle sowie zivilgesellschaftliche Aktivitäten und vernetzt sich mit Akteur_innen vor Ort. Ziel ist, Hilfe zur Selbsthilfe zu leisten. Die Beratung findet stets auf Augenhöhe mit den Ratsuchenden statt, ist prozessorientiert, vertraulich und kostenfrei. Die einzelnen Teams sind im Bundesverband Mobile Beratung e. V. organisiert und arbeiten nach bundesweit einheitlichen und transparenten methodischen Qualitätsstandards. Die Mobile Beratung NRW wird eng mit der Clearingstelle zusammenarbeiten und im stetigen fachlichen Austausch mit ihr stehen, um gegebenenfalls mit Unterstützungsangeboten reagieren zu können. So können Anfragen zu extrem rechten und rassistischen Vorfällen, welche bei der Meldestelle eingehen, direkt an die Teams der Mobilen Beratung weitergeleitet werden, die bei Bedarf selber tätig werden oder innerhalb des Beratungsnetzwerks in Nordrhein-Westfalen Expertise zur Verfügung stellen können. Die Mobile Beratung NRW verfügt beispielsweise über ein breites Netzwerk an Akteur_innen vor Ort und arbeitet eng mit den Beratungsstellen für Betroffene rechtsextremer und rassistischer Gewalt sowie den Servicestellen gegen Diskriminierung zusammen.

Die Mobilen Beratungsteams unterstützen bereits seit ihrer Gründung auch Fußballvereine, Fanprojekte, Fanszenen und fußballaffine Gruppierungen im Umgang mit rassistischen und rechtsextremen Tendenzen auf und im Umfeld von Fußballplätzen und Stadien in den jeweiligen Regierungsbezirken. Die Mobile Beratung NRW führte beispielsweise im Sommer 2017 in Kooperation mit einem Verein der 1. Fußball-Bundesliga eine Schulung für Ordner_innen zum Thema „Rechte Symbolik und Codes" durch. Des Weiteren kommen die Teams regelmäßig mit Fußballvereinen, Fanprojekten und -initiativen aus dem Amateur- und Profibereich zu Vernetzungstreffen zusammen, um sich dort über die Entwicklungen und Aktivitäten extrem rechter Strukturen in den jeweiligen Fanszenen auszutauschen.

Aus dem Kontakt mit den Fanprojekten sind ebenfalls schon längerfristige Kooperationen entstanden, bei denen sich Vertreter_innen verschiedener Fanclubs und Vereine gemeinsam mit Diskriminierung und rechtsextremen Tendenzen innerhalb der Fanszenen auseinandergesetzt und an Lösungen gearbeitet haben. Die Mobile Beratung NRW bringt dort ihre Expertise über Einschätzungen der extrem rechten Szene und mögliche Überschneidungen mit Fan-, Hooligan- und Ultraszenen vor Ort ein und berät über Möglichkeiten des präventiven und interventionistischen Umgangs. Die Fanprojekte nehmen diese Arbeit bei konkreten Vorfällen wie dem Auftreten extrem rechter Gruppierungen in Fanblöcken unterstützend an. Auf die präventive Expertise greifen sie in Form von Schulungen und Vorträgen über Phänomene wie Erkennungsmerkmale, Vernetzungen von rechten Gruppierungen und Fanszenen oder rechten Rekrutierungsstrategien vor Ort zurück (vgl. Kubiak 2020, S. 205 ff.).

Die Mobile Beratung NRW weist neben der Fachexpertise im Kontext Rassismus und Rechtsextremismus einen hohen Grad an Vernetzung in diesen beiden Themenfeldern sowie für Antisemitismus und andere Ungleichwertigkeitsvorstellungen auf. Die Kooperation der Meldestelle mit ihr sowie mit der Landesarbeitsgemeinschaft der Fanprojekte NRW zielt auf die Sensibilisierung der Öffentlichkeit und auf die verstetigende Konsolidierung präventiver Angebote ab. Diese Zusammenarbeit erzeugt Synergien bei der Entwicklung von konstruktiven und zukunftsfähigen Problemlösungskonzepten. Die Mobile Beratung NRW verfügt über Ressourcen, Expertisen und Netzwerke, um mögliche Beratungsbedarfe, die an die Meldestelle herangetragen werden, aufzufangen und zu bearbeiten.

Die Arbeit der Meldestelle für Diskriminierung im Fußball

Die Meldestelle für Diskriminierung ist zunächst auf drei Jahre angelegt. Sie bietet ein Forum, das Vorfälle sammelt, auswertet und in regelmäßigen Zwischenberichten, wissenschaftlichen Publikationen, Handreichungen und Konzeptpapieren der interessierten Öffentlichkeit, den Fußballakteur_innen auf lokaler Ebene sowie den politischen Entscheidungsträger_innen zur Verfügung stellt. Dies ermöglicht ein Online-Tool mit einem niederschwelligen und einfach zu bedienenden Menü, das alle Partner_innen nutzen können. Das Tool ist mit einer eigenen Subdomain an die Onlinepräsenz der Fachstelle angedockt und kann auf den Homepages von Partner_innen und Förder_innen eingebettet werden. Alle Informationen laufen jedoch bei der zentralen Clearingstelle zusammen und werden dort gesichtet, bewertet, dokumentiert und bearbeitet.

Die Ergebnisse der Meldestelle werden laufend dokumentiert und ausgewertet, um sie für den Diskurs im „Sportland NRW" verfügbar zu machen und im Hinblick auf nachhaltige zivilgesellschaftliche Wirkungen zu beschreiben (Leitfaden, Handbuch, Flyer, Newsfeed). Das meint zum einen den Transfer des Projekts als übertragbares Modell auch über die Landesgrenzen von Nordrhein-Westfalen hinaus. Zum anderen werden konkrete Hilfs- und Unterstützungsangebote für Akteur_innen im Netzwerk entwickelt (Vorträge, Workshops, Interkulturelle Trainings). Bei der ständigen Dokumentation und Aufarbeitung der eingegangenen Informationen sind zunächst quantitative Kriterien relevant für Überblicksdarstellungen, besonders dann, wenn sich anhand der Anzahl von Vorfällen kohärente Tendenzen und Entwicklungen in bestimmten Regionen und Orten erkennen lassen. Die kontinuierlich betriebenen Analysen werden entsprechend der dreijährigen Projektlaufzeit in mindestens drei Zwischenberichten präsentiert und dem Fachdiskurs zur Verfügung gestellt (Vorträge, Fachtagungen, Konferenzen).

Die quantifizierbare Herangehensweise wird komplettiert durch eine qualitative Auswertung zur Tiefenanalyse des empirischen Materials. Das ermöglicht eine gesellschaftspolitische Bestimmung der Vorfälle und schafft Grundlagen für Handlungsperspektiven. Hierzu können vier Themenfelder aufgezeigt werden. Vor dem Hintergrund mehrerer Leitfragen wird das eingehende empirische Datenmaterial innerhalb eines qualitativ-hermeneutischen Methodendesigns (vgl. Bischoff 2014) aufgeschlüsselt:

1. Art/Charakter der Vorfälle

Welcher Art sind die Vorfälle (zum Beispiel indirekte, ‚passive' Provokationen oder direkte, aktivaggressive Aktionen)? Gibt es strafrechtlich relevante Vorfälle und wie werden diese verfolgt? Welche typischen Eskalationsformen treten auf? Gibt es Deeskalationsstrategien und wie können diese zum Einsatz gebracht werden? Lassen sich Diskriminierungsschwerpunkte oder -entwicklungen bestimmen?

2. Gesellschaftspolitische Einordnung der Vorfälle

Sind politische Motive maßgebend? Wie lassen sich diese bewerten? Inwieweit verweisen die Vorfälle auf bestehende Strukturen der Szenen vor Ort? Gibt es eine rechte Szene? Welche anderen Szenen existieren? Lassen sich typische Diskriminierungsmuster beschreiben? Welche neuen Szeneerscheinungen (etwa vermehrte Aktivitäten von Kampfsportgruppen) wirken auf die Vorfälle und wie lassen sie sich beschreiben?

3. Interkulturelles Miteinander

Welche Auswirkungen hat die Ethnisierung und Kulturalisierung im Sport? Wie wird die ethnische Vielfalt wahrgenommen: als Chance oder Bedrohung? Gibt es migrationsbedingte neue Formen des Antisemitismus? Werden interkulturelle und diversitätssensible Kompetenzen sowie Potenziale vor Ort genutzt? Welche Aussagen lassen sich über das Leistungsvermögen und die Herausforderungen des Integrationsmediums Fußball ableiten? Welche Muster und Strukturen lassen sich bei der Konfrontation und bei der Bewältigung von Heterogenitätsdimensionen im Einwanderungsland Deutschland erkennen?

4. Aktive Zivilgesellschaft

Welche lokalen Akteur_innen der Zivilgesellschaft sind aktiv? Welche Handlungsoptionen haben sie und welchen Unterstützungsbedarf? Welcher Handlungsbedarf ergibt sich? Wie lassen sich Maßnahmen im Netzwerkverbund als konkrete Hilfsangebote umsetzen?

Die Meldestelle für Diskriminierung hat Modellcharakter. Sie schreibt sich auf die Fahnen, auf andere Bereiche des Sports sowie auf unterschiedlichste Gesellschaftsschichten übertragbar zu sein. Die Breitenwirkung wird sich auch über die Landesgrenzen von Nordrhein-Westfalen hinaus erstrecken. Bei validen Ergebnissen wird die Etablierung, Weiterführung und Verstetigung des Projekts innerhalb der genannten Netzwerkstrukturen angestrebt.

Die Stärkung der Fanprojekte im Netzwerk stabilisiert und erweitert ihre Arbeits- und Kooperationsoptionen. Somit lassen sich noch mehr Initiativen zusammenführen, Synergieeffekte nutzen und gemeinsame Ergebnisse erzielen. Eine derartige „Mannschaftsleistung" stärkt das zivilgesellschaftliche Miteinander und motiviert zu neuen Projekten. Durch die damit einhergehende Sensibilisierung ist sie gewissermaßen die Voraussetzung für nachhaltige Präventionsstrategien im Bereich der Sozialen Arbeit mit Fußballfan-Communities (vgl. Kotthaus 2017). Das Projekt schärft ein positives Selbstbild des Sports als zivilgesellschaftlichem Akteur in einem von kultureller Heterogenität und unterschiedlichen Migrationsdynamiken geprägten Bundesland. Das motiviert die Menschen im Sport und begründet Initiativen zu weiteren zivilgesellschaftlichen Anstrengungen.

Ziel der Projektarbeit ist, bislang nicht erfasste Vorfälle von Diskriminierung im Fußball in Nordrhein-Westfalen umfassend aufzuarbeiten. Der Mehrwert der Meldestelle besteht darin, sowohl eine wissenschaftlich fundierte und evidenzbasierte als auch eine praxisadäquate Grundlage zur Fachanalyse zu schaffen, von der verschiedenste Akteur_innen der Antidiskriminierungsarbeit (wie Verbände, Vereine, Wissenschaft, Politik) mannigfaltig profitieren. Diskriminierendes Verhalten im Bereich Fußball wird in NRW erstmalig breit erfasst, auch in nicht eindeutig strafrechtlich verfolgbaren Fällen. Die übersichtlich aufgearbeiteten und mithilfe eines wissenschaftlichen Methodenspektrums erhobenen Daten werden für eine neue Transparenz in diesem Bereich sorgen. Gleichzeitig verleiht die Meldestelle den von Diskriminierungspraktiken betroffenen Menschen eine institutionalisierte Stimme. Die Ächtung und Eindämmung aller Formen von gruppenbezogener Menschenfeindlichkeit im Fußball steht dabei im Vordergrund. Die damit zu erzeugende Sensibilisierung wirkt weitergehend präventiv auf die Täter_innen. Zudem steigert sie die Anzeigequote diskriminierender Vorfälle, da bei Betroffenen bislang oftmals das Bewusstsein fehlt, explizit von Diskriminierung betroffen zu sein. In Koinzidenz wirkt die Meldestelle durch die starke Relevanz des Sports als wahrnehmbare Akteurin in der Gesamtgesellschaft. Zusammenfassend ist die Meldestelle im gesellschaftlichen Aushandlungsprozess von Diversität (vgl. Fereidooni und Zeoli 2016) ein Instrument, das aus sportpolitischer Perspektive den Zusammenhalt im Fußballland Nordrhein-Westfalen fördert. Darüber hinaus versteht sich die Meldestelle mit ihrer präventiven Ausrichtung als ein Baustein für Empowerment, um durch die Inwertsetzung unterschiedlichster Expertisen einen maßgeblichen Beitrag zur Verstetigung eines auf kultureller Vielfalt gründenden Kernnarrativs zu leisten. Der Weg zu einem integrierten Gesellschaftssystem soll damit geebnet werden. Dazu gehört es auch, problematische Vorkommnisse zu benennen und gemeinsame Lösungsansätze zu entwickeln, die Diskriminierung, Kulturalisierung und Rassifizierung (vgl. Mutlu 2016) im Fußball bekämpfen und somit einen Mehrwert für die Gesamtgesellschaft darstellen.

Fazit

Die Meldestelle schließt eine wichtige gesellschaftliche Lücke im Fußballsport. Die Ergebnisse liefern sowohl notwendiges Datenmaterial als auch analytische Erkenntnisse für ein adäquates Lagebild zu den Diskriminierungspraktiken im Fußballkontext. Aus den wissenschaftlich generierten Resultaten gilt es, Handlungsoptionen zu entwickeln mit dem Ziel, Diskriminierung zu reduzieren. Profiteur_innen sind neben Direktbetroffenen vor allem die Vereine und Verbände, denen bis dato kaum nachhaltige Unterstützungsangebote zum handlungssicheren Umgang mit gruppenbezogener Menschenfeindlichkeit vorliegen.

Mit unserem Plädoyer zur Realisierung einer Meldestelle stehen wir übrigens nicht alleine da. So appellierte der am Department of Germanic Languages and Literatures der University of Michigan promovierende Diskriminierungs- und Fanforscher Pavel Brunssen am 27. Januar 2021 in einem Interview im *Deutschlandfunk* dafür, eine unabhängige Stelle zur Dokumentation und Analyse von ausgrenzenden, rassistischen und xenophoben Vorfällen zu etablieren: „Der Fußball braucht eine Antidiskriminierungsstelle, die nicht gebunden ist, alle miteinander vernetzt und auch mal den Finger in die Wunde legt."[2] Expert_innen aus Theorie und Praxis sind sich einig: Der Fußball ist in Deutschland und darüber hinaus eine gesellschaftlich relevante Interaktionsarena, in der die plurale Demokratie ausgehandelt wird (vgl. Fritz 2019, S. 11 f.) und in der ein diskriminierungsfreies Miteinander möglich sowie erstrebenswert ist. Zur Wahrheit gehört jedoch auch, dass rechtspopulistische Tendenzen und rechtextreme Strömungen einen Platz in dieser Aushandlungsarena für sich beanspruchen, um ihren kulturellen Homogenitätsvorstellungen und rassistischen Reinheitsphantasien an prominenter Stelle Gehör zu verschaffen sowie demokratiefeindliche Agitationsarbeit zu leisten. Diese um Macht, Legitimation und Deutungshoheit bemühten Protagonist_innen schüren mit der Inferiorisierung und „Dämonisierung der imaginierten Anderen" (Castro Varela und Mecheril 2016, S. 8) Konfliktdynamiken, fördern soziale Schließungsprozesse und pflegen ein Selbstverständnis, das dem gesellschaftlichen Konsens des respektvollen, fairen und gleichberechtigten Umgangs im Fußball mit Hass, Ausgrenzung, Gewalt, Xenophobie und Diskriminierung begegnet. Das Projekt der Meldestelle, das systematisch und nach wissenschaftlich erprobten Standards Diskriminierungspraktiken erhebt und analysiert, profiliert sich als ein Gegenpol zu diesen Entwicklungen. Mit den interdisziplinären und transsektoralen Kooperationen ist die Grundlage für ein multiprofessionelles Netzwerk geschaffen, mit dessen erfahrungsgesättigter Expertise nachhaltige und diversitätssensible Gestaltungsprozesse und Demokratiebewusstsein fördernde Gegenmobilisierungen im Fußball umgesetzt werden. Die Meldestelle für Diskriminierung im Fußball nimmt somit auf der Landesebene von Nordrhein-Westfalen eine beratende Funktion ein, die den unterschiedlichen Akteur_innen und Stakeholder_innen im Fußball institutionalisierte, wissenschaftlich kondensierte und praxisnahe Wissensressourcen für die Antidiskriminierungsarbeit zur Verfügung stellt.

Literatur

Benz, W. (2019): Alltagsrassismus. Feindschaft gegen „Fremde" und „Andere". Frankfurt/M.: Wochenschau.

---

[2] www.deutschlandfunk.de/erinnerungskultur-im-sport-ueber-sport-laesst-sich-eine.892.de.html?dram:article_id=491171 (16.02.2021).

Biermann, K. et al. (2021): Die braune Internationale. In: Die Zeit Nr. 7, 11.02.2021, S. 13–15.
Bischoff, C. (2014): Empirie und Theorie. In: Leimgruber, W. et al. (Hrsg.): Methoden der Kulturanthropologie. Stuttgart: UTB, S. 32–52.
Blecking, D./Dembowksi, G. (Hrsg.) (2010): Der Ball ist bunt. Fußball, Migration und die Vielfalt der Identitäten in Deutschland. Frankfurt/M.: Brandes & Apsel.
Bohnsack, R. et al. (Hrsg.) (2018): Hauptbegriffe Qualitativer Sozialforschung. Opladen: Budrich.
Castro Varela, M./Mecheril, P. (2016): Die Dämonisierung der Anderen. Einleitende Bemerkungen. In: dies. (Hrsg.): Die Dämonisierung der Anderen. Rassismuskritik der Gegenwart. Bielefeld: Transcript, S. 7–19.
Claus, R. (2018): Hooligans. Eine Welt zwischen Fußball, Gewalt und Politik. 2., aktualisierte Auflage. Göttingen: Verlag Die Werkstatt.
Claus, R. (2020): Ihr Kampf. Wie Europas extreme Rechte für den Umsturz trainiert. Bielefeld: Verlag Die Werkstatt.
Dembowksi, G. et al. (Hrsg.) (2015): Zurück am Tatort Stadion. Göttingen: Verlag Die Werkstatt.
Duttler, G./Haigis, B. (2016): „Unser ganzes Leben – unser ganzer Stolz". Ultras und andere Subkulturen – eine Annäherung. In: dies. (Hrsg.): Ultras. Eine Fankultur im Spannungsfeld unterschiedlicher Subkulturen. Bielefeld: Transcript, S. 11–54.
El-Mafaalani, A. et al. (2017): Rassistische Diskriminierung aus der Erlebensperspektive: Theoretische Überlegungen zur Integration sozialer Ungleichheits- und Diskriminierungsforschung. In: Fereidooni, K./El, M. (Hrsg.): Rassismuskritik und Widerstandsformen. Wiesbaden: Springer VS, S. 47–59.
Eriksen, T. H. (2014): Identity Politics. In: Eriksen, T. H.: Globalization. The Key Concepts. London: Berg, S. 153–171.
Fereidooni, K./Zeoli, A. P. (Hrsg.) (2016): Managing Diversity. Die diversitätsbewusste Ausrichtung des Bildungs- und Kulturwesens, der Wirtschaft und der Verwaltung. Wiesbaden: Springer VS.
Fritz, F. (2019): Demokratiebildungspotentiale beim FC United of Manchester – Ergebnisse einer explorativen Studie zur hauptamtlichen Jugendarbeit in einem „Community Owned Sports Club". In: Zeitschrift für Fußball und Gesellschaft, 1. Jg., H. 1, S. 8–24.
Gabler, J. (2010): Die Ultras. Fußballfans und Fußballfankulturen in Deutschland. Köln: PapyRossa.
Gebhardt, R. (Hrsg.) (2017): Fäuste, Fahnen, Fankulturen. Köln: Papyrossa.
Häusler, A./Schedler, J. (Hrsg.) (2011): Autonome Nationalisten. Neonazismus in Bewegung. Wiesbaden: Springer VS.
Hess, S. et al. (Hrsg.) (2011): Intersektionalität revisited. Empirische, theoretische und methodische Erkundungen. Bielefeld: Transcript.
Kathöfer, S. et al. (2013): Gelb-Rote Karte. Konflikte in der Lebenswelt von Ultras. In: Kathöfer, S./Kotthaus, J. (Hrsg.): Block X – Unter Ultras. Ergebnisse einer Studie über die Lebenswelt Ultra in Westdeutschland. Weinheim und Basel: Beltz Juventa, S. 124–169.
Kotthaus, J. (2017): Soziale Arbeit mit Fußballfans. Überlegungen zur Genese eines Handlungsfeldes. In: Soziale Passagen, 9. Jg., S. 345–363.
Kubiak, S. (2020): Rechtsextremistische lokale Raumaneignung im Spiegel des Diskurses – das Beispiel Dortmund-Dorstfeld. In: Berg, L./Üblacker, J. (Hrsg.): Rechtes Denken, rechte Räume? Demokratiefeindliche Entwicklungen und ihre räumlichen Kontexte. Bielefeld: Transcript, S. 199–222.
Marten, E./Walgenbach, K. (2016): Intersektionale Diskriminierung. In: Scherr, A. et al. (Hrsg.): Handbuch Diskriminierung. Wiesbaden: VS, S. 157–171.
Müller, J. (1995): Nation, Ethnie, Kultur. Mythen der Rechten. Berlin: ID Verlag.
Mutlu, E.-H. (2016): Doing Race. Wie werden Menschen zu „Anderen" gemacht? In: Fereidooni, K./Zeoli, A. P. (Hrsg.): Managing Diversity. Die diversitätsbewusste Ausrichtung des Bildungs- und Kulturwesens, der Wirtschaft und der Verwaltung. Wiesbaden: Springer VS, S. 19–33.
Quent, M. (2019): Deutschland rechts außen. Wie die Rechten nach der Macht greifen und wie wir sie stoppen können. München: Piper.
Roth, K. (1998): Bilder in den Köpfen. Stereotypen, Mythen, Identitäten aus ethnologischer Sicht. In: Heuberger, V. et al. (Hrsg.): Das Bild vom Anderen. Identitäten, Mentalitäten, Mythen und Stereotypen in multiethnischen europäischen Regionen. Frankfurt/M.: Peter Lang, S. 21–43.
Schiffauer, W. (1995): Europäische Ängste – Metaphern und Phantasmen im Diskurs der Neuen Rechten in Europa. In: Kaschuba, W. (Hrsg.): Kulturen – Identitäten – Diskurse. Perspektiven Europäischer Ethnologie. Berlin: Akademie-Verlag, S. 45–63.

Schwell, A. et al. (Hrsg.) (2016): New Ethnographies of Football in Europe. People, Passions, Politics. Basingstoke: Palgrave Macmillan.

Sprung, A. (2016): Wissenschaft „auf Augenhöhe". Partizipatives Forschen in der Erwachsenenbildung zwischen Affirmation und Kritik. In: Magazin Erwachsenenbildung. Das Fachmedium für Forschung, Praxis und Diskurs, Nr. 27, S. 33–41.

Straub, J. et al. (Hrsg.) (2020): Forschendes Lernen an den Universitäten. Prinzipien, Methoden, Best-Practices an der Ruhr-Universität Bochum. Wiesbaden: Springer VS.

Wellgraf, S. (2016): Die Trotzigen. Hooligans des BFC Dynamo Berlin. In: Frizzoni, B./Trummer, M. (Hrsg.): Erschaffen, Erleben, Erinnern. Beiträge der Europäischen Ethnologie zur Fankulturforschung. Würzburg: Königshausen & Neumann, S. 57–77.

Zick, A. et al. (2010): Wie feindselig ist Europa? Ausmaße Gruppenbezogener Menschenfeindlichkeit in Europa. In: Heitmeyer, W. (Hrsg.): Deutsche Zustände. Folge 9. Frankfurt/M.: Suhrkamp, S. 39–60.

Zick, A. et al. (2012): Vorurteile als Elemente Gruppenbezogener Menschenfeindlichkeit – eine Sichtung der Vorurteilsforschung und ein theoretischer Entwurf. In: Pelinka, A. (Hrsg.): Vorurteile. Ursprünge, Formen, Bedeutung. Berlin: De Gruyter, S. 287–316.

Anstoß für Inklusion – als Kernaufgabe der Fanprojektarbeit?

Daniela Wurbs und Florian Hansing

Inklusion hat Konjunktur. Viele Menschen bezeichnen den Begriff sogar als Modewort, das „in geradezu inflationärer Weise gebraucht" werde (Radke und Tiemann 2014, S. 14). Zahlreiche Profifußballvereine führen seit einigen Jahren sogenannte Inklusionsspieltage durch. Der Deutsche Fußball-Bund (DFB) hat jüngst Inklusion zu einem Kernthema der Nachhaltigkeitsstrategie für seine erfolgreiche Bewerbung zur Fußball-Europameisterschaft 2024 gemacht (vgl. DFB 2018). Tatsächlich ist Inklusion im deutschsprachigen Raum innerhalb der letzten zehn Jahre insbesondere mit der Ratifizierung der UN-Konvention für die Rechte von Menschen mit Behinderung bekannt geworden. Zuvor war sie bereits im Bildungsbereich als politische Formel für die gemeinsame Beschulung von Kindern mit und ohne Behinderung etabliert (vgl. Dammer 2011, S. 5).

Seither wird Inklusion als pädagogischer Begriff hierzulande im allgemeinen Sprachgebrauch in erster Linie als Frage der Behindertenhilfe diskutiert und vor allem mit Herausforderungen statt Chancen assoziiert (vgl. Boban und Hinz 2009; dsj und DBSJ 2018, S. 8). Tatsächlich beinhaltet Inklusion aber weit mehr als das: Sie ist Leitidee für einen Prozess zu gesellschaftlicher Vielfalt und Teilhabe insgesamt, die Gefahr läuft, durch die „Sonderpädagogisierung" des Begriffs in ihren Potenzialen und Zielgruppen verengt zu werden (vgl. Hinz 2010, S. 191).

Dieser Beitrag will aufzeigen, inwieweit ein ganzheitliches Verständnis von Inklusion insbesondere die sozialraumorientierte, pädagogische Arbeit der Fanprojekte im Fußball im praktischen Alltag methodisch unterstützen kann. Darüber hinaus kann Inklusion wesentliche strukturelle Ansätze zur nachhaltigen Konzeption und Verortung der Fanprojekte im Zuschauer_innensport Fußball gemäß dem Kernauftrag Sozialer Arbeit auf der Basis des Sozialgesetzbuchs VIII und des Nationalen Konzepts Sport und Sicherheit (NKSS) bieten.

Exklusion – Integration – Inklusion: eine Begriffsklärung

Inklusion, abgeleitet aus dem Lateinischen von „inclusio", bedeutet wörtlich übersetzt so viel wie „Einschließung", „Einbeziehung" oder „Enthaltensein". In den Sozialwissenschaften haben die Begriffe „Inklusion" und „Exklusion" eine lange Geschichte, beispielsweise in der Systemtheorie Niklas Luhmanns oder bei Michel Foucault (vgl. Seifert 2013), werden dort jedoch anders gebraucht. Auch in der Erziehungswissenschaft spielt Inklusion eine große Rolle, wobei hier zwischen einem engen (vorrangig bezogen auf sonderpädagogischen Förderbedarf) und einem weiten Inklusionsbegriff unterschieden wird (vgl. Grosche 2015; Benkert 2016). Das Deutsche Institut für Menschenrechte (DIfM) bezeichnet Inklusion wiederum als „Menschenrecht" und „wichtiges Prinzip, ohne dessen Anwendung die Durchsetzung der Menschenrechte unvollständig bleibt" (DIfM o. J.).

Mit Blick auf die Fanprojekte als Bereich Sozialer Arbeit steht im Folgenden der Inklusionsbegriff im Sinne der pädagogischen Fachdiskurse und im Anschluss an entsprechende Definitionen als Bestandteil menschenrechtlicher Deklarationen im Zentrum der Ausführungen.

Diesen zufolge beinhaltet Inklusion im Kern zunächst die Vision einer vielfältigen Gesellschaft, innerhalb derer selbstbestimmte und gleichberechtigte Teilhabe aller Individuen ermöglicht wird, unabhängig von Kriterien wie Herkunft, Nationalität, Fähigkeiten, Geschlecht, Religion, Alter, sexuelle Orientierung oder Einkommen. Dies umfasst gleichermaßen den Abbau aller Formen von Diskriminierung sowie von sozialen, sprachlichen, aufgabenbezogenen, räumlichen oder institutionellen Barrieren, die diese Teilhabe ver- oder behindern könnten (vgl. Boban und Hinz 2009; MSJG 2011; BMAS 2011; DIfM o. J.; Seifert 2013; Meyer und Kieslinger 2014). Inklusion selbst beschreibt das dazugehörige „Konzept menschlichen Zusammenlebens", den „Prozess" und die „Leitidee", die geprägt ist von einem wertschätzenden Umgang mit der Verschiedenheit von Menschen (MSJG 2011, S. 2 ff.). In einer inklusiven Gesellschaft steht das Individuum als Ressource mit seinen unterschiedlichen Begabungen und Möglichkeiten und seinem Menschenrecht auf Teilhabe im Mittelpunkt. Für die soziale Umwelt und die Institutionen heißt dies, dass sie die tatsächlichen Voraussetzungen dafür schaffen und ihr Gemeinwesen so gestalten müssen, dass alle Zugang zu sämtlichen Lebensbereichen und Dienstleistungen haben können (vgl. DIfM o. J.; Hinz, 2010). Wie Meyer und Kieslinger treffend formulieren, zielt Inklusion „explizit auf die Weiterentwicklung und Veränderung gesellschaftlicher Strukturen" ab – der Blick richtet sich „nicht mehr allein auf die jeweiligen individuellen Unterstützungsbedarfe und wie diese zu kompensieren sind" (Meyer und Kieslinger 2014, S. 24). So gesehen ist Inklusion eine bürgerrechtliche Forderung „gegen jegliche gesellschaftliche Marginalisierung", die eine Neugestaltung des Sozialraums und die Abkehr von einer defizitären Wahrnehmung von Unterschieden aller Menschen zum Ziel hat (Hinz 2010, S. 193). Daraus folgt unweigerlich eine gesellschaftliche „Weiterentwicklung unserer Vorstellung von Normalität" und der Alltagskultur (BMAS 2011, S. 9). Verschiedenheit und Anderssein werden in einer inklusiven Gesellschaft zur Normalität.

In dieser gesellschaftsverändernden Perspektive liegt auch der wesentliche Unterschied zum Begriff der Integration, der nach heutigem Verständnis von einer Zwei-Gruppen-Theorie ausgeht. Eine jeweils „gruppenspezifisch definierte Minderheit" – zum Beispiel „die Flüchtlinge", „die Muslime", „die Behinderten" – ist in eine Mehrheitsgesellschaft einzugliedern und aufgefordert, sich – bei entsprechender Förderung – an diese anzupassen (Hinz 2010, S. 196). Hier steht der Assimilationsdruck der marginalisierten Gruppe klar im Fokus, die Notwendigkeit zu struktureller, sozialräumlicher Transformation spielt dagegen kaum eine Rolle (vgl. Wocken 2009). Der inklusive Ansatz erfordert gegenüber dem integrativen Ansatz also weniger einen „Anpassungsprozess auf individueller Ebene als vielmehr einen Veränderungsprozess auf institutioneller Ebene" (Radke und Tiemann 2014, S. 16). Angesichts dieser gängigen Definitionen im aktuellen Fachdiskurs erscheint es fast absurd, dass Integration im alltäglichen Sprachgebrauch bis heute oftmals synonym zu Inklusion verwendet wird, wenngleich dies zumindest historisch begründbar erscheint (vgl. Grosche 2015, S. 25). Zugleich wird klar, dass zahlreiche gegenwärtige Bemühungen aus der Praxis, beispielsweise im Umgang mit sozial benachteiligten oder psychisch kranken Menschen, die unter dem Begriff „Inklusion" firmieren, eigentlich „Integration" meinen.

Beiden Begriffen ist jedoch gemein, dass sie zum Ziel haben, Exklusion, also gesellschaftlichem Ausschluss und entsprechenden strukturellen wie sozialen Ausgrenzungsmechanismen aller Menschen entgegenzuwirken.

Abbildung 1: Wirkprinzipien von Exklusion, Integration und Inklusion in Anlehnung an die Aktion Mensch (Eigene Darstellung – BBAG e. V. – KickIn! 2021)

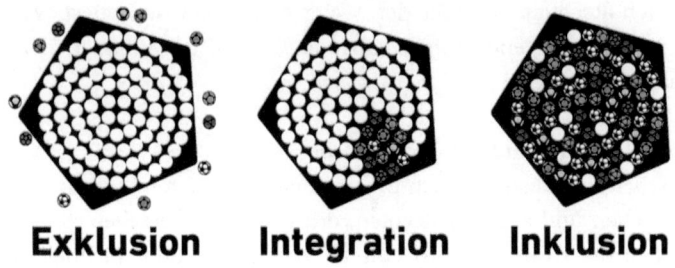

Exklusion   Integration   Inklusion

Die gesellschaftlichen Realitäten gerade im Umgang mit Menschen mit Behinderung oder auch im Rahmen von Migrationsbewegungen zeigen aber, dass Ausgrenzung nicht primär durch eine integrative Assimilationsleistung und Förderung der jeweils als „anders" adressierten Gruppe vermieden werden kann. Gleichzeitig ist Integration als Konzept deshalb noch nicht falsch. Bemühungen um Integration können vielmehr einen guten Anfangspunkt darstellen, um erste Begegnung und Teilhabe zu ermöglichen.

Inklusion als ein systematischer, wertebasierter Prozess zu gesellschaftlicher Vielfalt und Teilhabe, der sich aus menschenrechtlicher Perspektive vorrangig an die Strukturen und soziale Umwelt insgesamt richtet, wirkt jedoch konsequenter. Zugleich erscheint er gegenüber Integrationsbemühungen womöglich zunächst als der ungleich größere Kraftakt oder gar als kaum realisierbare Utopie. Dennoch legt Inklusion in ihrer Vielschichtigkeit ein wohl ganzheitlicheres, nachhaltigeres Gelingensmodell für Gemeinschaften nahe – und bildet damit auch eine Grundlage für entsprechende sozialpädagogische Handlungsstrategien.

Gesellschaftliche Vielfalt und Teilhabe schaffen als Kernaufgaben Sozialer Arbeit

Soziale Arbeit wirkt in der Regel dort, wo in einer Gesellschaft Benachteiligung und Ausgrenzung stattfinden, ob im Jugendamt oder in Schulen, in Altenheimen, in Jugendzentren, im Bereich Streetwork, in Drogenberatungsstellen, Einrichtungen für Obdachlose oder in Gefängnissen. Soziale Arbeit gleicht aus, hilft und betreut, schlichtet, beschützt und versucht, (erneuter) Marginalisierung vorzubeugen. Mit dem demografischen Wandel, der Debatte um die Aufnahme geflüchteter Menschen und der Entwicklung zu einer Migrationsgesellschaft bei gleichzeitigem Rechtsruck in der Gesellschaft, dem leistungsorientierten Umbau des Sozialstaates und anderen Themen sind die sozialen Herausforderungen gestiegen (vgl. Belwe 2015). Um dem gerecht zu werden, hat der Deutsche Berufsverband für Soziale Arbeit e. V. in einem Grundlagenheft ethische Prinzipien zusammengefasst, die aus Menschenrechtserklärungen, Übereinkommen und anerkannten Rechten, die von der Weltgemeinschaft akzeptiert werden, abgeleitet wurden. Folgende zwei Prinzipien stützen die Ethik in der Sozialen Arbeit als Kernbereiche:

„1. **Menschenrechte und Menschenwürde**
Soziale Arbeit basiert auf der Achtung vor dem besonderen Wert und der Würde aller Menschen und aus den Rechten, die sich daraus ergeben. Sozialarbeiter/innen sollen die körperliche, psychische, emotionale und spirituelle Integrität und das Wohlergehen einer jeden Person wahren und verteidigen.

2. **Soziale Gerechtigkeit**
„Sozialarbeiter/innen haben eine Verpflichtung, soziale Gerechtigkeit zu fördern in Bezug auf die Gesellschaft im Allgemeinen und in Bezug auf die Person, mit der sie arbeiten" (DBSH 2009, S. 2).

Die „Achtung vor dem besonderen Wert und der Würde aller Menschen" kann dabei implizit als eine Notwendigkeit zur Wertschätzung sozialer

Vielfalt als Arbeitsgrundlage verstanden werden. Folglich wäre die „Förderung sozialer Gerechtigkeit" wohl kaum ohne die Schaffung von Teilhabe zu erreichen. Dementsprechend kann hier aus den Kernaufgaben Sozialer Arbeit ein Auftrag zu inklusivem Handeln abgeleitet werden. Die übergeordnete internationale Definition Sozialer Arbeit unterstützt dies: Sie beschreibt die „Förderung des sozialen Zusammenhalts", die „Stärkung der Autonomie von Menschen", die „Achtung der Vielfalt" und Veränderung und Einbindung der Strukturen als zentrale Handlungsleitlinien der Profession (vgl. DBSH 2019). Damit gibt sich die Soziale Arbeit Leitplanken für ihr Wirken, die dem pädagogisch-normativen und menschenrechtlichen Verständnis von Inklusion entsprechen.

Das Deutsche Institut für Menschenrechte beschreibt diesen sozialen Auftrag aus menschenrechtlicher Sicht:

> „Wie alle anderen Menschenrechte fußt das Recht auf Inklusion auf der universellen Menschenwürde: Weil alle Menschen mit der gleichen und unveräußerlichen Würde ausgestattet sind, haben wir alle die gleichen Rechte und den Anspruch darauf, dass der Staat sie umsetzt. Das heißt, dass er die Menschenrechte durch seine Rechtsordnung absichert und die tatsächlichen Voraussetzungen dafür schafft, dass alle ihre Rechte gleichermaßen wahrnehmen können. Dabei gewährleisten die Menschenrechte den Schutz vor jeglicher Form von Diskriminierung, zum Beispiel aufgrund einer Behinderung, der Hautfarbe, der Herkunft, der Geschlechtsidentität oder der sexuellen Orientierung. Um Inklusion wirkungsvoll umzusetzen, braucht es diesen Schutz vor Diskriminierung. Das Verbot der Diskriminierung bedeutet aber nicht pauschal, dass alle identisch behandelt werden müssen. Vielmehr müssen bei der Umsetzung der Menschenrechte jeweils spezifischen und unterschiedlichen Ausgangslagen verschiedener Menschen berücksichtigt werden" (DIfM o. J.).

Wenn Inklusion also den Anspruch hat, allen Menschen (bessere) Teilhabe zu ermöglichen beziehungsweise Teilhabe als Selbstverständlichkeit einer Gesellschaft zu sehen, ist die Jugendsozialarbeit hiervon ein wichtiger Bestandteil. Wenn Jugendliche isoliert werden und die Teilhabe an gesellschaftlichen Prozessen nicht gelingt, muss die Jugendsozialarbeit dafür sorgen, bestimmte Unterstützungsangebote bereitzustellen und strukturverändernd zu wirken. Mit dem im Juni 2021 verabschiedeten Kinder- und Jugendstärkungsgesetz (KJSG) wurden diese inklusiven Handlungsleitlinien nun auch offiziell in der rechtlichen Arbeitsgrundlage der Kinder- und Jugendhilfe verankert (vgl. BMFSFJ 2021). Wie sich dies nun in die Soziale Arbeit und insbesondere die Jugendarbeit im Fußball übersetzen lässt, soll im Folgenden konkretisiert werden.

„Nichts über uns ohne uns" – Dimensionen von Inklusion im Fußball

Begreift man Inklusion in ihrer menschenrechtlichen Dimension als Idee einer Gesellschaft, die sich „ihren Mitgliedern anpasst" und in der nicht „bestimmte Gruppen an die Gesellschaft angepasst werden sollen" (Rietzke 2013, S. 15), so wird auch der dafür notwendige Perspektiv- und Paradigmenwechsel aus pädagogischer Sicht deutlich. Folgerichtig ergibt sich allerdings bei aller Vision gleichermaßen eine schier unüberblickbar erscheinende Fülle von Handlungsfeldern, die es anzupacken gilt – auch in und um den Fußball. Umso wichtiger ist es, für einen inklusiven Zuschauer_innensport im Rahmen des Wirkungsspektrums und der Ressourcenlage der Fanprojekte und Vereine im Tagesgeschäft Prozessmuster zu verfolgen, die ein Gefühl der Überforderung vermeiden und als methodische Stütze zur Erfüllung der Kernaufgaben dienen können (vgl. NKSS 2012). Hier bietet sich der sogenannte „Index für Inklusion" als Grundlage an: Konzipiert wurde er als Evaluations- und Planungsinstrument ursprünglich für Schulen in England im Jahr 2000. Danach wurde er ins Deutsche und mittlerweile in mehr als 35 Sprachen übersetzt (vgl. Boban und Hinz 2015). Ebenso wurde der Index seither als Konzept auf zahlreiche weitere soziale Kontexte und Einrichtungen übertragen.

Für den Sozialraum Fußball als Zuschauer_innensport besonders geeignet erscheint dabei die Übertragung der Index-Variante für Kommunen „Inklusion vor Ort" (MSJG 2011) oder auch das Arbeitsbuch „Auf dem Weg zur Inklusion" des AWO Bundesverbands (AWO 2014). Ferner gibt es eine Index-Variante für Inklusion im Aktivensport sowie für die Jugendsozialarbeit. Beide beschränken sich allerdings vorrangig auf die Dimension Behinderung gehen nur am Rande auf andere Bereiche gesellschaftlicher Heterogenität ein (vgl. Deutscher Behindertensportverband e. V. 2014; Meyer und Kieslinger 2014). Allen Index-Varianten gemein ist jedoch die Prozessmethodik mit Fokus auf einen partizipativen Ansatz, eine Liste mit Indikatoren und Fragen sowie deren Unterteilung in drei Ziel-Dimensionen von Inklusion.

Letztlich bietet der Index also im Sinne des Inklusionsgedankens keine Ergänzung der eigenen Aktivitäten an. Vielmehr zeigt er einen Weg auf, die Gesamtheit der eigenen Arbeitsweisen und Voraussetzungen „nach inklusiven Maßstäben zu gestalten" sowie bestehende Ursachen für Ausgrenzung zu identifizieren und zu beheben (Booth et al. 2006, S. 10). Bezogen auf die Arbeit der Vereine, Fans und Fanprojekte im Netzwerk des Fußballs als Zuschauer_innensport lassen sich im Rahmen der Zieldimensionen von Inklusion beispielhaft mehrere Handlungsfelder nennen (angelehnt an MSJG 2011):

Abbildung 2: Ziel-Dimensionen von Inklusion (Eigene Darstellung – BBAG e. V. – KickIn! 2021)

Inklusive Strukturen (= Infrastruktur/Einrichtungen und Vorgehensweisen) – zum Beispiel digitale wie physische Barrierefreiheit der internen und externen Kommunikation und Räumlichkeiten (inklusive des Stadions), transparente Leitlinien und Ansprechpartner_innen für unterschiedliche Bedarfe der Interessengruppen, Vielfalt in der Einstellungspraxis und in Kooperationsnetzwerken (etwa im Stadtteil).

Inklusive Praktiken (= alltägliches Handeln, Aktivitäten, Angebote) – zum Beispiel Barrierefreiheit von bestehenden Angeboten und Veranstaltungen in und um den Verein, Fangruppen und Fanprojekt (wie U-18, Auswärtsfahrten), bedarfsgerechte Einladungspraxis für Veranstaltungen und Versammlungen im Fußballkontext, Einbeziehung von Mitarbeiter_innen und potenziellen Zielgruppen in Angebotsplanung und -entwicklung etc.

Inklusive Kulturen (= Werte und Leitideen) – zum Beispiel Sensibilisierungs- und Schulungsveranstaltungen sowie Projekte für Fans und Mitarbeiter_innen zu Themen rund um Vielfalt, Antidiskriminierung und Inklusion im Fußball, Etablierung wertschätzender Feedback- und Fehlerkultur unter Mitarbeiter_innen wie auch im Umgang mit Netzwerkpartner_innen etc.

Die Ziel-Dimensionen von Inklusion auf Basis sämtlicher Index-Varianten überschneiden und ergänzen sich. Anders formuliert: Das Eine geht nicht ohne das Andere – ohne eine inklusive Kultur in und um den Verein oder das Fanprojekt kann es keine nachhaltig inklusiven Angebote geben. Ohne inklusive Strukturen ist wiederum auch eine inklusive Kultur nur schwer möglich; und auch noch so gut gemeinte inklusive Angebote werden vielen Zielgruppen ohne entsprechend inklusive Strukturen nur begrenzt oder gar nicht zugänglich sein.

Die Arbeit der Fanprojekte und Vereine im Sozialraum Fußball setzt bereits an vielen dieser Ziel-Dimensionen von Inklusionsprozessen an, vor allem im Bereich der Sensibilisierung und Kultur – sei es im Rahmen von Spieltagsaktionen, Antidiskriminierungs-Kampagnen oder durch Projekte außerschulischer (politischer) Bildung oder interkultureller Begegnung im und um den Sport. Der Index für Inklusion oder auch begleitende Beratungsangebote wie „KickIn!" konnten und können dabei Hilfestellungen für einen ganzheitlicheren, analytischen Blick auf die eigene Arbeit unter Vielfalts-Kriterien anbieten und Entwicklungspotenziale erschließen helfen. Der partizipative Leitgedanke von Inklusionsprozessen wiederum entspricht im Kern bereits dem Auftrag demokratiebildender Vereinsarbeit und ebenso dem kritisch-parteilichen pädagogischen Arbeitsansatz der Fanprojekte (vgl. BAG Fanprojekte 2018).

Dimensionen von Heterogenität im Fußball – wer sind denn „alle"?

Eine der Kontroversen um Inklusion dreht sich um die Frage der Auflösung von Gruppenzuschreibungen. Denn letztlich fordert Inklusion „das Verhältnis von Gleichheit und Verschiedenheit neu zu definieren und neu auszubalancieren" (Prengel 2010, S. 6). Anders als Kritiker_innen von Inklusion behaupten, geht es dabei aber nicht darum, alle gleichzumachen. Vielmehr sollen gleiche Chancen zur selbstbestimmten Teilhabe für ein Spektrum individueller Unterschiede und Bedarfe in einer einzigen großen heterogenen Gesamtgruppe geschaffen und Ausgrenzungsmechanismen auf diesem Weg beseitigt werden (vgl. Hinz 2002, 2010).

Übertragen auf den Sozialraum Fußball und die Frage nach der Notwendigkeit für inklusives Handeln lohnt die vielzitierte Perspektive auf den Zuschauer_innensport Fußball als ein „Mikrokosmos der Gesellschaft". Ist er das denn wirklich? Wäre der Fußball in der Tat ein Abbild gesellschaftlicher Realitäten, wäre im Stadion selbstbestimmte Teilhabe aller Mitglieder der Gesellschaft möglich und Ausgrenzung jeglicher Form weitgehend beseitigt, so wäre anzunehmen, dass Fußballfans in Deutschland im Stadion in ähnlicher sozialer Zusammensetzung vertreten wären wie in der Gesamtgesellschaft. Tatsächlich aber zeigt das bis dato eher spärlich verfügbare Zahlenmaterial zum Fußball in Deutschland in dieser Frage bemerkenswerte Unterschiede auf: Während beispielsweise mit 23,6 % fast ein Viertel der Menschen in Deutschland einen Migrationshintergrund hat und die Bundesligaspieler aus 60 Nationen kommen, trifft dies in Fußballstadien auf den Rängen nach wie vor auf nur etwa 7 % zu (vgl. Statistisches Bundesamt 2017a; Rommelsbacher 2018; Blaschke 2019). Frauen und Mädchen machen circa 50,7 % der Gesellschaft in Deutschland aus, 40,3 % von ihnen geben an, Fußballfans zu sein – und doch beträgt ihr Anteil in den Stadien der 1. und 2. Bundesliga lediglich etwa 27 % (vgl. Institut der deutschen Wirtschaft Köln e. V. 2017; Rommelsbacher 2018; IfD Allensbach 2018). Auch einkommensschwache Menschen oder Senioren_innen sind im Stadion unterrepräsentiert: Menschen über 60 Jahre bilden auf den Rängen nur etwa 15 % des Publikums, obwohl allein 21,7 % der Gesamtgesellschaft in Deutschland bereits 65 Jahre oder älter sind. Gerade einmal 9 % der Stadiongänger_innen sind nach repräsentativen Erhebungen einkommensschwachen Haushalten mit einem Nettoeinkommen unter 1.500 Euro im Monat zuzurechnen (vgl. Statistisches Bundesamt 2018; Rommelsbacher 2018). Lediglich Kinder und Jugendliche liegen mit einem allgemeinen Zuschauer_innenanteil von 21 % zumindest fast gleichauf mit ihrem Anteil von etwa 24 % in der Gesamtgesellschaft (vgl. Statistisches Bundesamt 2017b; Rommelsbacher 2018).

Valide Erhebungen zur Repräsentanz von Fans mit Behinderung, queeren Fußballfans oder auch Anhänger_innen mit psychischen Erkrankungen in den Profi-Fußballstadien Deutschlands fehlen bislang gänzlich. Allerdings lassen die Zahlen zu vorhandenen Rollstuhlplätzen in den Stadien auch recht offenkundige Rückschlüsse zu: Lediglich 0,2 % der 1,3 Millionen Zuschauer_innenplätze der ersten beiden Profiligen sind derzeit für Rollstuhlnutzer_innen vorgesehen – ihr geschätzter Anteil in der Gesamtbevölkerung liegt jedoch bei knapp 2 % und damit zehn Mal so hoch (vgl. DFL 2017; Institut der deutschen Wirtschaft Köln e. V. 2015).

Die Diskrepanz der sozialen Zusammensetzung der Stadiongänger_innen im Profifußball im Verhältnis zur Gesamtgesellschaft und auch die Abwesenheit entsprechender Erhebungen zu bestimmten Merkmalen gesellschaftlicher Heterogenität könnten Indikatoren für mögliche strukturelle, institutionelle oder soziale Zugangsbarrieren im Fußball sein. Diese Barrieren können die Ausgrenzung bestimmter Mitglieder der Gesellschaft im Stadion begünstigen oder auch den aktiven Besuch eines Fußballspiels für sie erschweren oder sogar unmöglich machen.

Mindestens indirekt untermauert wird dies durch öffentlich dokumentierte Fälle von Diskriminierung, wie rassistische, homofeindliche oder sexistische Beleidigungen oder Übergriffe im Stadion und im Vereinsumfeld. Vorurteile, Berührungsängste und Diskriminierung sind nach Meyer und Kieslinger als soziale Barrieren einzustufen, die Teilhabe behindern können (vgl. 2014, S. 23). Derlei Vorfälle können selbst als bloße Einzelfälle beispielsweise medial ein Bild des Fußballs oder Stadionerlebnisses transportieren, das auf bestimmte Personenkreise mindestens nicht einladend wirkt. Ebenso können sie – je nach Art des Vorfalls – auf tieferliegende systematische, strukturelle Ausgrenzungsmechanismen hinweisen, womit wiederum die Notwendigkeit für einen ganzheitlich inklusiven Handlungsansatz im Fußball deutlich wird.

Jugendliche Fans mit psychischer Erkrankung und Behinderung – kein Thema für die Fanarbeit?

Welche Bedeutung haben beispielsweise psychische Erkrankungen und Behinderungen in der Fanarbeit? Sucht man speziell nach Literatur und Publikationen, wird man feststellen, dass in der allgemeinen Fanforschung diese jungen Menschen als Zielgruppen bisher keine Beachtung gefunden haben. Weshalb, konnte nicht abschließend geklärt werden. Jedoch besteht die Vermutung, dass im alltäglichen Fußballgeschäft bis vor einigen Jahren dem Thema Behinderung kaum Bedeutung beigemessen wurde und es auch in der Fanprojektarbeit wenig im Fokus steht.

Betrachtet man jedoch die gesellschaftliche Entwicklung in den letzten Jahren, lässt sich ein drastischer Anstieg an psychischen Erkrankungen und eine Zunahme der unterschiedlichen Formen von Behinderungen nicht nur bei Erwachsenen, sondern auch bei Jugendlichen feststellen. Eine Studie des Zentralinstituts für die kassenärztliche Versorgung in der Bundesrepublik Deutschland stellt fest, dass immer mehr Kinder und Jugendliche in Deutschland von psychischen Beeinträchtigungen betroffen sind. Der Studie zufolge entstehen etwa 50 % aller psychischen Erkrankungen bereits vor dem 14. Lebensjahr. Bis zu einem Alter von 18 Jahren steigt dieser Anteil auf 74 %. Im Jahr 2007 wurde bei 14,5 Millionen Jugendlichen in Deutschland die Diagnose einer psychischen Erkrankung gestellt. Darunter befinden sich verschiedene Krankheitsbilder, die sich zum Beispiel auf die Entwicklung, das Verhalten oder Emotionen auswirken. Hinzu kommen körperliche Beschwerden, für die sich keine organische Ursache feststellen ließ. Psychische Erkrankungen infolge von Substanzkonsum sind insbesondere bei den 15- bis unter 18-Jährigen stark gestiegen. Als Erklärungsansatz wird häufig auf die tieferliegenden, aktuellen gesellschaftlichen Problemlagen hingewiesen: Die Anforderungen der modernen Leistungsgesellschaft sowie nicht ausreichende Unterstützung führen bei vielen Kindern und Jugendlichen zu Überforderung in allen Lebensbereichen (vgl. Steffen et al. 2018).

Laut Statischem Bundesamt lebten in Deutschland im Jahr 2017 knapp 7,6 Millionen schwerbehinderte Menschen mit einem gültigen, amtlich anerkannten Ausweis, also Bürger_innen, deren körperliche, geistige oder seelische Behinderung einen Schweregrad von wenigstens 50 % hat. Bei einer Bevölkerung von rund ca. 82 Millionen sind das rund 9,4 %, also fast jede_r zehnte Bundesbürger_in. Die meisten Behinderungen (86 %) gehen auf Krankheiten zurück und treten am häufigsten bei älteren Menschen auf. Doch auch bei heranwachsenden Kindern und Jugendlichen im Alter von sechs bis 25 Jahren haben ca. 7,5 Millionen Personen bundesweit eine Behinderung (vgl. Statistisches Bundesamt 2017c).

Bereits 2003 gründete sich die Bundesbehindertenarbeitsgemeinschaft e. V. (BBAG) als Interessenvertretung für die Belange von Fußballfans mit

Behinderung. 2017 folgte auf hauptamtlicher Basis, als Teil der BBAG, die Beratungsstelle für Inklusion im Fußball (KickIn!). Auch die Deutsche Fußball-Liga (DFL) und die ihr angeschlossene Stiftung engagieren sich zunehmend für Inklusion, Vielfalt und Teilhabe in ihren Strukturen. Dabei unterstützen sie Fans und fannahe Netzwerke, aber auch Vereine direkt beim Abbau von Barrieren gesellschaftlicher Teilhabe im Fußball mit dem Ziel, das „Vereinsleben und das Stadionerlebnis so zu gestalten, dass alle auch wirklich aktiv teilhaben können. Unabhängig von Fähigkeiten, Alter, Herkunft, Geschlecht, sexueller Orientierung, Religion und Einkommen" (BBAG 2019).

Im Zuge dieser Entwicklungen ist davon auszugehen, dass Fans mit einer psychischen Erkrankung oder Behinderung heute und künftig in der Fanszene und Fankultur zunehmend sichtbar und damit als Zielgruppen auch in der Sozialen Arbeit im Zuschauer_innensport Fußball in den Blick genommen werden sollten. Gerade Fanprojekte stehen vor immer größeren Herausforderungen in ihrer Arbeit mit jugendlichen Fußballfans mit psychischen Erkrankungen, aktuell vor allem bedingt durch Substanzkonsum. Dies hat mitunter weitreichende Folgen im Kontext von Gewalthandeln im Fußball. Zudem ist festzustellen, dass diese Jugendlichen aufgrund ihrer persönlichen und gesundheitlichen Probleme Sozialarbeiter_innen insbesondere in Fanprojekten verstärkt aufsuchen (vgl. Uehren 2018).

Handlungsverständnis von Inklusion im Fußball – Antidiskriminierungsarbeit vs. Inklusion?

Der Blick auf die Zuschauer_innen in den Stadien des Profifußballs hat bereits gezeigt, dass der Fußball nicht die Zusammensetzung der Bevölkerung wiedergibt und bestimmte Personenkreise im Stadion stark unterrepräsentiert sind. Effektives pädagogisches und strukturelles Wirken im Sinne des Auftrags Sozialer Arbeit für selbstbestimmte Teilhabe und Vielfalt in und um die Vereine sollte schon deshalb auch mögliche Ausgrenzungsmechanismen analytisch in den Blick nehmen. Jegliche Form der Diskriminierung und Benachteiligung – ob in direkter oder indirekter Form geäußert in Aussagen von Fans oder Offiziellen, strukturell durch bauliche Barrieren oder institutionell durch fehlende Zugänge zu Gremien, Angeboten oder Mitgliedschaften – führt zu Ausschlüssen. Sie behindern die gleichberechtigte Teilhabe aller und entsprechend das Gelingen von Inklusion.

Die Beseitigung dieser Ausdrucksformen von Diskriminierung und gruppenbezogener Menschenfeindlichkeit als soziale Barrieren muss daher integraler Bestandteil inklusiver Prozesse und Pädagogik sein. In der Kinder- und Jugendarbeit spielen Handlungskonzepte wie der Anti-Bias-Ansatz deshalb vielerorts schon heute eine wichtige Rolle (vgl. Reimann 2012). Auch im Fußball wird im Bereich der Antidiskriminierungsarbeit bereits vieles getan – zahlreiche Vereine,

Fans und Fanprojekte engagieren sich mit eigenen Kampagnen, in nationalen Bündnissen wie „Nie Wieder!" zum Holocaust-Gedenktag, im Rahmen von Aktionsspieltags-Kampagnen „Strich durch Vorurteile" der DFL-Stiftung oder den europaweiten FARE-Aktionswochen gegen Rassismus. Konzertierte Aktionen sorgen auch auf übergeordneter Ebene für Sichtbarkeit (Evangelische Versöhnungskirche 2019; DFL-Stiftung, 2018).

Allerdings finden diese Kampagnen und Projekte oftmals monothematisch und primär anlassbezogen mit dem Ziel einer Sensibilisierung oder punktuellen Solidaritätsbekundung statt. Meist sind sie nicht Teil eines ganzheitlichen inklusiven Handlungskonzeptes, mittels dessen auch nachhaltige Zugänge, Strukturen und Angebote für ebenjene Mitglieder der Gesellschaft eröffnet und erschlossen werden sollen. Genau in der Einbettung dieser Aktionen liegt aber auch ihr Potenzial: Denn über jedem Engagement gegen Diskriminierung und Menschenfeindlichkeit steht ein grundlegendes Bekenntnis zu gesellschaftlicher Vielfalt. Inklusion und Antidiskriminierungsarbeit im Fußball stehen somit nicht nebeneinander oder einander widersprüchlich gegenüber. Vielmehr ist Antidiskriminierungsarbeit eine Methode im Gesamtkontext inklusiver Prozesse für Vielfalt und Teilhabe aller am Fußball. Oder anders gesagt: Ein Banner gegen rechts führt noch lange nicht zu einer bunten Kurve. Aber ein an den Zieldimensionen von Inklusion orientiertes Engagement für eine bunte Fankultur impliziert eine klare Positionierung gegen Diskriminierung.

Handlungsgrundlagen für Inklusion in der Fanarbeit

Die Fanarbeit in Deutschland fußt auf zwei Säulen: den Fanbeauftragten der Vereine und den vereinsunabhängigen, sozialpädagogischen Fanprojekten. Den Grundstein der Fanarbeit haben die Fanprojekte Ende der 1990er Jahre gelegt. Die Verpflichtung zur Ernennung von mindestens einem_r Fanbeauftragten pro Verein wurde auf ehrenamtlicher Basis 1993 eingeführt, die notwendige Hauptamtlichkeit folgte in der Saison 2011/2012.

Vergleicht man Entwicklung und Aufgabenfeld von Fanbeauftragten und Fanprojekten, lässt sich feststellen, dass die Vereine über die Fanbeauftragten einerseits über die Jahre immer mehr ehemals klassische Arbeitsfelder der Fanprojekte übernommen haben. Andererseits fungieren die Fanprojekte weiterhin als wichtige unabhängige sozialpädagogische Expert_innenorganisationen für die Fanbeauftragten. Die Anerkennung dialogorientierter Präventionsmodelle ist infolge dieser Entwicklung seit Beginn der sozialpädagogischen Arbeit der Fanprojekte im gesamten Fußball- und Vereinskontext kontinuierlich gestiegen.

Als Teil der Jugend- und Sozialarbeit nehmen die Fanprojekte im Fußball seit erstmaliger Verabschiedung des NKSS im Jahr 1993 eine besondere Rolle ein. In den 1980er und 1990er Jahren standen in ihrer Arbeit Hooligans im Zentrum, ab den 2000er Jahren rückten die Ultras in den Vordergrund (Claus 2016, S. 18). Mit der Veränderung der Fußballkultur standen die Fanprojekte vor neuen Herausforderungen. Der Fokus liegt dabei stets auf dem Individuum in seiner Gesamtheit und mit all seinen Bedarfen als Teil der Gesellschaft und nicht nur auf seinem Verhalten am Spieltag als Fußballfan – und entspricht damit wiederum dem Kerngedanken von Inklusion.

Fanprojekt-Arbeit versteht sich als Teil mobiler Jugendarbeit, die sich an den Bedürfnissen, Problemen und Ressourcen der jungen Menschen orientiert, deren Lebenswelt zu großen Teilen durch ihre Zugehörigkeit zu einer Fangruppe und ihre Affinität zu einem Fußballverein geprägt ist. Dabei gelten die §§ 11 und 13 Absatz 1 des SGB VIII als wichtigste gesetzliche Arbeitsgrundlagen (vgl. LAG o. J.). Nach diesem Grundverständnis liegt ein Schwerpunkt der methodischen Arbeitsansätze in der Beziehungsarbeit. Es gilt unter anderem, Gewalt und Diskriminierung vorzubeugen beziehungsweise abzubauen oder auch Verantwortungsbewusstsein und Entwicklung der Jugendlichen zu fördern (vgl. Claus 2016, S. 17).

Aus den tagesaktuellen Herausforderungen an die Fanprojekte entstand in den letzten Jahren eine Vielzahl von unterschiedlichen Projekten. Klassische Arbeitsthemen vieler Fanprojekte sind Suchtprävention, Gewaltprävention, Antidiskriminierung und seit einigen Jahren verstärkt Mädchenarbeit. Je nach Region und Bedarf unterscheiden sich dabei die Schwerpunkte der Fanprojekte.

Überträgt man nun das ganzheitliche Verständnis von Inklusion auf die Arbeitsrealität der Fanprojekte, ergibt sich schnell eine Vielzahl an Projekten, die die soziale Teilhabe unterschiedlichster Klientel im Fußball fördern. Hier ein paar praktische Beispiele:

Antidiskriminierungskampagnen

Fanprojekte setzen eine Vielzahl an Aktionen um, die eine Haltung gegen Diskriminierung und Ausgrenzung fördern sollen. Besonders Aktionsspieltage stehen hierbei immer häufiger als Bühnen zur Sensibilisierung für ein Thema im Fokus. Als ein Element ihrer Arbeit verfolgen Fanprojekte dabei das Ziel, die positiven Kräfte in den Fanszenen bei ihren Aktionen gegen Diskriminierung und Rassismus zu stärken. Eine erfolgreiche und nachhaltige Antidiskriminierungsarbeit ist dann am besten möglich, wenn lokale Netzwerke gegen Rassismus und Rechtextremismus aktiviert werden. Die Sensibilisierung von Fußballfans, insbesondere im Jugendalter, aber auch von Verbänden und Vereinen sowie der Öffentlichkeit ist dabei von großer Bedeutung. Ebenso wichtig ist, dass kompetente Ansprechpartner_innen im Umgang mit Rassismus und Rechtsextremismus im Fußball in der Arbeit als Netzwerkpartner_innen fungieren (vgl. Goll und Selmer 2016, S. 39).

Gesellschaftspolitisches Engagement – Arbeit für Geflüchtete in der Fanszene

Nicht nur in der Gesamtgesellschaft waren die Fluchtbewegungen im Jahr 2015/16 ein großes Thema. Gerade im Fußball gab es bundesweit große Unterstützung und ein breites Engagement der Fanszenen für die weit mehr als eine Million nach Deutschland eingereisten Schutzsuchenden. Viele Fanprojekte unterstützten gemeinsam mit Mitgliedern aus der Ultraszene und der aktiven Fanszene lokale Aktionen oder organisierten eigene Angebote sowie Spendenaktionen. Gerade in dieser Zeit konnte vielen ankommenden Geflüchteten eine „Willkommenskultur" demonstriert und jugendlichen Fußballfans ganz praktisch ein antirassistisches Grundverständnis aufgezeigt werden. Andererseits dienten die Angebote auch der Anti-Vorurteilsarbeit und der Aufarbeitung unreflektierter Ablehnungstendenzen bei der eigentlichen jugendlichen Kernklientel. Die meisten Fanprojekt-Standorte in Deutschland konnten infolge einer positiven Willkommenskultur in der Fanszene und mit Netzwerkpartner_innen dauerhafte Projekte etablieren (vgl. Goll und Selmer 2016, S. 49).

Frauen- und Mädchenarbeit im Fußball

Dass immer mehr weibliche Fans die Spiele des Profifußballs auch direkt im Stadion verfolgen wollen, ist nicht mehr neu. Teilweise sind die Frauen und Mädchen in die Fanszene integriert und damit auch „Teil des Klientels der Fanprojekte" (Goll und Selmer 2016, S. 54). Um gerade auch diese Gruppe in der Fußball-Sozialarbeit abzuholen, ist eine besondere Ansprache durch Sozialarbeiter_innen enorm wichtig. Der Anteil an Sozialarbeiterinnen in Fanprojekten hat in den letzten Jahren zugenommen. Dadurch konnte eine Vielzahl von neuen Angeboten geschaffen werden, wie zum Beispiel regelmäßige Stammtische für weibliche Fußballfans, Spieltagsaktionen, Wanderausstellungen, Aufklärungsworkshops etc. (vgl. Blaschke 2017).

Bewährungskonzepte bei Stadionverboten

In den letzten Jahren sprechen der DFB oder die Vereine zunehmend Stadionverbote gegen sozial auffällige Jugendliche in einem teils kontroversen Verfahren aus. Umstritten bleibt gleichermaßen, ab wann die Grenze des Zumutbaren erreicht und der Ausschluss nicht mehr abzuwenden ist. Um ihre Wirkungsmöglichkeiten im Rahmen ihres sozial-präventiven Auftrags auszuschöpfen, erarbeiten immer mehr Fanprojekte mit aktiven Fanszenen Diskussionspapiere für sogenannte Aussetzungs- beziehungsweise „Bewährungs"-Konzepte für

Stadionverbotler_innen. Diese leiten allesamt effektiv Rehabilitationfähigkeit aus der Bewahrung von Teilhabemöglichkeiten ab. Gerade im Fußballkontext bietet dies für die betroffenen Fans eine positive Perspektive und die Möglichkeit, sich mit dem Geschehen sowie dem eigenen Verhalten kritisch auseinanderzusetzen. Statt eines sofortigen und unreflektierten Ausschlusses haben Betroffene die Möglichkeit, ihr Handeln unter bestimmten Voraussetzungen zu reflektieren und, begleitet von unterschiedlichen pädagogischen Maßnahmen, weiterhin am Fußball zu partizipieren. Ein solches Vorgehen ist nur dann möglich, wenn alle wichtigen Akteur_innen (Verein, Fanszene, Betroffene_r und Fanprojekt) beteiligt sind und eine tragfähige Lösung anstreben (vgl. Goll und Selmer 2016, S. 60).

U16/18-Arbeit – begleitete Auswärtsfahrten und Veranstaltungen

Seit vielen Jahren bieten fast alle Fanprojekte organisierte begleitete Auswärtsfahrten für unter 16- beziehungsweise 18-Jährige an. Die Fahrten sind ein präventives Angebot für Jugendliche im Alter von 14 bis 17 Jahren. Ziel ist es, ihnen einen sicheren oder grundlegenden Zugang zu Auswärtsspielen zu verschaffen. Pädagogisch geschulte Mitarbeiter_innen begleiten die Fahrten. Dabei gilt grundsätzlich ein Alkohol- und Nikotinverbot. Die Auswärtsfahrten werden zu einem Taschengeldpreis angeboten, offen via Social Media beworben und damit auch bewusst für sozial benachteiligte Jugendliche zugänglich gestaltet. Bei einer Auswärtsfahrt steht dabei nicht immer das Spiel im Fokus, es gibt auch verschiedene kulturelle und Begegnungsangebote, wie eine Stadtrundfahrt, der Besuch einer Gedenkstätte oder auch das Kennenlernen von Fans am Austragungsort. Durch die sozialpädagogische professionelle Begleitung können bei den U16/18-Angeboten besonders Vorurteile und Ressentiments abgebaut und neue Interessen geweckt werden (vgl. Goll und Selmer 2016, S. 66).

Regional gibt es eine Vielzahl von weiteren erfolgreichen Projekten, die an dieser Stelle sicherlich auch einen Platz verdient hätten. Die Koordinationsstelle der Fanprojekte (KOS) sowie die Landesarbeitsgemeinschaft der Fanprojekte (LAG) stellen jährlich zahlreiche weitere Beispiele aus der Praxis in ihren Sachberichten dar.

Fazit: Fanprojekte als natürliche Kompetenzzentren für Inklusion im Fußball?

Es lässt sich konstatieren, dass der Abbau sozialer Ausgrenzung und die Förderung von Partizipation innerhalb und außerhalb des Stadions als Arbeitsziele für die Fanprojekte durchaus bereits jetzt in der Praxis eine bedeutende Rolle spielen. Fanprojekte engagieren sich seit Jahren für die gleichberechtigte Teilhabe insbesondere bei ihrer Kernklientel der jugendlichen und jung-erwachsenen Fußballfans im Stadion: Über die Jahre wurden viele Projekte in Bezug auf unterschiedlichste Dimensionen der Heterogenität und Inklusion im und außerhalb des Stadions erfolgreich umgesetzt (vgl. Koordinationsstelle Fanprojekte 2016).

Allerdings bildet sich der menschenrechtliche Auftrag der Inklusion als Leitidee Sozialer Arbeit derzeit weder methodisch noch analytisch ganzheitlich und nachhaltig im bewussten Arbeitsverständnis der meisten Fanprojekt-Mitarbeiter_innen ab. Dies lässt sich auch daraus ableiten, dass die zahlreichen genannten Projekte vorrangig monothematisch und singulär aus der aktuellen Arbeitspraxis oder auch entlang von Trend-Debatten im Fußball oder gesamtgesellschaftlich entstehen – wie geschehen beispielsweise im Bereich Mädchenarbeit im Fußball. Diese intrinsischen Entwicklungen machen diese Projekte aber keinesfalls schlecht – im Gegenteil! Sie zeigen vielmehr das Potenzial der Fanprojekte: Sie verstehen sich als „Seismographen" der Fanszenen (Koordinationsstelle Fanprojekte 2005, S. 22 ff.). Sie interpretieren aktuelle Entwicklungen im Fußball und der Gesellschaft im Sinne ihres Arbeitsauftrags nach dem NKSS und übersetzen sie in Maßnahmen entlang der Lebensrealität und Bedarfe ihrer Kernklientel. Sie haben also qua Qualifikation und Selbstverständnis als Sozialarbeiter_innen – und hier anders als die Fanbeauftragten – die grundlegende Expertise und den menschenrechtlichen Auftrag, die Beseitigung von Ausgrenzungsmechanismen und Schaffung von Teilhabe in Bezug auf alle Dimensionen gesellschaftlicher Vielfalt im Fußball federführend mit voranzutreiben.

Ein Blick auf die statistischen Anteile verschiedener sozialer Gruppen im Fußball im Vergleich zu deren Fußballinteresse und Anteilen in der Gesamtgesellschaft zeigt, dass hier durchaus Handlungsbedarf besteht. Insbesondere Jugendliche mit psychischen Erkrankungen oder Behinderung stellen eine bislang vielerorts vernachlässigte Klientel dar. Sie fallen an zahlreichen Stellen durch das gesellschaftliche Netz und finden auch im Fußball und in der klassischen Fanarbeit bislang nur wenig Berücksichtigung.

Mit der Reform des SGB VIII über das Kinder und Jugendstärkungsgesetz wurde Inklusion als Leitidee nun auch gesetzlich in der Kinder- und Jugendarbeit verankert. Gerade der § 11 zu Jugendarbeit wurde nun um Sicherstellung der Zugänglichkeit und Nutzbarkeit sämtlicher Angebote für junge Menschen mit psychischen, körperlichen oder kognitiven Behinderungen erweitert (vgl. BMFSFJ 2021) und stellt damit auch die Fanprojekt-Arbeit vor neue Herausforderungen. Insbesondere in Zeiten eines gesamtgesellschaftlichen Rechtsrucks, verbunden mit vermehrter Ausgrenzung von Minderheiten und vermeintlich Schwächeren, und in Zeiten der steigenden Beschneidung von Grundrechten zugunsten sicherheitspolitischer Erwägungen kommt der Rolle der Sozialen Arbeit im Allgemeinen wie auch im Fußball eine immer stärkere menschenrechtliche und gesellschaftspolitische Bedeutung zu. Dies gilt im Fußball umso mehr dort, wo zusätzlich Kommerzialisierungsinteressen der Profivereine soziale Ausgrenzung begünstigen. Fanprojekte könnten sich an dieser Stelle sowohl gegenüber ihrer Klientel als auch gegenüber ihren Bezugsvereinen verstärkt als unabhängige Expert_innen für gesellschaftliche Vielfalt, Teilhabe und Demokratiebildung mit Fokus auf die Teilhabe aller jungen Menschen im Fußball positionieren. Dies wäre durch ihren Arbeitsauftrag im Sinne des NKSS abgedeckt. Die steigende Nachfrage nach Angeboten wie dem der Beratungsstelle „KickIn!" im Fußball zeigen, dass der Bedarf in den Vereinen nach entsprechender Expertise vorhanden ist. Auch seitens der Klientel wird gegenüber den Fanprojekten (wieder) vermehrt Bedarf nach einzelfallorientierter Beratung laut, welche letztlich immer die Erleichterung von Teilhabe und mindestens (Re-)Integration zum Ziel hat. Die Leitidee der Inklusion, basierend auf einem noch zu entwickelnden Index für Inklusion im Fußball oder themenverwandter Indexe, kann hier einen wertvollen Ansatz für einen ganzheitlichen und notwendigen Prozess für mehr Vielfalt und Teilhabe aller gesellschaftlichen Gruppen im Fußball durch die Fanprojekt-Arbeit liefern und gleichsam einen wichtigen Beitrag zu deren Wirkungsmessung leisten. Ausgangspunkt für eine erfolgreiche zukünftige und nachhaltige Arbeitsentwicklung in diesem Feld seitens der Fanprojekte wäre dann allerdings eine umfassende, standortbezogene Analyse, Weiterbildung und methodische Neuentwicklung der eigenen Arbeitspraxis auf Basis des Arbeitsauftrags nach dem NKSS, dem neuen SGB VIII und der Sozialen Arbeit als Menschenrechtsprofession insgesamt.

Literatur

AWO Bundesverband e. V. (2014). Auf dem Weg zur Inklusion. Ein Arbeitsbuch. Berlin

Benkert, C. (2016): Was ist Inklusion – aus Sicht verschiedener Disziplinen? Online: https://inklusion.hypotheses.org/1539 (14.07.2021).

Belwe, K. (2008): Editorial. In: APuZ, H. 12/13, S. 2. Online: www.bpb.de/apuz/31333/editorial

Blaschke, R. (2017). Frauen in der Fussball-Szene. Fans gegen Sexismus. In: Deutschlandfunk Kultur, Sendung Nachspiel vom 03.09.2017. Online: https://www.deutschlandfunkkultur.de/frauen-in-der-fussball-szene-fans-gegen-sexismus.966.de.html?dram:article_id=394988 (12.07.2021).

Blaschke, R. (2019): Das Spiel ist bunt. In: Deutschlandfunk Kultur, Sendung „Nachspiel" v. 13.01.2019. Online: https://www.deutschlandfunkkultur.de/integration-im-fussball-das-spiel-ist-bunt.966.de.html?dram:article_id=438197 (12.07.2021).

Boban, I./Hinz, A. (2003): Index für Inklusion. Lernen und Teilhabe in der Schule der Vielfalt entwickeln. Halle: Martin-Luther-Universität. Online: http://www.eenet.org.uk/resources/docs/Index%20German.pdf (12.07.2021).

Boban, I./Hinz, A. (2009): Inklusive Pädagogik zwischen allgemeinpädagogischer Verortung und sonderpädagogischer Vereinnahmung – Anmerkungen zur internationalen und zur deutschen Debatte. In: Börner, S. et al. (Hrsg.): Integration im Vierten Jahrzehnt. Bilanz und Perspektiven. Bad Heilbrunn: Klinkhardt, S. 220–228.

Boban, I./Hinz, A. (2015): Der Index für Inklusion – eine Einführung. In: dies. (Hrsg.): Erfahrungen mit dem Index für Inklusion. Kindertageseinrichtungen und Grundschulen auf dem Weg. Bad Heilbrunn: Klinkhardt, S. 11–42.

Booth, T./Ainscow, M./Kingston, D. (2006): Index für Inklusion (Tageseinrichtungen für Kinder). Lernen, Partizipation und Spiel in der inklusiven Kindertageseinrichtung entwickeln. Deutschsprachige Ausgabe. Frankfurt/M.

Bundesarbeitsgemeinschaft der Fanprojekte (2018): Fanprojekte nach dem NKSS. Positionspapier: Vertrauensschutz vs. fehlendes Zeugnisverweigerungsrecht in der sozialen Arbeit mit Fußballfans. Online: www.kos-fanprojekte.de/fileadmin/user_upload/materialien/Zeugnisverweigerungsrecht/AG-Zeugnisverweigerungsrecht_Positionspapier-Entwurf-FINAL.pdf (14.07.2021) [zitiert als BAG Fanprojekte 2018].

Bundesbehindertenfanarbeitsgemeinschaft e. V. (2019): KickIn! – Beratungsstelle für Inklusion im Fußball. Online: https://inklusion-fussball.de/ueber-uns (13.07.2021) [zitiert als BBAG 2019].

Bundesministerium für Arbeit und Soziales (2011): Unser Weg in eine inklusive Gesellschaft. Der Nationale Aktionsplan der Bundesregierung zur Umsetzung der UN-Behindertenrechtskonvention. Berlin [zitiert als BMAS 2011].

Bundesministerium für Familie, Senioren, Frauen und Jugend (2021): Gesetz zur Stärkung von Kindern und Jugendlichen (Kinder- und Jugendstärkungsgesetz – KJSG). Online: www.bmfsfj.de/bmfsfj/service/gesetze/neues-kinder-und-jugendstaerkungsgesetz-162860 (12.07.2021) [zitiert als BMFSFJ 2021].

Dammer, K.-H. (2011): All inclusive? oder: Dabei sein ist alles? Ein Versuch, die Konjunktur des Inklusionsbegriffs in der Pädagogik zu verstehen. In: Pädagogische Korrespondenz, H. 43, S. 5–30.

Deutscher Behindertensportverband e. V. (2014): Index für Inklusion im und durch Sport. Ein Wegweiser zur Förderung der Vielfalt im organisierten Sport in Deutschland. Frechen: Deutscher Behindertensportverband e. V.

Deutscher Berufsverband für Soziale Arbeit e. V. (2009): Grundlagen für die Arbeit des DBSH e. V. Online: https://www.dbsh.de/media/dbsh-www/downloads/grundlagenheft_-PDF-klein_01.pdf (12.07.2021) [zitiert als DBSH 2009].

Deutscher Berufsverband für Soziale Arbeit e. V. (2013): Haltung zu „Inklusion und Teilhabe". Online: www.dbsh.de/media/dbsh-www/downloads/InklusionTextApril2013_02.pdf (12.07.2021) [zitiert als DBSH 2013].

Deutscher Berufsverband für Soziale Arbeit e. V. (2014): Definition der Sozialen Arbeit (Deutsche Fassung). Online: www.dbsh.de/profession/definition-der-sozialen-arbeit/deutsche-fassung.html (12.07.2021) [zitiert als DBSH 2014].

Deutscher Fußball-Bund (2018): United by Football. In the Heart of Europe. Sustainability Concept UEFA EURO 2024 Germany. Online: www.dfb.de/fileadmin/_dfbdam/178855-EURO_2024_Nachhaltigkeitskonzept.pdf (12.07.2021) [zitiert als DFB 2018].

Deutsche Fußball-Liga (2017): Übersicht: Plätze für Menschen mit Behinderung, 2016/2017 (internes Dokument). Frankfurt/M. [zitiert als DFL 2017].

Deutsches Institut für Menschenrechte (o. J.): Online-Handbuch Inklusion als Menschenrecht. Online: www.inklusion-als-menschenrecht.de (12.07.2021) [zitiert als DIfM o. J.].

Deutsche Sportjugend/Deutsche Behindertensportjugend (2018): Teilhabe und Vielfalt – Qualifikationsinitiative. Ein Handbuch für Referentinnen und Referenten. Frechen [zitiert als dsj und DBSJ 2018].

DFL-Stiftung (2018): Pressekonferenz zu Strich durch Vorurteile. Online: https://www.dfl-stiftung.de/pressekonferenz-zu-strich-durch-vorurteile/ (12.07.2021).

Evangelische Versöhnungskirche (2019): !Nie Wieder. Initiative Erinnerungstag im Deutschen Fußball. Online: www.niewieder.info (12.07.2021).

Giese, W. (2015): „Nichts ohne uns über uns" – Bürgerschaftliches Engagement von Menschen mit Behinderungen und die UN-Behindertenrechtskonvention. Online: www.reha-recht.de/fileadmin/user_upload/RehaRecht/Diskussionsforen/Forum_D/2015/D28-2015_Nichts_ohne_uns_ueber_uns_%E2%80%93_Buergerschaftliches_Engagement_von_Menschen_mit_Behinderungen.pdf (12.07.2021).

Goll, V./Selmer, N. (Hrsg.) (2016): Fanprojekte 2016. Die soziale Arbeit mit Fußballfans in Deutschland: Sachstandsbericht Fanprojektarbeit (1993–2015). Frankfurt/M.: Koordinationsstelle Fanprojekte bei der Deutschen Sportjugend.

Grosche, M. (2015): Was ist Inklusion? Ein Diskussions- und Positionsartikel zur Definition von Inklusion aus Sicht der empirischen Bildungsforschung. In: Kuhl, P. et al. (Hrsg.): Inklusion von Schülerinnen und Schülern mit sonderpädagogischem Förderbedarf in Schulleistungserhebungen. Wiesbaden: Springer VS, S. 17–39.

Hinz, A. (2002): Von der Integration zur Inklusion – terminologisches Spiel oder konzeptionelle Weiterentwicklung? Online: http://bidok.uibk.ac.at/library/hinz-inklusion.html#idp551536 (13.07.2021).

Hinz, A. (2010): Aktuelle Erträge der Debatte um Inklusion – worin besteht der ‚Mehrwert' gegenüber Integration? In: Evangelische Stiftung Alsterdorf und Katholische Hochschule für Sozialwesen Berlin (Hrsg.): Enabling Community. Anstöße für Politik und soziale Praxis. Hamburg: Alsterdorf, S. 191–202.

Hinz, A. (2013): Inklusion – von der Unkenntnis zur Unkenntlichkeit?! Kritische Anmerkungen zu zehn Jahren Diskurs zur schulischen Inklusion. Online: www.inklusion-online.net/index.php/inklusion-online/article/view/26/26 (13.07.2021).

IfD Allensbach (2018): Allensbacher Markt- und Werbeträger-Analyse – AWA 2018. Allensbach.

Institut der deutschen Wirtschaft Köln e. V. (2015): Nur den Tag absitzen? Nichts für mich! Wie sich die berufliche Teilhabe von Rollstuhlnutzende gestalten lässt. Köln: Institut der deutschen Wirtschaft e. V.

Institut der deutschen Wirtschaft Köln e. V. (2017): Deutschland in Zahlen. Online: www.deutschlandinzahlen.de/no_cache/tab/deutschland/demografie/bevoelkerung-nach-geschlecht-deutschland?tx_diztables_pi1%5Bstart%5D=45 (13.07.2021).

Internationaler Verband der Sozialarbeiter (o. J.): Globale Definition von Sozialarbeit. Online: www.ifsw.org/what-is-social-work/global-definition-of-social-work/ (13.07.2021) [zitiert als IfSW o. J.].

Kluge, S. (2016): Erinnerungskultur – Bildungsarbeit gegen Antisemitismus. In: Fanprojekte 2016: Die soziale Arbeit mit Fußballfans in Deutschland. Sachstandsbericht Fanprojektarbeit (1993–2016). Frankfurt/M.: Koordinationsstelle Fanprojekte bei der dsj. Online: www.kos-fanprojekte.de/fileadmin/user_upload/material/kos/sachberichte/KOS-sachbericht-2015-v14__2_.pdf (13.07.2021).

Koordinationsstelle Fanprojekte bei der dsj (2005): Fanprojekte. Zum Stand der Sozialen Arbeit mit Fußballfans. Frankfurt/M.: Koordinationsstelle Fanprojekte bei der dsj.

Koordinationsstelle Fanprojekte bei der dsj (2016): Fanprojekte 2016. Sachstandsbericht Fanprojektarbeit (1993–2016). Frankfurt/M.: Koordinationsstelle Fanprojekte bei der dsj.

Landesarbeitsgemeinschaft der Fanprojekte NRW e. V. (o. J.). Fachliche Standards – Landesarbeitsgemeinschaft der Fanprojekte NRW. Online: www.lag-fanprojekte-nrw.de/standorte/fachliche-standards (13.07.2021) [zitiert als LAG o. J.].

Meyer, T./Kieslinger, C. (2014): Index für die Jugendarbeit zur Inklusion von Kindern und Jugendlichen mit Behinderung. Eine Arbeitshilfe. Stuttgart: Institut für angewandte Sozialwissenschaften (Ifas) an der Dualen Hochschule Baden-Württemberg.

Montag Stiftung Jugend und Gesellschaft (2011): Inklusion vor Ort – Der kommunale Index für Inklusion – ein Praxishandbuch. Bonn [zitiert als MSHJG 2011].

Nationaler Ausschuss Sport & Sicherheit (2012): Nationales Konzept Sport und Sicherheit. Fortschreibung 2012. Online: www.kos-fanprojekte.de/fileadmin/user_upload/material/soziale-arbeit/Richtlinien-und-Regeln/nkss_konzept2012.pdf (13.07.2021) [zitiert als NKSS 2012].

Prengel, A. (2010): Wie viel Unterschiedlichkeit passt in eine Kita? Theoretische Grundlagen einer inklusiven Praxis (Vortrag). Online: www.weiterbildungsinitiative.de/fileadmin/Redaktion/Themen/PDF/WiFF_Fachforum_Inklusion_Impulsreferat_Prof_Dr_Prengel.pdf (13.07.2021).

Radke, S./Tiemann, H. (2014): Inklusion – Umgang mit Vielfalt unter besonderer Berücksichtigung der Kategorie Behinderung. In: Gieß-Stüber, P. et al. (Hrsg.): Diversität, Inklusion, Integration und Interkulturalität – Leitbegriffe der Politik, sportwissenschaftliche Diskurse und Empfehlung für den DOSB. Frankfurt/M.: dsj, S. 14–20.

Reimann, L. (2012): Vielfalt, Vorurteile und Diskriminierung? Der Anti-Bias-Ansatz als Fortbildungskonzept für Pädagoginnen und Pädagogen in offenen Kinder- und Jugendfreizeiteinrichtungen in Berlin Schöneberg. Masterarbeit an der Katholischen Hochschule für Sozialwesen Berlin. Online: http://bidok.uibk.ac.at/library/reimann-vielfalt-dipl.html#idm95247840 (13.07.2021).

Rietzke, T. (2013): Inklusion und Jugendsozialarbeit: Der doppelte Blick auf Vielfalt und Teilhabe. Beiträge zur Jugendsozialarbeit, H. 3, S. 14–9.

Rommelsbacher, M. et al. (2018): DFL-Stadionbefragung – 29. und 30. Spieltag. Präsentation AG Fankulturen. Frankfurt/M.: TNS Kandar.

Seifert, R. (2013): Eine Debatte Revisited: Exklusion und Inklusion als Themen der Sozialen Arbeit. Online: www.inklusion-online.net/index.php/inklusion-online/article/view/25/25 (13.07.2021).

Statistisches Bundesamt (2017a): Bevölkerung in Privathaushalten nach Migrationshintergrund. Online: www.destatis.de/DE/Themen/Gesellschaft-Umwelt/Bevoelkerung/Migration-Integration/Tabellen/migrationshintergrund-geschlecht-insgesamt.html (13.07.2021).

Statistisches Bundesamt (2017b): Bevölkerung nach Altersgruppen in Prozent. Online: https://www.destatis.de/DE/Themen/Gesellschaft-Umwelt/Bevoelkerung/Bevoelkerungsstand/Tabellen/liste-altersgruppen.html (13.07.2021)

Statistisches Bundesamt (2017c): Schwerbehinderte Menschen. Fachserie 13 Reihe 5.1. Online: https://www.destatis.de/DE/Themen/Gesellschaft-Umwelt/Gesundheit/Behinderte-Menschen/Publikationen/Downloads-Behinderte-Menschen/schwerbehinderte-2130510179004.pdf?__blob=publicationFile (12.07.2021).

Statistisches Bundesamt (2018): Private Haushalte – Einkommen, Konsum, Wohnen. Auszug aus dem Datenreport 2018. Online: www.destatis.de/DE/Service/Statistik-Campus/Datenreport/Downloads/datenreport-2018-kap-6.pdf?__blob=publicationFile&v=4 (13.07.2021).

Steffen, A./Akmatov, M. K./Holstiege, J./Bätzing, J. (2018): Diagnoseprävalenz psychischer Störungen bei Kindern und Jugendlichen in Deutschland: Eine Analyse bundesweiter vertragsärztlicher Abrechnungsdaten der Jahre 2009 bis 2017. Zentralinstitut für die kassenärztliche Versorgung in Deutschland (Zi). Versorgungsatlas-Bericht Nr. 18/07, Berlin.

Uehren, J. (2018): Studie zur Fußball-Fanszene: Gewalt und Drogenkonsum hängen zusammen. Online: https://idw-online.de/de/news698019 (13.07.2021).

Teil 3 Bildungsarbeit

„Kein Fußball den Faschisten"

Zum Projekt „Bildung am Millerntor". Potenziale und Grenzen der politischen Jugendbildung und Demokratiebildung nach dem Lernort-Stadion-Modell beim Museum für den FC St. Pauli

Fabian Fritz und Holger Ziegler

Am 12. Februar 2016 traten die Spieler der Fußball-Männermannschaft des FC St. Pauli ihr Pflichtspiel in der 2. Bundesliga gegen Leipzig mit einem Trikot an, auf dem statt des Logos des Hauptsponsors der Slogan *Kein Fußball den Faschisten* zu sehen war. In seiner Vereinszeitung machte der FC St. Pauli deutlich, wie selbstverständlich, wenn auch zu diesem Moment einmalig es für die Profi-Mannschaft war, die aus der Fanszene des Vereins stammende Botschaft auf den Trikots zu tragen. Das ebenfalls in riesigen Lettern auf der Gegengerade des Millerntor-Stadions prangende Statement stellte für die Vereinsverantwortlichen in komprimierter Form die Weltoffenheit des FC St. Pauli dar (vgl. Pieper 2016, S. 2).

Wie umstritten dieser Slogan in einem Fußballstadion ist, lässt sich beispielsweise daran ablesen, dass der Deutsche Fußball-Bund (DFB) noch im Jahr 2014 beim öffentlichkeitswirksamen Training der deutschen Nationalmannschaft der Männer den Spruch zur Hälfte abhängen ließ. Im Stadion der Braun-Weiß-Roten war dann nur noch „Kein Fußball" zu lesen (vgl. Kicker 2014). Der ebenso angestrengte wie missglückte Versuch, ein Fußballstadion – auch wenn es das des FC St. Pauli ist – seiner politischen Botschaften zu berauben, ist durchaus symptomatisch. So naiv, ignorant oder eben auch ökonomisch und verbandspolitisch rational und opportunistisch dieser Entpolitisierungsversuch auch immer sein mag: Die Mär vom unpolitischen Fußball ist nach wie vor das dominante Narrativ. Um diese Leitidee zu verfolgen, werden mitunter – offensichtlich politische – Versuche unternommen, erkennbare Haltungen im Fußball zu neutralisieren.

Selbst wenn diese Position aus welchen Gründen auch immer für sinnvoll gehalten werden sollte, ist sie letztlich auch praktisch kaum durchzuhalten. Sie wird mit der Tatsache konfrontiert, dass Fußball zwar kein Ort politischer Institutionen darstellt, aber offenbar ein politisches Feld ist (vgl. Beichelt 2018, S. 101 ff.). Bei einem erneuten Training der Männer-Nationalmannschaft am Millerntor zwei Jahre später verdeckte der DFB den Spruch nicht mehr (vgl. Welt 2016) und das sozialpädagogische Fanprojekt beim FC St. Pauli wurde für seine Mitwirkung am Trikot gegen Leipzig mit dem Julius-Hirsch-Preis für

Engagement gegen Antisemitismus und Rassismus ausgezeichnet (vgl. DFB 2016). In einem gewissen Sinne scheint auch der DFB insofern anzuerkennen, dass Fußball und Politik nicht zu trennen sind und betont mit der Auszeichnung auch durchaus explizit die Bedeutung von politischer Jugendbildungsarbeit – zumal durch Fanprojekte – im Fußballkontext. Gleichwohl bleibt diese Anerkennung prekär: Ein „BijiRojava"[1]-Plakat von Fans des FC St. Pauli brachte erwartungsgemäß das türkische Außenministerium auf den Plan, das vermittelt über den Türkischen Fußballverband den DFB zu Sanktionen drängte (vgl. FAZ 2020). Der DFB verteidigte sein Vorgehen im Rückgriff auf das alte Argument, Fußball sei unpolitisch und Politik habe im Stadion nichts zu suchen. Dass der Verband schlussendlich von einer Strafe absah, ist eher eine Randnotiz. Wichtig ist, dass es hier nicht nur mehr oder weniger um ‚jugendliche' Fans geht, die politische Fragen in den Fußball tragen, sondern auch der ‚erwachsene' DFB ist Akteur einer Praxisform des Politischen und drückt einen Anspruch an den Fußball aus, nämlich diesen als massentaugliches Produkt zu präsentieren.

Mit diesen Ausführungen sei auf den nicht irgendwie ‚politisierten', sondern sui generis hochgradig politischen Kontext verwiesen, in dem das Museum für den FC St. Pauli seit Kurzem ein weiteres Angebot zur politischen Bildung macht: das Projekt Bildung am Millerntor (BAM!). Dieses richtet sich an Schulklassen und vereins- und verbandsbezogene Jugendgruppen. Vor dem Hintergrund der skizzierten Diskussions- und Deutungszusammenhänge ist BAM! bereits jenseits seiner Inhalte durch das bloße Veranstalten von Angeboten der politischen Bildung im Stadion ein Politikum. Als Teil des im Vergleich zu den bundesweit vertretenen Fanprojekten (vgl. Gabler 2019, S. 87) noch recht jungen Lernort Stadion e.V. bietet BAM! Workshops zu verschiedenen politischen Themen an. Die Initiative nutzt den Fußball als Anreiz, macht ihn zum Gegenstand und greift ihn gemeinsam mit Jugendlichen als politisches Betätigungsfeld auf (vgl. BAM! 2019).

Der folgende Beitrag skizziert einige Grundüberlegungen zu BAM! aus sozialwissenschaftlicher und praxisreflexiver Perspektive.[2] Hierzu wird das bereits angedeutete Argument, dass Fußball eben nicht unpolitisch ist, um die These erweitert, dass das Stadion als ein Ort zu betrachten ist, an dem Jugendsozialarbeit sowie Jugendarbeit und somit auch politische Bildungsarbeit stattfinden können und sollen. Zugleich wird ein Blick auf die bundesweiten Lernorte und ihre Rezeption in der wissenschaftlichen Forschung geworfen, um am Beispiel des Millerntors die konkreten Potenziale und Grenzen der politischen Jugendbildung im Stadion aufzuzeigen.

---

1 Kurdisch: *„Es lebe Rojava"*. Rojava ist eine autonome Region in Nordsyrien, in der die Türkei im Oktober 2019 eine umstrittene Militäroffensive gegen kurdische Autonomiebestrebungen startete.

2 Diese doppelte Perspektive wird auch durch die Autoren repräsentiert. Beide sind Erziehungswissenschaftler an Hochschulen, wobei Fabian Fritz zugleich als pädagogischer Leiter beim Museum für den FC St. Pauli und Verantwortlicher für BAM! tätig ist.

Fußball, Politik und Bildung

Fußball ist ein inzwischen durchaus populäres Thema im kultur- und sozialwissenschaftlichen Diskurs. Dies verwundert nicht, wenn man sich vergegenwärtigt, dass, wie Stefan Hebenstreit (2012, S. 23) schreibt, „Sport im Allgemeinen und Fußball im Besonderen [...] Phänomene des gesellschaftlichen Zusammenlebens" darstellen. Sport kann nicht getrennt vom gesellschaftlichen System betrachtet werden und der Fußball war – von Beginn an – immer sozial- und kulturgeschichtlich und insofern auch politisch eingebunden. Dass der Sport, wie z. B. Ommo Grupe (2000) im Rekurs auf den Nationalsozialismus oder die DDR nachzeichnet, anfällig für politisch-propagandistische Instrumentalisierungen ist, verwundert ebenso wenig. Die Forderung, der organisierte Sport solle „etwas Eigenes" und vor allem partei- und weltanschaulich neutral sein (vgl. Grupe 2000, S. 92), ist auf den ersten Blick folgerichtig.

Nur ist das so einfach nicht. Grupes Beispiele überzeugen, weil es offensichtlich gute Gründe gibt, etwa die nationalsozialistische Weltanschauung abzulehnen. Was darüber hinaus „neutral" sein soll, überzeugt nicht. Rassistische Anschauungen und die Ablehnung von Rassismus liegen sicher nicht auf einer Ebene – Humanismus und Menschenfeindlichkeit auch nicht. Wenn sich der organisierte Sport hierzu in einer Art Äquidistanz neutral positioniert, positioniert er sich auch politisch – allerdings eben weder in einer demokratischen noch in einer humanistischen Weise. Die Forderung nach Neutralität und a-politischer Haltung negiert die potenzielle Rolle von Vereinen in einer aktiven, demokratischen Zivilgesellschaft. Man mag die Rationalität des Unpolitischen in Bezug auf die Veräußerungschancen des Produkts für verständlich und gegebenenfalls auch für eine legitime Position in diskursiven Deutungskämpfen halten. Das Problem besteht jedoch darin, dass diese Position Vereine als eskapistische Orte imaginiert, die einen Rückzug ins vermeintlich Private erlauben. Neu ist – gerade in Deutschland – die Tendenz von Vereinen, reale Konflikte und Widersprüche der Welt auszublenden und sich selbst als eine Art idealisierter, zweckfreier Raum zu stilisieren, allemal nicht. Herbert Marcuse beschrieb dies als „affirmative Kultur" (vgl. Marcuse 1965, S. 56 ff.), deren Organisationsform, wie Alexander Kluge und Oskar Negt schreiben, der „bürgerliche Idealverein" (vgl. Negt und Kluge 1972/2016, S. 287 ff.) sei. Dies konstatieren nicht nur Vertreter_innen der Kritischen Theorie, sondern bemerkenswerterweise auch der zentrale Referenzautor einer im sozialwissenschaftlichen Diskurs verbreiteten Forderung nach „Wertfreiheit", nämlich Max Weber. Dieser attestierte den unpolitischen (Freizeit-)Vereinen im Kaiserreich und in der Weimarer Republik eine wichtige Rolle für die Herausbildung nicht der ‚kompetenten', sondern der „‚guten Staatsbürger'" – wobei er „‚gut'" im passiven wie untertänigen Sinne des Wortes meint. Neben den Sport- waren dies vor allem die Gesangsvereine: „‚Wo man singt, da laß [sic] dich ruhig nieder'. Große, starke Leidenschaften und starkes Handeln fehlen da" (Weber 1924, S. 445). Es sei, führt Weber weiter aus, „kein Wunder, daß die Monarchen eine so große Vorliebe für derartige Veranstaltungen haben" (Weber 1924, S. 445). Ganz ähnlich lautet auch der einflussreiche Befund von Sheri Berman, die auf dem Fundament einer Analyse neuerer historischer Studien nachzeichnet, dass der expressiv ‚a-politische' Charakter des blühenden Vereins- und Assoziationswesen der Weimarer Republik gerade nicht für Lernprozesse hinsichtlich Demokratiefähigkeit förderlich gewesen sei, sondern im Gegenteil den Aufstieg der NSDAP begünstigte (vgl. Berman 1997, S. 401 ff.).

Dass der potenzielle Zusammenhang von Vereinen und Demokratie aufgegeben wird, indem auf einen a-politischen Charakter gedrängt wird und entsprechende Veranstaltungen zu kommerziellen Events reduziert werden, um eine Parallelwelt des reinen Privatvergnügens zu erzeugen, erscheint gerade auch vor dem Hintergrund der Renaissance faschistischer und autoritärer Ideen durch neurechte Parteien und Bewegungen nicht nur analytisch fragwürdig, sondern auch demokratietheoretisch fahrlässig. Folglich ist zu begrüßen, wenn der treffsicher ins Zeitgeschehen eingepasste Themenschwerpunkt der ersten Ausgabe der neuen *Zeitschrift für Fußball und Gesellschaft* die Frage der Neutralität des Sports explizit aufgreift. Die Autor_innen beschäftigen sich kritisch damit und machen deutlich, dass die These von der Neutralität des Sports schon empirisch nicht haltbar ist (vgl. Heckemeyer und Schmidt 2019, S. 4). Im Gegenteil erscheint „bereits die Forderung nach Neutralität politisch [und] undemokratisch" (vgl. Thiel et al. 2016, S. 253 ff.; Heckemeyer und Schmidt 2019, S. 4) und blendet die „bestehenden Strukturen des Sports" ebenso aus wie die „soziale[n] Ordnungen im Sport" (Heckemeyer und Schmidt 2019, S. 4).

Solchen Sichtweisen wird nun häufig die Rede vom Fußball als Spiegelbild der Gesellschaft gegenübergestellt. Unabhängig davon, ob dieser Topos überzeugt (vgl. Hebenstreit 2012, S. 28), stellt er ein Fundament dafür dar, unterschiedliche und teils widersprüchliche gesellschaftliche Funktionen an den Fußball heranzutragen. Gerade mit Blick auf junge Menschen soll der Fußball pädagogische Ansprüche erfüllen: die Sozialintegration vorantreiben oder Vorbildfunktionen erfüllen, zur Gewaltreduktion und Prävention abweichenden Verhaltens beitragen oder helfen, sogenannte ‚bildungsferne' Jugendliche zu erreichen.

Jugendsozialarbeit und Jugendarbeit im und um den Fußballverein

Mit mehr oder weniger starken programmatischen Setzungen steht auch in der sozialwissenschaftlichen Forschung die Frage der gesellschaftlichen Funktionen des Fußballs im Mittelpunkt. Gefragt wird etwa nach dem Potenzial zur Verallgemeinerung von Fairnessnormen oder – etwa mit Blick auf Fankulturen – den Impulsen zu subkulturellen Vergemeinschaftungsprozessen (vgl. bspw.

Hebenstreit 2012, S. 24). Diese Funktionen werden dann häufig mit allgemeinen, gesellschaftlich akzeptierten Zielen in Verbindung gebracht. Werden solche Zwecksetzungen in Bezug auf junge Menschen institutionalisiert und operationalisiert, bilden sich rund um den Fußball verschiedene pädagogische Praxisfelder heraus, die wiederum verschiedene Zielgruppen in den Blick nehmen (vgl. Brown und Mathie 2015, S. 12). Im Folgenden wird eine komprimierte Darstellung der Felder vorgenommen. Ausgangspunkt ist die für den Sport und vor allem den Fußball unverzichtbare Organisationsform des Vereins (Ahlrichs und Fritz 2019). Analog dazu wird festgehalten, welchen Stellenwert die Praxisfelder in der sozialpädagogischen Forschung genießen.

Das prominenteste und am besten erforschte Praxisfeld ist das der *Fansozialarbeit*. Sie wird in der Regel durch vereins- beziehungsweise fanszenenbezogene sozialpädagogische Fanprojekte geleistet. Es ist wenig erstaunlich, dass von diesen Projekten anfangs vor allem ein Beitrag zur Gewaltprävention erwartet wurde. Während dies nach wie vor eine wichtige Rolle spielt (vgl. Gabriel und Zeyn 2019, S. 27), leisten die inzwischen bundesweit über 60 Fanprojekte in der Praxis vor allem auch Bildungsarbeit und unterstützen die Selbstorganisation der Fans (vgl. Gabler 2019, S. 88).

Neben Fans sind auch die sportlich tätigen *jungen Menschen in den Vereinen* Adressat_innen pädagogischer Angebote. Dies gilt zum einen für die jungen Sporttreibenden des *Fußballbreitensports*. Die empirischen Forschungsbeiträge mit (sport-)pädagogischem Augenmerk bilden das Feld eher schlaglichtartig ab – von genderbezogenen Anfragen (vgl. bspw. verschiedene Beiträge in Sobiech 2012) über Anfragen zur Migration (bspw. Erlinghagen et al. 2017) bis hin zu klassischen Präventionsanfragen (vgl. bspw. Hourcade et al. 2015). Trotz der vorliegenden Beiträge ist dieses Feld bisher nicht ansatzweise so umfassend beforscht worden, wie es für Fansozialarbeit der Fall ist. Ein gerade für die Vereine des professionellen Fußballs in Deutschland wichtiges Praxisfeld ist zum anderen die *Nachwuchsleistungsförderung* für junge Sporttreibende in den entsprechenden Zentren. Dabei sollen nach Vorgaben der Deutschen Fußball Liga (DFL) den jungen Menschen auch pädagogische Begleitungen zur Seite gestellt werden (vgl. DFL 2018, S. 5f.). Hierzu gibt es jedoch bisher keine relevanten sozialpädagogischen Studien. Vielmehr spielt dieses Gebiet eher für einige wenige sportdidaktische, physiologische oder auch kinder- und jugendrechtliche Forschungsbeiträge eine Rolle.

Immer häufiger bieten Fußballvereine schließlich Angebote in Form von *Projekten* an, die darauf gerichtet sind, auch *junge Menschen außerhalb der Vereine* zu erreichen. Dabei stehen vor allem sozial Benachteiligte im Vordergrund. Kooperationen finden hierbei mit freien Trägern oder Schulen statt. Gegenstand empirischer Forschungen ist dieses noch recht junge pädagogische Praxisfeld vor allem in Form von Arbeiten aus dem Bereich der *Corporate Social Responsibility*

(CSR) (vgl. bpsw. Gebken und Süßenbach 2018), aber auch der Bildungsforschung (vgl. bspw. verschiedene Beiträge in Gramespacher und Schwarz 2018).

Im Kontext dieser Ansätze finden sich Tendenzen, die *Kooperationen zwischen Fußballvereinen und Ganztagsschulen* über einen Projektcharakter hinaus zu verstetigen. Dabei gestalten die Vereine gemeinsam mit Lehrkräften oder zum Teil in Eigenregie den Sportunterricht. Forschungsgegenstand sind solche Formate, etwa subsumiert unter der Überschrift Sportvereine und Schule, beispielsweise in Studien zur Ganztagsforschung (vgl. bspw. Neuber und Züchner 2017). Arbeiten, die sich explizit mit Fußballvereinen beschäftigen, sind dabei aber eher die Ausnahme (vgl. bspw. Gieß-Stüber et al. 2018).

Bei einem Überblick über den Stand der entsprechenden Forschung fällt auf, dass Vereine als solche und die potenziell demokratischen Prinzipien und Logiken ihrer *Vereinspädagogik* selten im Mittelpunkt von Forschungsarbeiten stehen. Dies gilt, obwohl eine Reihe von Beiträgen auf die beispielsweise durch die Übernahme eines Ehrenamtes oder die Mitwirkung an einer lokalen Öffentlichkeit eröffneten Potenziale der Demokratiebildung durch Erfahrungslernen aufmerksam macht (vgl. bspw. Richter 2019, S. 166ff.). Auch der DFB hebt das demokratische Potenzial seiner Vereine hervor, indem er sie als „Schule[n] der Demokratie" (vgl. DFB und Braun 2013) bezeichnet. In der deutschsprachig-empirischen Forschung spielt das Thema jedoch kaum eine Rolle – mit Bezug auf Sport- und Fußballvereine umso weniger (vgl. Ahlrichs und Fritz 2019, S. 44ff.). Ob Vereine und das Engagement in Vereinen per se demokratiebildende Impulse setzen, ist in der internationalen sozialwissenschaftlichen Debatte umstritten (im Überblick Portes 2014). Die Chance, das demokratisierende Potenzial zu realisieren, dürfte mit dem demokratischen Struktur-Charakter des Vereins und mit dem Ausmaß der Thematisierung demokratiebezogener Fragen zusammenhängen. Einen solchen Zugang, der sich mit „Themen der Demokratiebildung" (Lernort Stadion e.V. 2019) beschäftigt und demokratiebezogene Bildungsangebote für Jugendliche macht, repräsentiert die Arbeit des Lernorts Stadion e.V. und seiner Mitgliedsprojekte.

Das Stadion als Lernort – Lernort Stadion e.V.

Der Lernort Stadion e.V. ist ein bundesweiter Zusammenschluss und Dachverband von aktuell 23 Lernzentren, die an Fußballvereine der 1. bis 3. Liga angekoppelt sind.[3] Die Trägerschaft liegt zu einem großen Teil bei den Fanprojekten oder beim jeweiligen Verein selbst. Neben Fußballvereinen finden sich auch

---

3   Die nachfolgenden Informationen können auf der Seite https://www.lernort-stadion.de/ nachvollzogen werden. Abweichende Quellen werden benannt.

Kulturvereine oder Vereinsmuseen, die Lernzentren betreiben. Die Mehrzahl der Standorte erhält eine Grundförderung durch die DFL-Stiftung. In der Regel arbeiten die Standorte aber darüber hinaus auch mit anderen Geldgeber_innen zusammen.

Die Profile, inhaltlichen Angebote und methodischen Herangehensweisen der einzelnen Standorte variieren je nach lokalen Gegebenheiten und Trägerschaft. Die grundsätzliche Gemeinsamkeit liegt in der Zielgruppe von Jugendlichen zwischen 14 und 18 Jahren, wobei vor allem Schulklassen angesprochen werden. Im Gegensatz zu den Fanprojekten werden nicht nur – oder gerade nicht – Fußballfans des eigenen Vereins angesprochen. Pro Jahr besuchen bundesweit mehr als 12.500 Jugendliche die Lernorte, an denen insgesamt mehr als 60 Referent_innen aktiv sind. Die Angebote erstrecken sich dabei von eintägigen Workshops bis hin zu mehrtägigen Projektwochen. Im Verbund bieten die Zentren mit dem Dachverband gemeinsam auch internationale Jugendaustausche und Austausche von Jugendlichen zwischen den Standorten an. Inhaltlich steht vor allem die Bearbeitung von Themen wie gruppenbezogene Menschenfeindlichkeit und Rechtsextremismus im Mittelpunkt, es werden aber auch Fragen der wirtschaftlichen und ökologischen Nachhaltigkeit des Fußballs behandelt. Sportliche und kulturelle Angebote ergänzt diese Workshops.

Die Arbeit der Lernorte wurde bisher zwei Mal evaluiert. Laut der bundesweiten Evaluation von Feldmann-Wojtachnia (2013, S. 3) erreichen die Angebote in erster Linie Schulklassen mit „bildungsferne[n] und sozialschwache[n] Jugendliche[n], […] aus dem Haupt-, Förder- und Berufsschulbereich"[4]. Ihre Teilnehmer_innenbefragung dokumentiert eine hohe subjektive Zufriedenheit mit den Angeboten seitens der jungen Menschen. Die Studie von Besand et al. (2018) begleitete von 2015 bis 2017 zwei Standorte. Die Forscher_innen verfolgen einen partizipativen Evaluationsansatz, in dessen Mittelpunkt das Thema „Inklusion" in den Lernzentren steht. Sie stellen fest, dass sich im Verlauf der begleitenden Evaluation das Inklusionsverständnis der Fachkräfte vor Ort verändert habe, von einer Konzentration auf Menschen mit Behinderung hin zu einem erweiterten Verständnis, woraufhin Prinzipien einer inklusiven politischen Bildung erarbeitet wurden. Allerdings stellen sie defizitäre Kenntnisse der Fachkräfte in Bezug auf Fragen der politischen Bildung fest. Die Mitarbeiter_innen haben demzufolge Schwierigkeiten „zu erkennen, wenn sie sich bereits mitten in politischen Fragestellungen befinden, und sie dies für die Jugendlichen nur durch ein oder zwei Sätze sichtbar machen müssen" (Besand et al. 2018, S. 129 f.). Darüber hinaus werden personelle Diskontinuitäten aufgrund prekärer Beschäftigungsverhältnisse moniert (vgl. Besand et al. 2018, S. 123).

---

4   Wir distanzieren uns an dieser Stelle ausdrücklich vom Begriff „sozial schwach". Dieser ist abwertend und verschiebt die Problemlage in die persönliche Verantwortung der betroffenen Menschen. Damit verhindert er die Debatte über sozioökonomische Benachteiligung.

Insgesamt liefern die bisherigen Evaluationen nur sehr grundlegende Einsichten und auch die Rezeption des Lernort-Stadion-Modells in der sonstigen wissenschaftlichen Literatur ist recht überschaubar. Einzelne Standorte spielen eher am Rande verschiedener Beiträge eine Rolle, wie beispielsweise die Bedeutung des „Hamburger Weg Klassenzimmers" beim Hamburger SV im Rahmen von CSR (vgl. Patyna 2019, S. 133). Systematischer auf die Lernorte bezogen ist ein Beitrag von Vosgerau (2014, S. 250), demzufolge das Modell „bei der Stärkung von Selbst- und sozialen Kompetenzen ansetzt, aber auch Aspekte klassischen politischen Demokratie-Lernens integriert". Vosgerau sieht den Fußball als einen möglichen Türöffner zu gesellschaftspolitischen Themen, der das Potenzial mit sich bringe, die Lernzentren zu außergewöhnlichen Lernorten zu machen und damit die Attraktivität der Angebote zu steigern. Durch ihren lebensweltlichen Charakter eröffnen die Lernorte Möglichkeiten für ein „Demokratie-Lernen[, das] auf den Kompetenz- und Wissenserwerb für demokratisches, solidarisches und emanzipatorisches Denken und Handeln ab[zielt]" (Vosgerau 2014, S. 254).

Die Studie von Hirsch ist diesbezüglich weniger optimistisch. Die Autorin konzediert zwar, dass die Lernzentren das Potenzial haben, „um die Einbettung politischer Bildungsprogramme in Herrschafts- und Ungleichheitsverhältnisse zu reflektieren" (Hirsch 2019, S. 188). Sie kritisiert jedoch, dass die Lernorte qua ihrer Förderung durch die Robert-Bosch- und DFL-Stiftung auch dazu beitragen, das Produkt Fußball für die DFL vermarktbar zu gestalten. Unter diesen Umständen sei das Lernort-Stadion-Modell eher nicht mit einer kritischen Demokratiebildung in Verbindung zu bringen, die Macht, Ungleichheit und Herrschaft thematisiert.[5]

Das Projekt BAM! – Bildung am Millerntor

Als ein neuer unter den 23 Standorten wurde im April 2019 der Lernort am Millerntor etabliert.[6] Träger ist das *1910-Museum für den FC St. Pauli e. V.* Das Projekt beschäftigt derzeit zwei hauptamtliche_n und eine ehrenamtliche Teamerin sowie jugendliche Übungsleiter_innen[7]. Es ging aus Angeboten für Schulklassen hervor, die 2017 rund um die Ausstellung *Fußball in Trümmern. Der FC St. Pauli im „Dritten Reich"* gemacht wurden. BAM! bietet Workshops zum Thema „Gruppenbezogene Menschenfeindlichkeit" im Kontext Fußballfanszene sowie zum Thema „Sexuelle und amouröse Orientierungen und deren Diskriminierung" an. Außerdem kann nach wie vor ein Angebot zum FC St. Pauli

---

5 Auf dem Fundament ihrer ethnografischen Beobachtung zeigt sie etwa auf, dass machtbezogene Themen wie beispielsweise Leistungsdruck im Sport oder das Vorhandensein von V. I. P.-Logen durch die Fachkräfte nicht problematisiert worden seien.
6 Infos unter: www.bildung-am-millerntor.de
7 Stand Oktober 2021

im Nationalsozialismus gebucht werden. Die Angebote werden als Beitrag zur Bildungsarbeit gegen Rechts, für einen diskriminierungsarmen Fußball und ein demokratisches Gemeinwesen verstanden. Die Workshops richten sich nicht nur an Schulklassen, sondern auch an Jugendgruppen aus Vereinen und Verbänden, mit denen gemeinsame Projekte entwickelt werden, in deren Gestaltung auch der angrenzende Stadtteil und weitere lokale Institutionen eingebunden sind. Im Folgenden werden die Potenziale und Grenzen des Lernortes am Millerntor vor dem Hintergrund der eigenen Zielsetzungen eingeschätzt.

Potenziale politischer Jugendbildung bei BAM!

Das Potenzial des Fußballs als Türöffner und niedrigschwelliger Zugang zu lebensweltlichen Themen der Politik lässt sich für BAM! durchaus bestätigen, wobei der Lernort am Millerntor auch durch seine Innenstadtlage und den Reiz des Viertels St. Pauli attraktiv erscheint und – wie interne Evaluationen nahelegen – auch der Stadtteil selbst als Lernort wahrgenommen wird. Daran lässt sich mit der politischen Bildungsarbeit auch inhaltlich anknüpfen: St. Pauli zählt immer noch zu den ärmsten Stadtteilen Hamburgs, ist aber zugleich ein Szeneviertel, das durch eine teils starke Gentrifizierung gezeichnet ist. Dies eröffnet einen Zugang zu politischen Themen, die zwar mit dem FC. St. Pauli, aber weniger mit Fußball per se zu tun haben. Hierzu zählen etwa die im Stadtteil sichtbaren sozialen Ausschlussmechanismen, die es ermöglichen, einen erweiterten Inklusionsbegriff zum Thema zu machen, ohne jedoch einen enger gefassten zu vernachlässigen, beispielsweise in Bezug auf Barrierearmut von Räumlichkeiten oder die Kooperationen mit der Blindenfußballabteilung.

Mit den Ansprüchen an den Lernort ist oftmals verbunden, sogenannte ‚benachteiligte oder bildungs- und politikferne Jugendliche' anzusprechen. Der Lernort am Millerntor ist jedoch skeptisch gegenüber der tendenziell paternalistischen und elitistischen Rede von politikfernen Jugendlichen. Interessanter ist das Problem einer jugendfernen Politik (vgl. Schwerthelm 2018, S. 4). BAM! versucht sich von Vorgaben, was Politik sein dürfe, zu lösen. Stattdessen geht es darum, an den Auseinandersetzungen anzuknüpfen, die junge Menschen in ihrem lokalen Umfeld führen: Dies als Politik unter dem Vorzeichen der Praxis im Sinne eines kollektiven Handelns von Bürger_innen im öffentlichen Raum zu verstehen, erlaubt auch ein alternatives, angemessenes und weniger ignorantes Verständnis von politischem Engagement junger Menschen. Kurz gesagt – und so fordert es auch das SGB VIII von der Jugendarbeit – eröffnet „es [...] die Möglichkeit, selber Politik zu machen" (Deinet et al. 2003, S. 3). Außerdem können dann die oft ökonomisch geprägten und damit klassenbezogenen Diskriminierungserfahrungen von Teilnehmenden durch vermeintliche Zielgruppenzuschreibungen dekonstruiert werden. Gerade vor dem

Hintergrund des Milliardengeschäftes Fußball lassen sich Anknüpfungspunkte über ökonomische Themen, wie erschwerte Zugänge zum Stadion oder zu hochpreisigem Sportmerchandising, herausstellen. Damit will BAM! gerade auch ökonomische Aspekte in die politische Bildung einbringen und einen Kontrapunkt zu der von Hirsch kritisierten Machtblindheit setzen.

Sowohl die Angebote zur Reflexion des Nationalsozialismus und zur möglichen Verknüpfung zu heutigen politischen Fragestellungen im Sinne einer antifaschistischen Bildung als auch die Workshops zur gruppenbezogenen Menschenfeindlichkeit verstehen sich als praktische Ansätze einer kritischen Demokratiebildung. Zudem versucht der Lernort am Millerntor einen Schritt weiter zu gehen. Das Einüben von Machtkritik gilt zwar als unabdinglich, ist aber alleine noch nicht hinreichend, um junge Menschen selbst wirkmächtig werden zu lassen beziehungsweise zu ermächtigen. Anders formuliert geht es um Demokratiebildung durch demokratische – das heißt kollektiv selbstbestimmte – Erfahrungen. Dieser Anspruch markiert gleichzeitig aber auch eine mögliche Grenze. Zwar können die Workshops Demokratie-Lernen im Sinne einer Weltanschauungsbildung ermöglichen – wobei es, ganz im Sinne der klassischen appellativen Didaktik in der Tradition Himmelmanns, um den „Aufbau [einer] demokratische[n] Gesinnung und die Verankerung der Bereitschaft [geht], Verantwortung zu übernehmen" (Detjen 2007, S. 196) –, die Ermächtigung zu gleichberechtigter kollektiver Selbstbestimmung bedarf aber gegebenenfalls eher anderer Formate und es sind hier klare Grenzen zu ziehen.

Grenzen politischer Jugendbildung bei BAM!

BAM! gerät bei der Ermöglichung eines demokratischen Ehrenamtes – trotz Nachfrage – an seine Grenzen. Grund sind einige der in den wissenschaftlichen Beiträgen genannten strukturellen Problematiken, die auch beim Lernort am Millerntor sichtbar werden. Dies gilt etwa hinsichtlich der Frage nach dem Verhältnis von Haupt- und Ehrenamt beziehungsweise von bezahlter und unbezahlter Arbeit. Einerseits steht das Projekt zwar im Zeichen des Vereins – der Träger ist selbst ein e. V., der ohne Ehrenamt nicht existieren würde. Andererseits würde ein rein ehrenamtlicher Betrieb des Lernortes die Mitarbeitenden in eine prekäre Lebensweise treiben, zumal auch die geleistete Arbeit kostenintensiv ist. Allerdings verbleibt BAM! im Projektcharakter ohne gesicherte Dauerfinanzierung. Damit bleiben auch die bekannten, mit personeller Diskontinuität verbundenen Problematiken praktisch permanent virulent.

Solange das Projekt ein (notwendiges) Serviceangebot für die Schulen bleibt und politische Bildung im Allgemeinen sowie das Einüben von Machtkritik im Besonderen nur extern anbietet, werden sich außerdem kaum Ehrenamtliche gewinnen lassen. Darüber hinaus lässt sich auch generell fragen, wie sinnvoll eine starke Fokussierung auf Schule ist. Zum einen erschwert es der Hamburger Ganztag, lokale Schulklassen für längere Projekte zu gewinnen. Zum anderen und vor allem aber stellt sich die Frage, wie angesichts von Schulpflicht mit der nicht freiwilligen Anwesenheit der Schüler_innen umzugehen ist, sofern Freiwilligkeit als Voraussetzung für Demokratie im Sinne kollektiver Selbstbestimmung betrachtet wird. Dies ist jedoch eine generelle Frage, die den Rahmen an dieser Stelle deutlich sprengen würde.

Fazit

Bildungszwecke müssen nicht auf theoretische Unterweisung beschränkt bleiben. Nicht nur die „Herstellung kollektiv bindender Entscheidungen" (Nassehi 2002, S. 45), sondern auch Prozesse der Herstellung gesellschaftlicher Sichtbarkeit und Zurechenbarkeit sind Gegenstand einer gemeinnützigen politischen Bildungsarbeit. Bezugspunkt ist hier weniger *die Politik* im Sinne der „Verfahrensweisen und Institutionen [...] durch die eine Ordnung geschaffen wird, die das Miteinander der Menschen [...] organisiert" (Mouffe 2007, S. 16), sondern das auf die Konflikthaftigkeit eines durch Pluralität und Dissens gekennzeichneten gesellschaftlichen Lebens verweisende *Politische*. Einer entsprechenden politischen Bildungsarbeit geht es vor diesem Hintergrund um die Beförderung politischer Wahrnehmungs- und Urteilsfähigkeit als Bedingung für die Akteur_innen, sich als Subjekt zu artikulieren. Wenn Bildung etwas mit Urteilsfähigkeit zu tun hat, dann geht es unvermeidlich um Maßstäbe. Mit Blick auf das, was Bildung sein soll, ist die selbstbestimmte Handlungsfähigkeit als ein zentraler Maßstab gesetzt. Insofern liegt in Fragen der Bildung der Idee nach ein emanzipatorischer Impuls. Theodor W. Adorno hat diesen Impuls vielleicht ein wenig pathetisch, aber im Kern doch ganz treffend beschrieben: Sein Element sei Freiheit und sein Thema folgerichtig Unterdrückung (vgl. Horkheimer und Adorno 1947, S. 258). Selbst wenn man Adorno nicht folgen will, ist vollkommen klar, dass einem Bildungsprozess, dem es um politische Urteilsfähigkeit gehen soll, auch um das Erkennen und Hinterfragen von Widersprüchen und Herrschaftsstrukturen gehen muss.

Die Unterstützung und Qualifizierung von Urteils- und Handlungsfähigkeit ist nun stets der zentrale Gegenstand von Bildungsarbeit – es kann aber nicht ihr einziger bleiben. Um die erarbeiteten Lösungsvorschläge umzusetzen, braucht es lokale demokratische Strukturen, wie Vereine sie bieten *können*. Wenn der Lernort am Millerntor seine Aufgabe der Vermittlung von Weltanschauung auch um demokratische Erfahrungsräume erweitern will, dann müssen diese gegenüber den jungen Menschen aufgezeigt und, sofern nicht vorhanden, ermöglicht werden. Die Potenziale dazu liegen auf der Hand: Der FC St. Pauli ist einer der größten Mitgliedervereine in Hamburg und steht allen offen, auch denen, die keinen Sport treiben wollen. Zusätzlich sind mit der aktiven Fanszene, den Ultras und den U-18-Strukturen des Fanprojekts genügend Räume vorhanden, um ein demokratisches Ehrenamt zu übernehmen. Auf diese kann das Projekt hinweisen. Sicherlich ist hier der Einwand berechtigt, dass nicht alle Teilnehmenden Fußballfans sind. Hier kann das Projekt jedoch durch seine Anknüpfung an das Viertel andere Möglichkeiten des Engagements aufzeigen. Nicht zuletzt kann es zukünftig und unter besseren finanziellen Bedingungen auch selbst Ort der Betätigung von jungen Menschen werden.

Das alles gilt umso mehr, wenn, wie im Falle des Lernorts am Millerntor, politische Bildung als demokratische Bildungsarbeit verstanden wird. Einer solchen Bildungsarbeit geht es um die Vertiefung von Demokratie und insofern um eine Vertiefung von Partizipation und Egalität vor dem Hintergrund einer sich politisch – das heißt in ihrer Widersprüchlichkeit und Konflikthaftigkeit – zu erschließenden sozialen Welt. Bildung als Prozess der Erweiterung selbstbestimmter Handlungsfähigkeit und Demokratie teilen grundsätzlich den gleichen Grundwert der Selbstbestimmung. Die politische Dimension dieser Selbstbestimmung ist dann angesprochen, wenn es nicht nur um private Angelegenheiten von Individuen geht. Demokratie meint schließlich nichts anderes als kollektive Selbstbestimmung. In dieser Hinsicht ist demokratische Bildungsarbeit selbstverständlich politisch. Um dabei nicht der angesprochenen politisch vorangetriebenen vermeintlichen Neutralität zu verfallen – ob in Bezug auf die Vermittlung einer demokratischen Weltanschauung oder das Aufzeigen und Unterstützen demokratischer Vereinsstrukturen –, gilt es für den Lernort, eine breite gesellschaftliche Forderung mitzutragen und voranzutreiben: Kein Fußball den Faschisten und auch keinen Fußbreit.

Literatur

Ahlrichs, R./Fritz, F. (2019): Demokratiebildung in antidemokratischen Zeiten. Der Beitrag der Vereine zur Sicherung der Demokratie – zwei empirische Einblicke aus Europa. In: Der pädagogische Blick, 27. Jg., H. 1, S. 39–48.

BAM! – Bildung am Millerntor (2019): Das FC St. Pauli-Museum als Lernort. Online: www.bildung-am-millerntor.de (03.02.2020).

Beichelt, T. (2018): Ersatzspielfelder. Zum Verhältnis von Fußball und Macht. Berlin: Suhrkamp.

Berman, S. (1997): Civil Society and the Collapse of the Weimar Republic. In: World Politics, 49. Jg., H. 3, S. 401–429.

Besand, A./Hölzel, T./Jugel, D. (2018): Inklusives politisches Lernen im Stadion. Politische Bildung mit unbekanntem Team und offenem Spielverlauf. Abschlussbericht der wissenschaftlichen Begleitung des Projekts Lernort Stadion. Dresden: Heinrich-Böll-Stiftung Sachsen.

Brown, A./Mathie, J. (2015): Incentivising and Supporting Community Ownership in Sport. A proposal for a Community Owned Sports Club Scheme. Online: https://www.substance.net/wp-content/uploads/COSC-Proposal-Full-Final.pdf (03.02.2020).

Deinet, U./Nörber, M./Sturzenhecker, B. (2003): Sozialgesetzbuch Achtes Buch: Kinder- und Jugendhilfe. Online: www.kreis-guetersloh.de/themen/jugend/kinder-und-jugendfoerderung/kinder-und-jugendarbeit/jugendarbeit-gesetzliche-grundlage.pdf?cid=34t (03.02.2020).

Detjen, J. (2007): Politische Bildung. Geschichte und Gegenwart in Deutschland. München: Oldenbourg.

DFB – Deutscher Fußball-Bund (2016): „Kein Fußball den Faschisten": Fanladen St. Pauli erhält Hirsch-Preis. Online: www.dfb.de/news/detail/kein-fussball-den-faschisten-fanladen-st-pauli-erhaelt-hirsch-preis-155434/ (03.02.2020).
DFB – Deutscher Fußball-Bund/Braun, S. (2013): Vereine sind eine Schule der Demokratie. Online: www.dfb.de/news/detail/braun-vereine-sind-eine-schule-der-demokratie-80396/ (03.02.2020).
DFL – Deutsche Fußball Liga (2018): Richtlinien für die Errichtung und Unterhaltung von Leistungszentren der Teilnehmer der Lizenzligen. Online: www.dfl.de/de/anlage-v-zur-lo-2/ (03.02.2020).
Erlinghagen, M./Fauser, S./Lübke, C. (2017): Soziale Partizipation von jugendlichen Migranten. Ergebnisse zu sportlichen, musikalischen und ehrenamtlichen Aktivitäten im Jugendalter. Online: www.connectnrw.de/media/content/WorkingPaper_Soziale_Partizipation.pdf (03.02.2020).
FAZ – Frankfurter Allgemeine Zeitung (2020): St. Pauli wehrt sich gegen Strafe für brisantes Plakat. Online: https://www.faz.net/aktuell/sport/fussball/bundesliga/biji-rojava-dfb-will-strafe-fuer-st-pauli-nach-fan-plakat-16583852.html (03.02.2020).
Feldmann-Wojtachnia, E. (2013): Wissenschaftliche Begleitung und Evaluation des Projekts „Lernort Stadion" der Robert Bosch Stiftung in Zusammenarbeit mit der Bundesliga-Stiftung. Zwischenergebnisse und Schlussfolgerungen. München: Centrum für angewandte Politikforschung.
Gabler, J. (2019): Die Ultras als Objekt sozialer und rechtlicher Intervention. In: Thole, W./Pfaff, N./Flickinger, H.-G. (Hrsg.): Fußball als Soziales Feld. Studien zu Sozialen Bewegungen, Jugend- und Fankulturen. Wiesbaden: Springer VS, S. 77–93.
Gabriel, M./Zeyn, J. (2019): Die unabhängigen Fanprojekte. In: Sozial Extra, 43. Jg., H. 1, S. 27–32.
Gebken, U./Süßenbach, J. (2018): Soziale Projekte im Fußball managen. Ausgangspunkte, Gelingensfaktoren und Stolpersteine. In: Gramespacher, E./Schwarz, R. (Hrsg.): Bildungspotentiale des Fussballs. Soziokulturelle Projekte und Analysen. Wiesbaden: Springer VS, S. 171–192.
Gieß-Stüber, P./Tausch, B./Freudenberger, K. (2018): kick für soziale Entwicklung. In: Gramespacher, E./Schwarz, R. (Hrsg.): Bildungspotentiale des Fußballs. Soziokulturelle Projekte und Analysen. Wiesbaden: Springer VS, S. 91–127.
Gramespacher, E./Schwarz, R. (Hrsg.) (2018): Bildungspotentiale des Fußballs. Soziokulturelle Projekte und Analysen. Wiesbaden: VS.
Grupe, O. (2000): Vom Sinn des Sports. Kulturelle, pädagogische und ethische Aspekte. Schorndorf: Hofmann.
Hebenstreit, S. (2012): Sozialwissenschaftliche Fußballforschung. In: Brandt, C./Hertel, F./Stassek, C. (Hrsg.): Gesellschaftsspiel Fußball. Eine sozialwissenschaftliche Annäherung. Wiesbaden: Springer VS, S. 19–37.
Heckemeyer, K./Schmidt, H. (2019): Fußball und Politik. In: FuG – Zeitschrift für Fußball und Gesellschaft, 1. Jg., H. 1, S. 3–7.
Hirsch, A. (2019): Gemeinwohlorientiert und innovativ? Die Förderung politischer Jugendbildung durch unternehmensnahe Stiftungen. Bielefeld: Transcript.
Horkheimer, M./Adorno, T. (1947): Dialektik der Aufklärung. Philosophische Fragmente. Amsterdam: Querido.
Hourcade, N./Pilz, G. A./Stahl, S. (2015): Fußball und Gewaltprävention. Eine deutsch-französische Studie. Berlin: Deutsch-Französisches Jugendwerk.
Kicker (2014): DFB überklebt Anti-Faschismus-Banner am Millerntor. Online: www.kicker.de/604377/artikel (03.02.2020).
Lernort Stadion e. V. (2019): Kick for Europe geht 2019 in erweiterte Runde. Online: www.lernortstadion.de/kick-for-europe-geht-2019-in-erweiterte-runde/ (03.02.2020).
Marcuse, H. (1965): Über den affirmativen Charakter der Kultur. In: Marcuse, H. (Hrsg.): Kultur und Gesellschaft. Frankfurt/M.: Suhrkamp, S. 56–100.
Mouffe, C. (2007): Über das Politische. Wider die kosmopolitische Illusion. Frankfurt/M.: Suhrkamp.
Nassehi, A. (2002): Politik des Staates oder Politik der Gesellschaft? Kollektivität als Problemformel des Politischen. In: Hellmann, K.-U./Schmalz-Bruns, R. (Hrsg.): Theorie der Politik. Niklas Luhmanns politische Soziologie. Frankfurt/M.: Suhrkamp, S. 38–59.
Negt, O./Kluge, A. (1972/2016): Öffentlichkeit und Erfahrung. Zur Organisationsanalyse von bürgerlicher und proletarischer Öffentlichkeit. Göttingen: Steidl.
Neuber, N./Züchner, I. (2017): Sport in der Ganztagsschule. Chancen und Grenzen für das Aufwachsen von Kindern und Jugendlichen. In: Diskurs Kindheits- und Jugendforschung, 12. Jg., H. 4, S. 403–416.

Patyna, M. J. (2019): Corporate Social Responsibility beim Hamburger SV. Corporate Volunteering. In: Werheid, M./Mühlen, M. (Hrsg.): CSR und Fußball. Berlin: Springer, S. 131–147.

Pieper, C. (2016): Aufmacher. In: Viva St. Pauli 2016/2017, 21. Jg., S. 2.

Portes, A. (2014): Downsides of Social Capital. In: Proceedings of the National Academy of Sciences of the United States of America, 111. Jg., H. 52, S. 18407–18408.

Richter, H. (2019): Sozialpädagogik – Pädagogik des Sozialen. Wiesbaden: Springer VS.

Schwerthelm, M. (2018): Demokratische Partizipation in der Offenen Jugendarbeit. Teilnahmeversuche von Jugendlichen. In: Kammerer, B. (Hrsg.): Auf dem Weg zur jugendgerechten Kommune? Neue Ansätze der Partizipation Jugendlicher. Nürnberger Forum der Kinder- und Jugendarbeit 2017. Nürnberg: emwe-Verlag, S. 107–128.

Sobiech, G. (Hrsg.) (2012): Spielen Frauen ein anderes Spiel? Wiesbaden: VS.

Thiel, A./Villanova, A./Toms, M./Friis Thing, L./Dolan, P. (2016): Can Sport be ‚un-political'? In: European Journal for Sport and Society, 13. Jg., H. 4, S. 253–255.

Vosgerau, S. (2014): Fußball und politische Bildung. Lernort Stadion. Was Fußball zur politischen Bildung beitragen kann. In: unsere jugend, 66. Jg., H. 6, S. 247–256.

Weber, M. (1924): Rede auf dem ersten Deutschen Soziologentage in Frankfurt 1910. In: ders. (Hrsg.): Gesammelte Aufsätze zur Soziologie und Sozialpolitik. Tübingen: Mohr, S. 421–484.

Welt (2016): „Kein Fußball den Faschisten" darf diesmal bleiben. Online: www.welt.de/sport/article158582693/Kein-Fussball-den-Faschisten-darf-diesmal-bleiben.html (03.02.2020).

Besonderheiten und Potenziale historisch-politischer Bildung in der Fanarbeit

Andreas Kahrs, Amelie Gorden und Daniel Lörcher

Einleitung[1]

Borussia Dortmund (BVB) begann seine Erinnerungsprojekte 2008 im Rahmen eines Auswärtsspiels in München mit dem Angebot zu einem Besuch der Gedenkstätte Dachau. Im Jahr 2011 folgte die erste mehrtägige Reise in die Gedenkstätte Auschwitz-Birkenau, organisiert aus Fankreisen und unterstützt durch Club und Fanprojekt. Seit 2013 sind die Angebote zur historisch-politischen Bildung Teil der über die folgenden Jahre ausgebauten Antidiskriminierungsarbeit des BVB. Mit einer zunehmenden Ausdifferenzierung der Projekte etablierten sich unterschiedliche Zielsetzungen, die im Laufe der Zeit in die Planung und mittelfristige Ausrichtung der Arbeit eingeflossen sind. Besonders die mehrtägigen Bildungsreisen mit Fans wurden mit Blick auf das besondere Potenzial für die Fanarbeit weiterentwickelt. Sie werden gemeinsam mit dem Fanprojekt Dortmund und der Fan- und Förderabteilung des BVB organisiert und in Zusammenarbeit mit den externen Partnern Mahn- und Gedenkstätte Steinwache Dortmund sowie dem Bildungswerk Stanisław Hantz durchgeführt. Jährlich gibt es zwei Bildungsreisen für Fans sowie ein gesondertes Angebot für Mitarbeiter_innen, Partner und Sponsoren. Seit Beginn der Maßnahmen konnten mit den mehrtägigen Bildungsreisen mehr als 900 Personen erreicht werden. Die Ziele der Bildungsprojekte sind insbesondere, historisches Wissen zu vermitteln, ein gemeinsames Gedenken an die Opfer der Massenverbrechen im Nationalsozialismus zu fördern sowie die Beziehungs- und Netzwerkarbeit mit den Teilnehmenden zu entwickeln. Weitere Möglichkeiten, wie die Öffentlichkeitsarbeit im Anschluss an Bildungsreisen sowie die Positionierung des BVB und seines Netzwerks gegen Antisemitismus und Diskriminierung, wurden in den vergangenen Jahren sukzessive ausgebaut. Der BVB ist damit Teil unterschiedlicher Initiativen innerhalb der deutschen Fanarbeit, historisch-politische Bildungsarbeit kontinuierlich zu erweitern. Die Arbeit mit Fußballfans weist einige Spezifika auf, die auch Ansätze für die Arbeit in Gedenkstätten und Bildungsinstitutionen in anderen gesellschaftlichen Feldern bieten. Mit Blick auf die Fanarbeit und die Etablierung einer konzeptionellen Antidiskriminierungsarbeit zeigen sich darüber hinaus Potenziale, die über die Bildungs- und Erinnerungsarbeit hinausgehen.

---

1 Wir danken Robert Claus für die kritische Kommentierung des Textes.

Dieser Essay diskutiert am Beispiel der mehrtägigen Bildungsreisen von Borussia Dortmund sowie auf Basis der Erfahrungen aus themenspezifischen Fortbildungen der Deutschen Fußball-Liga die Besonderheiten der Bildungsprojekte im Fußballkontext. Die benannten Teilaspekte sollen als Anregungen oder Orientierungen verstanden werden, wohl wissend, dass je nach Ansatz nie eine vollständige Adaption möglich oder auch sinnvoll ist.

Auseinandersetzung mit der Geschichte des Nationalsozialismus im Fußball

Initiativen zur historisch-politischen Bildung stehen in der deutschen Fußball-Landschaft mittlerweile in einer gewissen Tradition. Die Vereine selbst taten sich lange Zeit schwer mit einem kritischen Blick auf ihre eigene Geschichte während des Nationalsozialismus. Wie viele gesellschaftliche Institutionen verstanden sie sich als „unpolitisch" ohne eine spezifische Rolle in der Gesellschaft im Nationalsozialismus (vgl. Peiffer und Schulze-Marmeling 2008, S. 12f.). Eine besondere Dynamik entstand durch die Gründung der Initiative *Nie Wieder – Erinnerungstag im Deutschen Fußball* im Jahr 2004, die den verschiedenen Erinnerungsaktivitäten einen übergeordneten Rahmen geben konnte und zur Vernetzung erinnerungspolitisch aktiver Fans und Projekte beitrug. Ein Jahr später verlieh der Deutsche Fußball-Bund (DFB) erstmals den Julius-Hirsch-Preis, mit dem seither auch regelmäßig Gedenkinitiativen und historische Bildungsprojekte im Fußball gewürdigt werden.

In dieser Zeit begannen erste Fangruppen und Fanprojekte damit, Besuche in NS-Gedenkstätten in die Fanarbeit zu integrieren. Manche Initiativen verbanden beispielsweise ein Auswärtsspiel in München mit einem Besuch der Gedenkstätte Dachau oder reisten mit Fangruppen zu Gedenkstätten in Polen. Da sich gleichzeitig die Fanarbeit in den Vereinen professionalisierte, ließen weitere Fanbetreuungen und Fanprojekte in einer Art Domino-Effekt eigene Initiativen folgen.

Zu Beginn war die Auseinandersetzung mit den nationalsozialistischen Verbrechen in der Fanarbeit Teil der Initiativen gegen Rechtsextremismus, denen um die Jahrtausendwende und im Vorfeld der WM 2006 in Deutschland eine gesteigerte Aufmerksamkeit zukam. Einen wichtigen Beitrag zur positiven Diskursverschiebung dieser Zeit leisteten Fan- und Basisinitiativen wie das Bündnis aktiver Fußballfans (BAFF), deren Ausstellung *Tatort Stadion* seit dem Jahr 2001 eine breite Öffentlichkeit über Rassismus und Antisemitismus im Fußball informierte (vgl. Dembowski und Scheidle 2002). Als wichtiger Impuls für die Auseinandersetzung mit der Geschichte des deutschen Fußballs kann die Veröffentlichung der Studie *Fußball unterm Hakenkreuz* (vgl. Havemann 2005) gesehen werden. Über die Einordnung und Bewertung der Resultate entstand eine kontroverse Debatte (vgl. Peiffer 2015, S. 28 f.), die Beauftragung der Studie durch den DFB im Jahr 2001 war dennoch ein wichtiges Signal. Die Diskussion führte zu einer weiteren Beschäftigung mit der Thematik. Einige Vereine publizierten daraufhin eigene Bücher über ihre Geschichte im Nationalsozialismus.

Im Anschluss an die historischen Untersuchungen der ersten Dekade der 2000er Jahre wurde die Auseinandersetzung mit der eigenen Vereinsgeschichte regelmäßig zu einem wichtigen Bezugspunkt, wenn Fans, Fanprojekte und Vereine Erinnerungsaktivitäten und historische Bildung in die Fanarbeit integrierten. Zwar stand dabei vor allem das Interesse an Opfern der nationalsozialistischen Verfolgung im Zentrum, doch auch das Verhalten von Vereinsfunktionären und Spielern während der NS-Zeit wurde von Fans hinterfragt und erlangte in interessierten und kritischen Fankreisen Relevanz. Lange gepflegte Narrative, die die Fußballvereine vor allem als Institutionen darstellten, die durch das NS-Regime zu ihren Handlungen gedrängt worden seien, gerieten ins Wanken.

Ein wichtiges Element in der Entwicklung der Erinnerungsinitiativen war und ist die besondere Dynamik einer vereinsübergreifenden Vernetzung und eines gemeinsamen Austausches. Voneinander lernen ohne den sportlichen Wettstreit, so lautet unisono das Motto mit Blick auf Erinnerungsprojekte im Fußball. Der über die Jahre geschaffene institutionelle Rahmen bildete hierfür eine wichtige Grundlage, beispielsweise auf der Jubiläumstagung der DFB-Kulturstiftung im Sommer 2018 in Hamburg oder bei den jährlichen Versammlungen der Initiative *Nie Wieder*. Einen wichtigen Beitrag zum gemeinsamen Austausch leistete auch die DFL. Seit 2016 ermöglichte sie drei Fortbildungen für Mitarbeiter_innen der Fanarbeit, die in den Gedenkstätten Auschwitz-Birkenau und Theresienstadt stattfanden (vgl. Paul 2019). Diese mehrtägigen Seminare, zuletzt sogar ein Angebot des offiziellen Fortbildungsprogramms als Teil des Lizensierungsverfahrens, sollten in einem ersten Schritt Grundlagen für die Durchführung von Gedenkstättenfahrten im Fußballkontext legen, eigene Sicherheit in der Konfrontation mit dem historischen Ort vermitteln und somit helfen, neue Aktivitäten an den Standorten zu initiieren. In einem weiteren Schritt wurde die dritte Fortbildung im Jahr 2019 auch für eine Reflexion der bisherigen Erfahrungen an den unterschiedlichen Standorten genutzt. Zusätzlich profitierten unterschiedliche Vereine von einer Unterstützung durch den Pool zu Förderung innovativer Fußball- und Fankultur (PFiFF), den die DFL 2014 ins Leben rief.

Die in dieser Entwicklung in Deutschland entstandene Vielfalt an Projekten beeindruckt auch im internationalen Kontext. Seit Sommer 2019 läuft das durch die Europäische Kommission geförderte Projekt *Changing the Chants*, das die Erprobung von Maßnahmen und die Erstellung von Guidelines für die Arbeit von Fußballvereinen gegen Antisemitismus zum Ziel hat. Auch in diesem Projekt gelang in einem Workshop im November 2019 der Brückenschlag in die deutsche Fußball-Landschaft. Die europäischen Projektpartner von Mitinitiator Borussia Dortmund, Feyenoord Rotterdam, FARE Network und das Anne-Frank-Haus

Amsterdam, suchten gezielt den Austausch mit Vertreter_innen der Fanarbeit in Deutschland, um von den Erfahrungen der letzten Jahre zu profitieren und wiederum die eigenen entwickelten Konzepte aus den Niederlanden zu diskutieren. Bildungs- und Erinnerungsprojekte im Fußball haben in den vergangenen zwanzig Jahren also einen enormen Sprung vollzogen und sind gleichzeitig noch mitten in der Entwicklungsphase. Die Ziele und Möglichkeiten der Bildungsarbeit haben sich stark ausdifferenziert.

Gedenkstättenfahrten als Bildungsprojekte in der Fanarbeit

In der aktuellen Debatte in der deutschen Gesellschaft über die zukünftige Gestaltung der Erinnerung an den Holocaust und die Verbrechen der Nationalsozialisten wird häufig die Frage gestellt, welche Institutionen eventuelle Leerstellen besetzen können. Welche Akteure, jenseits von Schule und staatlichen Einrichtungen, können zur langfristigen Sicherung der Wissensvermittlung beitragen (vgl. Knigge 2010)? Die wichtige gesellschaftliche Aufgabe, die Fußballvereine übernehmen, wenn sie Bildungsangebote über die Geschichte des Nationalsozialismus an Fans richten, sollte demnach mehr Beachtung finden. Solche Aktivitäten sind ein Baustein einer weiter gefassten Antidiskriminierungsarbeit, die ihren Fokus auf Rassismus und Antisemitismus hat, mittlerweile aber auch Themenfelder wie Sexismus und Homophobie in den Blick nimmt. Projekte der historisch-politischen Bildung im Fußball sollten nicht notwendigerweise als Reaktion auf ein aktuelles ‚Problem' verstanden werden und benötigen keine Rechtfertigung durch besondere Vorfälle. Diese Maßnahmen der präventiven Fanarbeit leiten sich aus dem Bestreben ab, mittelfristig positiv in die Fangemeinde zu wirken, dort aktive Fans in ihrem eigenen Engagement zu bestärken und somit einen Beitrag zur gesellschaftlichen Entwicklung zu leisten.

Antisemitismus und Rassismus sind in den deutschen Fußball-Ligen als hör- und sichtbare Phänomene auf den Tribünen nicht mehr an der Tagesordnung. Dennoch ist unbestritten, dass sie dort genauso präsent sind wie in der breiten Gesellschaft. Studien bestätigen regelmäßig die Existenz von antisemitischen Denkmustern in verschiedenen Teilen der Gesellschaft auf gleichbleibendem Niveau (vgl. Zick et al. 2019). In Bezug auf Antisemitismus als Alltagsphänomen stellt sich die Frage, wie und an welchen Orten diesem mit Bildungsarbeit begegnet werden kann. Anstatt auf Bannern und Gesängen auf der Tribüne tritt Antisemitismus häufig im privaten Austausch auf, „in der Familie, der Schulpause, in Jugendclub und Disco, bei Stammtischen und Volksfesten, bei Begegnungen auf der Straße etc. Seine Formen sind Beschimpfungen, sogenannte Witze, abfällige Bemerkungen in realer oder digitaler Kommunikation" (Bundschuh 2013, S. 23). Mühelos erkennbar ist, dass der Stadionbesuch oder die Anfahrt zum Spiel ohne Reibungsverluste in diese Aufzählung passen. Besonders beim Antisemitismus finden wir das Phänomen, dass es keineswegs eine konkrete, als jüdisch wahrgenommene Person als Adressat_in antisemitischer Stereotype oder Diffamierungen braucht.

Fußballvereinen bietet sich über die positiv konnotierte Bindung zu den Fans eine einzigartige Chance, mit Konzepten der informellen Bildung eben jene Alltagswelt zu adressieren, die von anderen Initiativen und Bildungsinstitutionen schwer zu erreichen ist. Fans können für antisemitische Äußerungen sensibilisiert werden und lernen, Hintergründe und Erscheinungsformen zu erkennen. Sie nehmen diese Erfahrungen nicht nur mit in ihr Fußballumfeld, sondern auch in ihren weiteren Alltag mit Freund_innen, Familie und Kolleg_innen.

Der Besuch von Gedenkstätten ist mit Blick auf die heutige Gesellschaft häufig verknüpft mit einer hohen Erwartungshaltung an eben diese Sensibilisierung gegen Diskriminierung. Wie Auswertungen von Tagesbesuchen von Schulkassen in Gedenkstätten zeigen, führt die Auseinandersetzung mit den nationalsozialistischen Verbrechen am historischen Ort jedoch keineswegs automatisch zu einem Abbau eigener Vorurteile oder zu einer kritischen Hinterfragung der heutigen gesellschaftlichen Verhältnisse (vgl. Messerschmidt 2013).

Ein gut organisierter pädagogischer Rahmen, Zeit für die eigene Reflexion und ein mehrtägiger Aufenthalt an den Gedenkorten steigern nach unserer Erfahrung aber die Wahrscheinlichkeit, dass die Teilnehmenden über den historischen Bezug auch in eine Diskussion über die heutige Situation einsteigen. Fähigkeiten zur kritischen Reflexion aktueller Ausgrenzungsprozesse können zusätzlich gefördert werden, wenn in begleitenden Workshops oder der Nachbereitung des Tagesprogramms auf Verhaltensweisen der historischen Akteur_innen und ihre Handlungsspielräume eingegangen wird. Schon die Vorbereitung auf mehrtägige Fahrten bietet die Möglichkeit, in Tagesseminaren neben den organisatorischen Aspekten auch die inhaltliche Arbeit zu beginnen. Die Teilnehmenden können dadurch schon vor der gemeinsamen Reise eine Vertrauensbeziehung zu Teamer_innen und anderen Fans aufbauen, was die gemeinsame Diskussion sensibler Themen erleichtert und den offenen Austausch fördert.

Unumgänglich ist aus unserer Sicht das Gebot der Freiwilligkeit. Angebote für die historischen Bildungsprojekte sollten sich an interessierte Personen richten, die ihrerseits den Wunsch haben, im Rahmen einer Gemeinschaft von Fans die historischen Orte zu erkunden, sich im Kollektiv mit Fragen der Vergangenheit und der Gestaltung der gesellschaftlichen Zukunft zu beschäftigen.

Nationalsozialistische Geschichte als Stadtgeschichte – Stadtgeschichte als Club-Geschichte

Die in der Bildungsarbeit häufig anzutreffende Bezugnahme auf lokale Aspekte der Geschichte des Nationalsozialismus erweist sich im Fußballkontext als besonders fruchtbar. Fußballfans zeigen eine hohe Identifikation mit *ihrer* Stadt und Traditionen spielen eine wichtige Rolle innerhalb der Vereine. „Woher kommen wir?" – diese Frage hat im Fußball eine doppelte Relevanz, denn die Stadtgeschichte spiegelt auch die Gründungsgeschichte der Vereine wider. Viele europäische Fußballclubs wurden im ersten Viertel des 20. Jahrhunderts gegründet. Die 1930er Jahre waren die Jahre der ersten Erfolge, Helden und Legenden wurden geboren. Nach dem Krieg schrieben die deutschen Fußballvereine, wie viele andere Institutionen auch, ein halbes Jahrhundert lang ihre Geschichte eher unpolitisch – als habe es in der Zeit des Nationalsozialismus kein politisches Handeln im Sport gegeben.

Mit Rückgriff auf die mittlerweile verfügbaren Forschungsarbeiten lässt sich über die Frage, wie sich sowohl Stadt- als auch Vereinsfunktionäre im Nationalsozialismus verhalten haben, ein spannender Zugang zum Thema gewinnen. Fans sehen die NS-Geschichte durch das Prisma ihrer Vereinsgeschichte und wollen wissen und verstehen, wie sich ihre Offiziellen im Nationalsozialismus verhalten haben und wie mit jüdischen Mitgliedern oder politischen Gegner_innen umgegangen wurde. Sie lernen nicht zuletzt auch, wie sich Spieler und Funktionäre den neuen Machthabern angedient haben. Aktionen in unterschiedlichen Fanszenen, von Choreografien über Veranstaltungen bis zu eigenen Recherchen zu ehemaligen Spielern und Funktionären zeigen, wie vielfältig sich diese Bezugnahme in Projekten von und mit Fans gestalten lässt (vgl. Hertha BSC 2018).

In den Bildungsprojekten kann die lokale Spurensuche einen weiteren Anknüpfungspunkt an die Lebenswelt der Teilnehmenden bilden. Der öffentliche Raum ist für viele Fans geprägt von Orten, die sie mit dem Stadionbesuch und dem Spieltags-Erlebnis verbinden. Viele dieser Orte sind verknüpft mit der Deportationsgeschichte der Stadt, ohne dass dies im Alltag präsent ist. Wohnungen von jüdischen Deportierten, sogenannte „Judenhäuser" als ehemalige Sammelstellen oder Ausgangspunkte von Deportationen, können gemeinsam erkundet werden, um historische Ereignisse mit realen Orten der Alltagswelt in Zusammenhang zu bringen. Die Teilnehmenden entwickeln dabei einen aufmerksamen Blick für ihre Umgebung und können auch Verantwortung für die Stiftung und Erhaltung öffentlicher Erinnerungszeichen übernehmen.

Dortmunder Biografien als Wegbegleiter in den Projekten

In den Häusern der Städte wohnten und an den lokalen historischen Orten litten Menschen mit einer individuellen Geschichte. Verknüpft mit diesen Biografien ist das weithin bekannte Projekt der Stolpersteine. Fans von Borussia Dortmund widmen sich seit vielen Jahren an festen Tagen der Reinigung von Steinen, die an Personen mit besonderem Bezug zur Vereinsgeschichte erinnern. Unter ihnen finden sich ermordete Widerstandskämpfer und eine jüdische Familie, die als früher Sponsor des Vereins auftrat und in der Dortmunder Nordstadt wohnte, der Wiege des BVB (vgl. BVB Fanabteilung 2018). Solche Ankerpunkte bilden die Grundlage unserer mehrtägigen Reisen in die Gedenkstätten nach Polen. Anhand lokaler Beispiele lassen sich die Entwicklungsstufen der nationalsozialistischen Politik und antijüdischer Verfolgung gemeinsam erarbeiten. Vor der historischen Folie lernen die Teilnehmenden im Spannungsfeld zwischen Täter_innen und Zuschauer_innen Ausgrenzungsprozesse und Handlungsspielräume wahrzunehmen und zu diskutieren. Erste Ergebnisse aus Gesprächen über die gesellschaftlichen Prozesse, in denen die nationalsozialistischen Verbrechen überhaupt möglich geworden sind, sollten schon an die historischen Orte ‚mitgebracht' werden. Dadurch besitzt die Gruppe bereits eine gemeinsame Diskussionspraxis, an die während der Reise angeknüpft werden kann.

Die Arbeit mit biografischen Zeugnissen wird an den Gedenkstätten der ehemaligen Lager fortgesetzt, die mitgebrachten Biografien aus der Heimatstadt bilden den roten Faden des Projekts. Nachdem wir in Dortmund gemeinsam den ehemaligen Südbahnhof besucht haben, von dem aus verschiedene Deportationen starteten, begeben wir uns auch in Polen an die Ankunftsorte der Züge. Um die lokale Bezugnahme ins Zentrum des Bildungsansatzes zu stellen, wurden die möglichen Zielorte der Bildungsreisen aus dem Schicksal der Dortmunder jüdischen Gemeinde und den Zielorten ihrer Deportationen abgeleitet. So entstand die jährliche Fahrt ins polnische Zamość, eine kleine Stadt, die kein prominenter Ort auf der europäischen Karte des Holocaust ist. Während der Reise wird aus der Nahaufnahme des Dortmunder Transports die Geschichte der unter dem Namen „Aktion Reinhard" bekannten Mordaktion im Generalgouvernement erzählt. Beim Bildungsprojekt in der Gedenkstätte Auschwitz-Birkenau wiederum steht die Verschleppung von mehreren hundert Jüdinnen und Juden aus Dortmund in das größte deutsche Konzentrations- und Vernichtungslager im Fokus. Die regional sehr bekannte Biografie des Überlebenden Hans Frankenthal begleitet die Gruppe schon während des Vorbereitungsseminars und wird vor Ort aufgegriffen. Anregungen für biografische Ansätze und höchstwahrscheinlich auch entsprechendes Material bieten neben den Beispielen aus dem eigenen Verein lokale Gedenkorte und Initiativen, die sich mit der Verlegung von Stolpersteinen beschäftigen.

Eine wichtige Ergänzung zur Wissensvermittlung am historischen Ort ist für die BVB-Projekte das gemeinsame oder individuelle Gedenken an die Menschen, die an diesen Orten gefoltert und ermordet wurden. Hierbei geht es um die Würdigung ihres Leids und ihrer Schicksale. Wichtig ist uns, dass die Menschen nicht nur als bloße Opfer erscheinen, sondern als selbstbestimmte Individuen. Besonders der Frage nach widerständigem und solidarischem Verhalten kommt eine wichtige Bedeutung zu. Der Rahmen eines Gedenkmomentes dient der Herstellung eines eigenen Kontextes. Wichtig ist, dass auch hier die Freiwilligkeit Vorrang hat. Gruppensituationen bergen die Gefahr unnötiger Emotionalisierungen und eines empfundenen Zwangs, daran teilzunehmen. Das freiwillige und stille Lesen von kurzen Texten ermöglicht den individuellen Rückzug und schafft trotzdem Gemeinschaft (Ritscher 2013: 89). Auch die Gruppen können eigene Impulse entwickeln, wie ein Gedenkmoment als Gemeinschaft gestaltet werden kann.

Pädagogische Leitlinien

Besonders mit Blick auf heutigen Antisemitismus zeigt sich, dass die Bezugnahme auf die nationalsozialistische Verfolgung nur einen Teil der nötigen inhaltlichen Auseinandersetzung bildet. Gedenkstättenbesuche können folglich auch nur ein Element der Antidiskriminierungsarbeit der Vereine sein. Wichtig scheint uns, den inhaltlichen Teil bei Reisen in Gedenkstätten auf den historischen Ort zu beschränken und nicht mit anderen Fragen des Antisemitismus zu vermischen. Den Raum für weitere Aspekte können Vor- und Nachbereitungstreffen bieten oder auch Folgeangebote an Teilnehmer_innen unterschiedlicher Fahrten. Verschiedene Institutionen haben Handreichungen für die Arbeit zum Antisemitismus bereitgestellt und wir empfehlen ausdrücklich eine Beschäftigung mit diesen Fragestellungen auch im eigenen Team. Dies hat einen positiven Effekt auf die Weiterentwicklung der gemeinsamen Arbeit und führt dazu, auch die eigenen Ansprüche an das Projekt zu hinterfragen und das Programm zu verbessern. Wie in der Beschäftigung mit dem Holocaust gilt auch beim Thema Antisemitismus allgemein, dass Jüdinnen und Juden nicht ausschließlich als verfolgte Opfergruppe präsentiert werden sollten, sondern als handelnde Subjekte. Bei Besuchen von Synagogen und jüdischen Gemeinden ist zu beachten, dass nicht allein jüdischen Referent_innen die Rolle des „Aufklärers" zukommt.

Holocaust, Antisemitismus und jüdische Geschichte sind komplexe Themen und gehen weit über die üblichen Inhalte der Fanarbeit hinaus. Entsprechend ist es sinnvoll, als Begleitung für die Fahrten und für themenspezifische Workshops auf externe Expert_innen zurückzugreifen. Besonders bei den mehrtägigen Fahrten gilt nach unserer Erfahrung, dass niemand unter den Teamer_innen alles können und abdecken muss. Eine gute Rollenaufteilung schafft die nötigen Freiheiten für den pädagogischen Rahmen und die Beziehungsarbeit mit den Fans. Der Umgang miteinander in der Gruppe sollte durch Respekt und Anerkennung geprägt sein. Dies wird schon am ersten Tag miteinander ausgehandelt und vereinbart. Auch wenn die Teilnahme am Programm auf Freiwilligkeit basiert, müssen sich die Gruppen arrangieren, um die bis zu sieben Programmtage vor Ort gemeinsam zu verbringen. Das heißt, dass auch immer Ein- und Ausschlussdynamiken auftreten werden. Zudem finden sich in jeder Gruppenkonstellation Dominanz- und Ausgrenzungspraktiken. Diese Mechanismen im Blick zu haben, sie im Zweifel anzusprechen und alternative Handlungsformen vorzuleben beziehungsweise diese direkt am Beginn der Bildungsreise gemeinsam mit der Gruppe zu entwickeln, ist wichtiger Bestandteil der pädagogischen Arbeit vor Ort, aber auch schon beim Vorbereitungstreffen (vgl. Gramelt 2010, S. 191).

Um kritisches Denken unter den Teilnehmenden zu fördern und Selbstreflexion zu ermöglichen, sind geeignete Rahmenbedingungen von großer Bedeutung. Gespräche in der Gruppe über Bezüge zwischen dem, was die Teilnehmenden am Tag erlebt haben, und aktuellen gesellschaftlichen Entwicklungen entstehen häufig im Anschluss an das Tagesprogramm in informellen Runden. Teamer_innen sollten in der Lage sein, diese Runden partiell zu begleiten, und auch auf potenzielle Diskussionsverläufe vorbereitet sein. Sowohl offene Gesprächsrunden als auch Tagesauswertungen werden auf unseren Reisen von vornherein als selbstverständlicher Programmteil kommuniziert und zeitlich eingeplant. Mehrtägige Aufenthalte entwickeln eine besondere Dynamik, sind aber für Teilnehmende viel anstrengender als für Organisator_innen, die bereits mit den Orten vertraut sind.

Die Grundhaltung aller Teamer_innen gegenüber den Bezugsgruppen ist empathisch und wertschätzend. Wir stellen immer wieder fest, wie viele Menschen große Bedenken vor dem Besuch einer Gedenkstätte beziehungsweise der Teilnahme an einer Bildungsreise haben. Umso größere Bedeutung hat es aus pädagogischer Sicht, dass die Gruppe sich wertgeschätzt fühlt. Entsprechend bringen die Teamer_innen den Teilnehmenden Interesse entgegen. Sie geben ihnen Raum zu äußern, was sie denken und fühlen. Diese Bildungsprozesse rücken bewusst die Teilnehmenden in den Fokus und geben ihnen die Möglichkeit, sich aktiv am Programm zu beteiligen und dieses mitzugestalten (vgl. Gramelt 2010, S. 187 ff.).

In Gruppen mit unterschiedlichen Persönlichkeiten und verschiedenen Hierarchie-Ebenen haben Teamer_innen außerdem die besondere Aufgabe, für eine Atmosphäre der Akzeptanz zu sorgen: Sie vermitteln, dass Meinungen und Wahrnehmungen unterschiedlich sein können, aber alle gehört und anerkannt werden. Diese Diversität in den Gesprächen leitet sich aus der Diversität der Gruppen ab, da der persönliche Hintergrund aller Teilnehmenden immer auch in die Reflexionsgespräche einfließt. Hierin sehen wir auch eines der größten Potenziale der Projekte.

Gruppendiversität als besondere Möglichkeit

Die mit Blick auf Gedenkstättenprojekte häufig in öffentlichen Statements geäußerte Annahme, die Angebote sollten sich vor allem an junge Menschen richten, möchten wir mit Nachdruck widersprechen. Eine einzigartige Stärke von Projekten im Fußball ist, dass sie eine ungemein heterogene Zielgruppe zusammenführen können. Andere mehrtägige Bildungsinitiativen zum Holocaust weisen häufig eine homogene Gruppenstruktur beispielsweise mit Blick auf das Alter (Schulklassen, Jugendverbände) oder den Bildungshintergrund (Studierende) der Teilnehmenden auf. Die Projekte finden zudem meistens nur in gewissen Bereichen des gesellschaftlichen Lebens statt, altersgruppenübergreifendes Lernen ist sehr selten; vor allem, weil es entsprechende Angebote gar nicht gibt. Aus den Auswertungsbögen vieler Teilnehmenden wissen wir, dass das BVB-Angebot für viele häufig die erste Möglichkeit eines organisierten und betreuten Gedenkstättenbesuchs darstellte. Als besonders wichtig bewertet wurde, dass diese emotionale Konfrontation mit dem Thema in einer BVB-Gemeinschaft erlebt werden konnte. In den Bildungsprojekten im Fußballkontext kann es gelingen, Barrieren des Alltags zu überwinden, wenn die Möglichkeiten genutzt werden, welche die heterogene Zielgruppe bietet. Diversität kann bei der Zusammensetzung der Gruppen gezielt gefördert werden.

Besonders die Diskussionen und Auswertungsrunden zeichnen sich durch die für viele Menschen im Alltag eher ungewöhnlichen generationsübergreifenden Gespräche aus. Die Teilnehmenden der BVB-Projekte der letzten Jahre hatten eine Altersspanne zwischen 14 und 74 Jahren.

Neben dem Alter gehören auch unterschiedliche Sozialisierungen innerhalb der Fanszene zu einer vielfältigen Gruppe. Mit der offenen Ausschreibung der Reisen sprechen wir alle Bezugsgruppen aus dem Stadion und dem Umfeld des Vereins direkt mit einer Einladung zu den Reisen an. Konkret bedeutet dies, dass sich die Gruppe immer aus der aktiven Fanszene, nationalen wie internationalen Fanclubs, Dauerkartenbesitzer_innen, Fans mit Behinderung sowie Fans und Personen, die nicht jeden Spieltag im Stadion verbringen oder in einer anderen Beziehung zum Verein stehen, zusammensetzt. Dies führt automatisch zu einer Pluralität der repräsentierten individuellen Lebenssituationen, sozialer Hintergründe und Bildungsbiografien. Barrieren, wie sie im Alltag zwischen den Teilnehmenden bestehen, werden somit abgebaut. Das gemeinsame Dach bildet die Verbindung zum Fußball und natürlich zum *eigenen* Verein. Es bleibt jedoch eine Aufgabe – für die Bildungsprojekte wie die Fanarbeit generell – mit migrationssensiblen Konzepten auch in diesem Feld eine angemessene Repräsentation der gesellschaftlichen Vielfalt zu erreichen.

Netzwerkarbeit im Rahmen der Bildungsreisen

Die mehrtägigen Bildungsreisen ermöglichen und beinhalten eine positiv bewertete Kommunikations- und Beziehungsarbeit mit Fans. Ebenso kommen die Teilnehmenden in einen Kommunikations- und Beziehungsaustausch untereinander. Beides bietet unterschiedliche Möglichkeiten und es lohnt sich, eine eventuelle spezifische Ausrichtung schon bei der Projektplanung zu berücksichtigen. Mehrtägige Projekte in einer offenen Ausschreibung können helfen, neue Personenkreise in der Fanszene zu erschließen und in die weiterführende Arbeit einzubinden. Während es hierbei wichtig ist, die Zahl der vorhandenen engen Beziehungen zwischen den Teilnehmenden gezielt gering zu halten und somit offene Begegnungen mit anderen Fans zu fördern, bieten die Fahrten in anderer Konstellation die Möglichkeit, bestehende Netzwerke und Beziehungen zwischen Fans zu festigen und ein gezieltes Gruppendesign zu betreiben. Borussia Dortmund verfolgt seit 2014 beide Ansätze parallel mit dem Angebot von zwei eigenständigen, mehrtägigen Reisen zu unterschiedlichen Orten des Holocaust in Polen. Die Reise in die Gedenkstätte Auschwitz-Birkenau bildet häufig den Einstieg für Teilnehmende, die sich auf die offene Ausschreibung melden. Sie sind mittlerweile den unterschiedlichen Institutionen der Fanarbeit häufig nicht persönlich bekannt. Ein großer Teil dieser Gruppe findet sich regelmäßig unter den Teilnehmenden der zweiten Fahrt nach Zamość und in die Region Lublin wieder. Diese Reise wurde bereits in ihrem Ursprung als Angebot an Multiplikator_innen und zur Festigung von bestehenden Strukturen konzipiert.

Kann eine Kontinuität im Angebot der Bildungsprojekte gewährleistet werden, vernetzen sich auf diese Weise von Jahr zu Jahr immer mehr Personen im Vereinsumfeld und teilen gemeinsame Erlebnisse. Ergänzt werden die mehrtägigen Reisen durch regelmäßige weiterführende Angebote. Hierzu zählen Workshops, Lesungen oder Gespräche mit Zeitzeug_innen, die jeweils Anlässe bieten, Teilnehmende aus unterschiedlichen Jahren zusammenzuführen und einen Austausch auch über aktuelle Themen zu ermöglichen. Wir versuchen hier die gesamte Breite der Antidiskriminierungsarbeit abzudecken und von den historischen Themen zu lösen. Bereits im zweiten Jahr kontinuierlicher Angebote beginnt somit der Aufbau eines Netzwerks in der Fangemeinschaft, in dem sich Personen neu begegnen. Sie organisieren sich selbst in diesem Netzwerk und teilen ihr Wissen, Veranstaltungen und Infos, die das Thema und das Engagement für eine vielfältigere Fangemeinschaft und Gesellschaft betreffen. Unter dem gemeinsamen Dach des Clubs entsteht so ein Zusammengehörigkeitsgefühl, in dem die mehrtägigen Bildungsreisen immer wieder zum Knotenpunkt werden.

Sollen die Bildungsprojekte nach oben genannten Zielen der Beziehungs- und Netzwerkarbeit ausgerichtet sein, lassen sie sich aus unserer Sicht nicht mit Angeboten für rechtsoffene Fans kombinieren. Einerseits wäre es nicht möglich, das Vertrauensverhältnis aufrechtzuerhalten, das die Teamer_innen mit ihrer engen Begleitung auf den Bildungsreisen aufbauen. Es gäbe keinen deutlich wahrgenommenen geschützten Rahmen, auf den sich die Teilnehmenden verlassen können, die potenziell in der Vergangenheit durch das Auftreten rechtsoffener Fans selbst betroffen waren. Ihre Einbeziehung in die weitergehende Arbeit wäre äußerst unsicher.

Zum anderen ist die Bildungsarbeit an historischen Orten nationalsozialistischer Verbrechen unbedingt vom „Prinzip der Freiwilligkeit" getragen (vgl. Hafeneger 2020). Die Bildungsreisen werden offen ausgeschrieben und grundsätzlich können sich alle Personen anmelden. Die Erfahrungen der letzten Jahre zeigen, dass die Anmeldungen auf dem Interesse jedes und jeder Einzelnen an dem Thema beruhen und somit die Gruppenreise bereits auf einem gewissen Grundkonsens aufbauen kann. Anmeldungen überschreiten mittlerweile die Zahl der verfügbaren Plätze mindestens um das Dreifache.

Daran anknüpfend sollte das mittelfristige Ziel im Aufbau eines positiven Netzwerks in der Fangemeinschaft liegen, in dem Teilnehmende der Projekte zu eigenem Engagement angeregt und in weiteren Aktivitäten unterstützt werden. Der pädagogische Rahmen der Projekte stärkt den Aufbau einer vertrauensbasierten Beziehung der Fans untereinander und auch gegenüber den Teamer_innen. Dieses Vertrauen ist elementar, wenn die Arbeit über die Projekte hinaus in den Alltag wirken soll. Teil des Verständigungsprozesses zwischen den Fans ist der gemeinsame Anspruch, das Zusammenleben der Fangemeinschaft innerhalb und außerhalb des Stadions aktiv mitzugestalten. Je mehr das aufgebaute Netzwerk wächst, desto größer ist die Chance, dass sich Fans in kritischen Situationen im Stadion auf ein gemeinsames Handeln verständigen können und beispielsweise Vorfälle von Diskriminierungen melden und Betroffene unterstützen.

Wirkung nach innen und Positionierung nach außen

Die Fanarbeit-Projekte bieten auch anderen Bereichen des Vereins Anknüpfungsmöglichkeiten. Eine Berichterstattung in den vereinseigenen Medien erhöht die Reichweite des Projekts und gibt der Bildungsarbeit Rückhalt, indem der Verein sich entsprechend positioniert. Eine mediale Begleitung der Projekte sollte aus unserer Sicht aber nicht das Hauptanliegen der Reisen sein, sondern mit Bedacht gewählt werden. Außenstehende Journalist_innen könnten als Fremdkörper wahrgenommen werden und die Ziele der Beziehungsarbeit gefährden. Dennoch ist die öffentliche Positionierung des Vereins zu Bildungsprojekten von großer Bedeutung, denn sie bestärkt letztlich auch Initiativen aus Fankreisen.

Um auch innerhalb der Club-Strukturen das Verständnis des Fußballvereins als gesellschaftlichem Akteur zu stärken, ist es wichtig, Kolleg_innen aus anderen Arbeitsbereichen des Clubs über die eigene Arbeit zu informieren und einzubinden. Dies gilt besonders, wenn ein Verein den ersten Schritt in diesem Arbeitsfeld geht und somit Neuland betritt. Bei Borussia Dortmund entstand daraus die Idee, in der Partnerschaft dieses Vereins mit dem Hauptsponsor Evonik Industries AG mit Blick auf die Angebote zur historisch-politischen Bildung einen innovativen Weg zu beschreiben. Aufgrund der Geschichte der Vorgänger-Unternehmen von Evonik, die auf unterschiedliche Weise in die nationalsozialistischen Verbrechen verwickelt waren, lag eine gemeinsame mehrtägige Seminarreise nach Oświęcim nahe. Im Jahr 2017 richtete sich das Angebot erstmalig auch an Mitarbeiter_innen von Borussia Dortmund und Evonik und findet seitdem jährlich statt. Die gemeinsame inhaltliche Auseinandersetzung mit der Vergangenheit stärkt nicht nur die Beziehungen innerhalb der jeweiligen Belegschaft, sondern auch zwischen den beiden partnerschaftlich verbundenen Unternehmen. Beide unterstreichen damit, dass die Arbeitgeber jenseits ihres unterschiedlichen Kerngeschäfts – hier Profifußball, dort die chemische Industrie – einen Rahmen schaffen können, um ihre Belegschaften auch in Fragen der heutigen und der zukünftigen Gesellschaft zu stärken und durch Bildungsprojekte zu fördern. Auf Seiten der BVB-Mitarbeiter_innen sind seither Verständnis und Interesse an der Arbeit mit Fans gestiegen.

Durch thematische Folgeangebote und Veranstaltungen, welche sich immer an das gesamte Netzwerk – bestehend aus Fans, Mitarbeiter_innen, Sponsoren und Partnern – richten, können Barrieren des Alltags abgebaut werden. Beispielhaft ist die Veranstaltung zum „Tag gegen das Vergessen" im BVB-Museum Borusseum. Im Januar 2020 lud das Museum zum zehnten Mal zu diesem Erinnerungstag ein. Zu Gast war die Auschwitz-Überlebende Halina Birenbaum. Begleitende mediale Meldungen über die Social-Media-Kanäle des BVB werden mittlerweile regelmäßig platziert und haben mit dafür gesorgt, dass die Erinnerungsarbeit und die Projekte des BVB gegen Antisemitismus zu einem festen Baustein der Vereinsarbeit geworden sind und von Personen aus dem ganzen Spektrum des Clubs getragen werden (vgl. Borussia Dortmund 2019).

Literatur

Borussia Dortmund (2019): Borussia verbindet. Gemeinsam erinnern, gemeinsam gegen Antisemitismus. Dortmund.

Bundschuh, S. (2013): Alltagskultur. Soziologische Reflexionen zum Alltag als Handlungsfeld einer Pädagogik gegen Antisemitismus. In: Kreuzberger Initiative gegen Antisemitismus (Hrsg.): Widerspruchstoleranz. Ein Theorie-Praxis-Handbuch zu Antisemitismuskritik und Bildungsarbeit. Berlin: KIgA, S. 23–27.

BVB Fanabteilung (2018): BVB-Fans brachten Stolpersteine wieder zum Glänzen. Online http://bvb-fanabteilung.de/neuigkeiten/bvb-fans-brachten-stolpersteine-in-dortmund-wieder-zum-glaenzen-3/ (04.04.2021).

Dembowski, G./Scheidle, J. (2002): Tatort Stadion. Rassismus, Antisemitismus und Sexismus im Fußball. Köln: PapyRossa.

Gramelt, K. (2010): Der Anti-Bias-Ansatz. Zu Konzept und Praxis einer Pädagogik für den Umgang mit (kultureller) Vielfalt. Wiesbaden: Springer VS.

Havemann, N. (2005): Fußball unterm Hakenkreuz. Der DFB zwischen Sport, Politik und Kommerz. Frankfurt/M.: Campus.

Hafeneger, B. (2020): Politische Bildungsarbeit. In: Bollweg, P./Buchna, J./Coelen, T./Otto, H.-U. (Hrsg.): Handbuch Ganztagsbildung. Wiesbaden: Springer VS, S. 669–681.

Hertha BSC (2018): Dr. Hermann Horwitz. Eine Spurensuche. Berlin.

Julius Hirsch Preis des DFB. Online: www.dfb.de/preisewettbewerbe/julius-hirsch-preis/ (17.05.2021).

Knigge, V. (2010): Zur Zukunft der Erinnerung. In: Aus Politik und Zeitgeschichte, H. 25–26/2010, S. 10–16.

Messerschmidt, A. (2013): Selbstbilder, Emotionen und Perspektiverweiterungen in antisemitismuskritischen Bildungsprozessen. In: Kreuzberger Initiative gegen Antisemitismus (Hrsg.):

Widerspruchstoleranz. Ein Theorie-Praxis-Handbuch zu Antisemitismuskritik und Bildungsarbeit. Berlin: KIgA, S. 15–18.
Paul, C. (2019): Gegen das Vergessen. In: DFL Magazin, 6/2019, S. 30–35.
Peiffer, L./Schulze-Marmeling, D. (2008): Vorwort. In: dies. (Hrsg.): Hakenkreuz und rundes Leder. Fußball im Nationalsozialismus. Göttingen: Die Werkstatt, S. 10–15.
Peiffer, L. (2015): Sport im Nationalsozialismus: Zum aktuellen Stand der sporthistorischen Forschung. Eine kommentierte Bibliografie. Göttingen: Die Werkstatt.
Zick, A./Küpper, B./Berghan, W. (Hrsg.) (2019): Verlorene Mitte – Feindselige Zustände. Rechtsextreme Einstellungen in Deutschland 2018/19. Bonn: Dietz.

Vielfalt statt Verdrängung

Erinnerungskultur im Fußball an den Beispielen des Hamburger Sport-Vereins und der Stadt Bochum im Nationalsozialismus

Paula Scholz und Gero Kopp

Einleitung

Borussia Dortmund begab sich auf *Spurensuche*, das Stadtarchiv Bochum zeigte mit *Unsere Heimat, unsere Liebe...* eine Ausstellung über die Geschichte des VfL Bochum im Nationalsozialismus und das Fanprojekt Paderborn initiierte die Konzeption eines Studientages über Fußball in dieser Zeit. Erinnerungsarbeit im Fußball ist in diesen Tagen en vogue. Im vorliegenden Beitrag möchten wir uns diesen Bereich anhand von zwei Beispielen genauer anschauen. Wir richten uns an Fußballfans, Fanprojekt-, Vereins- und Verbandsmitarbeiter_innen sowie an alle, die an der Aufarbeitung des Nationalsozialismus und an Erinnerungsarbeit im deutschen Fußball interessiert sind.[1] Die Aufarbeitung der Geschichte des Fußballs im Nationalsozialismus begann erst Anfang der 2000er Jahre, nicht zuletzt durch die erhöhte Aufmerksamkeit im Zuge der Vorbereitungen für die Weltmeisterschaft 2006 in Deutschland. Die sechs Jahrzehnte zuvor war in dieser Richtung wenig passiert: Unmittelbar nach Kriegsende war ein Großteil der Funktionäre wieder oder immer noch im selben Amt. Folglich war das Interesse, das eigene Mitwirken am Nationalsozialismus frühzeitig offenzulegen, gering. Jahrelanges Schweigen und Verdrängen sind in dieser Hinsicht ein gesamtgesellschaftliches Problem, allerdings begann der organisierte Fußball deutlich später mit der Aufarbeitung seiner eigenen Geschichte als andere gesellschaftliche Bereiche. Dabei waren es vor allem Historiker_innen, Journalist_innen und Fans, die oft gegen Widerstände Narrative hinterfragten und mit Recherchen begannen (vgl. Peiffer und Wahlig 2020, S. 48 f.).

Fußball erfüllt identitätsstiftende, aber auch soziale, wirtschaftliche, gesellschaftliche und damit politische Funktionen. Er ist von der jeweiligen politischen Ordnung beeinflusst und fungiert als Vernetzungsort für Männerbünde und rechte Strukturen. Eines der Narrative, welches einer Aufarbeitung der Vergangenheit im Nationalsozialismus häufig im Wege steht, ist das des unpolitischen Fußballs. Dieses Postulat macht das Politische am Fußball unsichtbar

---

[1] Ein großer Dank an Juliane Röleke für die Korrekturen des Manuskripts.

und verhindert dessen Analyse. Beispielsweise nutzen rechte Akteur_innen diese Behauptung, um von ihrer Agenda abzulenken – ein unpolitischer Sport könne eben nicht rechts sein. Spannend ist zudem die Frage, welche Beziehungen zwischen dem Fan-Sein und dem damit einhergehenden Lokal- und Vereinspatriotismus auf der einen Seite und Nationalismus auf der anderen Seite bestehen – und was die Fankurve und -szene mit Vorstellungen verbindet, die den Grundzügen einer „Volksgemeinschaft" eventuell näherkommen als gedacht. Für die Zeit nach 1945 gilt: Wer sagt, der Sport sei unpolitisch, versperrt oft bewusst den Weg, Geschichte aufzuarbeiten. Dabei macht unter anderem auch die zunehmende Diskursverschiebung in Deutschland (und anderswo) es immer notwendiger, sich gegen Rassismus, Antisemitismus und alle anderen Formen der Diskriminierung und Unterdrückung zu positionieren. Der Fußball bietet bis heute eine Möglichkeit für rechte Akteur_innen, sich zu vernetzen und teils offen ihre Gesinnung zu zeigen. Umso wichtiger ist es, dass Vereine und Fanprojekte Gruppen, die sich gegen Diskriminierung und für eine offene und vielfältige Gesellschaft einsetzen, unterstützen. Das kann in der Praxis bedeuten, einigen Fans Vorteile zu bieten, die andere nicht haben. Es heißt aber gleichzeitig, sich rechter und ausschließender Ideologie entschlossen entgegenzustellen. Konkret können Fans in ihrem Interesse, die Geschichte des Vereins im Nationalsozialismus zu thematisieren, unterstützt werden. In ihrer hohen Identifikation mit dem Verein liegen Potenziale, welche die Fanprojekte erkennen und nutzen sollten.

Erinnerungsarbeit ist vielfältig. Sie reicht von Gedenkstättenbesuchen, Infoabenden, Archivrecherchen oder Stadtrundgängen hin zu Ausstellungen, Podcasts, Broschüren oder Gedenktafeln. Die Beschäftigung mit konkreten Biografien kann genauso sinnvoll sein wie die Auswertung von historischen Vereinsschriften oder der Besuch von Orten der nationalsozialistischen Verfolgung. Wichtig ist in allen Fällen, lokale Bezüge herzustellen. Fanprojekte können hier mitdenken und Anstöße geben. Es sind zudem nicht nur die Spieler_innen, Funktionäre und Mitglieder, die das Leben eines Vereins prägten und deren Geschichten für die Aufarbeitung des Nationalsozialismus recherchiert werden können: Viele der großen Sponsoren im heutigen deutschen Profifußball sind Unternehmen, deren Vorgänger vom Nationalsozialismus profitierten, respektive die nationalsozialistische Politik aktiv unterstützten. Hierzu gehören beispielsweise Volkswagen, Daimler-Benz, die Allianz, Audi und Evonik. Einige von ihnen gehen offen mit ihrer Geschichte um. Andere, wie beispielsweise der Bayer-Konzern, der seine Verantwortung als Nachfolgeunternehmen der I. G. Farben im Zuge der nationalsozialistischen Massenvernichtungen offen ignoriert, verschweigen ihre aktive Mitwirkung.[2]

Um Vergangenheit und Gegenwart miteinander in Bezug zu setzen, ist es wichtig, sich mit „Kontinuitätslinien und Brüchen in unterschiedlichen

---

2 www.bayer.com/de/unternehmensgeschichte/unternehmensgeschichte-1925-bis-1945

gesellschaftlichen Feldern nach 1945" (Gryglewski 2016, S. 27) auseinanderzusetzen. Wir dokumentieren im nächsten Abschnitt zunächst, wie der westdeutsche Fußball sich weigerte, seine Vergangenheit im Nationalsozialismus aufzuarbeiten. Anschließend werden wir an den Beispielen der Stadt Bochum und des Hamburger SV zeigen, welche Themen und Ansätze bereits existieren, sich mit der Vereinsgeschichte im Nationalsozialismus zu befassen. Daraus werden wir in unserem Fazit Herausforderungen, Lücken, aber auch Chancen der Erinnerungsarbeit im deutschen Fußball ableiten.

Kontinuitäten und Verdrängung im „Fußball-Westen" nach 1945

Ähnlich wie auf Bundesebene der Deutsche Fußball-Bund (vgl. Peiffer und Wahlig 2020, S. 46 f.) war auch der 1947 gegründete Westdeutsche Fußballverband (WFV), Nachfolger des Westdeutschen Spiel-Verbandes (WSV), von inhaltlichen und personellen Kontinuitäten zum Nationalsozialismus geprägt. Anstelle eines grundlegenden Neubeginns wurde – wie in anderen gesellschaftlichen Bereichen auch – vor allem Beständigkeit als Grundlage neuer Stabilität ausgerufen. Funktionäre auch des Fußballs im Nationalsozialismus, wie der Bochumer Constans Jersch, erstmalig 1908 Vorsitzender des WSV, und der Kölner Peco Bauwens, später DFB-Präsident, prägten die Entwicklung des westdeutschen Verbandes nach 1945 maßgeblich. Überdies formulierte beispielsweise der in der Weimarer Republik als Teil des Jugendausschusses im WSV und darauffolgend im Nationalsozialistischen Reichsbund für Leibesübungen (NSRL) tätige Wilhelm Erbach wenige Jahre nach seiner Entlassung aus der Internierungshaft 1949 sportpädagogische Texte, in denen seine biologistische Denkweise deutlich wurde (vgl. Oswald 2008a, S. 302). Zudem behauptete er 1952, sich gegen jeden „religiös, politisch oder rassisch bedingten Ausschluss von der großen Sportbewegung" (Erbach 1952, S. 116 f.) auszusprechen und führte auf diese Weise sein eigenes Handeln in der NS-Zeit vollständig ad absurdum. Bis Mitte der 1960er Jahre veröffentlichte er, vom Verband äußerst geschätzt, weitere Publikationen in dessen Auftrag. Anstatt die eigenen Verstrickungen einzugestehen, hielt er in seinen Veröffentlichungen Mythen aufrecht wie den, dass der unpolitische Sport gegen den Willen seiner Vertreter von den Nationalsozialisten „gleichgeschaltet" worden sei.

Der WFV gestand seine aktive Rolle bei der Unterstützung nationalsozialistischer Politik auch 1998 in der Chronik zum 100-jährigen Verbandsjubiläum nicht ein (vgl. Wick und Fiesseler 1998, S. 83–90). Dass der NSDAP-Beitritt von ehemals nationalsozialistischen Funktionären ein „Dienst am Sport" gewesen sei, wurde darin unkommentiert abgedruckt (vgl. Wick und Fiesseler 1998, S. 101). Im Zentrum der Nachbetrachtung standen zudem vielmehr wirtschaftliche und sportliche Aspekte und Entwicklungen.

Lange ignorierten Akteur_innen im Fußball auch das Wirken des ehemaligen WSV-Vorsitzenden Constans Jersch in der Zeit der Weimarer Republik und im Nationalsozialismus. Jersch hatte 1924 dem jüdischen Sportverein Hakoah Essen wegen angeblicher Überfüllung der Spielklassen die Aufnahme in den WSV (vgl. Wahlig 2015, S. 38) verweigert. Adolf Hitler stellte er für den Wahlkampf im Juli 1932 mit dem Stadion an der Castroper Straße einen idealen Ort für dessen Propaganda zur Verfügung (vgl. Wahlig 2011, S. 34 f.). Auch nachdem im Mai 1933 auf der Dortmunder Verbandsversammlung der deutlich nationalsozialistischer orientierte Josef Klein gewählt wurde (vgl. Havemann 2005, S. 119), unterstützte Jersch die Arbeit des Verbandes weiter, indem er ihn sowohl nach außen als auch in den Spitzenverbänden repräsentierte. Ab November 1934 wurde ihm die Leitung des Fußball-Gaues Neun (Westfalen) übertragen. Jersch galt als organisatorisch erfahren und loyal gegenüber dem nationalsozialistischen Regime. Bei der Beschäftigung mit seiner Person stand lange vor allem sein wichtigstes Interessensfeld im Vordergrund, die Professionalisierung des Fußballsports. Jerschs zentrale Forderung war zeitlebens die notwendige Trennung des Amateurismus vom Berufsfußball, was knapp 30 Jahre später in veränderter Form mit der Gründung der Bundesliga umgesetzt wurde (vgl. Wick und Fiesseler 1998, S. 72).

Ein weiterer westdeutscher Fußballfunktionär vor, während und nach der Zeit des Nationalsozialismus war der bekannte Schiedsrichter Peco Bauwens. Nachdem er 1950 den Vorsitz des WFV gegen die Präsidentschaft des DFB getauscht hatte, sahen auch seine Nachfolger im Westdeutschen Fußballverband in den folgenden Jahrzehnten keine Notwendigkeit einer kritischen Retrospektive. Die personelle Kontinuität in den Verbänden führte außerdem dazu, dass sich die nationalsozialistische Geschichtsschreibung des westdeutschen Fußballs fortsetzte. Beispielsweise wurden jüdische Sportler_innen, die im Nationalsozialismus aus Publikationen gestrichen worden waren, weiterhin nicht erwähnt (vgl. Wahlig 2015, S. 67 f.). Dass nationalistische Ideologien auch in der Zeit nach 1945 im Fußball präsent waren, zeigte unter anderem eine Rede Bauwens nach dem WM-Sieg der deutschen Nationalmannschaft 1954. Nur zwei Tage nach dem Sieg äußerte er sich in einer Live-Übertragung aus dem Münchner Löwenbraukeller pro-faschistisch und völkisch. Der Bayerische Rundfunk brach die Übertragung ab, einige Politiker äußerten sich bestürzt. Ernsthafte Konsequenzen zog Bauwens Verhalten allerdings nicht nach sich. Hier wurde deutlich, in welchem ideologischen Umfeld sich Bauwens bewegte und wie sicher er sich fühlte, solche Äußerungen fast zehn Jahre nach Kriegsende als DFB-Präsident öffentlich zu tätigen (vgl. Oswald 2008b, S. 532 f.). Das „Wunder von Bern" wirkte nicht nur für den damaligen Verbandspräsidenten „nationalbildend".

Auch der Hauptgeschäftsführer des Deutschen Sportbundes, Guido von Mengden, der während der Weimarer Republik bereits publizistisch für den WSV und während des Nationalsozialismus in verschiedenen Fußballämtern aktiv gewesen war, bewertete den Berner Triumph als Schlüsselereignis. Obwohl die Forderung von Mengdens nach einer Beseitigung des mitteleuropäischen Profifußballs ab dem Jahr 1938 antisemitisch konnotiert gewesen war (vgl. Oswald 2002, S. 59 f.), sah er nach dem WM-Sieg Deutschlands 1954 einen verbindenden Willen nach einer stärkeren Förderung des Sports „quer durch alle Schichten, Parteien und Konfessionen" (Mengden 1954, S. 4).

Derartige Beispiele für personelle Kontinuitäten gab es nicht nur beim WSV, sondern deutschlandweit in praktisch allen Sportverbänden und -vereinen. Der im Zweiten Weltkrieg als Kriegsgerichtsrat tätige und für zwei Hinrichtungen verantwortliche Günther Riebow wurde beispielsweise 1954 zweiter Vorsitzender des Norddeutschen Fußballverbandes und Mitglied des DFB-Sportgerichts (vgl. Heinrich 2008, S. 318).

Anhand einiger teils prominenter Beispiele aus dem westdeutschen Fußball wurden hier die strukturellen Probleme, die sich in personellen Kontinuitäten ausdrückten, dargestellt. Anstelle einer Thematisierung und aktiven Auseinandersetzung mit diesen Kontinuitäten verschwiegen die Akteur_innen im Fußball der Nachkriegszeit die vereins- und verbandseigene Verantwortung im Nationalsozialismus und waren damit Teil eines gesellschaftlichen Prozesses der systematischen Verdrängung.

Auch wenn im Fußball in den vergangenen Jahren vielerorts eine Erforschung der eigenen Geschichte im Nationalsozialismus stattgefunden hat, sind weiterhin Lücken vorhanden. Dies betrifft vor allem eine vollständige Untersuchung personeller Kontinuitäten auf Verbands- und Vereinsebene nach 1945. Die gegenwärtig oft angeführte gesellschaftliche Verantwortung des Fußballsports ist auch historisch begründet, da besonders der Fußball seine jüdischen Mitglieder frühzeitig ausschloss. Verantwortliche streiten diese Verantwortung jedoch an vielen Standorten bis heute ab – obschon viele engagierte Projekte von Fans, Vereinsmitarbeiter_innen und Journalist_innen bereits Wege für eine nachhaltige Aufarbeitung geebnet haben.

Zwischen Biografien, lokalen Bezügen und Gedenken: Erinnerungsarbeit beim Hamburger Sport-Verein

Im Folgenden werden wir einen Blick auf die Geschichte des Hamburger Sport-Vereins (HSV) und der Stadt Bochum in der Zeit des Nationalsozialismus werfen sowie auf den bisherigen Stand der Aufarbeitung, um exemplarisch zu zeigen, wo Erinnerungsarbeit ansetzen kann. Außerdem wollen wir verdeutlichen, wie unterschiedlich diese Erinnerungsarbeit ist, je nachdem, welcher Standort und damit auch welche Geschichte ihr zugrunde liegt.

Einer der wichtigsten Namen, die beim HSV im Hinblick auf seine Vergangenheit im Nationalsozialismus immer wieder fällt, ist der von Otto „Tull"

Harder. Der deutschlandweit populäre HSV-Fußballstar der 1920er Jahre trat im Herbst 1932 der NSDAP und im Frühjahr 1933 der SS bei. Ab dem Sommer 1939 arbeitete er als Wachmann im KZ Sachsenhausen, wurde kurze Zeit später auf eigenen Wunsch in das KZ Neuengamme versetzt und stieg im Herbst 1944 zum Lagerführer des KZ Hannover-Stöcken auf, einem Außenlager des KZ Neuengamme. Zwei Monate nach seinem Amtsantritt wurde das Lager aufgelöst und die Häftlinge in das KZ-Außenlager Hannover-Ahlem überführt, wo er ebenfalls den Posten des Lagerführers innehatte. Die Häftlinge im KZ Hannover-Ahlem mussten einen unterirdischen Stollen anlegen, die Sterblichkeitsrate war hier überdurchschnittlich hoch. Otto Harder behauptete in den britischen Militärgerichtsprozessen 1946, dass er dies nicht zu verantworten gehabt habe – angesichts seiner Funktion als Lagerführer purer Hohn. Er wurde zwar zu 15 Jahren Haft verurteilt, war aber nach vier Jahren wieder auf freiem Fuß.[3] Nicht nur Harders vorzeitige Entlassung, sondern auch die Tatsache, dass Nachwuchsspieler des HSV 1956 zu seiner Beerdigung kamen, macht die gesellschaftliche Akzeptanz für nationalsozialistische Täter_innen in der Zeit nach 1945 deutlich. Das *Hamburger Abendblatt* veröffentlichte zudem einen Nachruf, in dem es unter anderem heißt: „Bei aller Begabung, die den großen Tull auf die Höhen sportlichen Ruhmes führte, fehlte ihm und seinem Leben leider die Harmonie im Menschlichen. Das Schicksal schien es gut mit ihm zu meinen, als es ihm nach Jahren der Irrungen die Freiheit wiedergab" (Hamburger Abendblatt 1956, S. 6).

Trotz seiner aktiven Täterschaft als Lagerführer eines nationalsozialistischen Konzentrationslagers wurde Otto Harder frühzeitig aus der Haft entlassen und wieder in der HSV-Familie willkommen geheißen. Kritik wurde öffentlich nicht geäußert, geschweige denn kam es zum Bruch. Dieser Umgang mit Täter_innen ist nicht nur für den Fußball symptomatisch, sondern für die deutsche Nachkriegsgesellschaft insgesamt.

Auch der HSV weigerte sich lange, sich von der Person Otto Harders zu distanzieren. Eine erste Aufarbeitung begann mit der Sonderausstellung *Die Raute unter dem Hakenkreuz – Der HSV im Nationalsozialismus*, die das HSV-Museum 2007 zeigte. Im Rahmen dieser Ausstellung wurde eine kleine Tafel im HSV-Museum angebracht, neben der Wand, auf der alle ehemaligen Ligaspieler dokumentiert sind. Die Tafel erklärte, warum Otto Harder nicht als Ligaspieler neben den anderen auftaucht. Im HSV-Museum gibt es seitdem eine kleine Ecke, in der die Infos der Ausstellung per Bildschirm aufrufbar sind. Die Ausstellung war ein wichtiger Schritt für die Aufarbeitung der Vereinsgeschichte im Nationalsozialismus.

Insgesamt gibt es aber noch weiterhin Aufarbeitungsbedarf. Die Namen von Walter Risse, der im Frühjahr 1933 in die SA und die NSDAP eintrat, und von Hans

---

3 www.media.offenes-archiv.de/ss3_1_bio_1912.pdf

Rave, der ab 1933 Teil der SS war (vgl. Skrentny 2008, S. 342), sind noch immer ohne Hintergrundinformationen zusammen mit allen ehemaligen Ligaspielern im HSV-Museum aufgelistet. Ebenfalls unkommentiert bleibt im Verein bisher die Person Paul Hauenschilds. Dieser gehörte zu den Gründungsmitgliedern des HSV, war dreimal für je einige Monate dessen Vorsitzender und vermachte dem Verein sein gesamtes Vermögen, damit dieser eigene Trainingsplätze in Hamburg-Norderstedt errichten konnte. Er trat im Mai 1933 in die NSDAP ein und wurde dennoch 1949 für eine kurze Zeit erneut Vereinspräsident. Die Sportplätze heißen bis heute Paul Hauenschild Sportanlage und werden von der Paul Hauenschild Stiftung mitfinanziert (vgl. Diercks 2016, S. 26). Eine kritische Aufarbeitung dieser Umstände würde nicht zwingend bedeuten, die Sportanlage umbenennen zu müssen. Sie würde aber erfordern, das Schweigen über die NSDAP-Vergangenheit des Namensgebers aufzugeben, diese Vergangenheit als Teil der HSV-Geschichte zu verstehen und einen angemessenen Umgang damit zu finden.

Das *Netzwerk Erinnerungsarbeit* (Netz E), ein Zusammenschluss von HSV-Fans und Mitarbeitenden des Vereins, engagiert sich aktuell für die kritische Aufarbeitung eines HSV-Denkmals für die Gefallenen des Ersten und Zweiten Weltkrieges. Das 1921 errichtete und nach dem Zweiten Weltkrieg erweiterte Denkmal interessierte jahrelang nur einen kleinen Teil der HSV-Seniore_innen, die dort beim Volkstrauertag der Verstorbenen gedachten. Nun muss das Denkmal neuen Parkplätzen neben den Sportanlagen in Norderstedt weichen, wird restauriert und soll umgesiedelt werden. Der HSV sammelte dafür im Sommer 2020 Spenden über eine Online-Plattform. Durch diese Spendenaktion wurden Fans, die im Netz E organisiert sind, auf das Denkmal und die Umsiedlungspläne des Vereins aufmerksam und wiesen diesen darauf hin, dass eine unkommentierte Versetzung in Anbetracht der Verbrechen der Wehrmacht nicht angemessen sei. Wie an vielen anderen Standorten in der Vergangenheit ist es auch hier die aktive Fanszene, die einen großen Teil der vereinseigenen Aufarbeitung anstößt. Da viele bürgerliche[4] Vereine nach dem Ersten Weltkrieg Gefallenen-Denkmäler errichteten, ist davon auszugehen, dass diesbezüglich auch an anderen Standorten noch Aufarbeitungsbedarf besteht.

Der Blick auf individuellen Gehorsam gegenüber dem Nationalsozialismus und die Einordnung von Biografien ist nicht immer so eindeutig wie bei Otto Harder. Beispielsweise äußerte sich Emil Martens, ehemaliger Vereinspräsident des HSV und NSDAP-Mitglied, noch 1933 positiv zum „Führerprinzip", wurde 1936 dann aber als Homosexueller verfolgt und aus der NSDAP ausgeschlossen. Er unternahm einen Selbstmordversuch, wurde zu eineinhalb Jahren Zuchthausstrafe verurteilt und Ende 1942 kastriert. Nach Kriegsende brachte er sich als

---

4 Neben den bürgerlichen Sportvereinen existierten in der Weimarer Republik beispielsweise noch Arbeitersportvereine, die sich in eigenen Ligen organisierten und von den Nationalsozialisten 1933 verboten wurden.

Teil des Ältestenrates wieder im HSV ein und verschwieg seine Verfolgung, die erst im Zuge der Recherchen zur Sonderausstellung 2007 bekannt wurde (vgl. Skrentny 2008, S. 349). Dass Emil Martens seine Opfergeschichte verheimlichte, nicht aber seine NSDAP-Mitgliedschaft, zeigt nicht nur die personellen Kontinuitäten zur Gesellschaft im Nationalsozialismus auf, sondern ist auch Ausdruck von Kontinuitäten gesellschaftlicher und rechtlicher Diskriminierung homosexueller Menschen.

Im Nationalsozialismus aktiv waren aber nicht nur Sportvereine, sondern auch Unternehmen, deren Nachfolger als Sponsoren im Fußball bis heute präsent sind. Beim HSV investiert seit zehn Jahren der Unternehmer Klaus-Michael Kühne. Seine Firma Kühne + Nagel erachtet es bis heute nicht als wichtig, die eigene Rolle bei den Transporten der Möbel von deportierten Jüdinnen und Juden aufzuarbeiten, ebenso wenig die Tatsache, dass die Söhne des Gründers August Kühne den jüdischen Mitinhaber Adolf Maass aus der Firma drängten. Dieser wurde im Juli 1942 nach Theresienstadt deportiert und von dort in das KZ Auschwitz, wo die Nationalsozialisten ihn vermutlich direkt nach Ankunft ermordeten.[5] Während Klaus-Michael Kühne etliche Projekte finanziell unterstützt, darunter eben auch den HSV, verhält er sich bei der firmeneigenen Aufarbeitung bisher sparsam. Er behauptet, es gäbe dazu keine Information in den Archiven. Das Gegenteil hat der Journalist Henning Bleyl mittlerweile bewiesen.[6] Auch wenn der HSV von der finanziellen Hilfe Kühnes profitiert, trägt der Verein eine gesellschaftliche Verantwortung, nicht zu ignorieren, dass das Unternehmen seines Finanziers im Nationalsozialismus eine Rolle gespielt hat.

Beim HSV gibt es, wie bei vielen anderen Profi-Vereinen auch, mit dem *HSV-Klassenzimmer* Bildungsangebote für Schulklassen. In Kooperation mit der KZ-Gedenkstätte Neuengamme fand anlässlich des 27. Januar 2019, dem Tag des Gedenkens an die Opfer des Nationalsozialismus, ein dreitägiges Schulprojekt statt. Die Schüler_innen der Heinrich-Hertz-Schule aus Hamburg besuchten zunächst das HSV-Museum, anschließend die KZ-Gedenkstätte Neuengamme und erstellten daraufhin einen eigenen Podcast, in dem sie Biografien von Verfolgten und Tätern des Nationalsozialismus vorstellten und ihre Eindrücke teilten.[7] An der Geschichte des Hamburger SV werden unterschiedliche Möglichkeiten deutlich, lokale Bezüge in die Aufarbeitung nationalsozialistischer Verbrechen einzubeziehen. Beispielsweise plant das Netz E eine vom PFiFF[8] finanzierte Projektfahrt nach Hannover, um an den ehemaligen KZ-Außenlagerorten, an denen Otto Harder als SS-Angehöriger tätig war, über dessen Rolle an den dortigen Verbrechen im Speziellen und nationalsozialistische Täterschaften im Allgemeinen

---

5 www.stolpersteine-hamburg.de/index.php?MAIN_ID=7&BIO_ID=1492
6 www.deutschlandfunk.de/ns-geschichte-von-kuehne-nagel-unaufgearbeitete.691. de.html?dram:article_id=483856.
7 www.heinrich-hertz-schule-hamburg.de/index.php?ArtikelNr=398
8 Pool zur Förderung innovativer Fußball- und Fankultur (DFL-Stiftung).

zu sprechen. Für den HSV ist zudem historisch von Bedeutung, dass das Stadion am Rothenbaum im Grindelviertel lag, das bis zur Zeit des Nationalsozialismus jüdisch geprägt war und aus dem viele HSV-Mitglieder stammten. Das Netz E organisierte einen Stadtteilrundgang durch das Grindelviertel zur dortigen jüdischen (HSV-)Geschichte. Das HSV-Fanprojekt spielt für die Arbeit des Netzes E seit Jahren eine wichtige Rolle, indem es administrative Aufgaben übernimmt und seine Infrastruktur zur Verfügung stellt.

Eine vor Ort verankerte und sichtbare Geschichte der NS-Verfolgung ist auch die von Margarete Zinke. Sie spielte beim HSV als Schülerin Hockey und war während des Nationalsozialismus im kommunistischen Untergrund aktiv. Kurz vor Kriegsende wurde sie verhaftet und zwischen dem 21. und 24. April 1945 zusammen mit 70 weiteren politischen Gefangenen im KZ Neuengamme ermordet,[9] also weniger als zwei Wochen vor der Befreiung des Lagers durch die britische Armee. Das Netz E organisierte am 9. November 2018 einen Rundgang zu den Stolpersteinen in Hamburg, deren Namen Bezug zum HSV haben, und putzte diese – unter anderem auch den Stein von Margarete (und ihrem Ehemann Paul) Zinke.

Es gibt jedoch Themen, die bisher im HSV-Kontext wenig Beachtung finden, beispielsweise, dass im Altonaer Stadion (dem heutigen Volksparkstadion) 1944/1945 zwischen 130 und 210 italienische Kriegsgefangene untergebracht waren (vgl. Skrentny und Prüß 2008, S. 182); oder die Geschichten der vier HSV-Mitglieder, die in Konzentrationslagern ermordet wurden, James Lewié, Norbert Prenzlau, Olga Prenzlau und Harald Tachau (vgl. Skrentny und Prüß 2008, S. 113); oder das ehemalige Zwangsarbeiter_innenlager in der Lederstraße, welches sich direkt neben dem heutigen Volksparkstadion befand und eines der größten in Hamburg war.[10] Diese kaum behandelten Aspekte zeigen einerseits, dass die Aufarbeitung der Geschichte des Nationalsozialismus nicht irgendwann zu Ende ist, und sie verweisen gleichzeitig auf das lokale Ausmaß von NS-Verbrechen und die Notwendigkeit, an sie zu erinnern.

Die historische Aufarbeitung kann aber nicht auf die Jahre 1933 bis 1945 beschränkt werden. Die Nachwirkungen des Nationalsozialismus prägen auch die weitere Entwicklung in den Nachfolgegesellschaften, beispielsweise die Geschichte von rechter Gewalt in Deutschland. Nicht nur beim HSV, aber dort eben auch, war die Fanszene der 1980er Jahre von rechten Äußerungen und Unterdrückungsmechanismen gegen vermeintlich „Andere" geprägt. Ramazan Avcı wurde nach einem Spiel aufgrund von rassistischen Motiven von Skinheads in Hamburg-Eilbek attackiert, die von einem HSV-Spiel kamen. Avcı starb drei Tage später, am 24. Dezember 1985, an seinen Verletzungen (vgl. Laband 2012,

---

9 www.stolpersteine-hamburg.de/?MAIN_ID=7&BIO_ID=689
10 www.geschichtswerkstatt.lurup.de/Lederstra%DFe.htm

S. 648).[11] Auch drei Skinheads, die am 24. Juli 1985 den Türken Mehmet Kaymakci in Hamburg-Langenhorn zu Tode prügelten, hatten nicht nur einen rechten, sondern auch einen HSV-Hintergrund.[12] Das waren also rechte Morde mit HSV-Bezug, die bis heute im Vereinskontext nicht aufgearbeitet wurden – ebenso wenig wie die Frage, welche Verstrickungen der Fanszene in rechte Milieus es von den 1980er Jahren bis heute gibt.

Der VfL, ein Bochumer Fußballmeister 1938 und deren Erinnerung heute

Auch der Bochumer Sport im Nationalsozialismus bietet für die Aufarbeitung zahlreiche konkrete und lokale Anknüpfungspunkte, die sich bis in die Gegenwart auswirken. Besonders folgenreich ist hierbei das Jahr 1938 zu betrachten, in dem es unter anderem zur Fusion zum VfL Bochum 1848 gekommen ist. Die Vorgeschichten der drei Fusionspartner, aber auch die näheren Hintergründe dieses Zusammenschlusses bieten einen adäquaten Startpunkt, die Entwicklung des Bochumer Sports während des Nationalsozialismus nachvollziehbar zu machen. Anhand dieses Beispiels lassen sich Anpassung und Unterstützung von Vereinsseite und Einflussnahme von (sport-)politischer Seite sowie deren Grenzen gleichermaßen darstellen. Das Verhalten der Akteure der drei beteiligten Vereine, welches in Unterordnung und der Aufgabe von Eigenständigkeit mündete, ist exemplarisch für den Verlust von Selbstbestimmung im Lokalsport zur Zeit des Nationalsozialismus. Interessen von NS-Politikern kamen darüber hinaus wie im Falle Bochums auch im Lokalsport zur Geltung und äußerten sich hier durch eine gezielte Beeinflussung sportpolitischer Prozesse. Der NSDAP-Oberbürgermeister Bochums, Leopold Piclum, setzte 1938 finanzielle Anreize für eine Vereinigung zum VfL Bochum, indem er die Übernahme der finanziellen Altlasten der beteiligten Vereine und der ausstehenden Pachtzahlungen sowohl für das Stadion an der Castroper Straße als auch den Germania-Sportplatz anbot, außerdem die Anstellung eines hauptamtlichen Trainers durch die Stadt[13] sowie ein Startkapital von 1.000 Reichsmark.[14] Eine Verpflichtung zur Fusion bestand jedoch nicht. Im Gegenteil entschieden sich die drei beteiligten Vereine und ihre jeweiligen „Vereinsführer" nacheinander auf ihren Mitgliederversammlungen zu einer bereitwilligen Aufgabe ihrer Unabhängigkeit, offen Widerspruch äußerte keiner von ihnen. Auch in der Retrospektive nach 1945 wurde öffentlich weiterhin die Bewertung vertreten, dass es zur Fusion des VfL vor allem durch die

---

11 www.ndr.de/geschichte/chronologie/1985-Skins-schlagen-Ramazan-Avci-tot,avci106.html
12 www.mopo.de/hamburg/historisch/rassistische-tat-der-tag--an-dem-mehmet-kaymak%C3%A7i-in-hamburg-brutal-ermordet-wurde-37037646
13 90 Jahre Turnverein zu Bochum: 1848–1938, S. 41.
14 Verwaltungsbericht der Stadt Bochum 1938/1948, S. 108.

Initiative des damaligen Oberbürgermeisters Piclum gekommen sei, „um dem Rufe Bochums zu dienen".[15] Eine aktive Rolle der Vereine und ihrer Funktionäre bei diesem Prozess wurde damit nahezu ausgeschlossen.

Der VfL Bochum hat das Handeln seiner drei ausgesprochen heterogenen Vorgängervereine ab dem Frühjahr 1933 sowie zur Zeit der Weimarer Republik bis heute nicht kritisch und umfassend untersucht. Vor allem der Vorsitzende beziehungsweise „Vereinsführer" des TV Bochum 48, Karl Eisermann, zeigte wiederholt eine besonders schnelle Anpassung und begeisterte Unterstützung der nationalsozialistischen Politik. Er forderte beispielsweise in seinem Geleitwort zum ersten Kreisturnfest des Bochumer Turnkreises von der Veranstaltung, „zur freudigen Mitarbeit am Aufbau unseres neuen Deutschlands im Sinne unseres Führers Adolf Hitler" beizutragen.[16] Eisermann übernahm im VfL Bochum ab dem Jahr 1938 das Amt des „Vereinsführers". Am 20. Mai 1933 vollzog der Verein Germania Bochum 06 einem Bericht der Lokalpresse zufolge als einer der ersten im Bochumer Sport die Umstellung auf das „Führerprinzip" und wählte seinen bisherigen Spielausschussobmann, Otto Wüst, zu seinem „Vereinsführer",[17] welcher den Verein knapp fünf Jahre später in den neuen Großverein VfL Bochum 1848 überführte. Constans Jersch hingegen, „Vereinsführer" des TuS Bochum 08, vermied anders als Eisermann eine klare Positionierung in (sport-)politischen Fragen. Sowohl im neuen Bochumer Großverein als auch im Westdeutschen Spiel-Verband überließ Jersch stärker am Nationalsozialismus orientierten Akteuren wie Josef Klein und Karl Eisermann zwar die Führungspositionen, ordnete sich diesen jedoch stets als loyaler Mitarbeiter unter.

Der Fußball kann als Gradmesser für die Unterstützung nationalistischen und später nationalsozialistischen Gedankenguts herangezogen werden. Dies wird im Folgenden anhand von drei Partien mit internationalen Gastmannschaften veranschaulicht. Mitte August 1933 kam es zu zwei Spielen einer kombinierten Mannschaft aus Spielern des TuS Bochum und von Germania Bochum gegen die ungarische Mannschaft Budai Budapest (heute 33 FC Budapest). Die Spiele sollten in nationalistischer Absicht die Überlegenheit der Bochumer Sportler gegenüber den ausländischen Gästen demonstrieren. Die Ankündigungen und Nachberichte in der Lokalpresse verliehen den Partien den Charakter von Länderspielen. Im Dezember 1935 hingegen sorgte das Gastspiel der Luxemburger Mannschaft von Union Sportive Luxembourg für einen zu dieser Zeit bereits äußerst seltenen Auftritt von Sportlern aus dem Ausland in Bochum.[18]

Fußballerischer Höhepunkt des noch jungen Bochumer Großvereins sollte das Spiel gegen den SC Ostmark Wien (vormals Austria Wien) am 8. Mai 1938

---

15 Verwaltungsbericht der Stadt Bochum 1938/1948, S. 108.
16 Bochumer Anzeiger, 11. Juli 1935.
17 Bochumer Anzeiger, 23. Mai 1933.
18 Bochumer Anzeiger, 21./22. Dezember 1935.

werden, womit auch in Bochum der „Anschluss" Österreichs an das Deutsche Reich gefeiert werden sollte. Die Begeisterung der Bochumer Bevölkerung für diese Partie war allerdings stärker sportlich statt politisch motiviert. Im Vorfeld betonte auch die Lokalpresse vor allem die sportliche Klasse der Wiener Mannschaft um den „Ausnahmespieler" Matthias Sindelar, um das Interesse für die Begegnung zu steigern. Anders als erhofft konnte sich in der Folgezeit anstelle der Fußball- vor allem die Leichtathletik-Abteilung des VfL besonders hervortun. Sie erhielt trotz weiter bestehender Differenzen zwischen den Vertretern der drei Fusionspartner im Juli 1939 für „einen gemeinschaftlichen Geist" ein Lob des Fachamtsleiters Leichtathletik, Karl Ritter von Halt.[19] Im Krieg stellte sie sich zudem in den Dienst der (Sport-)Politik und suchte der Bevölkerung durch die Organisation einer Waldlaufserie im Frühjahr 1945 und die Teilnahme daran scheinbare Normalität zu vermitteln. Auch machte sie damit auf den bemerkenswert intakten Zustand der Stadionanlage an der Castroper Straße aufmerksam.[20] Die weltanschaulichen Differenzen zwischen den Fusionspartnern, etwa den vormaligen Mitgliedern des bürgerlichen TuS 08 und der „proletarischen" Germania 06, hielten jedoch auch in den folgenden Jahren nach dem Zusammenschluss an (vgl. Wahlig 2011, S. 38).

Vor dem Hintergrund der offenen Äußerung geschichtsrevisionistischer Ansichten sowie anhaltender Ausgrenzung und Diskriminierung im Fußballkontext beschäftigt sich die Arbeitsgruppe *1938 – nur damit es jeder weiß*, ein Zusammenschluss von VfL-Fans im Rahmen des Bochumer Fanprojekts, seit November 2015 mit der Geschichte des Nationalsozialismus im Bochumer Fußball und darüber hinaus. Im Mittelpunkt stehen die Förderung eines stärkeren Geschichtsbewusstseins unter Fußballfans sowie aktuelle gesellschaftspolitische Themen. Zentraler Bestandteil der Arbeit ist ein Stadtrundgang zur Vergangenheit Bochums im Nationalsozialismus, der am Ruhrstadion beginnt. Teilnehmende dieses Rundgangs bekommen an einzelnen Erinnerungsorten, die das Stadtbild prägen und Relikte des Nationalsozialismus sowie auch ein Zeichen der Entwicklung Bochums nach 1945 sind, Informationen und Einblicke in Bochums Rolle während des Nationalsozialismus und in die lokale Erinnerungskultur. An der neuen Synagoge kommt die vielfältige Entwicklung und Gegenwart jüdischen Lebens in Bochum zur Sprache. Der frühere Standort des Vereinsheims von Hakoah Bochum zu Beginn der Castroper Straße sowie der Ort der alten Synagoge in der Bochumer Innenstadt bieten schließlich Möglichkeiten, die jüdische Geschichte der Stadt vertiefend zu behandeln.

Die letzte Station des Rundgangs ist der Bochumer Nordbahnhof. Hier lässt sich die Entwicklung der Stadt im Nationalsozialismus besonders eindrücklich beschreiben. Im Juli 1933 verabschiedete die Bochumer Bevölkerung an diesem

---

19 Bochumer Anzeiger, 30. Juni 1939.
20 Bochumer Anzeiger, 13. Februar 1945.

Ort begeistert die Abordnung der Bochumer Turnvereine zum Reichsturnfest nach Stuttgart. Das dortige Turnfest sollte, den Organisatoren der Deutschen Turnerschaft zufolge, „zu einem Treuegelöbnis für Volk und Vaterland werden".[21] Ende Juni 1933 begrüßte der westfälische Gauvorstand der Deutschen Turnerschaft zudem ausdrücklich die Entsendung von SA-Turnern zum Turnfest.[22] Gleichzeitig nutzten die Nationalsozialisten den Nordbahnhof auch als Deportationsbahnhof. Ab dem Januar 1942 wurden die zu diesem Zeitpunkt noch verbliebenen Bochumer Jüdinnen und Juden zunächst vom Hauptbahnhof nach Theresienstadt, Riga, Zamość und vereinzelt nach Auschwitz deportiert. Ende Juni 1942 ging nachweislich eine Deportation auch vom Nordbahnhof aus,[23] in dessen unmittelbarer Nähe sich eines der „Judenhäuser" befand. Dort waren die Mitglieder der jüdischen Gemeinde Bochums vor ihrer Deportation gezwungen zu wohnen. An keinem der Bahnhöfe erinnert heute eine Gedenktafel an diese Ereignisse.

Die Inhalte des Stadtrundgangs sind in Form einer Broschüre sowohl digital als auch gedruckt nachzulesen. In den vergangenen Monaten hat die Arbeitsgruppe unter dem Titel *Unsere Heimat, unsere Liebe...* in Anlehnung an einen Bochumer Fangesang eine Wanderausstellung über Bochum zur Zeit des Nationalsozialismus konzipiert. Die Ausstellung thematisiert die Inhalte des Stadtrundgangs und ergänzt sie um weitere Aspekte wie beispielsweise das Ende der Weimarer Republik oder die Rolle der Medien. Mitglieder der Arbeitsgruppe haben sie durch Archivrecherchen in Kooperation mit lokalen Historiker_innen erarbeitet. Die Ausstellung wird seit Oktober 2020 im Stadtarchiv – Bochumer Zentrum für Stadtgeschichte präsentiert und soll dazu beitragen, für Antisemitismus und Rassismus in der Gegenwart zu sensibilisieren sowie Demokratiebewusstsein zu schaffen.

Die Entwicklung der separierten jüdischen Sportbewegung blieb in Bochum, wie in anderen deutschen Städten auch, ein lange Zeit vergessenes Kapitel der Sportgeschichte. Der Sporthistoriker Henry Wahlig rückte die Geschichte des jüdischen Sports in Bochum 2006 erstmals im Rahmen der Ausstellung *Kicker, Kämpfer, Legenden – Juden im deutschen Fußball* des Berliner Centrum Judaicum wieder in das Bewusstsein der Öffentlichkeit (vgl. Wahlig 2006). Am Beispiel des Bochumer Vereins TuS Hakoah Bochum (ab Ende 1933 Schild Bochum) und seiner bekannten Mitglieder lässt sich die systematische, gesellschaftliche und rechtliche Ausgrenzung von Jüdinnen und Juden nachzeichnen. Dabei kann dieser Prozess in Bochum zwar teilweise als exemplarisch betrachtet werden, ist aber gleichwohl Ausdruck einer individuellen und lokalen Entwicklung. Überall in Deutschland wurden jüdische Sportler_innen im Frühjahr 1933 aus den

---

21 Führer und Turnfestordnung, 15. Deutsches Turnfest Stuttgart 1933, S. 4.
22 Bochumer Anzeiger, 29. Juni 1933.
23 Interview der Arbeitsgruppe mit dem Historiker Hubert Schneider.

bürgerlichen Verbänden und Vereinen ausgeschlossen (vgl. Wahlig 2015, S. 44f.). Die Kommunen entzogen den jüdischen Vereinen vielerorts in der Folgezeit rigoros die Nutzungsrechte für ihre Sportanlagen (vgl. Wahlig 2015, S. 77). Die jüdische Sportgruppe Bochums hatte allerdings einen im Vergleich zu anderen (Groß-)Städten kleineren Mitgliederzuwachs zu verzeichnen, da bereits zu diesem Zeitpunkt ein hoher Anteil der jüdischen Bevölkerung der Stadt im Verein organisiert war. Das Aushängeschild des Vereins war die Fußballabteilung, deren Spiele zu einem festen Treffpunkt der Gemeindemitglieder wurden (vgl. Peiffer 2019, S. 136). Der jüdische Sport fand mit den Novemberpogromen 1938 in Deutschland sein endgültiges Ende. Wenige Monate zuvor konnte sich Verein Schild Bochum noch den Gewinn der letzten Reichsmeisterschaft des jüdischen Sportbunds Schild im Finale in Köln unter seinem Mannschaftskapitän Erich Gottschalk sichern. Gottschalk und seine Familie flohen zunächst in die Niederlande, von wo aus sie über Theresienstadt nach Auschwitz deportiert wurden. Gottschalk überlebte den Holocaust als einziger von ihnen. Seit September 2013 erinnern Stolpersteine des Künstlers Gunter Demnig in der Luisenstraße in der Bochumer Innenstadt an das Schicksal der Familie Gottschalk. Insgesamt gibt es in Bochum 263 solcher Stolpersteine.[24] Im Oktober und November 2020 zeigte die Stadt Bochum gemeinsam mit dem Zentrum deutsche Sportgeschichte die Ausstellung *Zwischen Erfolg und Verfolgung – Jüdische Stars im deutschen Sport bis 1933 und danach* in der Bochumer Innenstadt. Die Arbeitsgruppe *1938 – nur damit es jeder weiß* ergänzte die Ausstellung durch eine Figur Erich Gottschalks, die vom Fanprojekt Bochum mitfinanziert wurde.

Darüber hinaus bietet der Bochumer Sport weitere Aspekte, die zu einer näheren Beschäftigung mit der Geschichte des Nationalsozialismus, aber auch darüber hinaus anregen können. Dazu zählen beispielsweise die Zusammenarbeit von Sportvereinen mit den NS-Organisationen, die Unterstützung nationalistischer Kundgebungen durch Bochumer Sportvereine, die Einbeziehung des Bochumer Sports in die „Olympia-Euphorie" um das Jahr 1936, der Wandel internationaler Fußballbegegnungen ab dem Jahr 1933 sowie (personelle) Kontinuitäten in den Vereinen nach 1945. Neben einem historischen Blick auf den sogenannten bürgerlichen Sport eignet sich auch die Beschäftigung mit der Entwicklung der Vereine aus dem Arbeitersport und dem katholischen DJK-Verband. Einige dieser bis 1933 beziehungsweise 1935 im Bochumer Sport aktiven Vereine knüpften an ihre Traditionen an und konstituierten sich, teilweise unter dem Einsatz bekannter Akteur_innen, nach 1945 neu und setzen ihr Engagement bis heute fort. Besonders wichtig bei einer Betrachtung des Bochumer Sports im Nationalsozialismus ist, klarzustellen, dass sich auch hier der Sport vor allem durch ausbleibenden Widerspruch gegen das nationalsozialistische Weltbild in dieses integriert hat.

---

24 Stand: Oktober 2020.

„Regionale Identität und Tradition" sowie „soziale Verantwortung" sind Teile des VfL-Leitbilds aus dem Sommer 2007.[25] Die Vereinsgeschichte des VfL Bochum sollte nicht erst ab der Fusion im April 1938 betrachtet werden und muss auch nach 1945 über wirtschaftliche und sportliche Entwicklungen hinausgehen. Bislang haben sich die Fanbeauftragten des Vereins in Zusammenarbeit mit dem Fanprojekt Bochum zwei Mal an einer Bildungsreise nach Weimar beziehungsweise zur KZ-Gedenkstätte Buchenwald beteiligt. In Bochum existierten zwei Außenlager-Standorte des KZ Buchenwald, sodass es für die Teilnehmenden einen lokalen Bezugspunkt gibt. Vor allem Erinnerungsorte und -zeichen in der Stadt selbst können dabei helfen, das Ausmaß nationalsozialistischer Vernichtung und Zwangsarbeit zu vermitteln. Der Erinnerungsort an der „Sauren Wiese" sowie das vom Künstler Marcus Kiel geschaffene Erinnerungszeichen auf dem städtischen Betriebshof der technischen Betriebe der Stadt Bochum greifen durch Zitate persönliche Schicksale der Opfer auf und verbinden historische und künstlerische Zugänge im Rahmen heutigen Gedenkens. Einen Erinnerungsort, der explizit an die Verfolgten des VfL Bochum und seiner Vorgängervereine erinnert, gibt es bisher nicht.

Erinnerungsarbeit im Fußball: Chancen, Lücken, Herausforderungen

Trotz des deutlich gestiegenen Interesses an der Vergangenheit von Vereinen und Verbänden ist ein umfassendes Geschichtsbewusstsein im Fußball bislang nur begrenzt vorhanden. Zwar betonen Vereine und Verbände die Bedeutung der eigenen Geschichte, beschäftigen sich aber noch zu wenig damit. Die meisten Vereins- und Verbandsarchive sind nicht öffentlich zugänglich und die dortigen Dokumente nicht digitalisiert. Zum Westdeutschen Fußballverband gibt es beispielsweise kein systematisches und umfassendes Archiv, sondern nur eine fragmentarische Sammlung der damaligen Verbandszeitschrift. Dabei ist die Wertschätzung und Zugänglichkeit von Archiven ein wichtiger Teil von Aufarbeitung und Erinnerungskultur.

Während Fußballvereine öffentlich zwar stets betonen, wie wichtig ihnen ihre eigene Geschichte ist, werden gleichzeitig wenig Ressourcen für eine kritische Auseinandersetzung mit der Vergangenheit bereitgestellt. Die Merchandise-Kollektion *Kumpel & Malocher* bei Schalke 04 ist mehr Marketingslogan als ernsthafte Geschichtsaufarbeitung. „Traditionsarbeit" wird oftmals nur dann gelebt, wenn sie wirtschaftlichen Interessen dient. Dabei birgt die Berufung auf eine gemeinsame Geschichte ausreichend Ansätze für eine kooperative Erinnerungsarbeit. Eine umfassendere und nachhaltige Aufarbeitung wird allerdings oftmals

---

25 www.vfl-bochum.de/verein/ueber-den-vfl/unser-verein/leitbild/

gemieden, weil Verantwortliche Imageschäden befürchten. Die Chancen einer transparenten, diskursiven und das Geschichtsbewusstsein der Mitglieder fördernden Selbstdarstellung werden häufig nicht erkannt.

In vielen Fällen wäre es zudem sinnvoll, die Geschichte von externen Historiker_innen aufarbeiten zu lassen. In Hamburg hat der Eimsbütteler Turnverband beispielsweise eine Studie zur eigenen Geschichte beim Historiker Sven Fritz (2010) in Auftrag gegeben. Die immer häufiger stattfindenden Gedenkstättenfahrten mit Fußballfans und mittlerweile auch Vereinsmitarbeitenden (vgl. Borussia Dortmund 2019, S. 30) sind begrüßenswert. Nichtsdestotrotz sind auch hier einige Standards zu beachten. Sinnvoll ist etwa, für die Teilnehmenden Vor- und Nachbereitungstreffen zu organisieren. Zudem sollte bedacht werden, keine Stimmung wie auf einer Auswärtsfahrt zu produzieren. Den Gedenkstättenbesuch mit einer solchen zu verbinden, ist zwar denkbar, muss aber dementsprechend durchdacht sein.

Eine große Chance von Gedenkstättenprojekten mit Fußballfans ist, dass diese Besuche (anders als in der Schulzeit) freiwillig sind. Die Teilnehmenden können sich deutlich intensiver damit auseinandersetzen. Gleichzeitig bedeutet die Freiwilligkeit aber auch, dass die Mitfahrenden in ihrer Freizeit teilnehmen. Vorbereitungstreffen oder mehrtägige Veranstaltungen sind zwar empfehlenswert, aber oftmals in der Umsetzung zeitlich schwierig. Auch bei Gedenkstättenfahrten braucht es sowohl bei den Führungen selbst als auch bei der Konzeption des Projekts Expertise in historisch-politischer Bildungsarbeit. Hierbei geht es beispielsweise darum, die Teilnehmenden mit der Geschichte nicht zu überwältigen oder zu schockieren, sondern Formen und Wirkungen von Rassismus und Antisemitismus zu behandeln. Zudem besteht bei der Beschäftigung mit Täterschaften die Gefahr einer Faszination für Männerbünde oder Gewaltverbrechen, die reflektiert werden muss (vgl. Jelitzki und Wetzel 2010, S. 232 f.). Außerdem sollten Organisator_innen im Umgang mit Phänomenen der Schuldabwehr oder des sekundären Antisemitismus erfahren sein. Kooperationen zwischen Fanprojekten, Vereinen und externen Partner_innen wie Gedenkstätten, Archiven, Stiftungen, Museen, Geschichtswerkstätten, Gemeinden, lokalen Initiativen oder Historiker_innen bieten hier Chancen der Vernetzung und des Austausches.

Historisch ist nicht nur die Zeit des Nationalsozialismus selbst interessant, sondern auch, wie unterschiedlich Nachfolgegesellschaften damit umgehen. Welche Formen des Gedenkens neben Gefallenen-Denkmälern für deutsche Soldaten oder einem „Gedächtnistheater", welches eigentlich die „Versöhnung für die deutsche Gesellschaft" (Czollek 2018, S. 24) zum Ziel hat, gibt es noch? Die Frage, wie wir in unseren Vereinen und Fanszenen wem und was gedenken wollen, ist eine Frage, die stets neu gestellt und ausgehandelt werden muss.

Erinnerungsarbeit und Aufarbeitung im Fußball muss dabei nicht zwangsläufig die Geschichte von bürgerlichen Vereinen im Nationalsozialismus als Fokus haben. Denkbar wären sowohl Projekte zum Arbeiter_innensport, Frauenfußball[26] oder zu rechten Strukturen in den Fanszenen der 1970er bis 1990er Jahre als auch zu anderen Sportarten, wie Boxen oder Leichtathletik. Des Weiteren bietet auch die DDR-Geschichte ausreichend Anknüpfungspunkte. Wichtig ist bei all diesen Themen, sie interdisziplinär zu denken und stets mit anderen Phänomenen im Fußball zu verknüpfen. Männlichkeiten, das Narrativ des unpolitischen Sports, Partypatriotismus zur WM, aktuelle Formen von Antisemitismus, Rassismus, Sexismus und Queerfeindlichkeit – all das kann aufgegriffen und im Rahmen von historisch-politischer Bildungsarbeit diskutiert werden. Die Herausforderung in Zukunft wird sein, dass sich die unterschiedlichen Akteur_innen der bislang geleisteten Erinnerungsarbeit im Fußball untereinander vernetzen und ihr Engagement ganzheitlich, nachhaltig und gesellschaftspolitisch ausrichten.

Literatur

Borussia Dortmund (Hrsg.) (2019): BORUSSIA verbindet! Gemeinsam erinnern. Gemeinsam gegen Antisemitismus. Essen: Druckpartner Druck- und Medienhaus.
Czollek, M. (2018): Desintegriert euch! München: Carl Hanser.
Diercks, H. (2016): Hamburger Fußball im Nationalsozialismus. Einblicke in eine jahrzehntelang verklärte Geschichte. Texte, Fotos und Dokumente, Ausstellungskatalog. Hamburg.
Erbach, W. (1952): Sportliche Jugendarbeit, ihre Geschichte, Aufgaben und Ziele. Duisburg: Westdeutscher Fussball-Verband.
Fritz, S. (2010): „…daß der alte Geist im ETV noch lebt." Der Eimsbütteler Turnverband von der Gründung bis in die Nachkriegszeit. Hamburg: Eggers.
Gryglewski, E. (2016): Gedenkstättenarbeit zwischen Universalisierung und Historisierung, In: Aus Politik und Zeitgeschichte, 66. Jg., H. 3–4, S. 23–28.
Hamburger Abendblatt Nr. 55, 5.3.1956, S. 6.
Havemann, N. (2005): Fußball unterm Hakenkreuz. Der DFB zwischen Sport, Politik und Kommerz. Frankfurt/M.: Campus.
Heinrich, A. (2008): Ein ganz normaler Jurist. Der Werdegang des Günther Riebow. In: Peiffer, L./Schulze-Marmeling, D. (Hrsg.): Hakenkreuz und rundes Leder – Fußball im Nationalsozialismus. Göttingen: Die Werkstatt, S. 305–322.
Jelitzki, J./Wetzel, M. (2010): Über Täter und Täterinnen sprechen – Nationalsozialistische Täterschaft in der pädagogischen Arbeit von KZ-Gedenkstätten. Berlin: Metropol.
Laband, M. (Hrsg.) (2012): Kinder der Westkurve – Die Geschichte der HSV-Fans. Hamburg: Hamburger Schriftmanufaktur.
Mengden, G. von (1954): Volksabstimmung für den Sport. In: WFV Sport (1954), Sondernummer Weltmeisterschaft 1954, S. 4.
Oswald, R. (2002): „Ein Gift, mit echt jüdischer Geschicklichkeit ins Volk gespritzt" (Guido von Mengden). Nationalsozialistische Judenverfolgung und das Ende des mitteleuropäischen Profifußballs, 1938–1941. In: SportZeiten. Sport in Geschichte, Kultur und Gesellschaft, 2. Jg., S. 53–67.
Oswald, R. (2008a): Wilhelm Erbach. Weltanschauliche Kontinuität über zwei Epochenbrüche hinweg. In: Peiffer, L./Schulze-Marmeling, D. (Hrsg.): Hakenkreuz und rundes Leder – Fußball im Nationalsozialismus. Göttingen: Die Werkstatt, S. 298–304.

---

26 So die Broschüre zur Gründung der TeBe-Frauenabteilung, www.tebe.de/communication/files/2020/04/Eichkampgirls.pdf

Oswald, R. (2008b): Kontinuitäten. DFB und Fachpresse in den ersten Nachkriegsjahren. In: Peiffer, L./Schulze-Marmeling, D. (Hrsg.): Hakenkreuz und rundes Leder – Fußball im Nationalsozialismus. Göttingen: Die Werkstatt, S. 528–536.

Peiffer, L. (2019): Bochum. In: Peiffer, L./Heinrich A. (Hrsg.): Juden im Sport in der Weimarer Republik und im Nationalsozialismus. Ein historisches Handbuch für Nordrhein-Westfalen. Göttingen: Wallstein, S. 128–145.

Peiffer, L./Wahlig, H. (2020): Juden im deutschen Fußball und der lange Weg zur aktiven Erinnerungsarbeit. In: INDES. Zeitschrift für Politik und Gesellschaft, H. 1/2020, S. 40–50.

Skrentny, W. (2008): Hamburger SV: „Ein leichtes Einordnen in den neuen Staat". In: Peiffer, L. / Schulze-Marmeling, D. (Hrsg.): Hakenkreuz und rundes Leder – Fußball im Nationalsozialismus. Göttingen: Die Werkstatt, S. 342–353.

Skrentny, W./Prüß, J. R. (2008): Mit der Raute im Herzen – Die große Geschichte des Hamburger SV. Göttingen: Die Werkstatt.

Wahlig, H. (2006): Die vergessenen Meister: Die jüdische Sportgruppe Bochum 1925–1938. In: Stiftung Neue Synagoge in Berlin – Centrum Judaicum (Hrsg.): Kicker, Kämpfer, Legenden: Juden im deutschen Fußball. Stadionmagazin zur Ausstellung der Stiftung Neue Synagoge – Centrum Judaicum. Potsdam.

Wahlig, H. (2011): „Anne Castroper". Ein Jahrhundert Fußball mitten in Bochum. Göttingen: Die Werkstatt.

Wahlig, H. (2015): Sport im Abseits. Die Geschichte der jüdischen Sportbewegung im nationalsozialistischen Deutschland. Göttingen: Wallstein.

Wick, U./Fiesseler, M. (1998): 100 Jahre Fußball im Westen. Zwischen Alm, Wedau und Tivoli. Kassel: Agon.

Die im Beitrag angegebenen Links befinden sich auf dem Stand vom 6. November 2020, auf die jeweilige Angabe des Abrufdatums wird daher verzichtet.

Ultras go intercultural
Internationale Jugendbegegnungen als kulturelles Lernfeld für Fußballfans

Stefan Hoffmann und Thomas Lükewille

Einführung

Dieser Beitrag bietet wissenschaftliche Impulse zu internationalen Jugendbegegnungen in Anknüpfung an Erfahrungen des Fanprojekts Wuppertal, das mit Ultras internationale Begegnungsreisen durchgeführt hat. Beschrieben werden drei elementare Zugänge aus dem interkulturellen Bereich der Jugendbegegnungen: die Reflexion der pädagogischen Zielvorstellungen, die Überwindung von Ethnozentrismus sowie das Meistern von Barrieren. Diese Zugänge werden mit zentralen Begriffen theoretisch fundiert und vor dem Hintergrund der bisher erlebten drei internationalen Fanreisen vertieft. Die Autoren schreiben somit aus der Retrospektive der Praxis – als Reflexion bisheriger Begegnungen. Sie wollen Mut machen, die Chancen und Grenzen dieses Arbeitsfeldes auszuloten und in eigenen Projekten Erfahrungen zu sammeln.

Die nachfolgenden Ausführungen beziehen sich auf Begegnungen, die in einem vergleichsweise kurzen Zeitraum der Exponiertheit in einem anderen Land stattfanden und auf einen singulären Besuch reduziert waren. Eine feste Partnergruppe war nur bedingt gegeben. Auch das verstärkende Element einer Rückbegegnung mit einer Partnergruppe im eigenen Umfeld der Ultras blieb mit Ausnahme eines zweitägigen Treffens in München außen vor. Diese Faktoren sind der Lebens- und Austauschpraxis der Ultras geschuldet, könnten aber in die Konzeption von weiteren Begegnungen durchaus Eingang finden.

Der Beitrag ist so aufgebaut, dass die Begegnungsprojekte nachfolgend kurz dargestellt werden und danach die beschriebenen drei kulturelle Zugänge daran angelegt und diskutiert werden. Den Abschluss bildet ein Fazit.

Fanreisen nach Istanbul, Jerusalem und Ungarn

Jugendliche Fußballfans sehnen sich Woche für Woche an den Spieltagen nach unbekannten Ereignissen und einem „Kick", vor allem bei Auswärtstouren. Bei Fans aus dem Ultraspektrum geht es beispielsweise darum, ob sie an Bahnhöfen oder Rastplätzen auf andere Fangruppierungen treffen oder wie sie ihre Fanmaterialien sicher ins Stadion und zurückbringen. Fans wissen dabei nie genau, was sie erwartet und welche Gruppenprozesse sich entwickeln. Auch bei geplanten pyrotechnischen Aktionen im Stadion reizt die Ultragruppen das Verbotene und die vielen offenen Situationen: beispielsweise die Eingangskontrolle oder die Reaktion der Polizei. Dieser Ausbruch aus dem Alltag, das Wagnis und das Abenteuer sind grundsätzlich keine unverständlichen Bedürfnisse. Sie passen zum jugendlichen Streben nach dem Besonderen. Peter Becker (2001) beschreibt diese Effekte aus abenteuerpädagogischer Sicht bei der Auseinandersetzung mit neuen und unbekannten Situationen. Im Fanprojekt Wuppertal und Köln kam die Frage auf, wie solche unbekannten Ereignisse pädagogisch geschaffen werden können, um Lerneffekte zu generieren. Daraus entstand 2014 die Idee zu einer ersten internationalen Begegnungsreise nach Istanbul. Bildungseffekte sollten durch die Bewältigung von neuen Gegebenheiten sowie durch interkulturelles Zusammentreffen ermöglicht werden. Die aktive Fanszene interessierte sich zu dieser Zeit sehr für die Proteste rund um den Gezi Park[1] und die Rolle, die Ultragruppen aus Istanbul dabei spielten. Um die Gruppe heterogener zu gestalten und auch Begegnungen unter Ultras in Deutschland zu ermöglichen, wurden neben den Wuppertaler auch Schalker Fans angesprochen. An der Reise nahmen insgesamt 22 Personen im Alter zwischen 19 und 27 Jahren aus beiden Städten teil. Zur Vorbereitung fanden drei Veranstaltungen statt, in denen inhaltliche Aspekte zur Sprache kamen. Beim ersten Treffen in Wuppertal lernten sich die Teilnehmenden kennen und gewannen erste Einblicke in das Reiseland Türkei. Lilo Schmitz von der Fachhochschule Düsseldorf hielt einen Vortrag zur politischen Situation in der Türkei und den Besonderheiten in Istanbul. Bei zwei weiteren Vortreffen standen die Istanbuler Fußballfans und deren Aushandlungsprozesse bei den Demonstrationen im Mittelpunkt. Die Gruppe sah sich gemeinsam den Film *Istanbul United* an und diskutierte anschließend mit dem Regisseur. Nach dem Vortrag eines Mitglieds der Ultraszene von Besiktas Istanbul beleuchteten die Teilnehmenden die Rolle der Fans bei den Protesten.

In Istanbul fanden Treffen mit Fans der drei großen örtlichen Clubs statt. Bei allen Begegnungen standen der Austausch und eine gemeinsame Aktion im Mittelpunkt. Beispielsweise boten die Istanbuler Fans eine Führung durch die jeweiligen Stadtteile ihrer Vereine an und vermittelten dabei Hintergründe über das Viertel und den Club. Oft verbrachten die Fans aus Wuppertal, Schalke und Istanbul auch nach den offiziellen Programmpunkten Zeit miteinander, da das Fan-Sein viele Gemeinsamkeiten bot und das gegenseitige Interesse sehr groß war. Nach der Rückkehr nach Deutschland organisierten die Mitreisenden selbst einen Gegenbesuch und luden die Pädagogen dazu ein. Währenddessen fand

---

1 Die Proteste richteten sich gegen ein geplantes Bauvorhaben im Gezi Park in Istanbul 2013. Nachdem es zu massiven Polizeieinsätzen gegen die Demonstrierenden gekommen war, weiteten sich die Proteste gegen das autoritäre Regime der Regierungspartei AKP aus.

eine erneute zweitägige Zusammenkunft im Rahmen eines Basketballspiels von Fenerbahce in München statt.

Eine zweite Begegnungsreise führte Fans aus Köln nach Israel. Auch hier wurde sehr viel Wert auf die Vorbereitungstreffen gelegt. Zwölf Fans im Alter zwischen 20 und 27 Jahren aus der aktiven Fanszene des 1. FC Köln befassten sich in einem eintägigen Workshop mit dem Thema „Israel-Kritik oder Antisemitismus?" und tauschten sich in geschütztem Umfeld offen aus. Ein solches Format wäre ohne das damit verbundene Highlight einer Israel-Reise wahrscheinlich nicht möglich gewesen. Das zweite Treffen vor der Reise führte die Fans zur jüdischen Gemeinde in Köln, wo sie eine Synagoge besuchten und sich über das Judentum austauschten. Ein Mitglied der Gemeinde war aktiv in die Planung und Durchführung der Begegnungsreise eingebunden – er war zwei Tage Ansprechpartner und Reiseleiter vor Ort. Während der achttägigen Exkursion besuchten die Fans Tel Aviv und Jerusalem. In den ersten drei Tagen gab es Treffen und Programm mit Fans von Beitar Jerusalem. Höhepunkt war ein Besuch bei der Regisseurin Maya Zinshtein. In ihrem Wohnzimmer zeigte sie der Gruppe ihren Film *Forever Pure*, der 2018 den Emmy für die beste politische Dokumentation gewonnen hatte. Der Film setzt sich mit der Fanszene von Beitar Jerusalem auseinander. Nachdem der Verein zum ersten Mal in seiner Geschichte muslimische Spieler verpflichtete hatte, rebellierte die Ultragruppe La Familia und spaltete den Club. Über bereits vor der Reise geknüpfte Kontakte wurde die Gruppe zu einem Auswärtsspiel des Fanvereins Beitar Nordia[2] eingeladen und verfolgte das Spiel mit der lokalen Fanszene im Block. Weitere Treffen mit verschiedenen Anhängern aus Jerusalem folgten. Auch hier knüpften die Kölner Fans über den offiziellen Teil hinaus schnell Kontakte zu den Gastgebern, sodass sie auch die Abende zusammen verbrachten. Im Anschluss an die Reise interessierte sich die Gruppe weiter für die Vorgänge, die in dem Dokumentarfilm über Beitar Jerusalem behandelt werden. Da die Teilnehmenden sich wunderten, dass der Film in Deutschland nicht bekannt ist, sprachen sie Maya Zinshtein eine Einladung nach Deutschland aus. Der Film wurde in Köln und Wuppertal öffentlich vorgeführt und mit der Regisseurin diskutiert.

Die Erlebnisse der Reise befruchteten diese Diskussionen merklich, und die anderen Zuschauer_innen zeigten sich vom Engagement der Ultras beeindruckt. Ein ebenfalls anwesender Sportjournalist initiierte eine Zusatzvorführung des Films mit 20 Pressevertreter_innen im Fanprojekt. Das positive Feedback der Gäste bei allen Veranstaltungen auf den interkulturellen Austausch in Israel war für alle sehr motivierend. Lerneffekte konnten dadurch sogar an andere weitergeben werden.

---

2 2014 gründete eine Gruppe von Fans den Verein, da sie sich von Beitar Jerusalem aufgrund der rassistischen Übergriffe der Ultragruppierung La Familia und weil die Vereinsführung nicht entschieden dagegen vorging, abwendeten.

Bei der dritten Begegnungsreise wurden acht Wuppertaler Fans bei einer Einladung zu einem Fußballturnier in einem Roma-Dorf in Ungarn mit enormen Gegensätzen zur eigenen Lebenswelt konfrontiert. Das Turnier wurde in ein Programm zum Thema Antiziganismus eingebettet. Als Vorbereitung besuchte die Gruppe NGOs und zivilgesellschaftliche Akteure, die sich mit der Lebenssituation von Roma in Europa beschäftigen. Bei dieser Reise mussten die Sozialarbeiter_innen die Jugendlichen eng begleiten, um Zugänge zu eröffnen und die eigenen Kultur- und Wertvorstellungen zu reflektieren, wie im Abschnitt *Interkulturelle Zugänge – Ethnozentrismus überwinden* gesondert diskutiert wird.

Kulturelle Zugänge bei internationalen Jugendbegegnungen

Der wohl wichtigste und gleichzeitig sensibelste Lernbereich einer internationalen Jugendbegegnung ist die interkulturelle Begegnung[3] – also der Zugang zu und Austausch mit einer anderen Kultur. Thomas hat mit den von ihm benannten Kulturstandards 1991 einen grundlegenden Beitrag zum Kulturbegriff in der internationalen Jugendarbeit geleistet (vgl. Thomas 1991) und dabei eine Grenze der „Hochschätzung und Überschätzung des Eigenen" (Thomas 1991, S. 207 f.) betont. Dieser auch an Hofstede (2012) erinnernde Ansatz wird in diesem Beitrag deutlich dynamisiert.[4] Eine klare und der aktuellen Diskussion um dynamische Kulturbegriffe entsprechende Definition liefert der Ethnologe Käser: „Kulturen sind Strategien des Menschen, sein Dasein zu bewältigen" (Käser 2005, S. 9). Hoffmann diskutiert den dynamischen Kulturbegriff speziell im Rahmen sozialwissenschaftlicher Forschung vor dem Hintergrund der postkolonialen Debatte (vgl. Hoffmann 2019, S. 43 ff.).

Grundlegend für die nachfolgende Diskussion sind im Besonderen Überlegungen Auernheimers zu interkultureller Pädagogik. Diese Reflexionen integrieren Kernpunkte interkulturellen Lernens und bereichern die Diskussion um interkulturelle Kompetenz bei Pädagog_innen und Klient_innen, weil sie sich explizit auf ein heterogenes und dynamisches Kulturverständnis berufen und unter Rekurs auf Schiffhauer ein explorativ-diskursives Kulturverständnis

---

3   Laut einer Langzeitstudie sind Hauptmotive einer internationalen Jugendbegegnung in der Reihenfolge ihrer prozentualen Wichtigkeit (vgl. Thomas 2003, S. 94 f.) andere Kulturen (56 %) und neue Menschen kennenzulernen (36 %) sowie internationale Erfahrungen zu machen (33 %). Ob diese Motive allerdings auch bei mit Ultras stattfindenden Begegnungen prävalent sind, kann aufgrund des fehlenden Datenmaterials nicht sicher gesagt werden.

4   Eine klare und der aktuellen Diskussion um dynamische Kulturbegriffe entsprechende Definition liefert der Ethnologe Käser: „Kulturen sind Strategien des Menschen, sein Dasein zu bewältigen" (Käser 2005, S. 9).

betonen (vgl. Auernheimer 2007, S. 73–75), das beim Lernen von interkulturellen Kompetenzen eine wichtige Grundlage bietet.

Obwohl Kotthaus leidenschaftlich für einen Szenebegriff in Bezug auf Ultras plädiert (vgl. Kotthaus und Kathöfer 2013, S. 44 ff.), ist in dem hier diskutierten Kontext der internationalen Jugendarbeit der Begriff der Subkultur ohne die damit verbundene Kriminalisierung und Marginalisierung vorzuziehen – oder, um das oben eingeführte dynamische und offene Kulturverständnis zu nutzen, der Begriff einer „Ultra-Fankultur"[5]. Dieses offene Verständnis soll auch Grundtenor dieses Beitrags sein, denn Mecheril begründet mit Recht, dass solch offene Konzepte zwar diskutiert und gefordert, aber dann doch wieder pädagogisch oder gesellschaftlich begrenzt werden (vgl. Mecheril 2010, S. 19 f.).

Nachfolgend werden drei Zugänge erläutert, wie diese kulturelle Fan-Prägung unter pädagogischer Anleitung die Auseinandersetzung mit anderen Fan-, Vereins- und lokalen Kulturen im internationalen Kontext suchen kann.

Interkulturelle Zugänge – pädagogischer Nutzen und Zielvorstellungen

Auernheimer benennt „Austauschprogramme" als eine Methode des interkulturellen Lernens, drückt ihnen gegenüber aber Skepsis aus: „An der internationalen Jugendarbeit zeigt sich aber beispielhaft für den ganzen Bereich der interkulturellen Erziehung die mögliche Diskrepanz zwischen Idee und Wirklichkeit, zwischen allgemeinen Zielformeln und tatsächlichen Effekten" (Auernheimer 2007, S. 162). Auernheimer führt aus, dass die Effekte dieser Form der Jugendarbeit oft diffus seien. „Im Allgemeinen herrsche die naive Zuversicht, dass internationale Kontakte an sich schon eine positive Wirkung zeitigen mögen" (Auernheimer 2007, S. 162). Damit einhergehend seien bei Austauschformaten weder Vorbereitung noch Zielrichtung seitens der Träger geklärt und schon gar nicht partizipativ mit den Reisenden erarbeitet. Um diesen Vorwurf der Beliebigkeit zu entkräften und positive Entwicklungen aufzuzeigen, werden nachfolgend auf einer Begründungs- und einer Zielebene die Effekte von internationaler Jugendarbeit und internationalen Jugendbegegnungen dargestellt. Wir wollen anhand der Ebene der *pädagogischen Ziele* den ersten Kristallisationspunkt der Praxis von interkulturellen Jugendbegegnungen mit Ultras entwickeln: Haben solche Reisen ein pädagogisches Ziel oder sind sie nur eine „pädagogische Urlaubsvorstellung" (Giesecke 1967, S. 41)?

---

5 Kulturwissenschaftliches Gegenargument und Gegenposition wäre ein *totalitäres Kulturkonzept* (vgl. Yousefi und Braun 2011, S. 15 ff.), das bei Ultras erst einmal angenommen wird – also eine nicht „für ‚jedermann' erstrebenswerte Lebensform", sondern eine, die zu „Kulturfundamentalismus und der Forderung nach der Reinheit einer Rasse" (Yousefi und Braun 2011, S. 15 ff.) tendieren kann.

Unsere gesammelten Erfahrungen widerlegen die Behauptung, Begegnungsreisen seien Vergnügungs- und keine Bildungsveranstaltungen klar. Aus sozialpädagogischer Sicht hatten die Touren nachfolgend vertieft ausgeführte Ziele der Vertrauens- und Beziehungsarbeit, der Partizipation sowie dem Aufbau sozialer Kompetenzen.

Bekanntermaßen ist die Qualität der pädagogischen Beziehung für den Erfolg sozialarbeiterischer Intervention wesentlich. Damit gerät die *Vertrauens- und Beziehungsarbeit* in den Fokus der Überlegungen. Bei der Arbeit mit jugendlichen Subkulturen werden Sozialarbeiter_innen anfangs immer kritisch beäugt und beobachtet. Es dauert einige Zeit, bis ein Vertrauensverhältnis aufgebaut ist und belastbare Beziehungen entstehen, die eine pädagogische Arbeit mit der Klientel erst ermöglichen. Gemeinsame Erlebnisse von Fans und Betreuenden fördern diesen Prozess. Zu Beginn der Arbeit im Kölner Fanprojekt war es schwierig, an Spieltagen die Zielgruppe zu erreichen und Absprachen zu treffen. Direkt im Anschluss an die Reise nach Israel suchten Mitglieder aus verschiedenen Gruppen gezielt den Kontakt zum Sozialpädagogen und baten um Vermittlung bei Problemen mit dem Verein und der Polizei.

Ein weiterer wichtiger Aspekt in der Jugendhilfe ist die *Partizipation* der Klientel bei der Ausgestaltung der Angebote (vgl. MKFFI 2018, S. 5). Die Idee zur Planung der Begegnungsreise nach Istanbul entstand in der Ultraszene des Wuppertaler SV. Schon seit einigen Jahren gibt es die Fanfreundschaft zwischen Wuppertal und Fenerbahce Istanbul. Rund um die Proteste am Gezi Park waren die Fanszenen aus den drei verfeindeten Istanbuler Clubs beteiligt und demonstrierten gemeinsam gegen das Regime. Im Fanprojekt führte dies häufig zu Diskussionen über die Forderungen der Istanbuler Fans und die Frage, wie diese es vermochten, ihre Feindschaft während der Demonstrationen abzulegen. Diese Gespräche waren der Anlass, entsprechende Thematiken in Istanbul zu untersuchen und Begegnungen mit türkischen Fans zu initiieren. Anders als von Auernheimer generell kritisiert, waren die Teilnehmenden sowohl bei der Vorbereitung als auch bei der Gestaltung der Reisen vor Ort äußerst engagiert und motiviert dabei. Aus sozialpädagogischer Sicht lag dies daran, dass ihre Fragen und Diskussionspunkte im Programm aufgenommen und berücksichtigt wurden.

Bei der Ausgestaltung der internationalen Begegnungsreisen war ein wichtiger Fokus, Respekt und Offenheit für andere Kulturen zu vermitteln sowie die Fähigkeit, mit Unsicherheiten und Unklarheiten umzugehen. Damit rücken die *sozialen Kompetenzen* der Teilnehmer_innen in den Blick. Der Umgang mit neuen und unbekannten Situationen bietet vielfältige Lernfelder, um Erfahrungen aus dem erlebten Einzelfall in den Alltag der Jugendlichen zu transferieren. Bei den Touren gab es immer wieder Situationen, in denen die Teilnehmenden nicht auf ihre Routinen zurückgreifen konnten und im Anschluss voller Stolz berichteten, wie sie die jeweilige Aufgabe gemeistert haben. Als Beispiel kann ein

Ereignis aus Istanbul dienen: Ein Jugendlicher wollte sich unbedingt ein Fußballspiel der 3. türkischen Liga am Rande von Istanbul anschauen. Nach seiner Rückkehr berichtete er stolz, dass er alleine ohne Sprachkenntnisse und ohne funktionstüchtiges Mobiltelefon zum Stadion gekommen sei und dort als einziger „Ausländer" begeistert empfangen und umsorgt wurde. Nachdem er einige Tees und Gebäck beim Spiel erhalten hatte, wurde er sogar mit einem Auto zu unserem Treffpunkt gefahren. Dieses Erlebnis der eigenen Selbstwirksamkeit und der ausgeprägten Gastfreundschaft haben den Fan in seiner persönlichen Entwicklung geprägt.

Festzuhalten ist, dass eine umfangreiche pädagogische Vor- und Nachbereitung und Begleitung solcher interkulturellen Begegnungen ein elementarer Gewinn für die Mitglieder der beteiligten Gruppen ist. Abt et al. (2006, S. 110 ff.) betrachten dies auch als „Langzeitwirkung" im Bereich der Identitätsbildung, die sich auf Offenheit und Flexibilität, Selbsterkenntnis, soziale Kompetenz oder kulturelle Identität der Teilnehmenden erstreckt.

Interkulturelle Zugänge – Ethnozentrismus überwinden

Der Begriff des Ethnozentrismus wurde schon 1906 von Sumner eingeführt, der ihn definierte als „this view of things in which one's own group is the center of everything, and all others are scaled and related with reference to it" (Sumner 1906, S. 13). Bei interkulturellen Begegnungen besteht die Gefahr, dass sich eigene kulturelle Positionen und Stereotypen verstärken und Rassismen verfestigen. Mit einer multikulturellen Gesellschaft, die in ihren Lebensbezügen divers ist und Diversity zulässt (unter anderem auch die Ultra-Fankultur selbst), ist das nicht zu vereinbaren. Winkelmann diskutiert dieses Diversitätsdenken unter dem Aspekt von machtverfestigenden Grunddualismen (vgl. Winkelmann 2007, S. 94 ff.). Sie fügt Kategorien wie etwa der „Nation" ein Gegenüber hinzu: „Angehörig / Nicht Angehörig" (Winkelmann 2007, S. 95). In der internationalen Begegnungssituation ist diese Kategorie „Nation" stark betont und verstellt leicht den Blick auf andere Differenzlinien, die dadurch als weniger relevant in den Hintergrund geraten (Winkelmann 2017, S. 97). Wichtig ist somit für die pädagogische Arbeit, weitere Kategorien (wie Klasse) und deren Differenzlinien (oben/unten) in den Fokus zu rücken, wenn Ethnozentrismus im Sinn eines diversen Begegnungsumfeldes überwunden werden soll. Somit stellt sich die Frage: Wie können machtverstärkende Dominanzmuster durchdrungen werden? Wie sind die Erfahrungen mit ethnozentristischen Tendenzen bei interkulturellen Jugendbegegnungen mit Ultras?

Bei neuen und unbekannten Erfahrungen im Ausland spielt der Vergleich mit eigenen Routinen und Wertvorstellungen erfahrungsgemäß eine Rolle. Die Praxis zeigte, dass dies vor allem dann der Fall ist, wenn die Teilnehmer_innen mit Lebensentwürfen und Konstrukten fernab ihrer eigenen konfrontiert sind. Besonders auffällig war dies bei dem eingangs erwähnten Projekt zum Thema Antiziganismus, welches Fans nach Ungarn geführt hat. Mit acht Fans war das Fanprojekt zu einem Fußballturnier in einem Roma Dorf in Ungarn eingeladen. Obwohl die Gruppe schon in Wuppertal inhaltlich vorbereitet worden war und auch in Budapest Organisationen kennengelernt hatte, die sich für die Rechte von Roma einsetzen und über deren Lebensumstände berichteten, waren die Reaktionen seitens der deutschen Gruppe beim Eintreffen im Roma-Dorf anfänglich sehr zurückhaltend. Schon aus dem Fenster im Bus wurde die Lebensweise kommentiert und verglichen („Die leben ja wie im Mittelalter", „Gibt es hier keine Mülleimer?"). Nach dem ersten Kennenlernen und einem Fußballturnier mit acht Mannschaften konnten sich die deutschen Gruppenmitglieder mit den dortigen Jugendlichen und Pädagog_innen austauschen. Die Teilnehmer_innen sprachen in der geschützten Atmosphäre offen miteinander. Die Roma-Jugendlichen verdeutlichten, wie diskriminierend Teile der ungarischen Gesellschaft und der Staat mit ihnen umgehen. Im Anschluss an einen von der deutschen sozialpädagogischen Leitung eingebrachten Diskussionsimpuls über den Umgang mit Minderheiten in Deutschland wurde offensichtlich, dass auch im eigenen Umfeld diskriminierendes Verhalten existiert. Wichtig für die Leitung war dabei, keine ethnischen Stereotypen zu verfestigen, sondern diese abzubauen. Hier hätte schnell der erste Eindruck der Jugendlichen („Wie leben die denn?") generalisiert und mit nach Wuppertal gebracht werden können. Aber der Auftrag war, das Erlebte in der Gruppe und in Einzelgesprächen zu reflektieren. Sehr wichtig für die Teilnehmer_innen war es, dass sie mit unterschiedlichsten Personen Kontakt hatten, die sich den Roma zugehörig fühlen, und dennoch keines der von den Jugendlichen unterstellten Klischees erfüllt wurde. Die sozialpädagogische Intention war, dass viele Erlebnisse in Erinnerung bleiben, aber keine stereotype Zuordnung einer Ethnie mit nach Hause genommen wurde. Nach der Rückkehr nach Wuppertal war es spannend zu sehen, dass sich die Teilnehmer_innen bei Diskussionen über Minderheiten viel reflektierter und sensibler zeigten und als Folge davon ihre Freund_innen bei gewissen grenzwertigen Aussagen darauf aufmerksam machten.

Interkulturelle Zugänge – Barrieren

Was Barrieren bei internationalen Jugendbegegnungen angeht, können die Autoren aus eigener Erfahrung berichten, dass die Teilnehmenden oft mangelnde Sprachkenntnisse oder das Gefühl der Fremdheit nennen. Daneben sind unbekanntes Essen, adäquates Verhalten im Gastland oder auch Angst vor Notsituationen wichtige Punkte. Das Augenmerk dieses dritten Zugangs richtet sich nun aber nicht auf die Teilnehmenden und ihre Barrieren, sondern bewusst auf die Betreuer_innen als Barrieren des interkulturellen Lernens. Sie haben nämlich eine zentrale Rolle bei der Ausbildung der interkulturellen Kompetenz inne, indem sie „Lern- und Entwicklungsförderer" (Abt und Chang 2006, S. 182) sind, einen fundierten Kenntnisstand der Gastkultur besitzen müssen und kulturdivergierend denken sowie kulturadäquat handeln sollen. Darüber hinaus sind umfassende Vorbereitungen, Anträge an Kostenträger, die Organisation der Infrastruktur vor Ort und die Mobilisierung der Teilnehmenden notwendige Aufgaben. Hinzu kommen Vorbereitungsseminare mit Wahrnehmungsübungen, Kommunikationstrainings und Konfliktmanagement (vgl. Auernheim 2007, S. 162). Die volle Bandbreite pädagogischer Verantwortung, methodischer Vielfalt und Ansprüche wird genannt und bearbeitet. In der Synopsis muss gefragt werden: Kann dies alles eine Person beziehungsweise ein Team leisten? Ist der_ die Betreuer_in die Barriere für das interkulturelle Lernen der Ultras? Sind die Ansprüche an die pädagogischen Begleiter_innen gerechtfertigt?

Bei den beschriebenen Auslandsaufenthalten waren bei den Pädagog_innen Barrieren in der Vorbereitung (beispielsweise die Förderanträge und auch genaue Kenntnisse der Länder), aber auch bei den Jugendlichen (wie Sprachkenntnisse) vor Ort erkennbar. Um diese Hürden abzubauen, waren nach Aussagen der Teilnehmenden ein enges Vertrauensverhältnis und eine gute Beziehung zu den Sozialarbeiter_innen enorm wichtig.

Hilfreich für die Vorbereitung und Durchführung waren außerdem eine gute Netzwerkarbeit im Vorfeld und die Hinzuziehung von Expert_innen der jeweiligen Länder und Kulturen. Von großer Bedeutung ist zudem, in den Reiseländern Begleitpersonen zu haben, die die jeweiligen Sprachen fließend sprechen und über sehr gute Kenntnisse der Gastländer verfügen. Ohne diese Unterstützung wären viele Begegnungen und Kontakte vor Ort an Verständigungsproblemen gescheitert.

Die Kontakt- und Netzwerkpflege braucht in der Vorbereitung viel Zeit, um in der Gastkultur die richtigen Personen kennenzulernen, die die Gruppe empfangen und als Türöffner agieren können. Dies kann aber für den Erfolg des geplanten Programms entscheidend sein.

Damit die Begegnungsreisen nicht nur die Teilnehmenden erreichen, die bereits über große interkulturelle Kompetenzen verfügen, ist es wichtig, mit der Fanszene von Beginn an partizipativ an dem Programm zu arbeiten. Zugänge werden dabei vor allem über den Fußball geschaffen. Ultras interessieren sich für Fankulturen in anderen Ländern und besuchen gerne Spiele über die eigenen Landesgrenzen hinaus. Über diese Leidenschaft entstanden heterogene Gruppen, die, wie oben beschrieben, sich interkulturelle Kompetenz aneigneten.

Fußball schafft Anknüpfungspunkte, über die Teilnehmende aus beiden Kulturen zueinander finden können. Sowohl der Austausch über den Sport und das Fan-Sein als auch gemeinsames Fußballspielen waren dafür sehr geeignet. Um Lernprozesse anzuregen, bedarf es neben einer Reflexion der Erlebnisse vor

Ort auch einer Betreuung durch Pädagog_innen im Nachgang der Reise. Wie das Beispiel aus Ungarn gezeigt hat, können sonst sogar negative Effekte entstehen. Im Vorfeld der Reisen muss es vorbereitende Treffen geben, um in der Gruppe über das eigene Kulturverständnis zu sprechen und den Fokus auf die Achtsamkeit im Umgang mit anderen Kulturen zu lenken.

Fazit und Ausblick

Der Beitrag zeigte die Chancen und möglichen Barrieren interkultureller Jugendbegegnungen in der Fanarbeit aus wissenschaftlicher und praktischer Sicht auf. Eine fundierte Vorbereitung bietet die große Chance, Barrieren bei Auslandsaufenthalten (Sprache, Ethnozentrismus, Netzwerk vor Ort, Begegnungsräume) zu überwinden. In der Praxis hat sich zudem erwiesen, dass bei Begegnungsreisen enorme Lernerfahrungen gemacht werden und diese auch in den Alltag transferierbar sind. Wichtig ist, das Erlebte auch im Nachgang zu reflektieren und immer wieder zu erinnern. Auf dem Weg ins Unbekannte, den die Reisen auch darstellen, müssen Krisen und unerwartete Situationen überstanden werden. Genau in diesen Situationen finden Lern- beziehungsweise Bildungsprozesse statt, die durch Reflexion in den eigenen Erfahrungsschatz übergehen (vgl. Becker 2001).

Wie eingangs beschrieben, besteht bei jugendlichen Fußballfans ein gesteigertes Interesse an Abenteuern und unbekannten Situationen. Entsprechend können durch Begegnungsreisen Jugendliche pädagogisch begleitet werden, die sonst eher schwer zu erreichen sind. Das Interesse der Teilnehmer_innen an anderen Kulturen war nach den Reisen deutlich gewachsen. Gleichzeitig setzten sie sich durch ihren neuen persönlichen Bezug vermehrt gegen Vorurteile und Diskriminierung ein.

Für die pädagogische Arbeit in dem herausfordernden Setting mit Jugendsubkulturen bringen diese gemeinsamen Erlebnisse zwischen Teilnehmer_innen und Pädagog_innen zusätzlich einen enormen Nutzen: Beziehungen werden verfestigt und Vertrauen aufgebaut.

Literatur

Abt, H./Chang, C. (2006): Bedeutung der Ergebnisse für Forschung und Praxis. In: Thomas, A./Abt, H./Chang, C. (Hrsg.): Internationale Jugendbegegnungen als Lern- und Entwicklungschance. Bensberg: Thomas Morus Akademie, S. 175–184.

Auernheimer, G. (2007): Einführung in die interkulturelle Pädagogik. Darmstadt: Wissenschaftliche Buchgesellschaft.

Becker, P. (2001): Vom Erlebnis zum Abenteuer. In: Sportwissenschaft, 31. Jg., S. 3–16.

Giesecke H. (1967): Kritik pädagogischer Urlaubsvorstellungen. In: Friesenhahn, G./ Thimmel, A. (Hrsg.): Schlüsseltexte. Schwalbach/Ts.: Wochenschau Verlag, S. 39–45.

Hoffmann, S. (2019): Partizipation ist schon da! Norderstedt: BoD.
Hofstede, G. (2012): Lokales Denken, Globales Handeln. München: dtv.
Käser, L. (2005): Fremde Kulturen – eine Einführung in die Ethnologie. Bad Liebenzell: Verlag der Liebenzeller Mission.
Kotthaus, J./ Kathöfer, S. (Hrsg.) (2013): Block X – Unter Ultras. Ergebnisse einer Studie über die Lebenswelt Ultra in Westdeutschland. Weinheim und Basel: Beltz.
Mecheril, P. (2010): Kompetenzlosigkeitskompetenz. In: Auernheimer, G. (Hrsg.): Interkulturelle Kompetenz und pädagogische Professionalität. Wiesbaden: Springer VS, S. 15–34.
MKFFI (Ministerium für Kinder, Familie, Flüchtlinge und Integration des Landes NRW) (2018): Kinder- und Jugendförderplan des Landes NRW 2018–2022: Kinder und Jugendliche stark machen – Gemeinsam Zukunft gestalten. Online: www.lwl-landesjugendamt.de/media/filer_public/e3/5c/e35c4543-5bec-4020-b540-029e6d368254/kjfp_ab_2018.pdf (02.04.2021).
Sumner, W. G. (1906): Folkways, a Study of the Sociological Importance of Usages, Manners, Customs, Mores and Morals. Boston: Ginn.
Thomas, A. (1991): Psychologische Wirksamkeit von Kulturstandards im interkulturellen Handeln. In: Friesenhahn, G./ Thimmel, A. (Hrsg.): Schlüsseltexte. Schwalbach/Ts.: Wochenschau Verlag, S. 207–219.
Thomas, A. (2003): Langzeitwirkungen der Teilnahme an internationalen Jugendbegegnungen. In: Fachstelle für Internationale Jugendarbeit der Bundesrepublik Deutschland (Hrsg.): Internationale Jugendarbeit wirkt. Köln: IJAB, S. 93–107.
Winkelmann, A. (2007): Internationale Jugendarbeit auf neuen Wegen. In: Fachstelle für Internationale Jugendarbeit der Bundesrepublik Deutschland (Hrsg.): Forum Jugendarbeit International. Bonn: IJAB, S. 87–105.
Yousefi, H./Braun, I. (2011): Interkulturalität. Darmstadt: Wissenschaftliche Buchgesellschaft.

Teil 4 Fanprojekte als klassische Querschnittsarbeit

Ist der demografische Wandel schuld?
Eine Datenanalyse zum Nachwuchsrückgang im Amateurfußball

Andreas Groll, Tim Frohwein und Jonas Heiner

Einführung

Blickt man auf die offiziellen Zahlen des Deutschen Fußball-Bundes (DFB), lässt sich das Nachwuchsproblem im deutschen Fußball nicht leugnen: Nahmen im Jahr 2015 von der G- bis einschließlich A-Jugend noch 91.961 Juniorenmannschaften am verbandlich organisierten Spielbetrieb teil, waren es 2019 nur noch 84.076. Das entspricht einem Rückgang von knapp neun Prozent binnen vier Jahren. Betrachtet man nur den Mädchenfußball, ist die Situation noch dramatischer: Zwischen 2015 und 2019 sank die Zahl der gemeldeten Mannschaften mit Spielerinnen bis zu einer Altersgrenze von 16 Jahren von 6.702 um rund 28 Prozent auf 4.842 (vgl. Deutscher Fußball-Bund 2019). Ein augenscheinliches Symptom dieser rückläufigen Entwicklung ist die steigende Anzahl an Spielgemeinschaften[1] im Jugendbereich. So waren nach Angaben des Bayerischen Fußball-Verbands (BFV) in der Saison 2015/16 knapp 36 Prozent der A- und B-Juniorenmannschaften in Bayern in einer Spielgemeinschaft organisiert, drei Jahre später waren es bereits fast 45 Prozent (vgl. Bayerischer Rundfunk 2019).

Fragt man Funktionäre oder Vereinsverantwortliche, was die Gründe für den Nachwuchsrückgang sind, wird auch immer wieder auf den demografischen Wandel verwiesen: Die sinkenden Geburtenziffern der vergangenen Jahre – und in der Folge weniger Kinder und Jugendliche, die überhaupt Fußball spielen können – seien für diese Entwicklung verantwortlich (vgl. beispielsweise Nordwest-Zeitung Verlagsgesellschaft 2015). Ein Bericht des Bundesinstituts für Sportwissenschaft (BISp) von 2015 stützt diese These und prognostiziert, dass bei „aktuell unterstellter Bevölkerungsentwicklung bis 2030 bis zu 5.000 Großspielfelder und je 2.000 Kleinspielfelder und Bolzplätze weniger benötigt werden" (vgl. Heiden et al. 2015, S. 14 f.).

---

1 Eine Spielgemeinschaft (SG) ist das Ergebnis eines (meist temporären) Zusammenschlusses zweier oder mehrerer Vereine zum Zwecke der Mannschaftsbildung. Der Grund: Die einzelnen Vereine haben schlichtweg nicht genügend Spieler, um eine Mannschaft zu stellen.

Tatsächlich dürften mit Blick auf die DFB-Statistiken in Deutschland bald weniger Fußballfelder benötigt werden – aber ist daran wirklich die Bevölkerungsentwicklung schuld? Eine wissenschaftliche Untersuchung über die genauen Auswirkungen des demografischen Wandels findet sich bislang jedenfalls nicht. Der vorliegende Beitrag möchte diese Lücke ein Stück weit schließen. Auf Basis von Daten des Bayerischen Fußball-Verbandes und des Statistischen Bundesamts wird im Folgenden analysiert, wie sich die Zahl der aktiven männlichen Fußballer in den verschiedenen DFB-Altersklassen im Verhältnis zur Gesamtbevölkerung der jeweiligen Altersklassen entwickelt hat.

Zunächst wird das Datenmaterial näher beschrieben, eine statistische Analyse folgt im Anschluss. In einem längeren Diskussionsteil werden schließlich weitere Erklärungsansätze für den Nachwuchsrückgang behandelt, bevor ein kurzes Fazit gezogen wird.

Datenbeschreibung

Der verwendete Datensatz kombiniert die offiziellen Spielerzahlen im Verbandsgebiet Bayern[2] für die sechs Jugendaltersgruppen A- bis F-Jugend für die Spielzeiten 2014/15 bis 2018/19 mit den zugehörigen Bevölkerungszahlen in den entsprechenden Altersgruppen[3] (vgl. Bayerisches Landesamt für Statistik 2019). Insgesamt liegen die Daten separat für 21 Fußballkreise[4] im Verbandsgebiet Bayern vor, bei denen es sich wie im Fall von Amberg/Weiden teils um eher ländliche und wie bei München teils um eher städtische Regionen handelt. Folgend sind exemplarisch für den Kreis Amberg/Weiden die Verlaufskurven der Anzahl aktiver Spieler (links) sowie der Einwohner (rechts) für die sechs Altersgruppen der A- bis F-Jugend dargestellt.

---

2   Die Daten wurden den Autoren zum Zwecke der Auswertung zur Verfügung gestellt und sind nicht öffentlich.
3   Für das Jahr 2019 lagen beim Statistischen Bundesamt zum Zeitpunkt unserer Analyse noch keine Zahlen für die aktuelle Bevölkerung vor. Diese haben wir daher aus dem Jahr 2018 extrapoliert. Grundsätzlich wurde zum Vergleich mit der Anzahl aktiver Jugendspieler immer die Bevölkerungszahl aus der zweiten Saisonhälfte herangezogen. Wir haben also beispielsweise für die Saison 2014/15 die Jugendzahlen mit den Bevölkerungszahlen von 2015 verglichen.
4   In den Originaldaten gab es ursprünglich 23 Kreise, allerdings fehlten für die beiden Kreise Bayerwald und Inn/Salzach Werte. Für den Kreis Bayerwald kann das vermutlich damit erklärt werden, dass dieser in den letzten Jahren anders aufgegliedert wurde.

Abbildung 1: Verlaufskurven der Anzahl aktiver Spieler (links) sowie der Einwohner (rechts) für die sechs Altersgruppen der A- bis F-Jugend für den Fußballkreis Amberg/Weiden

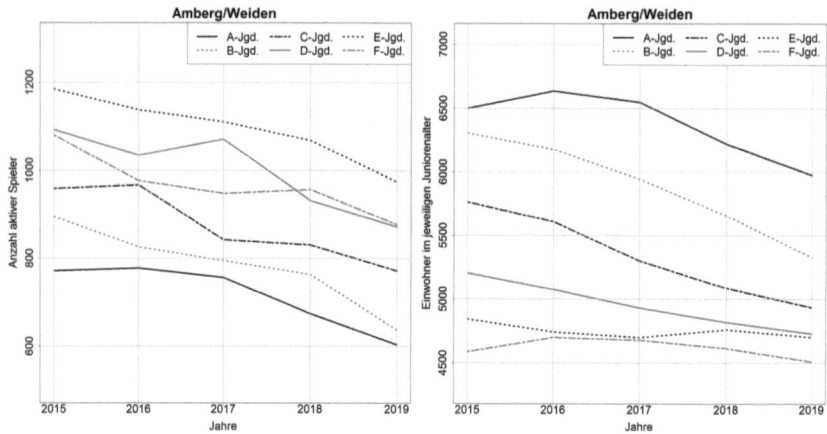

Dabei fällt zunächst auf, dass sowohl die Anzahl der aktiven Spieler als auch die Bevölkerungszahlen tendenziell über die Zeit abnehmen. Für die übrigen ländlichen Kreise ergeben sich für die Anzahl der Spieler sowie der Einwohner im jeweiligen Juniorenalter ähnliche Verlaufskurven wie in Amberg/Weiden. Die Kurven weisen tendenziell einen Abwärtstrend auf, lediglich die Einwohnerzahlen für sehr junge Altersgruppen steigen in manchen Kreisen leicht an. Da die beiden Grundgesamtheiten jedoch Anzahlen sehr unterschiedlicher Größenordnungen aufweisen (siehe y-Achsen), ist ein direkter Vergleich nur schwer möglich. Daher betrachten wir im Folgenden jeweils für alle Jugendaltersgruppen (A- bis F-Jugend) den Anteil der aktiven Spieler an der zugehörigen Bevölkerungsgruppe. Dazu bilden wir zu jedem Zeitpunkt den Quotienten aus der Anzahl der aktiven Spieler und der Einwohnerzahl der entsprechenden Altersgruppe. Die sich nun ergebenden Verlaufskurven, wieder exemplarisch für den Kreis Amberg/Weiden, sind in Abbildung 2 dargestellt.

Es fällt sofort auf, dass alle Kurven über die Zeit tendenziell fallend verlaufen. Dies bedeutet, dass der Rückgang aktiver Spieler in allen Jugendmannschaften stärker ist als der Bevölkerungsrückgang in der zugehörigen Altersgruppe – ein erstes klares Indiz dafür, dass sich der Spielerrückgang in den Amateurjugendmannschaften nicht, oder zumindest nicht ausschließlich, mit dem Bevölkerungsrückgang erklären lässt.

Abbildung 2: Verlaufskurven des Anteils aktiver Spieler an der jeweiligen Bevölkerungsgruppe (A- bis F-Jugend) für den Fußballkreis Amberg/Weiden

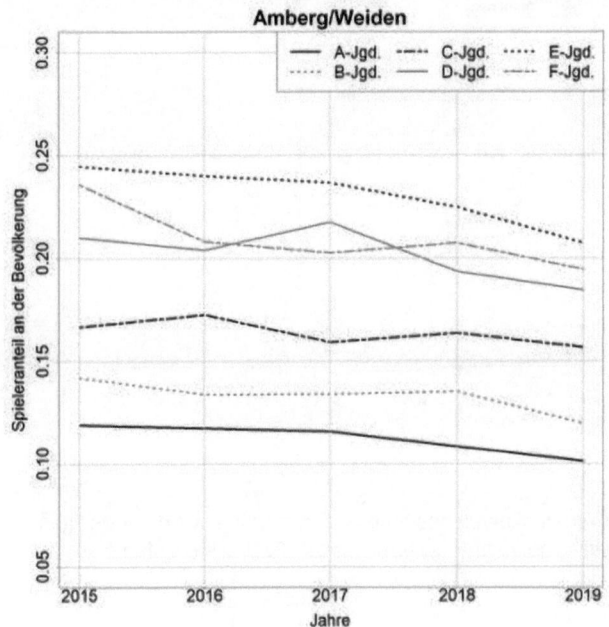

Weiter wird in Abbildung 2 deutlich, dass der Anteil der aktiven Spieler sinkt, je älter die Jugendlichen werden: Während in der F-Jugend in jeder Saison – teils deutlich – über 20 Prozent der Jugendlichen in einem Amateurfußballverein aktiv sind, liegt der Anteil für A-Jugendspieler nur noch bei knapp über 10 Prozent. Dies wurde auch bereits in Abbildung 1 deutlich, da die Anordnung der Linien im rechten Bild im Vergleich zum linken Bild nahezu perfekt vertauscht ist.

Ein grundsätzlich ähnliches Bild ergibt sich auch für städtische Kreise. Analog zu Abbildung 1 und Abbildung 2 zeigen Abbildung 3 und Abbildung 4 die entsprechenden Verlaufskurven am Beispiel von München. Auch hier sind in den verschiedenen Altersgruppen der Jugendmannschaften tendenziell Rückgänge zu beobachten, während in der Bevölkerung, insbesondere bei den jüngeren Altersgruppen, teilweise sogar Zuwächse zu verzeichnen sind.

In Abbildung 4 ergeben sich erneut fallende Kurven, was wieder deutlich macht, dass der Rückgang aktiver Spieler in allen jeweiligen Jugendmannschaften stärker ist als der Bevölkerungsrückgang in der zugehörigen Altersgruppe. Darüber hinaus fällt auf, dass der grundsätzliche Anteil an Jugendspielern in der Bevölkerung niedriger ist als im ländlichen Kreis Amberg/Weiden.

Abbildung 3: Verlaufskurven der Anzahl aktiver Spieler (links) sowie der Einwohner (rechts) für die sechs Altersgruppen der A- bis F-Jugend für den Fußballkreis München

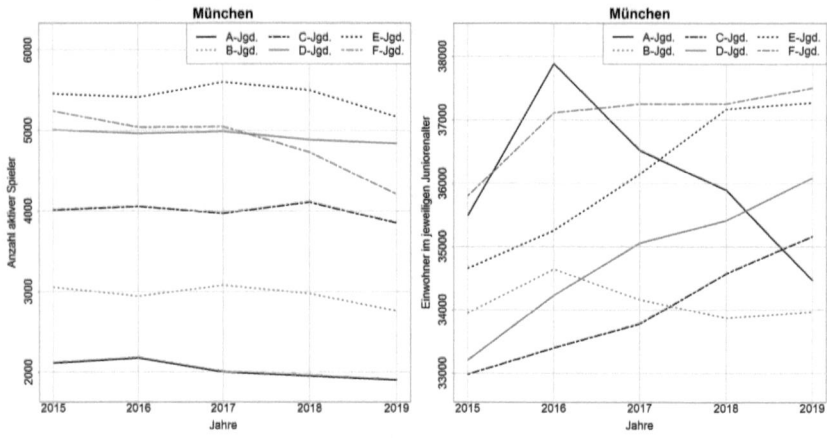

Abbildung 4: Verlaufskurven des Anteils aktiver Spieler an der jeweiligen Bevölkerungsgruppe (A- bis F-Jugend) für den Fußballkreis München

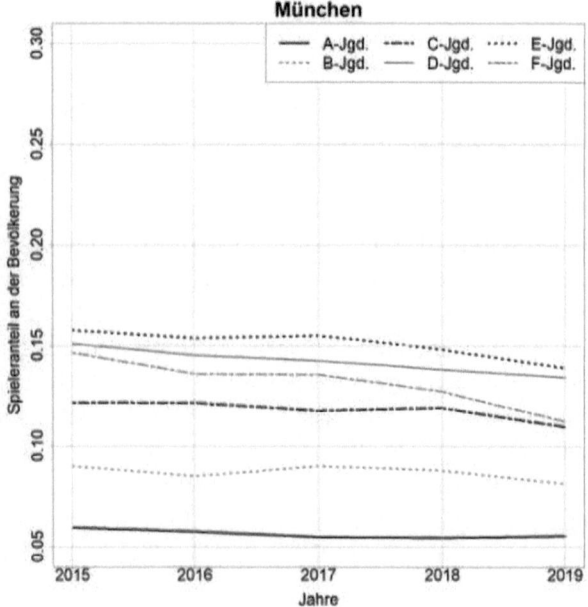

Um einen Überblick über alle Kreise zu erhalten, zeigen die Tabellen 1 bis 6 für die verschiedenen Altersgruppen jeweils den prozentualen Rückgang beziehungsweise Zuwachs, der sich für die Anzahl der aktiven Spieler (mittlere Spalte) und

die Bevölkerungszahl (rechte Spalte) über die fünf Jahre bzw. Saisons 2014/15 bis 2018/19 ergeben hat. Wenn also x_t die Anzahl aktiver Spieler oder die Bevölkerungszahl einer speziellen Altersgruppe zum Zeitpunkt t bezeichnet, lässt sich der prozentuale Rückgang beziehungsweise Zuwachs gemäß der Formel

$r = \dfrac{x_{2019} - x_{2015}}{x_{2015}}$ berechnen. Ergibt sich ein positiver Wert, handelt es sich um einen Zuwachs, andernfalls um einen Rückgang.

Da in der Spalte „Spieler" in allen sechs Tabellen nahezu ausnahmslos negative Werte stehen, hat sich die Anzahl der aktiven Jugendspieler in praktisch allen Kreisen und Altersgruppen verringert. Allerdings finden sich in der Spalte „Bevölkerung" ebenfalls überwiegend negative Werte, das heißt, auch die Bevölkerung hat in den meisten Kreisen und Altersgruppen einen Rückgang zu verzeichnen. Um die beiden Zahlen besser vergleichen zu können, haben wir alle Fälle, in denen der Rückgang der Spieler größer war als der Rückgang der entsprechenden Bevölkerungsgruppe (oder diese sogar einen Zuwachs zu verzeichnen hatte) mit Fettdruck markiert. Da nun in allen sechs Tabellen nahezu alle Werte in der mittleren Spalte „Spieler" fettgedruckt sind, zeigt sich, dass praktisch ausnahmslos der Rückgang aktiver Spieler in allen Jugendmannschaften stärker ist als der Bevölkerungsrückgang in der zugehörigen Altersgruppe. Der Eindruck, der in den vier oberen Abbildungen am Beispiel der Kreise Amberg/Weiden und München entstanden ist, konnte also bestätigt werden: Der Spielerrückgang in den Amateurjugendmannschaften scheint tatsächlich nicht, oder zumindest nicht ausschließlich, durch den Rückgang in der Bevölkerung zustande zu kommen.

Statistische Analyse

Um nun aber nachzuweisen, dass die Unterschiede im Rückgang der Spieleranzahlen und jenem in der Bevölkerung nicht rein zufällig entstanden sind, muss der Sachverhalt noch mit statistischen Signifikanztests geprüft werden. Da es sich bei den Daten in den beiden Spalten „Spieler" und „Bevölkerung" in den Tabellen 1 bis 6 jeweils um verbundene Stichproben handelt, wird zunächst der Einstichproben-t Test für verbundene Stichproben zum Hypothesenpaar $H_0 : E$ $[r_{Spieler}] \geq E [r_{Bevölkerung}]$ vs. $H_1: E[r_{Spieler}] < E[r_{Bevölkerung}]$ verwendet. Mit Signifikanzniveau $\alpha = 0.05$ ergibt sich für alle sechs Altersgruppen, dass der Rückgang der Anzahl der Spieler signifikant negativer ist als der Rückgang (beziehungsweise teilweise Zuwachs) in der Bevölkerung, siehe erste Zeile in Tabelle 7 (alle p-Werte $< 1 \cdot 10^{-7}$). Allerdings muss hierfür eine Normalverteilung für die Differenzen $r_{Spieler} - r_{Bevölkerung}$ unterstellt werden. Diese Annahme erscheint hier auch durchaus realistisch, da sowohl Shapiro-Wilk-Tests (vgl. Shapiro und Wilk 1965) als auch Kolmogorov-Smirnov-Tests (vgl. Kolmogorov 1933; Smirnov 1948) auf

Normalität in keiner Altersgruppe verworfen werden können. Dennoch haben wir sicherheitshalber noch einen weiteren, nichtparametrischen Test verwendet, für den keine Verteilungsannahme getroffen werden muss. Für jede Altersgruppe haben wir einen Lokationsvergleich für verbundene Stichproben mittels des Wilcoxon-Rangsummentests (vgl. Wilcoxon 1945) durchgeführt. Auch dieser fällt für alle sechs Altersgruppen hochsignifikant aus (alle p-Werte $< 1 \cdot 10^{-5}$). Aus diesen Ergebnissen kann nun verlässlich geschlossen werden, dass der Rückgang der Anzahl der aktiven Jugendvereinsspieler tatsächlich statistisch signifikant negativer ist als der Rückgang in der Bevölkerung.

Alle statistischen Analysen wurden in dem Statistik-Programm-Paket R (vgl. R Core Team 2019) durchgeführt, insbesondere wurden die Funktionen t.test(), wilcox.test(), shapiro.test() und ks.test() für die Durchführung der statistischen Tests verwendet.

Tabelle 1: Prozentuale Veränderungen der A-jugendlichen Spieler und der Bevölkerung zwischen 2014/15 und 2018/19; fett: Kreise mit stärkerem Rückgang bei den Spielern im Vergleich zur Bevölkerung

	Kreis	Spieler	Bevölkerung
1	Allgäu	**-0.121**	-0.051
2	Amberg/Weiden	**-0.218**	-0.081
3	Aschaffenburg	**-0.174**	-0.080
4	Augsburg	**-0.155**	-0.052
5	Bamberg/Bayreuth	**-0.136**	-0.082
6	Cham/Schwandorf	-0.082	-0.082
7	Coburg/Kronach	**-0.224**	-0.056
8	Donau	**-0.185**	-0.065
9	Donau/Isar	**-0.161**	-0.059
10	Erlangen/Pegnitzgrund	**-0.221**	-0.047
11	Hof/Marktredwitz	-0.060	-0.075
12	München	**-0.098**	-0.029
13	Neumarkt/Jura	**-0.108**	-0.081
14	Niederbayern Ost	**-0.124**	-0.063
15	Niederbayern West	**-0.128**	-0.061
16	Nürnberg/Frankenhöhe	**-0.177**	-0.061
17	Regensburg	**-0.148**	-0.055
18	Rhön	**-0.244**	-0.090
19	Schweinfurt	**-0.202**	-0.075
20	Würzburg	**-0.273**	-0.106
21	Zugspitze	**-0.167**	-0.042

Tabelle 2: Prozentuale Veränderungen der B-jugendlichen Spieler und der Bevölkerung zwischen 2014/15 und 2018/19; fett: Kreise mit stärkerem Rückgang bei den Spielern im Vergleich zur Bevölkerung

	Kreis	Spieler	Bevölkerung
1	Allgäu	-0.226	-0.113
2	Amberg/Weiden	-0.288	-0.155
3	Aschaffenburg	-0.185	-0.115
4	Augsburg	-0.117	-0.074
5	Bamberg/Bayreuth	-0.274	-0.087
6	Cham/Schwandorf	-0.208	-0.136
7	Coburg/Kronach	-0.180	-0.123
8	Donau	-0.211	-0.107
9	Donau/Isar	-0.187	-0.077
10	Erlangen/Pegnitzgrund	-0.231	-0.079
11	Hof/Marktredwitz	-0.218	-0.115
12	München	-0.096	0.000
13	Neumarkt/Jura	-0.161	-0.123
14	Niederbayern Ost	-0.048	-0.095
15	Niederbayern West	-0.148	-0.077
16	Nürnberg/Frankenhöhe	-0.201	-0.067
17	Regensburg	-0.210	-0.081
18	Rhön	-0.247	-0.093
19	Schweinfurt	-0.221	-0.119
20	Würzburg	-0.137	-0.089
21	Zugspitze	-0.159	-0.070

Tabelle 3: Prozentuale Veränderungen der C-jugendlichen Spieler und der Bevölkerung zwischen 2014/15 und 2018/19; fett: Kreise mit stärkerem Rückgang bei den Spielern im Vergleich zur Bevölkerung

	Kreis	Spieler	Bevölkerung
1	Allgäu	-0.171	-0.079
2	Amberg/Weiden	-0.195	-0.144
3	Aschaffenburg	-0.165	-0.093
4	Augsburg	-0.152	-0.059
5	Bamberg/Bayreuth	-0.249	-0.093
6	Cham/Schwandorf	-0.139	-0.105
7	Coburg/Kronach	-0.309	-0.150
8	Donau	-0.157	-0.088
9	Donau/Isar	-0.122	-0.056
10	Erlangen/Pegnitzgrund	-0.208	-0.068

	Kreis	Spieler	Bevölkerung
11	Hof/Marktredwitz	**-0.267**	-0.117
12	München	-0.041	0.066
13	Neumarkt/Jura	**-0.239**	-0.131
14	Niederbayern Ost	**-0.171**	-0.094
15	Niederbayern West	**-0.103**	-0.068
16	Nürnberg/Frankenhöhe	**-0.214**	-0.028
17	Regensburg	**-0.139**	-0.024
18	Rhön	**-0.220**	-0.091
19	Schweinfurt	**-0.214**	-0.083
20	Würzburg	**-0.092**	-0.075
21	Zugspitze	**-0.123**	-0.061

Tabelle 4: Prozentuale Veränderungen der D-jugendlichen Spieler und der Bevölkerung zwischen 2014/15 und 2018/19; fett: Kreise mit stärkerem Rückgang bei den Spielern im Vergleich zur Bevölkerung

	Kreis	Spieler	Bevölkerung
1	Allgäu	**-0.188**	-0.049
2	Amberg/Weiden	**-0.202**	-0.091
3	Aschaffenburg	**-0.194**	-0.052
4	Augsburg	**-0.126**	-0.017
5	Bamberg/Bayreuth	**-0.161**	-0.057
6	Cham/Schwandorf	**-0.073**	-0.053
7	Coburg/Kronach	**-0.174**	-0.067
8	Donau	**-0.216**	-0.081
9	Donau/Isar	**-0.081**	-0.026
10	Erlangen/Pegnitzgrund	**-0.214**	-0.023
11	Hof/Marktredwitz	**-0.268**	-0.114
12	München	-0.033	0.087
13	Neumarkt/Jura	**-0.159**	-0.059
14	Niederbayern Ost	**-0.236**	-0.090
15	Niederbayern West	**-0.082**	-0.035
16	Nürnberg/Frankenhöhe	**-0.112**	0.029
17	Regensburg	**-0.113**	0.038
18	Rhön	**-0.176**	-0.086
19	Schweinfurt	**-0.205**	-0.059
20	Würzburg	**-0.162**	-0.066
21	Zugspitze	**-0.082**	-0.013

Tabelle 5: Prozentuale Veränderungen der E-jugendlichen Spieler und der Bevölkerung zwischen 2014/15 und 2018/19; fett: Kreise mit stärkerem Rückgang bei den Spielern im Vergleich zur Bevölkerung

	Kreis	Spieler	Bevölkerung
1	Allgäu	-0.195	-0.027
2	Amberg/Weiden	-0.178	-0.029
3	Aschaffenburg	-0.119	-0.001
4	Augsburg	**-0.157**	0.026
5	Bamberg/Bayreuth	**-0.073**	0.001
6	Cham/Schwandorf	-0.131	-0.049
7	Coburg/Kronach	**-0.145**	0.010
8	Donau	-0.115	-0.044
9	Donau/Isar	-0.116	-0.013
10	Erlangen/Pegnitzgrund	**-0.221**	0.035
11	Hof/Marktredwitz	-0.105	-0.016
12	München	**-0.052**	0.075
13	Neumarkt/Jura	**-0.144**	0.001
14	Niederbayern Ost	-0.178	-0.050
15	Niederbayern West	**-0.124**	0.022
16	Nürnberg/Frankenhöhe	**-0.167**	0.041
17	Regensburg	**-0.091**	0.029
18	Rhön	-0.184	-0.072
19	Schweinfurt	-0.184	-0.024
20	Würzburg	-0.127	-0.019
21	Zugspitze	**-0.170**	0.012

Tabelle 6: Prozentuale Veränderungen der F-jugendlichen Spieler und der Bevölkerung zwischen 2014/15 und 2018/19; fett: Kreise mit stärkerem Rückgang bei den Spielern im Vergleich zur Bevölkerung

	Kreis	Spieler	Bevölkerung
1	Allgäu	-0.200	-0.006
2	Amberg/Weiden	-0.189	-0.017
3	Aschaffenburg	**-0.125**	0.003
4	Augsburg	**-0.222**	0.018
5	Bamberg/Bayreuth	**-0.168**	0.005
6	Cham/Schwandorf	**-0.064**	0.016
7	Coburg/Kronach	**-0.038**	0.016
8	Donau	**-0.115**	0.020
9	Donau/Isar	**-0.134**	0.032
10	Erlangen/Pegnitzgrund	**-0.273**	0.034

	Kreis	Spieler	Bevölkerung
11	Hof/Marktredwitz	-0.119	0.080
12	München	-0.197	0.048
13	Neumarkt/Jura	-0.127	0.029
14	Niederbayern Ost	-0.200	0.018
15	Niederbayern West	-0.100	0.031
16	Nürnberg/Frankenhöhe	-0.182	0.027
17	Regensburg	-0.131	0.043
18	Rhön	-0.169	-0.012
19	Schweinfurt	-0.146	0.045
20	Würzburg	-0.124	0.024
21	Zugspitze	-0.213	0.013

Tabelle 7: *p*-Werte für den *t*-Test und den Wilcoxon-Rangsummen-Test, je für verbundene Stichproben

	A-Jgd.	B-Jgd.	C-Jgd.	D-Jgd.	E-Jgd.	F-Jgd.
t-Test	$3.04 \cdot 10^{-8}$	$2.45 \cdot 10^{-8}$	$2.85 \cdot 10^{-9}$	$2.75 \cdot 10^{-11}$	$6.58 \cdot 10^{-12}$	$2.93 \cdot 10^{-12}$
Wilcoxon	$2.38 \cdot 10^{-6}$	$2.38 \cdot 10^{-6}$	$4.77 \cdot 10^{-7}$	$4.77 \cdot 10^{-7}$	$4.77 \cdot 10^{-7}$	$4.77 \cdot 10^{-7}$

Tabelle 8: p-Werte für den Shapiro-Wilk-Test und den Kolmogorov-Smirnov-Test auf Normalität

	A-Jgd.	B-Jgd.	C-Jgd.	D-Jgd.	E-Jgd.	F-Jgd.
Shapiro-Wilk	0.55	0.44	0.89	0.51	0.46	0.96
Kolmogorov-Smirnov	0.98	0.98	0.97	0.81	0.95	0.96

Conclusio und Diskussion

In nahezu allen beobachteten bayerischen Fußballkreisen hat zwischen 2015 und 2019 in fast allen DFB-Altersklassen die Zahl der in Vereinen aktiven männlichen Jugendfußballer kontinuierlich abgenommen – eine Entwicklung, die ähnlich auch auf Bundesebene zu beobachten ist, wie die eingangs erwähnten Zahlen aus den offiziellen DFB-Statistiken belegen. Angesichts vergleichsweise deutlich weniger stark sinkender, manchmal sogar steigender Bevölkerungszahlen in den betrachteten Fußballkreisen und Alterskategorien wird in der vorliegenden Analyse deutlich: Der demografische Wandel allein kann als Erklärungsansatz für die Nachwuchsprobleme im Fußball nicht gelten, zumindest nicht im Verbandsgebiet Bayern.

Im Folgenden sollen deshalb alternative Erklärungsansätze diskutiert werden, zu denen teilweise bereits erste wissenschaftliche Ergebnisse vorliegen. Die Diskussion erfolgt thesenhaft und soll zu weiterer Forschung anregen – damit die Gründe für den Nachwuchsmangel aufgedeckt werden können und man dem Negativtrend entgegenwirken kann. Schließlich kommt dem Amateurfußball eine wichtige gesellschaftliche Bedeutung bei: Keine andere Sportart in Deutschland ist über alle sozialen, kulturellen und ökonomischen Gruppen hinweg so populär und bringt deshalb auf und neben dem Fußballplatz Menschen zusammen, die sich in ihrem Alltag kaum bis gar nicht begegnen, so dass dabei bestenfalls Vorurteile abgebaut und Sozialgrenzen überschreitende Freundschaften aufgebaut werden können (vgl. Frohwein 2017, S. 17 ff.).

These I: „Die Individualisierung macht Vereinszugehörigkeit unattraktiver und verschärft die Konkurrenzsituation für die Sportart Fußball"

Im Zuge der verstärkt nach dem Ende des 2. Weltkriegs einsetzenden Individualisierung kam es in Deutschland zu einer „Freisetzung der Individuen aus traditionalen sozialen Bindungen und Herrschaftsformen" (Rohrberg 1999, S. 4). Damit verbunden sei „die Eröffnung neuer Entscheidungs- und Handlungsspielräume" (Rohrberg 1999, S. 4) verbunden gewesen. Die mit dieser Entwicklung gewonnenen Spielräume und Lebensgestaltungsmöglichkeiten vertragen sich nicht unbedingt mit den Verpflichtungen und Beschränkungen, die mit der Mitgliedschaft in einem Sportverein einhergehen. Das Fitnessstudio, das in der jüngeren Vergangenheit auf eine enorme Erfolgsgeschichte und starke Mitgliederzuwächse zurückblicken kann (vgl. Deloitte GmbH Wirtschaftsprüfungsgesellschaft 2019), erscheint als Ort des Sporttreibens im Vergleich deutlich attraktiver. Krüger et al. begründen dies wie folgt: „So zeichnet sich das Fitnessstudio im Gegensatz zum klassischen Sportverein durch eine Vielfalt an Angeboten, flexible Trainingszeiten, eine akzeptierte Unverbindlichkeit im Kommen und Gehen und eine soziale ‚Entpflichtung' aus, d. h., als Mitglied im Fitnessstudio erbringt man keine ehrenamtlichen Leistungen für andere Mitglieder etwa als Übungsleiter oder für den Verein etwa über die Pflege von Sportstätten" (vgl. Krüger et al. 2013, S. 388).[5] Gerade für Jungen und Mädchen im gehobenen Jugendalter (ab der B-Jugend), wo laut DFB-Statistik und der obigen

---

5 Dass sich die Individualisierung nicht nur auf Sportvereine auswirkt, sondern auch die Vereinzelung des Sporttreibens vorantreibt, belegt eine Umfrage des Allensbach-Instituts aus dem Jahr 2017. Demnach ist der Anteil der Personen, die Sport lieber alleine treiben, zwischen 1998 und 2017 von 25 auf 41 Prozent gestiegen – während gleichzeitig der Anteil derjenigen, die Sport lieber in einer Mannschaft oder mit Freunden ausüben, von 69 auf 49 Prozent gesunken ist (vgl. Institut für Demoskopie Allensbach 2017).

Analyse die stärksten Rückgänge zu verzeichnen sind, wirken derart flexible und zwanglose Formen der Sportorganisation scheinbar anziehend.

Ein anderer Effekt der Individualisierung sorgt schon früher in der Biografie dafür, dass man dem Fußball fernbleibt: die Vervielfältigung des Sportangebots in den vergangenen Dekaden (vgl. Nagel et al. 2004, S. 9). Sie sei Ausdruck eines verstärkten individuellen Bedürfnisses „nach Distinktion, Stilisierung, Erlebnissen und Eigenständigkeit", interpretieren Breuer und Rittner (2002, S. 21). Wenn also Fußball nur eine unter vielen Sportoptionen und womöglich unter diesen auch noch diejenige ist, die aufgrund ihrer Popularität und massenhaften Verbreitung nur wenig Distinktionspotenzial bietet, dann ist ein rückläufiges Interesse daran durchaus nachvollziehbar. Der Fußball verliert also auch in einem intensiver gewordenen Wettbewerb an Boden.[6]

These II: „Jugendliche spielen Fußball heute lieber an der Konsole als auf dem Rasen"

Fußball muss nicht nur mit Konkurrenz durch analoge, sondern auch durch virtuelle Sportangebote umgehen. Der Bayerische Fußball-Verband (BFV) schreibt in einer kürzlich veröffentlichten Broschüre: „Gaming ist fester Bestandteil der heutigen Jugendkultur – ein breit aufgestelltes Vereinsprogramm, das neben dem traditionellen Fußballtraining auch eFootball beinhaltet, ist dabei besonders attraktiv" (Bayerischer Fußball-Verband 2019, S. 9). Der BFV setzt sich stärker als andere deutsche Fußball-Landesverbände dafür ein, dass Vereine verstärkt Gaming-Angebote zur Verfügung stellen, also das Spielen elektronischer Games wie FIFA 2019 an Computern oder Spielekonsolen, bestenfalls in Wettbewerbsform.[7] Auf diese Weise möchte man junge Leute an die Vereine binden

---

[6] Interessanterweise konkurriert der Fußball dabei mit eigenen Fußball-Subkategorien: In den letzten Jahren haben Sportarten, die ihren Ursprung im klassischen Fußball haben, wie Teqball, Futsal oder Beachsoccer, zunehmend an Popularität gewonnen.

[7] Gaming oder eGaming und eSport werden in der öffentlichen Diskussion oft synonym verwendet. Unter allen drei Begriffen werden dabei häufig sowohl das Spielen von Sportsimulationen (z. B. FIFA 2019, NBA 2K19) als auch von Ego-Shootern wie Counterstrike oder Strategiespielen wie League of Legends zusammengefasst. Der Deutsche Olympische Sportbund (DOSB), der sich prinzipiell gegen eine Anerkennung des eSports als Sport ausspricht, sieht in Sportsimulationen – also zum Beispiel auch im eFootball – für „Vereine und Verbände Potenzial für eine Weiterentwicklung". Ego-Shooter wie Counterstrike oder Strategiespiele wie League of Legends dagegen gehören für Deutschlands Sportdachorganisation zum Bereich des eGaming. Diese Spiele passten aufgrund ihrer oft gewaltsamen Inhalte nicht zu dem, „was den gemeinwohlorientierten organisierten Sport prägt" (Deutscher Olympischer Sportbund 2018). Dieser Haltung folgen bis jetzt auch der DFB und seine Landesverbände und empfehlen Vereinen aktuell nur „Sportsimulationen, am besten Fußballsimulationen, anzubieten (vgl. Deutscher Fußball-Bund 2018).

beziehungsweise sie dorthin zurückholen – anzunehmen ist, dass man sie teilweise in den vergangenen Jahren an den eSport verloren hat.

Empirisch bestätigen lässt sich diese Vermutung allerdings nicht. Es gibt keine belastbaren Forschungsergebnisse dazu, ob Jugendliche in den vergangenen Jahren verstärkt Sportvereinen oder Sport im Allgemeinen ferngeblieben sind oder den Rücken gekehrt haben, weil sie sich lieber mit Gaming beschäftigen. Belegt ist aber, dass die Zahl der Deutschen, die regelmäßig[8] digitale Spiele spielen, enorm hoch ist: Laut Jahresreport 2018 der deutschen Games-Branche sind dies rund 35 Prozent der Bevölkerung – das entspricht rund 29 Millionen Menschen (vgl. GamesWirtschaft 2019).

Getrieben von Verbänden wie dem BFV lässt sich in der jüngeren Vergangenheit auch ein stärkerer Organisationsgrad in der Gaming-Szene beobachten. Insgesamt 58 genuine eSport-Vereine zählt der eSport-Dachverband (ESBD), dazu noch 25 Mehrspartenvereine mit eSport-Angebot (vgl. ESBD – eSport-Bund Deutschland 2019). Einer dieser Mehrspartenvereine ist der VfL Herrenberg in Baden-Württemberg. Dort beweist man, dass eSport-Angebote durchaus bei der Rekrutierung junger Mitglieder helfen können: Im Sommer 2019 waren drei der vier Personen, die zur neu geschaffenen eSport-Abteilung zählen, zuvor bei einem anderen Verein gemeldet oder vereinslos (vgl. Frohwein 2019, S. 39).

These III: „In Ballungsräumen sind Kapazitätsprobleme für den Nachwuchsmangel verantwortlich"

„Aufnahmestopp für Kinder in Hamburger Fußball-Vereinen" sowie „Freiburger Fußball-Vereine müssen viele Kinder abweisen" – das sind nur zwei Titelzeilen lokaler Tageszeitungen aus den letzten Jahren, die darauf hinweisen, dass der Nachwuchsrückgang im Fußball gerade in deutschen Ballungszentren mit den Kapazitäts- und Infrastrukturproblemen ortsansässiger Vereine zu erklären ist. In einer kürzlich veröffentlichten Untersuchung im Fußballkreis München hat der BFV nun eine breitere empirische Basis für diese Thesen geliefert. In der Studie hatte der Verband 157 Personen aus 94 Vereinen im Stadtgebiet München (165 Vereine zählt man dort insgesamt) unter anderem die Frage gestellt, ob es bereits vorgekommen sei, dass man fußballbegeisterte Kinder und Jugendliche aufgrund fehlender Kapazitäten wieder habe wegschicken müssen beziehungsweise deswegen sogar einen Aufnahmestopp habe verhängen müssen. Immerhin 26 beziehungsweise 29 Prozent der Umfrageteilnehmer bejahten diese Frage (vgl. SLC Management GmbH 2019). Nun sollen mit Hilfe der Münchner Stadtregierung

---

8 Als regelmäßig spielend gilt bereits, wer mindestens mehrmals pro Monat digitale Spiele spielt.

die infrastrukturellen Rahmenbedingungen für den Amateurfußball verbessert werden, damit derartiges nicht mehr vorkommt.

Unsere Analyse weiter oben zeigt: Die männliche Jugendbevölkerung in München ist in nahezu allen betrachteten Altersklassen in den letzten Jahren gestiegen; ganz anders als in den meisten ländlichen Fußballkreisen, wo sich die Zahl der Jugendlichen zurückentwickelt hat. In München (und vermutlich auch in anderen Ballungszentren) gibt es also vergleichsweise viele potenzielle Fußballspieler – scheinbar zu viele für die dortigen Vereine. Auf dem Land dürfte es sich anders verhalten, das mutmaßt auch BFV-Präsident Rainer Koch: „In der Stadt, wo es viele junge Menschen gibt, fehlen die Sportanlagen, auf dem Land gibt es die, aber es fehlen die Sportler" (Ruf 2018, S. 33).

These IV: „Aufgrund der zeitlichen Ausdehnung der Schulzeit haben Kinder und Jugendliche heute kein Interesse mehr an Vereinsaktivitäten in den Abendstunden"

Ganztagsschulen[9] haben in Deutschland in den letzten Jahren zunehmend Verbreitung gefunden: Im Schuljahr 2017/2018 waren knapp 44 Prozent aller Schüler_innen im Primarbereich und in der Sekundarstufe I in Ganztagsschulen untergebracht (vgl. Bundesministerium für Bildung und Forschung 2019). Zum Vergleich: 2002 lag dieser Anteil noch bei knapp 10 Prozent. Für viele Kinder hat sich die Schulanwesenheitszeit also bis in die Nachmittagsstunden ausgeweitet. Fußballfunktionäre wie Hermann Winkler, Präsident des Sächsischen Fußballverbandes (SFV), sehen bei einer anhaltenden Entwicklung daher die Gefahr, dass dem Sportverein zukünftig eine „Außenseiterrolle" drohe (vgl. Sportbuzzer 2017). Wenn man ohnehin viel Zeit in einer Einrichtung verbringt, in der das eigene Verhalten an bestimmten Regeln und Normen ausgerichtet werden muss, hat man vielleicht am Abend kein Interesse mehr, sich im ebenfalls reglementierten Vereinsumfeld aufzuhalten. Eine individuelle, flexible und zwanglosere Freizeitgestaltung erscheint dann womöglich verlockender.

Fazit

Die vorliegende Analyse zeigte, dass der demografische Wandel nicht allein für den Nachwuchsrückgang im deutschen Fußball verantwortlich ist. Kinder

---

9 Bei Ganztagsschulen handelt es sich um Schulen, bei denen „an mindestens drei Tagen in der Woche ein ganztägiges Angebot für die Schülerinnen und Schüler bereitgestellt wird, das täglich mindestens sieben Zeitstunden umfasst" (Sekretariat der Ständigen Konferenz der Kultusminister der Länder in der Bundesrepublik Deutschland 2019, S. 6).

und Jugendliche scheinen sich aus anderen Gründen in den letzten Jahren von Deutschlands populärster Sportart abgewendet zu haben. Der gesellschaftliche Wandel, die Digitalisierung, infrastrukturelle Probleme oder die zeitliche Ausdehnung der Schulzeit wurden in diesem Artikel als mögliche alternative Erklärungsansätze diskutiert – ohne dass dabei klare Schlussfolgerungen gezogen werden konnten. Deshalb soll an dieser Stelle abschließend auf den dringenden Bedarf weiterer Forschung hingewiesen werden, damit die Ursachen für den Nachwuchsmangel nicht weiter im Dunkeln bleiben.

Literatur

Bayerisches Landesamt für Statistik (2019): Bevölkerungsstand. Online: www.statistik.bayern.de/statistik/gebiet_bevoelkerung/bevoelkerungsstand/ (31.07.2019).

Bayerischer Rundfunk (2019): Jugendfußball. Bayerische Vereine haben Nachwuchssorgen. Online: www.br.de/nachrichten/bayern/jugendfussball-viele-bayerische-vereine-haben-nachwuchssorgen,RONlRzZ (09.09.2019).

Bayerischer Fußball-Verband (2019): BFV goes eFootball. Online: https://www.yumpu.com/de/document/read/62569059/bfv-goes-efootball (16.09.2019).

Breuer, C./Rittner, V. (2002): Berichterstattung und Wissensmanagement im Sportsystem. Köln: Strauß.

Bundesministerium für Bildung und Forschung (2019): Pressemitteilung vom 11.03.2019. Online: www.ganztagsschulen.org/de/32176.php (16.10.2019).

Bundesministerium für Wirtschaft und Energie (2015): Wirtschaftsfaktor Fußball – Aktuelle Daten zur Sportwissenschaft. Online: www.bisp.de/SharedDocs/Downloads/Publikationen/Publikationssuche_SSK/Wirtschaftsfaktor_Fussball.pdf;jsessionid=68514F3CCB76383E547AA-0D2E6095EAB.1_cid387?__blob=publicationFile&v=7 (14.10.2019).

Deloitte GmbH Wirtschaftsprüfungsgesellschaft (2019): Deutscher Fitnessmarkt Studie 2019. Online: www2.deloitte.com/de/de/pages/consumer-business/articles/deutscher-fitnessmarkt-studie-2019.html (15.09.2019).

Deutscher Fußball-Bund (2018): Pressemitteilung vom 20.04.2018. Online: www.dfb.de/news/detail/dfb-definiert-einheitliche-linie-zum-thema-e-soccer-185431/ (01.09.2019).

Deutscher Fußball-Bund (2019): Mitgliederstatistik von 2015 und 2019. Online: www.dfb.de/verbandsstruktur/mitglieder/ (15.09.2019).

Deutscher Olympischer Sportbund (2018): Pressemitteilung vom 29.10.2018. Online: www.dosb.de/sonderseiten/news/news-detail/news/dosb-zu-egaming-und-esport/ (01.09.2019).

ESBD – eSport-Bund Deutschland (2019): Breiten- und Leistungssport. Online: www.esportbund.de/breiten-und-leistungssport/ (16.09.2019).

Fahrmeir, L./Heumann, C./Künstler, R./Pigeot, I./Tutz, G. (2016): Statistik. Der Weg zur Datenanalyse. Berlin: Springer VS.

Frohwein, T. (2017): Über die gesellschaftliche Bedeutung des Amateurfußballs. In: Einsichten & Perspektiven, 01/2017, S. 72–79.

Frohwein, T. (2019): Elektronisches Gaming. In: im Spiel – Das Magazin der Fußballverbände in Baden-Württemberg, 03/2019, S. 38 f.

GamesWirtschaft (2019): Pressemitteilung vom 03.04.2019. Online: www.gameswirtschaft.de/wirtschaft/durchschnittsalter-gamer-2019/ (16.09.2019).

Heiden, I. an der/Meyrahn, F./Repenning, S./Preuß, H./Ahlert, G. (2015): Wirtschaftsfaktor Fußball. Aktuelle Daten zur Sportwirtschaft. Berlin: Bundesministerium für Wirtschaft und Energie.

Institut für Demoskopie Allensbach (2017): AWA 2017. Online: www.ifd-allensbach.de/fileadmin/AWA/AWA_Praesentationen/2017/AWA_2017_Sommer_Sport.pdf (15.10.2019).

Kolmogorov, A.N. (1933): Sulla determinazione empirica di una legge di distribuzione. In: Giornale dell'Instituto Italiano degli Attuari, 4. Jg., S. 83–91.

Krüger M./Emrich E./Meier H. E./Daumann F. (2013): Bewegung, Spiel und Sport in Kultur und Gesellschaft – Sozialwissenschaften des Sports. In: Güllich A./Krüger M. (Hrsg.): Sport. Das Lehrbuch für das Sportstudium. Berlin: Springer Spektrum, S. 337–393.

Nagel, S./Conzelmann, A./Gabler, H. (2004): Der Sportverein. Auslaufmodell oder Hoffnungsträger? Die WLSB-Vereinsstudie. Tübingen: Attempto.

Nordwest-Zeitung Verlagsgesellschaft (2015): Neuerungen für den Nachwuchs. Online: www.nwzonline.de/friesland/lokalsport/neuerungen-fuer-den-nachwuchs_a_30,0,726756152.html (07.09.2019).

R Core Team (2019): R. A Language and Environment for Statistical Computing. Wien: R Foundation for Statistical Computing. Online: www. R-project.org/

Rohrberg, K. (1999): Individualisierung und Sport. Oder: Die privatisierten Individuen im Sport? In: Beiträge zur Sportgeschichte, 9/1999, S. 4–30.

Ruf, C. (2018): Fieberwahn. Wie der Fußball seine Basis verkauft. Göttingen, Die Werkstatt

Sekretariat der Ständigen Konferenz der Kultusminister der Länder in der Bundesrepublik Deutschland (2019): Allgemeinbildende Schulen in Ganztagsform in den Ländern in der Bundesrepublik Deutschland, Statistik 2013 bis 2017. Berlin.

Shapiro, S. S./Wilk, M. B. (1965): An Analysis of Variance Test for Normality (for Complete Samples). In: Biometrika, 52. Jg., H. 3/4, S. 591–611.

SLC Management GmbH (2019): SLC Report „Infrastruktur". Stadt München April 2019. Online: www.bfv.de/binaries/content/assets/inhalt/spielbetrieb-verbandsleben/vereinsunterstutzung/slc-studien/slc-studie-amateurfussball-infrastruktur-muenchen.pdf (16.10.2019).

Smirnov, N. V. (1948): Table for Estimating the Goodness of Fit of Empirical Ddistributions. In: The Annals of Mathematical Statistics, 19. Jg., S. 279–281.

Sportbuzzer (2017): Pressemitteilung vom 15.11.2017. Online: www.sportbuzzer.de/artikel/angst-um-nachwuchsfussball-verband-warnt-vor-ganztagsschulen/ (16.10.2019).

Wilcoxon, F. (1945): Individual Comparisons by Ranking Methods. In: Biometrics Bulletin, 1. Jg., H. 4, S. 80–83.

Onlinebasierte Suchtprävention und Suchtberatung mit Fußballfans
Das Projekt SubFAN

Laura Arasteh-Roodsary, Patrick Arnold und Daniel Deimel

Jugendliche und junge Erwachsene befinden sich in psychischen und sozialen Entwicklungsphasen, die mit dem Ausbau einer eigenen Identität und dem Übergang in die Erwachsenenrolle einhergehen. Peergroups, die Abgrenzung von der Erwachsenenwelt und das Erleben von Grenzerfahrungen sind dabei von zentraler Bedeutung. Auch der Konsum von psychotropen Substanzen wird in dieser Alterspanne erprobt. Nicht selten geraten Jugendliche und junge Erwachsene dann in Krisen, die der Begleitung und Unterstützung bedürfen. Das Projekt „SubFAN: Substanzkonsum in Fußballfanszenen" setzt hier an: Das onlinebasierte Beratungs- und Informationsportal richtet sich an aktive Fußballfans im Jugend- und jungen Erwachsenenalter, die einen psychosozialen Beratungsbedarf und insbesondere einen problematischen Substanzkonsum haben. Im Folgenden werden der theoretische Hintergrund und konzeptionelle Überlegungen zu diesem Projekt dargestellt.

Fußballfanszenen als Teil von Jugendkultur

Die heterogene, sich permanent wandelnde Fußballfanszene wurde in der Vergangenheit sehr divergent beschrieben. In den unterschiedlichen fachlichen (Polizeibehörden, Mitarbeiter_innen in Fanprojekten) und wissenschaftlichen Perspektiven (Gewaltforschung, Soziologie, Erziehungswissenschaften) finden sich auch unterschiedliche Kategorisierungen für Fußballfans. Die Polizei beispielsweise teilt Fußballfans in drei Cluster ein: Kategorie A, der friedliche Fan; Kategorie B, der gewaltbereite/-geneigte Fan und Kategorie C, der gewaltsuchende Fan (vgl. ZIS 2017). Mitarbeiter_innen der sozialarbeiterischen Fanprojekte sowie die sozialwissenschaftliche Forschung hingegen typologisieren Fans hinsichtlich ihres Hintergrundes und ihrer Orientierung. Nach Pilz (2005) lassen sich Fans einerseits als konsumorientiert, fußballzentriert und erlebnisorientiert differenzieren und andererseits in die Gruppierungen Kutten, Ultras und Hooligans einteilen. Ferner lässt sich die Gruppe der „Allesfahrer" identifizieren. Auf Basis dieser Fantypen lässt sich die Gewaltbereitschaft der Gruppen aber nur graduell erfassen. Die Ultragruppierungen gehören, dem

Differenzierungsschema der Polizeibehörden folgend, zur gewaltbereiten Kategorie, während die Hooligan-Szene alleinstehend der gewaltsuchenden Kategorie angehört. Beide Szenen werden im Folgenden gesondert skizziert, da sie für die Arbeit der Fanprojekte bedeutsam sind.

Nach italienischem Vorbild organisieren sich junge, meist männliche Fans in sehr heterogenen Ultragruppierungen (vgl. Sommerey 2013). Deren Ziel ist, ihre Mannschaft durch Aktionen im Stadion zu unterstützen, zum Beispiel durch aufwendige Choreografien, Spruchbänder und Gesänge. Ultras sind ehrenamtlich in der Fanszene aktiv, fordern Mitsprache in den Vereinsstrukturen und setzen sich kritisch mit der Kommerzialisierung des Fußballs als globale Unterhaltungsindustrie auseinander (vgl. Gabriel et al. 2013), wobei sie argumentieren, dass der Fußball aufgrund neoliberaler Vereinsentscheidungen immer weniger identifikatorisches Potenzial besitze. In ihrem Selbstverständnis grenzen Ultras sich bewusst von anderen Fans ab. „Ultrasein" ist für sie mehr als ein zeitaufwendiges Hobby, sondern fester Bestandteil der eigenen Identität. Die Fankurve im Stadion hat für sie den Stellenwert einer Heimat, die sie mit eigenen Symbolen belegen (vgl. Becker 2019).

Ultras zeichnen sich weiter durch ihre Aktivität in den regelmäßig stattfindenden gruppeninternen Treffen aus. Dort planen sie die Choreografien und die Unterstützung ihrer Mannschaft an den Spieltagen und im Stadtgeschehen (vgl. Adam 2016). Das Gruppenleben steht gleichrangig neben dem Fansein (Gabriel et al. 2013). Es nimmt eine große, wenn nicht gar die größte Bedeutung in der Identität des jeweiligen Ultras ein. Damit stellt es die wichtigste Sozialisationsinstanz für viele junge Menschen in den Fanszenen dar. Neben identitätsstiftenden Aspekten haben Ultragruppierungen eine enorme gruppendynamische Relevanz und bilden nach Duttler und Haigis (2016) die am schnellsten wachsende jugendbetonte Subkultur Deutschlands. In der Regel liegt das Alter der Ultra-Anhänger zwischen 16 und 25 Jahren, wobei es durchaus auch ältere Anhänger gibt, die schon lange in den Fanszenen aktiv sind und die Dynamiken der Gruppen deutlich prägen (vgl. Hitzler und Niederbacher 2010).

Ebenso wenig wie die Ultras stellen die Hooligangruppierungen eine homogene Szene dar. Eine präzise Definition des Hooligans beziehungsweise des Hooliganismus ist kaum möglich, was in der dynamischen Entwicklung der Szene, ihrer politischen Diversität und unterschiedlichen subkulturellen Szenezugehörigkeiten begründet ist (vgl. Claus 2018; Frosdick und Marsh 2005, S. 25). Im Unterschied zu Ultras liegt das Interesse der Hooligans nicht primär im Erfolg ihrer Mannschaft. Vielmehr setzt der Spieltag „zeitlichen und örtlichen Rahmen, sich mit gegnerischen Hooligangruppen zu vorab abgesprochenen ‚matches' im privaten Städteturnier zu treffen. Hooligans (miss-)brauchen den Fußball als Anlass zur Gewaltausübung" (Kett-Straub 2012, S. 100). Nachdem um das Jahr 2000 herum die Repressionen gegen Hooligans zugenommen hatten, verlagerten sich die gewalttätigen Auseinandersetzungen zwischen ihnen aus dem Stadion heraus an neutrale, sogenannte Drittorte (vgl. Claus 2018, S. 14).

Die Hooligan-Szene ist auch aufgrund ihrer Verschlossenheit bisher kaum empirisch erforscht worden. Im Jahr 2000 erfassten und dokumentierten Bliesener et al. (2001) systematisch die Motive zur Gewaltbereitschaft von Hooligans sowie die biografischen Prämissen ihrer Persönlichkeiten. Dabei wurden unter anderem Expert_innen der Polizei und der Fanprojekte in Gruppendiskussionen befragt. Außerdem nahm eine erhebliche Anzahl aktiver Hooligans an Interviews teil. Bliesener et al. kamen zu dem Ergebnis, dass Hooligans „im Beruf und im Privatleben gut situiert und sozial eingebunden [seien] [...] und außerhalb des Fußballkontextes ein unauffälliges Leben [führten]" (Bliesener et al. 2001, S. 204). Gleichzeitig entsprach die erfasste Gruppe „in allen erfaßten sozialen und psychischen Merkmalen der typischen Population gravierend delinquenter junger Männer" (Bliesener et al., S. 204).

In den darauffolgenden Jahren entwickelte sich die Hooligan-Szene dynamisch weiter. Wie Claus (2018) skizziert, professionalisieren Hooligans ihre Gewalt, indem die junge Generation „den Weg in den organisierten Kampfsport gefunden" (Claus 2018, S. 14) hat. In selbstgeführten Fitness- und Kampfsportstudios veranstalten sie eigene Events. Die Mixed Martial Arts (MMA) fallen durch ihr rechtsoffenes Umfeld auf. Mittlerweile beteiligen sich viele Hooligangruppen an den Events und kämpfen gegen gegnerische Teams. Claus (2018) weist explizit darauf hin, dass im Rahmen der MMA ein neues Feld erschlossen wird, in dem Rechtsextremismus innerhalb der Hooliganszene ein Motiv der politisierten Gewalt darstellt.

Substanzkonsum in Fußballfanszenen

In der Forschung existieren nur wenige Daten über den Substanzkonsum innerhalb der aktiven Fanszene. Das zur Verfügung stehende Material bezieht sich meist auf qualitative Studien aus Großbritannien, die sich mit dem Verhältnis von Alkoholkonsum und Gewalt beschäftigen (vgl. Ostrowsky 2016). Laut Duttler und Haigis (2016) setzen Mitglieder der Ultra- und Hooligangruppierungen bewusst Amphetamin, Kokain und zu Teilen auch Metamphetamin in gewalttätigen Auseinandersetzungen ein.

Im Rahmen einer quantitativen Querschnittsuntersuchung (vgl. Deimel et al. 2019) wurden 783 Fans der aktiven Fanszene zu Substanzkonsum, Gewalterfahrungen, Persönlichkeitsmerkmalen und psychosozialem Hilfebedarf befragt. Die Studienteilnehmer_innen wurden über szenetypische Onlineforen akquiriert. Der Anteil der Männer lag bei 90 %, das Durchschnittsalter bei 27 Jahren. Rund 40 % der befragten Fans fühlten sich der Ultra- und 5 % der Hooligan-Szene zugehörig. Etwa 62 % haben im Kontext von Fußballspielen Gewalt angewendet

(Körperverletzungen, Beleidigungen oder Sachbeschädigungen). Rund 55 % gaben an, körperliche Auseinandersetzungen mit anderen Fans gesucht zu haben. 21 % waren an gewalttätigen Auseinandersetzungen außerhalb der Stadien, an sogenannten Drittortauseinandersetzungen, beteiligt. Infolge der in den 1990er Jahren aufkommenden Repressionen, wie beispielsweise der Einführung der Stadionverbote, verlagerten sich die gewaltsamen Auseinandersetzungen, in denen sich rivalisierende Fans körperlich messen, auf neutralen Boden (vgl. Luzar 2016). 26 % der Befragten wurden aufgrund von begangenen Straftaten und Ordnungswidrigkeiten im Fußballkontext bereits verurteilt. Die 30-Tage-Prävalenz für Alkohol lag bei 90 %, für Nikotin bei 53 %, für Cannabis bei 30 %, für Kokain bei 13 %, für Amphetamin bei 10 %, für Ecstasy bei 6 %, für Ketamin und Steroide jeweils bei 1,4 % und für Methamphetamin bei 1,1 %. Der Konsum lag damit für alle abgefragten Substanzen deutlich über den Werten, die durch die Drogenaffinitätsstudie der Bundeszentrale für gesundheitliche Aufklärung (vgl. Orth 2016) für eine vergleichbare Alterspopulation erhoben wurden. Darüber hinaus konnten hohe Prävalenzen im Bereich des Glücksspiels ermittelt werden. 26 % der Befragten haben im Monat vor der Befragung Sportwetten, 18 % Automatenglücksspiel und 14 % Lotto betrieben. Zudem konnte eine signifikante Verbindung zwischen Substanzkonsum und Gewaltanwendung von Fußballfans identifiziert werden, was sich wiederum mit den Befunden aus anderen Forschungen deckt, etwa zur Verbindung von Alkoholkonsum und aggressivem Verhalten (vgl. Beck et al. 2013). So wurde im Jahr 2011 fast jede dritte Gewalttat (31,8 %) unter dem Einfluss von Alkohol begangen (Bundeskriminalamt 2011). Der Konsum von Stimulanzien wie Kokain, Amphetamin und Metamphetamin wird ebenso mit aggressivem und gewalttätigem Verhalten assoziiert (vgl. Freye 2014; Drogenbeauftragte der Bundesregierung et al. 2016).

In der genannten Erhebung von Deimel et al. (2019) gaben 42 % der Fußballfans an, einen psychosozialen Hilfebedarf zu haben. Dieser Bedarf zeigt sich im Einzelnen wie folgt: Rund 16 % berichteten von psychischen Problemen; jeweils 13 % von Konflikten in der Familie beziehungsweise Partnerschaft oder im Arbeitsumfeld beziehungsweise in der Schule. 11 % gaben an, juristische oder körperliche Probleme zu haben. Betrachtet man die psychosozialen Konflikte im Zusammenhang mit den konsumierten Substanzen, ergibt sich ein differenziertes Bild: Im Bereich Schulden wurde bei Fans, die in den letzten dreißig Tagen vor der Befragung THC, Kokain, Amphetamine oder Metamphetamin konsumiert haben, eine signifikant erhöhte Problemlage ermittelt. Ebenso wurde eine signifikant erhöhte Belastung im Bereich Justiz bei Konsumenten von THC, Kokain, Amphetamin oder Ecstasy erhoben. Höhere Belastungen in der Partnerschaft oder Familie waren bei Fußballfans feststellbar, die THC, Amphetamine oder Ecstasy im Vormonat konsumiert haben. Bei den THC-Konsumenten traten signifikant erhöhte Konflikte am Arbeitsplatz oder in der Schule auf. Eine erhöhte Problematik in Bezug auf den Substanzkonsum wurde bei den Fans ermittelt, die in den letzten dreißig Tagen Kokain, Amphetamin, Methamphetamin oder Ecstasy konsumiert haben.

Festzuhalten ist, dass in Teilen der aktiven Fanszene der Konsum von Alkohol und anderen psychoaktiven Substanzen sowie Glücksspiel stark verbreitet ist. Amphetamine und Kokain scheinen hingegen eine spezifische Funktion im Kontext gewalttätiger Auseinandersetzungen zu haben. Hier existiert deutlicher Handlungsbedarf, insbesondere junge Männer aus den Ultra- und Hooligangruppierungen durch spezifische suchtpräventive und suchtberaterische Angebote zu erreichen.

Das Projekt SubFAN

Die Systeme der Jugend- und Suchthilfe sollen Unterstützungsangebote schaffen, die Jugendliche und junge Erwachsene adressieren. Derzeit gibt es allerdings keine Präventions- und Beratungsangebote der Suchthilfe, die sich explizit an den Anforderungen Jugendlicher und junger Erwachsener aus der aktiven Fußballfanszene orientiert. Die sozialpädagogischen Fanprojekte fokussieren zudem die Felder Gewaltprävention, Genderarbeit, Reduktion von extremistischen Strömungen sowie die Unterstützung von Sozialisationsprozessen (vgl. Busch 2017). Fans, insbesondere der Ultra- und Hooliganszene, können als Hard-to-reach-Population angesehen werden, da sich diese Gruppierungen stark von außenstehenden Personen und Institutionen abgrenzen. Das Projekt SubFAN setzt an diesem Bedarf an und arbeitet an der Schnittstelle zwischen Jugend- und Suchthilfe. Ansätze aus der Gewalt- und Suchtprävention werden mit niederschwelligen Beratungsangeboten verknüpft und weiterentwickelt. Ziel ist, junge Menschen in ihrer Lebenswelt frühzeitig mit suchtpräventiven und suchtberaterischen Angeboten zu erreichen. Zudem sollen Jugendliche und junge Erwachsene in der aktiven Fanszene für die Thematik Substanzkonsum und die damit einhergehenden Folgen sensibilisiert werden.

SubFAN wird vom Ministerium für Arbeit, Gesundheit und Soziales des Landes Nordrhein-Westfalen finanziert und vom Deutschen Institut für Sucht- und Präventionsforschung (DISuP) der Katholischen Hochschule Nordrhein-Westfalen in enger Zusammenarbeit mit der Landesarbeitsgemeinschaft der Fanprojekte e. V. in Nordrhein-Westfalen entwickelt und implementiert. An dem Projekt beteiligen sich neun sozialarbeiterische Fanprojekte, die Fans aus Aachen, Gelsenkirchen (Schalke), Leverkusen, Duisburg, Essen, Dortmund, Köln, Düsseldorf und Wuppertal begleiten. Das Projekt hat eine Laufzeit von drei Jahren und setzt sich aus mehreren Elementen zusammen, die miteinander sowohl inhaltlich als auch strukturell verbunden sind.

Online-Beratungsportal

Zentrales Element des Projekts ist der Aufbau und die Implementierung eines Online-Beratungsportals für Jugendliche und junge Erwachsene aus der Fanszene. Das Portal bietet unter anderem Informationsangebote zu Substanzen und pathologischem Glücksspiel, zu möglichen Folgen von Substanzkonsum sowie zur Schadensminderung bei bereits erfolgtem Konsum. Weitergehend geplant sind verständlich aufbereitete Informationen zu Unterstützungsangeboten bei problematischem Substanzkonsum, zu Glücksspiel und lokalen Suchthilfeeinrichtungen sowie Versorgungsstrukturen. Das Onlineportal fokussiert auch die psychosozialen Problemlagen, die eine Relevanz für die Zielgruppe besitzen und mit dem möglichen Substanzkonsum assoziiert werden. Dabei soll die Lebensrealität der Fans berücksichtigt werden, die das Portal besuchen. Verfügbar sein sollen entsprechend Beiträge zu Problemlagen in der Schule und auf dem Arbeits- oder Ausbildungsplatz, zu familiären Konflikten, Schulden, psychischen Problemen sowie rechtlichen Angelegenheiten, die in Zusammenarbeit mit Fananwälten erstellt werden.

Es ist davon auszugehen, dass interessierte Personen der Zielgruppe das Portal aufsuchen werden, aber nicht zwingend eine hohe Veränderungsmotivation in Bezug auf den Substanzkonsum haben. Der Zugang zu dem Beratungsportal beziehungsweise die Motivation, es aufzurufen, wird überwiegend aus direkt erlebten psychosozialen Problemlagen erfolgen, die sich in der Lebenswelt der Jugendlichen und jungen Erwachsenen niederschlagen. Diese bereits oben erwähnten Problemlagen sind geeignete Ansatzpunkte, um im Zuge der Onlineberatung den Substanzkonsum zu reflektieren respektive ihn erstmalig zu thematisieren. Wird ein problematischer Substanzkonsum identifiziert, soll zusammen mit dem betreffenden Jugendlichen eine weitergehende Strategie entwickelt werden. Hier werden neben der Online- auch auf etablierte Face-to-Face-Beratungen in der Sucht- und Jugendhilfe angeboten und verwiesen. Ziel dieses Vorgehens ist, problematischen Konsum frühzeitig zu erkennen und die Jugendlichen in die etablierten Beratungsangebote der Suchthilfe zu überführen. Das Portal soll die bestehenden Angebote damit nicht ersetzen, sondern komplementieren. Es unterscheidet sich von bestehenden onlinebasierten Angeboten der Suchthilfe, indem es Bezug auf die Lebenswelt und die -situation der jungen Fußballfans nimmt, zunächst unabhängig davon, welche Substanz sie konsumieren. Das Portal dient einer zielgruppenspezifischen Ergänzung zu bestehenden Beratungsangeboten und fördert durch Verlinkungen der bestehenden Beratungsangebote mögliche Synergie-Effekte.

Das Portal soll unterschiedliche Elemente der Onlineberatung enthalten (Chatberatung, Mailberatung, Videos etc.), die im Rahmen des Projektes erprobt werden. Die Onlineberatung bieten Sozialarbeiter_innen aus den Fanprojekten an.

Hierfür werden die Fachkräfte im Bereich Kommunikation und Substanzkonsum sowie in den Spezifika der Onlineberatung geschult und supervidiert.

Schulung MOVE: Motivierende Kurzinterventionen mit konsumierenden Jugendlichen

Um die Zielgruppe in der Onlineberatung betreuen zu können, werden die sozialarbeiterischen Fachkräfte der beteiligten Fanprojekte im Bereich der Suchtberatung und in der Kommunikation mit konsumierenden Jugendlichen und jungen Erwachsenen geschult. Hierzu erhalten die Mitarbeiter_innen eine Weiterbildung in MOVE (Motivierende Kurzintervention mit konsumierenden Jugendlichen) von erfahrenen Berater_innen einer Jugendsuchtberatungsstelle. MOVE ist eine in der Suchtprävention in Nordrhein-Westfalen entwickelte, etablierte Weiterbildung der ginko Stiftung für Prävention, die sich an pädagogische Fachkräfte richtet und mittlerweile länderübergreifend agiert. Das Ziel von MOVE ist, in einer wertschätzenden Atmosphäre mit Jugendlichen über ihren Substanzkonsum ins Gespräch zu kommen und Veränderungsbereitschaft zu fördern. Diese Gespräche finden als Kurzinterventionen in einem niederschwelligen Kontext statt. Hierdurch sollen Zugangsbarrieren zu bestehenden Beratungsangeboten abgebaut und insbesondere Jugendliche und junge Erwachsene erreicht werden, die ihren eigenen Substanzkonsum als nicht problematisch einschätzen. MOVE basiert auf dem kommunikativen Ansatz der Motivierenden Gesprächsführung (Motivational Interviewing) nach Miller und Rollnick (1991) sowie auf dem Transtheoretischen Modell der Verhaltensänderung nach Prochaska und DiClemente (1982). Es stellt ein Interventionskonzept dar, das einen direktiv-klientenzentrierten Ansatz nutzt und Menschen mit problematischen Suchtmittelverhalten unterstützt, die in- und extrinsische Motivation als Ausgangspunkt für Verhaltensänderung zu nutzen (Marzinzik et al. 2005). Die Motivierende Gesprächsführung dient dabei als Ansatz, die „komplexe Vorteile-Nachteile-Bilanzierung [...] der Diagnose des Suchtmittelkonsums" (Tretter 2008, S. 74) zu eruieren und daran in der Beratung anzuknüpfen.

Schulung und Supervision in onlinebasierter Beratung

In einem zweiten Schritt des Projekts werden die Mitarbeiter_innen in den Fanprojekten in Workshops zur Methodik der Onlineberatung geschult. Die Beratung von Konsument_innen via E-Mail, Einzel- oder Gruppen-Chat unterliegt einigen Spezifika und unterscheidet sich erheblich von einer klassischen Face-to-Face-Beratung: Die Onlineberatung stellt eine andere Form der Kommunikation dar, die den beteiligten Berater_innen hohe Kompetenz in der Interpretation von dargebotenen Informationen abverlangt. Zudem haben Hinweise und Empfehlungen, die per E-Mail kommuniziert werden, gegebenenfalls eine weitreichende rechtliche Implikation für die Berater_innen. Da die Onlineberatung in der Regel eine Einzelberatung darstellt, in der Berater_innen wenig direkten fachlichen Austausch zu Kolleg_innen haben, wird im Rahmen des Projekts eine onlinebasierte Supervision angeboten. Die Supervision als qualitätssichernde Maßnahme (Godehardt-Bestmann und Schwerdtle 2021, S. 44) wird von einer in der Onlineberatung langjährig erfahrenen Supervisorin geführt und begleitet die Gruppe während des Projektes fachlich.

Nach Godehardt-Bestmann und Schwerdtle hat sich die Onlineberatung in einigen Handlungsfeldern Sozialer Arbeit etabliert, sie stellt jedoch noch keine „regelhafte Option im Allgemeinen dar" (2021, S. 42). Die Spezifika und konstruktiven Möglichkeiten der Onlineberatung sind weitreichender, als der niederschwellige Zugriff allein zunächst versprechen mag. Die verschiedenen interaktionalen Kommunikationsmöglichkeiten bieten den Ratsuchenden die Möglichkeit, das Setting des Ortes und des Kommunikationsmediums frei zu wählen (vgl. Rietmann et al. 2019, S. 15). Das Setting-Spektrum der Onlineberatung wird um einige Faktoren erweitert und kann „als ein zeitgemäßes, an der sich auch durch die Digitalisierung stets verändernden Lebenswelt der Adressat_innen orientiertes Äquivalent für face-to-face Beratung dienen" (Godehardt-Bestmann und Schwerdtle 2021, S. 46).

Partizipativer Ansatz

Ein weiterer wichtiger Punkt stellt die Partizipation der Fußballfans und Ultragruppierungen am Projekt SubFAN selbst dar. In Zusammenarbeit mit der aktiven Fanszene soll eine Kommunikationsstrategie zum Thema Substanzkonsum und Gewalt entwickelt werden. Geplant ist, spezifische Medien (Flyer, Poster, Aufkleber, Postkarten), die von der Fanszene üblicherweise genutzt werden, zu kreieren, um auf die Themenkomplexe Substanzkonsum, Gewalt und Wohlbefinden sowie auf das Beratungsportal hinzuweisen. Auf diesem Weg können die Themen des Portals bei der Zielgruppe leichter angesprochen werden. Außerdem findet schon eine erste Sensibilisierung für den Themenbereich Substanzkonsum und Gewalt statt.

Das Projekt soll theoretischen Hilfebedarf und praktische Ausführung verbinden. Dieser Hilfebedarf ist in der durchgeführten Erhebung sowie den aus den Fanprojekten stammenden Berichten deutlich zu erkennen. Bisher existiert kein onlinebasiertes Beratungsportal zur Suchthilfe, welches sich spezifisch an die Zielgruppe der Fußballfans richtet. Mit dem Kampagnenportal und der Onlineberatung wird damit erstmalig ein niederschwelliges suchtpräventives und suchtberaterisches Angebot entwickelt, das sich explizit an substanzkonsumierende Fußballfans wendet. Das Projekt integriert zudem Aspekte der Sucht- und Gewaltprävention und orientiert sich an der spezifischen Lebensrealität und den Bedarfen der Zielgruppe. Auf diese Weise wird eine Verbindung zwischen Sucht- und Jugendhilfe geschaffen, in deren Rahmen sich Jugendliche und junge Erwachsene aus den aktiven Fanszenen anonym beraten lassen können.

Begleitforschung und Evaluation

Auf der Grundlage eines qualitativen ethnologischen Forschungsansatzes sollen die Dynamiken, Kontexte und Hintergründe des Substanzkonsums sowie der Gewalt von Fußballfans empirisch untersucht werden. Zu Beginn des Projekts sollen die beteiligten Mitarbeiter_innen der Fanprojekte in jeweils zwei Fokusgruppen zu den Dynamiken von Substanzkonsum und Gewalterfahrungen innerhalb der Fanszene befragt werden. Im Rahmen von Tiefeninterviews mit Fans aus der Ultra- und Hooliganszene werden die biografischen Hintergründe sowie Erfahrungen zu Gewalt und Substanzkonsum eruiert. Die Interviews werden abschließend inhaltsanalytisch ausgewertet. Da die Sozialarbeiter_innen in den Fanprojekten die Fans an den Spieltagen begleiten, werden außerdem Dokumentationsbögen entwickelt, die unter Berücksichtigung der Beobachtungen zu Substanzkonsum, Gewaltdynamiken und Glücksspiel-Nutzung ausgefüllt werden sollen. Diese Dokumentationsbögen werden dann einer anonymisierten Dokumentenanalyse unterzogen. Ein weiterer ethnologischer Forschungszugang stellt die teilnehmende Beobachtung dar: Fans sollen an Spieltagen begleitet werden. Die Dynamiken der Gruppe, die Atmosphäre im Stadion sowie die Spezifika der An- und Abreise zu Auswärtsfahrten stehen dabei im Fokus. Das Gesamtprojekt wird abschließend durch die beteiligten Fachkräfte im Rahmen von drei moderierten Fokusgruppen evaluiert.

Literatur

Adam, S. (2016): Die Ultra-Fußballfankultur. Eine Jugendkultur im Spannungsfeld zwischen Vergangenheit und Zukunft. In: Duttler, G./Haigis, B. (Hrsg.) Ultras. Eine Fankultur im Spannungsfeld unterschiedlicher Subkulturen. Bielefeld: Transcript, S. 63–86.
Beck, A./Heinz, A. (2013): Alkoholbezogene Aggression. In: Deutsches Ärzteblatt International, 110. Jg., H. 42, S. 711–715.
Becker, R. (2019): Fußball(szenen), Sozialisation und politische Kultur. In: Thole, W./Flickinger, H. G./Pfaff, N. (Hrsg.): Fußball als soziales Feld. Studien zu Sozialen Bewegungen, Jugend- und Fankulturen. Wiesbaden: Springer VS, S. 31–38.
Bliesener, T./Fischer, T./Lösel, F./Pabst, M. A. (2001): Hooliganismus in Deutschland: Ursachen, Entwicklung, Prävention und Intervention. Abschlussbericht eines Forschungsprojektes für das Bundesministerium des Innern. Berlin: Bundesministerium des Innern.

Bundeskriminalamt (2011): Polizeiliche Kriminalstatistik (PKS) 2011 – IMK. Kurzbericht 2011.
Busch, R. (2017): Fußball und Fansozialarbeit. Entwicklung, Selbstverständnis und Bedeutung der sozialpädagogischen Arbeit der Fanprojekte. In: Soziale Arbeit, 66. Jg., H. 8, S. 312–318.
Claus, R. (2018): Hooligans. Eine Welt zwischen Fußball, Gewalt und Politik. Göttingen: Die Werkstatt.
Deimel, D./Künzel, M./Lessel, P./Köhler, T. (2019): Gewalt, Delinquenz und Substanzkonsum von deutschen Fußballfans: Ergebnisse einer quantitativen Erhebung. In: Rechtspsychologie, 5. Jg., H. 1, S. 61–77.
Die Drogenbeauftragte der Bundesregierung et al. (2016): S3-Leitlinie Metamphetaminbezogene Störungen. Berlin: Springer.
Duttler, G./Haigis, B. (2016): Subkulturen und Drogenkonsum – Ein Interview mit Dr. Roland Härtel-Petri. In: Duttler, G./Haigis, B. (Hrsg.): Ultras. Eine Fankultur im Spannungsfeld unterschiedlicher Subkulturen. Bielefeld: Transcript, S. 305–316.
Engel, F. (2019): Beratung unter Onlinebedingungen. In: Rietmann, S./Sawatzki, M./Berg, M. (Hrsg.): Beratung und Digitalisierung. Wiesbaden: VS Verlag, S. 3–39.
Engelhardt, E. (2018): Lehrbuch Onlineberatung. Göttingen: Vandenhoeck & Ruprecht.
Freye, E. (2014): Kokain, Ecstasy, Amphetamine & verwandte Designerdrogen. Pharmakologie, Wirkmechanismen und Vorgehen bei Intoxikation. Lengerich: Pabst
Frosdick, S./Marsh, P. (2005): Football Hooliganism. Cullomptom: William Publishing.
Gabriel, M./Groll, V. (2013): Ultras – Zukunftsperspektiven einer jugendlichen Subkultur. In: Linkelmann, J./Thein, M. (Hrsg.): Ultras im Abseits? Göttingen: Die Werkstatt, S. 256–269.
Godehardt-Bestmann, S./Schwerdtle, A. S. (2021): Wenn nicht jetzt Onlineberatung, wann dann? Ein Plädoyer für die mehrdimensionale Stärkung von Onlineberatung in Handlungsfeldern Sozialer Arbeit. In: Soziale Arbeit, 70. Jg., H. 2, S. 42–48.
Hitzler, R./Niederbacher, A. (2010): Leben in Szenen. Wiesbaden: VS Verlag für Sozialwissenschaften.
Kett-Straub, G. (2012): Hooliganismus in Deutschland. Phänomenologie, Abgrenzung zu den „Ultras", Drittortauseinandersetzungen, Erklärungsansätze und Prävention. In: Neue Kriminalpolitik, 24. Jg., H. 3, S. 98–106.
Luzar, C. (2016): Ultras und Politik. In: Duttler, G./Haigis, B. (Hrsg.): Ultras. Eine Fankultur im Spannungsfeld unterschiedlicher Subkulturen. Bielefeld: Transcript, S. 287–293.
Marzinzik, K./Fiedler, A. (2005): MOVE – Motivierende Kurzintervention bei konsumierenden Jugendlichen. Evaluationsergebnisse des Fortbildungsmanuals sowie der ersten Implementierungsphase. Köln: Bundeszentrale für gesundheitliche Aufklärung.
Miller, W. R./Rollnick, S. (1991): Motivational Interviewing – Preparing People to Change Addictive Behaviour. New York: The Guilford Press.
Orth, B. (2016): Die Drogenaffinität Jugendlicher in der Bundesrepublik Deutschland 2015. Rauchen, Alkoholkonsum und Konsum illegaler Drogen: Aktuelle Verbindung und Trends. BZgA-Forschungsbericht. Köln: Bundeszentrale für gesundheitliche Aufklärung.
Ostrowsky, M. K. (2016): Sport Fans, Alcohol Use and Violent Behaviour: A Sociological Review. In: Trauma, Violence & Abuse, 19. Jg., H. 4, S. 406–419.
Pilz, G. A. (2005): Vom Kuttenfan und Hooligan zum Ultra und Hooltra. Wandel des Zuschauerverhaltens im Profifußball. In: Deutsche Polizei. Zeitschrift der Gewerkschaft der Polizei, H. 11, S. 6–12.
Prochaska, J. O. / DiClemente, C. C. (1982): Transtheoretical Therapy: Toward a More Integrative Model of Change. In: Psychotherapy: Theory, Research and Practice, 19. Jg., S. 276–288.
Sommerey, M. (2013): Entwicklungsgeschichte der deutschen Ultra-Bewegung. In: Thein, M./Linkelmann, J. (Hrsg.): Ultras im Abseits? Göttingen: Die Werkstatt, S. 26–37.
Tretter, F. (2008): Suchtmedizin kompakt. Suchtkrankheiten in Klinik und Praxis. Stuttgart: Schattauer.
Zentrale Informationsstelle Sporteinsätze (ZIS) (2018): Jahresbericht Fußball Saison 2017/18. Online: lzpd.polizei.nrw/sites/default/files/2018-10/Z-181008-10%28ZIS-Jahresbericht%202017-2018%20Stand%2008.10.2018%2007.00%20Uhr%29.pdf

Aussperren?

Alternativen zu „präventiv polizeilichen Maßnahmen" für Fußballfans

Hanna Maria Lauter und Edo Schmidt

Im Juni 2015 beschloss die Ständige Konferenz der Innenminister und -senatoren der Länder (IMK) unter dem Eindruck einzelner gewalthaltiger Vorfälle bei Fußballspielen ein mehrseitiges Maßnahmenpapier, in dem der Polizei der Länder, des Bundes sowie verschiedenen anderen Akteuren konkrete Maßnahmen zur Reduzierung von Gewalt im Umfeld von Fußballspielen empfohlen wurden. In diesem Beschlussdokument wird dargestellt, dass eine „Kontingentierung von Eintrittskarten bei besonders risikobehafteten Spielbegegnungen ein geeignetes Mittel ist, um gewalttätigen Auseinandersetzungen entgegen zu wirken" (IMK 2015, S. 6). Weiterhin beschlossen wurde ein punktuelles „Alkoholverkaufsverbot in Stadien, im Stadionumfeld und ein Alkoholkonsumverbot im Öffentlichen Personenverkehr bei risikobehafteten Spielbegegnungen als Maßnahme, die zu einer Verringerung von Aggressionsdelikten" (IMK 2015, S. 6) führen sollten. Darüber hinaus hielten die Innenminister „Beförderungsverbote im Öffentlichen Personenverkehr für geeignet, Sicherheitsstörungen und Straftaten im Fußballreiseverkehr entgegen zu wirken" (IMK 2015, S. 7). Schließlich wurde eine vermehrte Anwendung „präventiv polizeilicher Maßnahmen gegen Gewalttäter bei Sportereignissen durch eine intensivierte bundesweite Zusammenarbeit und einen intensivierten standardisierten Informationsaustausch der Länder und des Bundes" (IMK 2015, S. 8) empfohlen.

Die Folge war der Einsatz jener im Papier erwähnter exkludierender zivilrechtlicher „präventiv polizeilicher Maßnahmen"[1] in deutschen Fanszenen, um sich den Anforderungen, welche sich aus der Existenz von Gewalt im Fußballkontext ergeben, zu stellen. Der Inhalt des vorliegenden Essays richtet seinen Fokus auf die Notwendigkeit, sich mit dieser Art der standardisierten Exklusion und den damit verbundenen gesellschaftlichen Haltungen gegenüber Fußballfans auseinanderzusetzen. Im Rahmen des Diskurses über einen effektiven und effizienten Umgang mit gewalthaltigen Konflikten im Zusammenhang mit Fußballspielen sollte nicht nur die Frage gestellt werden, ob die genannten Maßnahmen ihren Zweck erfüllen,

---

1 „Präventiv polizeiliche Maßnahmen" sind in der Regel Gefährderanschreiben und -ansprachen, Meldeauflagen sowie Bereichsbetretungs- beziehungsweise Aufenthaltsverbote. Diese werden im Rahmen der Gefahrenabwehr nach § 8 PolG NRW oder anderen Landespolizeigesetze Landespolizeigesetzen angewendet.

nämlich einen gewaltfreien Fußball, sondern auch, zu welchen Bedingungen sie ausgeführt werden. Außerdem wird mit dem Ansatz der Restorative Justice eine Alternative zu dem im IMK-Papier skizzierten Vorgehen diskutiert.

Der Essay ist zudem ein Versuch, die Wahrnehmung und Reaktionsweisen von Fans zu skizzieren, wenn präventiv polizeiliche Maßnahmen von den Betroffenen als „unangemessen", „überzogen" und als „Bestrafung" empfunden werden. Hier wird explorativ und wohl exemplarisch dargestellt, wie sich Fans und Ultras gegenüber Mitarbeiter_innen des zuständigen sozialpädagogischen Fanprojektes in Gesprächen in Bezug auf solche Maßnahmen eingelassen haben.[2]

Zur lokalen Umsetzung überregionaler Sicherheitsbestrebungen

Die im IMK-Papier vom 30. Juni 2015 genannten Maßnahmen fanden in der nachfolgenden Saison 2015/16 und auch danach vermehrt Anwendung, jedoch zunächst auf wenige Standorte begrenzt. Während landesweit kaum eine Fanszene betroffen war, wurden gegen die Fans und Ultras des SC Preußen Münster eine Vielzahl präventiv polizeilicher Maßnahmen verhängt. Die Polizei Münster begründete dies mit einem starken Anstieg der Straftaten sowie der hohen Anzahl von Verletzten bei Ligaspielen des SC Preußen Münster in der Saison 2014/15, insbesondere bei den Derby-Begegnungen gegen den VfL Osnabrück.[3] In der Saison 2015/16 wurden im bundesweiten Vergleich in Münster die meisten präventiv polizeilichen sowie sicherheitstechnischen Maßnahmen getroffen. Hierzu zählten Meldeauflagen, Bereichsbetretungsverbote, Gefährderansprachen und -anschreiben sowie Materialverbote (Fanutensilien), Blocksperren und Gästefanausschlüsse. Bei den Derbybegegnungen zwischen dem VfL Osnabrück und dem SC Preußen Münster in der Saison 2015/16 wurden zusätzlich – wie im IMK-Papier vorgeschlagen – die Gästekontingente reduziert. Darüber hinaus sollten personalisierte Tickets und eine vorbestimmte Anreise Sicherheit gewährleisten.

Da sich die aktiven Fanszenen zu diesem Vorgehen nicht bereit erklärten, fanden die Derbys in dieser Saison vor leeren Gästeblöcken statt. Anstatt an den Fußballspielen teilzunehmen, demonstrierten die Fanszenen in der jeweils anderen Stadt unmittelbar vor Anpfiff der Partien gegen die Gästefanausschlüsse und für die Rechte von Fußballfans. In Osnabrück fand eine Kundgebung direkt am Bahnhof mit über 400 Preußenfans statt. Während der Rückrunde in Münster demonstrierten am Morgen vor dem Derby rund 250 Osnabrückfans in der Stadt – und noch einmal rund 500 Preußenfans am Tag zuvor. Die gesamten Proteste

---

[2] Eine wissenschaftlich gestützte Befragung über Umfang und Wirkung von präventiv polizeilichen Maßnahmen und anderen Interventionen auf Fans und Ultras liegt dem Beitrag nicht zugrunde, böte jedoch genügend Inhalt für eine Untersuchung.

[3] Die Verfasser_innen stützen sich auf die Angaben von Preußenfans sowie der Fanhilfe Münster (dazu Poppe 2019).

verliefen friedlich. Nach Absprache verzichteten beide aktiven Fanszenen auf den Support ihrer Mannschaft bei den jeweiligen Heimspielen – die Münsteraner Ultras verließen nach rund 20 Spielminuten das heimische Stadion.

Neben den benannten sicherheitspolitischen Verschärfungen wurden im Rahmen der „Hochrisikospiele" in der Saison 2015/16 Bereichsbetretungsverbote und Meldeauflagen in einer Anzahl ausgesprochen, die zeitweise rund die Hälfte der organisierten Münsteraner Ultras dazu brachte, das jeweilige Spiel zuhause oder mit einer ganzen Gruppe von „Betretungsverbotlern" in der Nähe des Stadions in einer Sportsbar zu verfolgen. Vor Heimspielen entwickelte es sich zu einem Ritual, dass die von den Maßnahmen Betroffenen gemeinsam mit den anderen Fans und Ultras auf einem „Fanmarsch" von der Münsteraner Innenstadt in Richtung des Stadions liefen, um kurz vor dem Stadiongelände mit Gesängen und Pyrotechnik – verwendet wurden vor allem Rauchtöpfe – „verabschiedet" zu werden. Bei Auswärtsspielen in Osnabrück und in der Folgesaison auch in Lotte gab es zusätzlich zu den Bereichsbetretungsverboten erstmals auch Meldeauflagen. So trafen sich anlässlich des Derbys in Osnabrück über 20 Preußenfans mit Meldeauflagen vor einer Polizeistation und verweilten dort gemeinschaftlich während der gesamten Spieldauer, um sich wie vorgeschrieben vor und nach dem Spiel zu melden.

Während der Saison 2015/16 berichteten Ultras, dass szenekundige Beamte der Polizei Münster mindestens einen Fan an seiner Arbeitsstelle aufgesucht haben sollen, um eine Gefährderansprache vorzunehmen. Die Polizei hat dies bestätigt, wobei die tatsächliche Anzahl der Fälle unklar bleibt. Solches Handeln seitens der Polizei wurde von den Fans als unverhältnismäßiger Eingriff in die Privatsphäre empfunden. Aus der Perspektive der Betroffenen ist der Ort der Ansprache dazu geeignet, eine soziale Ächtung sowohl am Arbeitsplatz als auch im weiteren privaten Umfeld hervorzurufen. Darüber hinaus könne der Verlust des Arbeitsplatzes als Konsequenz der benannten Maßnahmen nicht ausgeschlossen werden.

Grundsätzlich ist festzuhalten, dass die betroffenen Preußenfans und Ultras sowie die übrigen Gruppenmitglieder und Fanszenen-Angehörigen die präventiv polizeilichen Maßnahmen als „Strafe" und damit als unangemessen repressiv wahrgenommen haben. Als Folge daraus ergaben sich Solidarisierungseffekte, durch welche die gesamte Fanszene in ihrer Selbstwahrnehmung und Identifikation umso enger zusammenrückte. Durch jede weitere Maßnahme oder auch andere Eingriffe wurden derartige Dynamiken verstärkt und der Hass auf die Polizei und zu einem späteren Zeitpunkt auch auf die Vereinsführung befeuert.

Die Inszenierung von Protest gegen als ungerecht empfundene Repressionsmaßnahmen fand im Oktober 2015 beim Heimspiel der Preußen gegen Hansa Rostock ihren Höhepunkt, nachdem in über 50 Fällen präventiv polizeiliche Maßnahmen gegen Preußenfans ausgesprochen und den übrigen Fans Fanutensilien sowie Alkohol auf den Stehrängen verboten worden waren. Das Preußenstadion besteht zu 80 Prozent aus Stehrängen und ein Alkoholverbot gab es schon seit vielen Jahren nicht mehr. Die Fans kritisierten, dass es in den Sitzplatz- und VIP-Bereichen des Stadions solche Auflagen nicht gebe, was vor allem der Vereinsführung angelastet wurde. In einer regelrechten „Pyro-Orgie" – während des Spiels wurde immer wieder Pyrotechnik gezündet, weshalb die Partie nach mehreren Unterbrechungen kurz vor dem Abbruch stand –, wurde in der Heimkurve ein Banner mit der Aufschrift „Fickt euch alle" gezeigt, was darauf hindeutete, dass sich die Kurve von allen guten Geistern verlassen fühlte.

Nach diesen Ereignissen beim Heimspiel gegen Hansa Rostock wurde die komplette Heimkurve für mehrere Spiele gesperrt und eine Vielzahl von Stadionverboten ausgesprochen. Weitere polizeilich präventive Maßnahmen wie Bereichsbetretungsverbote und Meldeauflagen wurden während der „Hochrisikospiele" in dieser und vor allem in der Folgesaison verhängt.

Effekte polizeilicher Maßnahmen auf Fans und Fansozialarbeit

Die Fans und vor allem die Ultras in Münster reagierten in der Saison 2015/16 hauptsächlich mit Protest und Ablehnung von Dialog-Angeboten. Sie sahen sich in ihrem Feindbilddenken gegenüber der Polizei bestärkt. Aber sie fühlten sich auch vom Verein verlassen, der sich nicht schützend vor sie stellte und sich weigerte, Maßnahmen wie das Alkoholverbot beim Rostock-Spiel zurückzunehmen. Man schien den eigenen Fans in den Rücken zu fallen, so der häufig geäußerte Vorwurf. Statt die Situation zu befrieden, hatten die präventiv polizeilichen Maßnahmen vielmehr eine Haltung der Fanszene befördert, die als Schwarz-Weiß-Denken bis hin zu einer Wagenburg-Mentalität beschrieben werden kann. Dies ging so weit, dass die Fans selbst Angebote des sozialpädagogischen Fanprojektes und weitere Gespräche ablehnten. Es hatte sich eine bestimmte Sicht der Dinge verfestigt und geradezu verselbstständigt. Die präventiv polizeilichen Maßnahmen auch als Konsequenz des eigenen Handelns zu diskutieren, da es in der Vorsaison vermehrt Straftaten und zahlreiche Verletzte vor allem durch das Zünden von Pyrotechnik gegeben hatte, war während dieser Phase überhaupt nicht möglich.

Um das Ausmaß der präventiv polizeilichen Maßnahmen deutlich zu machen, sei das jüngste Beispiel genannt: Die Polizei Osnabrück verfügte beim Derby in der Saison 2017/18 über 100 Bereichsbetretungsverbote gegen die Preußenfans. Zuvor gab es „Hochrisikospiele", bei denen die Polizei Münster rund 50 Bereichsbetretungsverbote und mehr aussprach. Zum Vergleich: Bei einem Derby zwischen den Bundesligisten Schalke 04 und Borussia Dortmund werden üblicherweise rund zehn Bereichsbetretungsverbote ausgesprochen, beim Stadtderby in Hamburg sogar noch deutlich weniger.

Inzwischen hat sich die Situation in Münster jedoch beruhigt, allerdings zu einem hohen Preis. Beim letzten Derby in der laufenden Saison 2018/19 gab es keine Bereichsbetretungsverbote, allerdings auch keine supportende Fanszene mehr, da diese sich nach den zermürbenden präventiv polizeilichen Maßnahmen aus Protest gegen die Ausgliederung des Profibereiches des Vereins SC Preußen Münster in eine Kapitalgesellschaft aufgelöst hatte.

Ein weiterer Effekt dieser so zahlreich eingesetzten polizeilichen Maßnahmen sowie der zusätzlichen Eingriffe des Vereins war, dass Ultras und Fans in Münster im Juni 2017 die „Fanhilfe" gründeten. Diese Fanorganisation hat bundesweit rund 20 weitere Standorte – Tendenz steigend –, von denen aus sie sich für ihre Mitglieder bei Bedarf um eine Rechtsberatung bemüht. Dieses Feld lag zuvor durchaus im Tätigkeitsbereich der pädagogischen Arbeit mit Fans, wobei sozialpädagogische Fanprojekte nicht legitimiert sind, eine Rechtsberatung selbst durchzuführen. Dennoch war immerhin eine Begleitung von Fans durch die Mühlen der rechtsstaatlichen Bürokratie gängige Praxis, was sich vermehrt zur Fanhilfe hin zu verlagern scheint. Um durch solche Selbstorganisationsprozesse nicht zahlreiche Beziehungen zu Ultras und Fans einzubüßen, die sich über Jahre entwickelt haben, ist den sozialpädagogischen Fanprojekten anzuraten, eine gute Zusammenarbeit mit den lokalen Fanhilfen zu pflegen.

Insgesamt lässt sich sagen, dass sich infolge der ersten präventiv polizeilichen Maßnahmen im Laufe der Saison 2015/16 der Zugang zur Klientel zunehmend schwieriger gestaltete. Es war viel Frust und Misstrauen auf Fanseite zu spüren, was eine vertrauensvolle Beziehungsarbeit deutlich erschwerte. Beratungssequenzen und Hilfsangebote oder sogar eine Vermittlung durch die Fansozialarbeit wurden über einen längeren Zeitraum weitgehend abgelehnt. Erst sehr viel später, als auch jüngere Fans von Maßnahmen betroffen waren, gelang es vermehrt, zwischen der Polizei und diesen Fans zu vermitteln und beispielsweise über Anhörungen präventiv polizeiliche Maßnahmen aufheben oder gewissermaßen zur Bewährung aussetzen zu lassen.

Im Übrigen vermittelte die Polizei nicht den Eindruck, dass sie die Fanprojektarbeit bei der Einführung beziehungsweise bei der deutlich vermehrten Anwendung von präventiven Maßnahmen berücksichtigt hätte. Das sozialpädagogische Fanprojekt in Münster wurde ebenso wie die Fans vor vollendete Tatsachen gestellt. Eine gelingende Netzwerkarbeit musste sich erst entwickeln. Somit war aus Sicht des Fanprojekts eine vermittelnde Rolle schwer bis unmöglich einzunehmen.

Wenn ein Betretungsverbot ausgesprochen und die Polizei die Möglichkeit einer Anhörung einräumt, besteht am Standort Münster inzwischen zumindest die Chance, dass Polizei- und Fanseite miteinander ins Gespräch kommen. Aus der fachlichen Perspektive der pädagogischen Fanarbeit wäre es jedoch zielführender, die Möglichkeit von Restorative-Justice-Ansätzen in Betracht zu ziehen. Als eine unerlässliche Voraussetzung dafür kann ausschließlich eine Netzwerkarbeit auf Augenhöhe zwischen den gesamten Akteuren des Profifußballs wie der Polizei und den Fanprojekten gelten.

Gewaltprävention und mehr Sicherheit durch standardisierte Maßnahmen?

Die vorangegangenen Ausführungen vermitteln einen exemplarischen Eindruck dessen, wie Fans und Mitarbeiter_innen der Fanprojekte den polizeilichen Umgang mit Fußballfans und Sicherheitsmaßnahmen im Kontext eines Fußballspiels wahrnehmen. Die bisher dargestellten Maßnahmen sind lokaler Natur. Ob die Auflösung der aktiven Fanszene in Münster nun ein sekundärer, aber willkommener Effekt polizeilicher Maßnahmen war, kann nicht gesagt werden. Aus unserer Sicht jedoch ist ein Fußball ohne Supporter nicht unbedingt wünschenswert. Im Folgenden soll deutlich gemacht werden, wieso es notwendig scheint, alternative Handlungsmöglichkeiten im Umgang mit delinquentem Verhalten im Fußballkontext in Betracht zu ziehen. Erwähnt sei hier in diesem Zusammenhang, dass offizielle Funktionäre im Fußball und Vertreter_innen von Vereinen, Verbänden und auch der Politik immer wieder zu stigmatisierendem Vokabular greifen. Wenn es darum geht, Stellung zu gewalthaltigen Konflikten im Fußball zu beziehen, wird delinquenten Personen nicht selten ihr Fan-Sein abgesprochen. Dass sich diese Haltungen insbesondere in den Medien zuspitzen, zeigen beispielsweise die Bemerkungen eines WDR-2-Reporters, der Fußballfans im Rahmen von Ausschreitungen als „Asoziale" und als „Abschaum" bezeichnete. Derartige Aussagen verkürzen die Komplexität der Wirklichkeit. Im Umfeld des Fußballs wird seit Jahrzehnten Gewalt ausgeübt, ob von Fans oder Personen, die den Sport und seine Events hierfür nutzen. Die diskursive Ausgrenzung von Fans ändert diese Situation nicht. Solange Gewalt im Fußballkontext existiert, ist die Frage nach dem Fan-Sein oder eben Nicht-Fan-Sein also zweitrangig. Tatsache ist, dass sich auch Menschen, die sich delinquent verhalten, einem Verein zugehörig fühlen, sich über ein Fan-Sein identifizieren und sich aus diesem Grund im Stadion und Stadionumfeld aufhalten. Das soziale Problem ist jedoch die Gewalt, nicht die Zuordnung zu einer Personengruppe.

Aus dieser Tatsache heraus ergeben sich grundsätzliche Anforderungen an die verantwortlichen Akteur_innen. Nach dem Motto „solche Leute wollen wir auch bei uns im Fußballstadion nicht haben" (Berliner Zeitung 2017) etablierten sich – wie das Beispiel Münster veranschaulichte – exkludierende zivilrechtliche und präventiv polizeiliche Maßnahmen. Neben der generellen Infragestellung der benannten zivilrechtlichen oder präventiv polizeilichen Konsequenzen für Fußballfans wie Bereichsbetretungsverboten, Beförderungsverboten im Öffentlichen Personenverkehr und Stadionverbote wirft insbesondere der standardisierte Charakter dieser repressiven Maßnahmen Fragen auf. Denn weshalb sollte man davon ausgehen können, dass ein angewandter Standard im Umgang mit Individuen dazu führt, ein spezifisches Ergebnis zu erhalten – einen Fußball, der gewaltfrei ist?

Zweifel an einem standardisierten Vorgehen, das eine differenziertere Handhabung nicht erlaubt, sind schon deshalb angebracht, weil, wie Heitmeyer und

Peter bereits 1988 erkannten, „es sich bei den Fußballfans nicht um eine homogene Gruppe handelt, so wie sie in der Öffentlichkeit bzw. der veröffentlichten Meinung auftaucht" (Heitmeyer und Peter 1988, S. 31). Dies verwundert insbesondere dann nicht, wenn man sich die Zuschauerzahlen der deutschen Stadien einer Bundesliga-Saison genauer ansieht: In der Saison 2017/2018 besuchten insgesamt 13.426.974 Menschen die Fußballspiele der 1. Bundesliga (vgl. Deutscher Fußball-Bund 2018). Nicht ohne Grund gilt der Fußball als Spiegel der Gesellschaft. Zudem unterliegt er einem stetigen, dynamischen Wandel der Fanstrukturen. Auch hinsichtlich der teilnehmenden Bevölkerungsschichten ist keine Homogenität zu erkennen. In seiner empirischen Analyse zum sozialen Wandel der Fußballfans setzt sich Fürtjes (2009) mit den schichtungshierarchischen Veränderungsprozessen auseinander. Anhand einer Untersuchung von Berufsprofilen der Leserschaft des Kicker-Sportmagazins kommt er zu dem Ergebnis, dass die Partizipation an einem Fußballspiel schichtenübergreifend stattfindet (vgl. Fürtjes 2009).

Lediglich die demografischen Faktoren Alter und Geschlecht weisen eine homogene Tendenz auf: Empirische Studien lassen eine relativ junge Altersstruktur erkennen. So ergeben beispielsweise die Untersuchungen von Pilz et al. (1990, S. 26 ff.), dass sich die Stadionbesucher_innen in einer Altersklasse zwischen 16 bis 30 Jahren bewegen. Auch jüngere Studien kommen zu diesem Ergebnis. Die Daten einer Analyse von Gabler zeigen ein allgemeines Durchschnittsalter von 18,4 Jahren der erfassten Fans (vgl. Gabler 1998, S. 113 ff.). In den Fanszenen des Fußballs bleiben Mädchen und Frauen weiterhin unterrepräsentiert. Auch ein steigender Trend ist nicht zu verzeichnen. Der Fußballsport mit seinen Zuschauer_innen kann also bis heute als ein männerdominiertes Phänomen beschrieben werden (vgl. u. a. Stollenwerk 1996, S. 56; Wetzel 2009).

Trotz der heterogenen Strukturen von Fußballfans – stellt man Alter und Geschlecht einmal zurück – werden bereits seit Jahrzehnten Klassifizierungen auf soziologischer oder sicherheitspolitischer Ebene erstellt. Ziel ist es unter anderem, anhand der vorliegenden Modelle (präventive) Maßnahmen für die Praxis abzuleiten, um dem Sicherheitsbedürfnis der offiziellen Akteure nachzukommen. Unabhängig von den unterschiedlichen Klassifizierungsversuchen fällt auf, dass diese den Strukturen der heterogenen Fan-Szenen nur bedingt gerecht werden. Es ist „wohl eine Wunschvorstellung der Wissenschaft, alles in Kategorien beschreiben und Verhalten vorhersagen zu können" (Meier 2017, S. 17). Betrachtet man nun die standardisierte Anwendung polizeilich präventiver Maßnahmen, so degradiert dieses Vorgehen den Menschen zwangsläufig zu einem Objekt. Nach Hüther, der sich in seinen Forschungen mit der Würde des Menschen auseinandersetzt, hat derartiges Handeln Konsequenzen: „Wer von anderen Menschen benutzt und zum Objekt von deren Absichten und Zielen, Erwartungen und Bewertungen und Unterweisungen oder gar Maßnahmen und Anordnungen gemacht wird, fühlt sich zutiefst in seiner Subjekthaftigkeit und damit in seiner Würde bedroht. Als Objekt behandelt zu werden, verletzt zutiefst das menschliche Grundbedürfnis nach Verbundenheit und Zugehörigkeit als auch das nach Autonomie und Freiheit" (Hüther 2018, S. 123). Dass diese Art der Bedrohung und Verletzung fatale Folgen haben kann, zeigte sich bereits am Beispiel Münsters und wird – übertragen auf den Fußballkontext – in der Entstehung von Feindbildern und der völligen Ablehnung eines Dialogs deutlich.

Die Ausweitung sicherheitspolitischer Maßnahmen hat erhebliche Konsequenzen für die emotionale Lage der betroffenen Fans. Gefühle wie Verunsicherung, Bedrohung und Ohnmacht können hier genannt werden. Durch Formen der Demonstration und des Protestes versuchen sie, auf diese Art der sozialen Zurückweisung zu reagieren. Die bereits genannten zivilrechtlichen sowie präventiv polizeilichen Maßnahmen können im Hinblick darauf als kontraproduktiv bewertet werden. Insbesondere die standardisierte Anwendung einer gewaltpräventiven Maßnahme ist kritisch zu betrachten. Als herausragendes Beispiel kann hier die Vergabe von Stadionverboten nach den sogenannten Stadionverbotsrichtlinien (StVerRl) genannt werden. Eine Differenzierung (beispielsweise nach Schwere des vorliegenden Sachverhalts oder der Altersstrukturen) findet entsprechend § 1 StVerRl lediglich dann statt, wenn es um das Ausmaß und die Dauer des Stadionverbots geht, nicht aber um die Aussprache als solche. Diese standardisierte Vorgehensweise ignoriert nicht nur die Existenz verschiedener Ursachen von Gewalt, sondern auch die Notwendigkeit einer Differenzierung im Umgang mit delinquenten Individuen. „Eine klare Trennung zwischen Gewalttätern auf der einen Seite und delinquenten Fußballfans auf der anderen Seite findet […] nicht statt. Damit wird riskiert, dass Maßnahmen, die Fangewalt bekämpfen sollen, wirkungslos bleiben" (Meier 2017, S. 397). Durch das Fehlen milderer Mittel kann weder verhältnismäßig noch spezifisch und zielgerichtet reagiert werden. Folglich werden bereits vorhandene Stigmatisierungs- und Etikettierungstendenzen verstärkt, indem undifferenziert das Bild einer vermeintlich homogenen, kriminellen Gruppe in die Gesellschaft getragen wird. Daneben sind es die generellen sicherheitspolitischen Eingriffe, die den Fußball in der Gesellschaft als „gefährlichen Sozialraum" erscheinen lassen, sodass sich stigmatisierende, kriminalisierende und punitive Prozesse verfestigen. Beispielhaft kann hier wiederum die Kontingentierung und Personalisierung der Ticketvergabe, das Alkohol- und Materialverbot oder das Beförderungsverbot für den Öffentlichen Personenverkehr genannt werden.

Durch all die bereits aufgeführten Maßnahmen scheint die Sicherheit innerhalb der Stadien zwar gewährleistet zu sein. Jedoch kann hier eher von einer Symptombekämpfung gesprochen werden, ohne dass die Ursachen von Gewalt identifiziert werden. Die Folge ist lediglich die Verlagerung der Austragungsorte von delinquentem Handeln auf andere – weniger kontrollierte – Kontexte und Orte. Dies äußert sich beispielsweise in dem Besuch unterer Fußballligen, um unbeobachtet am Spieltagsgeschehen teilnehmen zu können (vgl. Ryser 2010,

S. 58). Zusätzlich erzeugen derartig exkludierende Strukturen Solidarisierungseffekte anderer Mitglieder der Fanszene. Durch Choreografien, Spruchbänder und Zaunfahnen mit Aufschriften wie „Diffidaticonnoi" („Ausgesperrte mit uns") signalisieren sie die Solidarisierung mit betroffenen Personen (vgl. etwa Faszination Fankurve 2015). Infolge der als repressiv und willkürlich wahrgenommenen Maßnahmen kann davon ausgegangen werden, dass sich die Fans „zunehmend weiter von den anderen sozialen Welten distanzieren, Dialoge beenden und die ihrer Fankultur eigenen Protestmittel verwenden" (Moldenhauer und Scherer 2017, S. 190).

Aus den bisher benannten Ausführungen lässt sich mit der Literatur folgendes festhalten: „Ordnungspolitische Maßnahmen, die als Willkür empfunden werden, schüren Aggressionen bei den Betroffenen und konterkarieren somit ihre beabsichtigte Wirkung" (Ranau o. J., S. 5). Auch Niggli (2014, S. 48) schätzt eine mögliche Gefahrenprognose als Entscheidungs- und Handlungsgrundlage als problematisch ein: „Wenn eine Prognose über zukünftiges Verhalten eines Menschen zulässig ist, warum sollte [...] man auf die (erste) Straftat warten? Wenn die Prognose aber nicht zulässig ist, warum sollte sie dann überhaupt angewandt werden? Geschieht dies trotz ihrer Unzuverlässigkeit (nur, aber immerhin) bei Straftätern, so ist auch deutlich, dass die Verknüpfung mit der Straftat [...] einzig der Legitimation der unzuverlässigen Massnahme dient" (Niggli 2014, S. 48).

Es ist also tendenziell schwierig, zivilrechtliche und präventiv polizeiliche Maßnahmen auf Grundlage einer Gefahrenprognose automatisch mit zukünftiger Sicherheit im Fußballgeschehen gleichzusetzen. „Denn Sicherheit ist für Vergangenes nicht veränderbar, sondern muss zwingend die Gegenwart beziehungsweise die Zukunft betreffen" (Niggli 2014, S. 43). Aus diesem Grund kann das Stadionverbot lediglich dann seinen Zweck erfüllen, wenn es sich entsprechend auf zukünftiges Verhalten betroffener Personen auswirkt. „Problematisch aber ist eben diese Zukunftswirkung, denn eine – wie immer geartete Präventivwirkung [...] lässt sich kaum nachweisen" (Niggli 2014, S. 43).

Dies trifft offensichtlich auch auf zahlreiche zivilrechtliche und präventiv polizeiliche Maßnahmen zu, welche im Fußballkontext angewendet werden. Bisher liegen keinerlei Evaluationen vor, die beispielsweise anhand von Rückfallquoten die gewaltpräventive Wirkung beweisen. Dennoch erheben verantwortliche Akteure und auch die Zivilgesellschaft den Anspruch, dass durch repressive Maßnahmen wie der Vergabe von Stadionverboten oder den Bereichsbetretungsverboten zukünftige Sicherheit gewährleistet wird. Durch diesen Blickwinkel erscheint jede weitere gewalthaltige Handlung von Fußballfans als Beweis dafür, dass existierende Maßnahmen ein zu mildes Mittel darstellen. Dies führt zwangsläufig zu dem sicherheitspolitischen Bedürfnis, die Maßnahmen gegen Fußballfans zu verschärfen. „Gerade die eigentlichen Errungenschaften des modernen Strafrechts wie Bestimmtheitsgebot [...] und die strafprozessualen

Garantien wie Unschuldsvermutung [...] erscheinen im Hinblick auf das Ziel zukünftiger Sicherheit als blosse Hindernisse" (Niggli 2014, S. 44). Aufgrund der erheblichen Eingriffe in die Persönlichkeits- und Freiheitsrechte (wie Bewegungsfreiheit) der betroffenen Personen sollten den benannten Maßnahmen mildere Mittel vorangestellt werden und beispielsweise die Aussprache eines Stadionverbots als Ultima Ratio gelten.

Die Kritikpunkte scheinen in Anbetracht der kommerziellen Entwicklungen im Fußball erschreckend, zeigen sie doch, dass „die gesellschaftlichen Subsysteme Politik und v. a. Wirtschaft [...] dem Recht längst den Rang als maßgebliches Ordnungssystem abgelaufen" (Niggli 2014, S. 14) haben.

Aus dieser kritischen Betrachtung heraus entstand die Idee, den repressiven und standardisiert angewandten Maßnahmen eine andere Haltung und damit auch eine alternative Maßnahme für die Praxis entgegenzusetzen. Als ein geeigneter Ansatz soll in diesem Zusammenhang das Konzept von Restorative Justice vorgestellt werden. Auf der Grundlage eines humanen Menschenbildes setzt sich dieser Ansatz partizipativ und empathisch mit Konflikten und straffälligen Menschen auseinander. Nachfolgend soll ein Eindruck davon entstehen, ob Restorative Justice ein adäquater und würdevoller Gegenentwurf sein könnte, um die Subjekthaftigkeit der Fußballfans zu erhalten und dennoch – oder gerade deshalb – etwas gegen die gewaltvollen Strukturen und Ausprägungen des Fußballs zu tun. Grundlegend hierfür wäre ein Prinzipien- und Mentalitätswandel der verantwortlichen Akteur_innen. Dieser könnte wie folgt beschrieben werden: „So restorative justice is about hurt begetting healing as an alternative to hurt begetting hurt" (Braithwaite 2002, S. 4).

Restorative Justice im Fußballkontext – eine Alternative?

Präventiv polizeiliche Maßnahmen können nur im Prinzip der Vorverurteilung durchgeführt werden. Weil ein Mensch als Teil einer als bedenklich bewerteten Gruppe erscheint, werden ihm Kontroll- und Urteilsvermögen abgesprochen. Dies muss dann durch externe Maßnahmen, die polizeiliche Prävention, ersetzt werden. Durch Verurteilung und standardisierte Exklusion verfehlt das gegenwärtige System aber das eigentliche Ziel der Integration und Resozialisierung. Stattdessen werden Ausgrenzung, weitere Stigmatisierungen und Kriminalität gefördert. Durch Restorative Justice hingegen erhalten die betroffenen Personen die Möglichkeit, verantwortungsbewusst die eigenen Werte und Normen zu klären. Durch Partizipation in Form von Dialogen zwischen allen am Konflikt beteiligten Akteur_innen und der Aushandlung möglicher Lösungen kann Kriminalität reguliert und verringert werden. Dies geschieht nach den Prinzipien der Restorative Justice, indem das Konzept der Schuld in das Konzept der Übernahme von Verantwortung transformiert wird.

Anstelle der repressiven Maßnahmen, die als „kalt" und „technokratisch-anonym" (Gabriel 2016, S. 32) empfunden werden, sollte ein Setting geschaffen werden, in dem sich die am Konflikt beteiligten Parteien über den vorliegenden Sachverhalt austauschen und ihre jeweiligen Sichtweisen darstellen können. Hier kann die emotionale Verbundenheit der Fans mit dem Verein als Ressource genutzt werden, damit sich die Fans für einen Dialog mit den verantwortlichen Akteur_innen öffnen. Diese setzen sich direkt mit Gefühlen wie Verunsicherung, Orientierungslosigkeit und Ohnmacht auseinander, die sie als Quelle gewalthaltigen Handelns erkennen, und gehen dann in eine empathische Auseinandersetzung mit den Fans.

Anstelle einer Verhaltensmodifikation, die ein bloßes „Abtrainieren störender Verhaltensweisen" beinhaltet, steht durch die Umsetzung restaurativer Prinzipien eine Entwicklungsförderung. Dabei geht es nicht um die Akzeptanz jeglichen (gewaltvollen) Verhaltens, sondern um einen Verständnisprozess, der ein besonderes Augenmerk auf die Ursachen von Gewalt legt. Statt eines standardisierten, pauschalen Umgangs mit gewalthaltigem Verhalten könnte dann im Dialog individuell anhand einer Einzelfallprüfung reagiert werden. In diesem Dialog sollte es um eine Aushandlung von Lösungen gehen, die sich an den restaurativen Prinzipien „Wiederherstellung, Wiedergutmachung, Schadensersatz" (Zehr 2010, S. 39) orientieren. Die Fans werden also nicht aus dem Sozialraum Stadion ausgeschlossen, sondern aktiv an der Entscheidung darüber beteiligt, welche Konsequenzen sich aus ihrem (gewalthaltigen) Verhalten ergeben. Der Sozialraum bleibt auf diese Weise also nicht nur bestehen, sondern erhält durch die Partizipation eine zusätzliche, besondere Bedeutung für die Fans. Damit birgt die Anwendung von Restorative Justice die Chance, den Sozialraum Stadion nachhaltig als Ressource in der Reduzierung von gewalthaltigen Konflikten zu nutzen. Da die betroffenen Personen Teil des Prozesses einer Lösungsfindung und Aushandlung von Konsequenzen sind, erhöht sich gleichzeitig die Akzeptanz dieser Maßnahmen. Das direkte Aufeinandertreffen aller Akteur_innen kann dazu führen, dass Vorurteile auf beiden Seiten abgebaut werden und Transparenz gefördert wird. Der vorherrschenden Kritik der Willkür könnte damit begegnet und entgegengewirkt werden. Bestenfalls entsteht ein nachhaltiger Prozess der Verantwortungsübernahme.

Restaurative Prinzipien im deutschen Strafrechtssystem: Täter-Opfer-Ausgleich

Der restaurative Ansatz ist in Form des Täter-Opfer-Ausgleichs bereits fester Bestandteil des deutschen Strafrechtssystems. In der deutschen Gesetzgebung ist der Ausgleich in den § 136 Abs. 1, § 153a und § 155a der Strafprozessordnung (StPO) und § 46a des Strafgesetzbuches (StGB) verankert. Insbesondere § 155a

StPO verdeutlicht in Abs. 1 und 2 auf gesetzlicher Ebene den Stellenwert des Täter-Opfer-Ausgleichs und damit die Relevanz restaurativer Prinzipien. „Die Staatsanwaltschaft und das Gericht sollen in jedem Stadium des Verfahrens die Möglichkeit prüfen, einen Ausgleich zwischen Beschuldigtem und Verletztem zu erreichen. In geeigneten Fällen sollen sie darauf hinwirken". Seit der juristischen Eingliederung ist auch das empirische Interesse gestiegen, anhand erfasster Daten das Potenzial dieser Methode zu überprüfen (vgl. Umbreit und Coates 2003, S. 1). Einen umfangreichen Einblick in die Wirkungsweise bietet die Täter-Opfer-Ausgleich-Statistik des Bundesministeriums der Justiz und für Verbraucherschutz. Die aktuellsten Daten beziehen sich auf die Jahre 2013 und 2014. Neben einer Bandbreite an Sozialdaten und strukturellen Informationen liefert die Studie zahlreiche Erkenntnisse über die Erfolge des Ausgleichs. Als Indikatoren dienen unter anderem Auswertungen darüber, ob eine Akzeptanz der Maßnahme seitens der Opfer und Täter besteht und darüber hinaus, ob es zu einer Einigung zwischen dem Täter und dem Opfer gekommen ist.

Die Statistik unterscheidet zwischen einer einvernehmlichen beziehungsweise abschließenden Einigung, einer teilweise stattfindenden Einigung und einem Rücktritt, Abbruch beziehungsweise keiner Einigung. Betrachtet man die vorliegenden Daten unter diesen Gesichtspunkten, so kann von einem deutlichen Erfolg dieser restaurativen Maßnahme gesprochen werden, da 83,6 Prozent der vorliegenden Fälle mit einer einvernehmlichen Einigung beendet wurden (vgl. Hartmann et al. 2016, S. 50 ff.). Positiv festzuhalten ist, dass „seit Beginn der Datenerhebung 1993 der Anteil der einvernehmlichen und abschließenden Regelungen nach einem Gespräch nicht ein einziges Mal unter 80 % gefallen ist" (Hartmann et al. 2016, S. 51).

Im Rahmen des Täter-Opfer-Ausgleichs kommt es auf verschiedene Arten zu den bereits erwähnten Wiedergutmachungsleistungen zwischen Beschuldigten und Geschädigten. Mit 69 Prozent ist die Entschuldigung die am häufigsten stattfindende Wiedergutmachungsleistung der Beschuldigten. Danach folgt mit 34,6 Prozent der materielle Ausgleich in Form von Schadensersatz oder Schmerzensgeld. In 30,1 Prozent der Fälle kommt es zu Verhaltensvereinbarungen. Als weiterer Indikator für eine positive Wirkung des Ausgleichs dient der Blick auf die Einhaltung dieser Wiedergutmachungsleistungen. In 87 Prozent der Fälle kam es zu einer vollständigen oder teilweise stattfindenden Erfüllung. 11,7 Prozent der Leistungsvereinbarungen wurden im Untersuchungszeitraum noch nicht abgeschlossen. Lediglich 1,2 Prozent wurden nicht ausreichend erfüllt (vgl. Hartmann et al. 2016, S. 55 ff.).

Weiteren Aufschluss liefert die Statistik hinsichtlich der Akzeptanz des Täter-Opfer-Ausgleichs auf Seiten der Beteiligten. Um dies zu erheben, setzt sich die Studie mit der Reaktion der Täter und Opfer auf eine Kontaktaufnahme auseinander. Ermittelt wird, inwieweit das freiwillige Angebot dieser Maßnahme bei den Beteiligten auf Ablehnung oder Bereitschaft stößt. Betrachtet man die Kontaktaufnahme zu den Geschädigten, so ist die Mehrheit mit 57, 8 Prozent dazu bereit, an einem Täter-Opfer-Ausgleich teilzunehmen. Dieser Trend lässt sich auch unter den Beschuldigten erkennen. Hier liegt die Anzahl der bereitwilligen Teilnehmer_innen bei 72,8 Prozent (vgl. Hartmann et al. 2016, S. 36–42). Die Gründe für die hohe Bereitschaft der Täter kann unter anderem durch den Umstand beeinflusst sein, dass sich eine Teilnahme am Täter-Opfer-Ausgleich positiv auf den Verfahrensverlauf auswirken kann. Auf der Grundlage verschiedener Gesetze (§ 153a, auch § 153b StPO; §§ 45 und 47 JGG) kann der Täter-Opfer-Ausgleich eine Strafmilderung oder sogar Strafaussetzung für den Beschuldigten bedeuten.

Da Restorative Justice bereits im Rahmen des Täter-Opfer-Ausgleichs evaluiert und die positiven Wirkungen nachvollzogen werden konnten, kann davon ausgegangen werden, dass dieser Ansatz auch im Fußballkontext erfolgreich angewandt werden könnte. Zumindest stärkt er durch Dialog und Partizipation die Beziehungen zwischen offiziellen Akteur_innen und der Fanszene und verhindert so eine Verstärkung der bestehenden Interessenkonflikte. Da viele der repressiven Maßnahmen, wie beispielsweise die Vergabe von Stadionverboten, ohne Evaluationen angewandt werden, ist Restorative Justice dem Ganzen bereits einen Schritt voraus.

Fazit: Die Arbeit der Fanprojekte als Chance

Es ist nicht von der Hand zu weisen, dass sowohl Gewalt als auch delinquente Strukturen im Fußball existieren. In der gesamten Debatte um den Umgang damit wird jedoch allzu oft vergessen, dass ein Querschnitt der Gesellschaft am Phänomen Fußball beteiligt ist. Damit kommt dem Ziel, die Gewalt einzudämmen, der Anspruch gleich, eine gewaltfreie Gesellschaft auf Mikroebene erschaffen zu wollen. Diese Vision ist etwas Gutes. Sie steht für eine friedliche Gesellschaft im Fußballgeschehen mit der Chance, diesen Frieden auch in andere gesellschaftliche Kontexte zu übertragen. Das vorangegangene Praxisbeispiel hat jedoch gezeigt, dass es nicht darum gehen kann, diese Vision um jeden Preis zu verfolgen. Langfristig ist dieser Preis zu hoch, der durch einen repressiven, sanktionierenden Umgang mit Fußballfans gezahlt werden muss, insbesondere im Hinblick auf diese von Jugendlichen geprägte Zielgruppe. Es ist der Preis einer ausgegrenzten Jugendsubkultur, die durch die benannten Maßnahmen wie die Aussprache von Betretungsverboten sich selbst überlassen wird: in einer Welt, in der sie von ihrem selbstgewählten Sozialraum ausgeschlossen sowie ihrem sozialen Netzwerk entrissen wird, und in der sie sich ohne Alternative zurechtfinden muss. Nicht zuletzt werden die Jugendlichen auch sich selbst überlassen in einer Lebensphase, in der sie nach Orientierung, Halt und Gemeinschaft streben und sich auf der Suche nach einer Identität befinden.

All diese negativen Auswirkungen werden für Maßnahmen in Kauf genommen, deren Nachhaltigkeit weder bewiesen ist, noch deren angewandte Mittel als verhältnismäßig zu bezeichnen sind. Darüber hinaus werden weder die Ursachen von Gewalt identifiziert noch die Auswirkungen auf die betroffenen Personen in den Blick genommen. Evaluationen, die sich dieser Kritik entgegenstellen und die gewaltpräventiven Wirkungen nachweisen könnten, existieren bis zum jetzigen Zeitpunkt nicht.

Das Übertragen restaurativer Prinzipien auf den Fußballkontext zeigt, dass progressive Alternativen vorhanden sind und in einer noch offen gehaltenen Form in die genannten Maßnahmen integriert werden oder diese sogar ersetzen könnten. Diesem Prozess müsste ein professionsübergreifender Mentalitätswandel vorausgehen, um sich von den Standards zu lösen und sich für neue Ideen zu öffnen. Mit Blick in die Zukunft sollte sich die Frage gestellt werden, durch wen dieser Mentalitätswandel vorangetrieben werden könnte. Eine Chance könnte in der sozialpädagogischen Arbeit der Fanprojekte liegen. Diese setzen sich bereits seit Jahrzehnten mit den gewalthaltigen Strukturen im Fußballkontext auseinander und grenzen sich durch ihr Selbstverständnis von dem repressiven Handeln anderer Akteur_innen ab: „Zeitgemäßer Pädagogik geht es nicht primär um das Verhindern von Straftaten, das ist allenfalls ein beabsichtigter Nebeneffekt, sondern darum, einen Beitrag zu einer gelungenen Persönlichkeitsentwicklung und gesellschaftlicher Integration junger Menschen zu leisten. Und zwar aus der Sicht des jungen Menschen und nicht aus der Sicht von Polizei und Behörden" (Goll und Ranau 2012, S. 5). In dieser Haltung liegt die Chance, dem Ziel des gewaltfreien Fußballs ein Stück näher zu kommen und damit einen Beitrag für die menschliche Gemeinschaft zu leisten.

Literatur

Berliner Zeitung (2017): Hertha-Manager Preetz: „Das sind keine Fans, sondern Kriminelle". In: Berliner Zeitung vom 27.02.2017. Online: https://www.bz-berlin.de/berlin-sport/hertha-bsc/hertha-manager-preetz-das-sind-keine-fans-sondern-kriminelle (20.07.2021).
Braithwaite, J./Braithwaite, V. (2002): Shame and Shame Management. In: Ahmed, E. et. al. (Hrsg.): Shame Management Through Reintegration. Cambridge: University Press, S. 3–18 Deutscher Fußball-Bund (2014): 4. Richtlinien zur einheitlichen Behandlung von Stadionverboten. Online: www.dfb.de/fileadmin/_dfbdam/24339-Richtlinien_zur_einheitlichen_Behandlung_von_Stadionverboten.pdf (20.07.2021).
Deutscher Fußball-Bund (2018): Bundesliga Zuschauerzahlen. Online: www.dfb.de/bundesliga/statistik/zuschauerzahlen/ (20.07.2021).
Faszination Fankurve (2015): „Diffidati con noi": Choreo für Stadionverbotler. Online: www.faszination-fankurve.de/index.php?head=Diffidati-con-noi-Choreo-fuer- Stadionverbotler&folder=sites&site=news_detail&news_id=11649 (20.07.2021).
Fürtjes, O. (2009): Fußballfans im sozialen Wandel: Der Fußball und seine Entproletarisierung – Eine empirische Analyse. Hamburg: Diplomica.
Gabler, H. (1998): Zuschauen im Sport. In: Strauß, B. (Hrsg.): Zuschauer. Göttingen: Hogrefe, S. 113–138.

Gabriel, M. (2016): 20 Jahre KOS, 20 Jahre Beratung, Dialog und Vernetzung. In: Koordinationsstelle Fanprojekte der Deutschen Sportjugend (Hrsg.): Fanarbeit 2.0. Zukünftige Herausforderungen für die pädagogische Arbeit mit Fußballfans. Frankfurt/M.: KOS, S. 27–40.

Goll, V./Ranau, J. (2012): „Auf Augenhöhe ...?" Gesprächsgrundlagen und Handlungsstrategien zur Gestaltung des Dialogs zwischen Fanprojekten und Polizei. Online: www.kos-fanprojekte.de/fileadmin/user_upload/materialien/Archiv/Auf_Augenhöhe_2012.pdf (14.07.2021).

Hartmann, A./Schmidt, M./Ede, K./Kerner, H.-J. (2016): Täter-Opfer-Ausgleich in Deutschland. Auswertung der bundesweiten Täter-Opfer-Ausgleich-Statistik für die Jahrgänge 2013 und 2014. Berlin: Verlag Godesberg.

Heitmeyer, W./Peter, J. I. (1988): Jugendliche Fußballfans. Soziale und politische Orientierungen, Gesellungsformen, Gewalt. Weinheim und München: Juventa.

Hüther, G. (2018): Würde. Was uns stark macht – als Einzelne und als Gesellschaft. München: Albrecht Knaus.

Meier, B. (2017): Der Fußballfan: Ein Gewalttäter? Prävention und Repression im Umgang mit Fangewalt. Zürich: Dike.

Moldenhauer, S./Scherer, H. (2017): Stadionverbote in der sozialen Welt der Fußballfans. Zum Beitrag der Situationsanalyse für die sozialwissenschaftliche Fußballfanforschung. In: Grau, A./Heyde, J./Kotthaus, J./Schmidt, H./Winands, M. (2017) (Hrsg.): Sozialwissenschaftliche Perspektiven der Fußballforschung. Weinheim und Basel: Beltz, S. 176–193.

Niggli, M. A. (2014): Vom Repressions- zum Präventionsstrafrecht: Die Abkehr von der Ahndung begangener hin zur Verhinderung befürchteter Delikte. In: Forum Strafverteidigung/Vereinigung Österreichischer StrafverteidigerInnen/Organisationsbüro Strafverteidigervereinigungen/Arbeitsgemeinschaft Strafrecht im DAV (Hrsg.): Strafverteidigung und Sicherheitswahn, 3. Dreiländerforum. Zürich: Schulthess, S. 13–51.

Pilz, G. A./Silberstein, W. (1990): Besucherstruktur im Profifußball. In: Pilz, G. A./Schippert, D./Silberstein, W. (Hrsg.): Das Fußballfanprojekt Hannover: Ergebnisse und Perspektiven aus praktischer Arbeit und wissenschaftlicher Begleitung. Münster: LIT, S. 26–45.

Poppe, T. (2019): Konflikte zwischen Polizei und Fans. Fan wehrt sich erfolgreich gegen Betretungsverbot. Online: www.deutschlandfunk.de/konflikte-zwischen-polizei-und-fans-fan-wehrt-sich.1346.de.html?dram:article_id=461426 (20.07.2021).

Ranau, J. (o. J.): (Gewalt-)Prävention im HSV-Fanprojekt. Online: www.kos-fanprojekte.de/fileadmin/user_upload/material/soziale-arbeit/fachbeitraege/201001-joachim-ranau.pdf (19.07.2021).

Ryser, D. (2010): Feld – Wald – Wiese. Hooligans in Zürich. Basel: Echtzeit.

Ständige Konferenz der Innenminister und -senatoren der Länder (2015): Beschlusspapier der Innenministerkonferenz vom 30. Juni 2015. Online: https://www.innenministerkonferenz.de/IMK/DE/termine/to-beschluesse/2015-06-24_26/beschluesse.pdf?__blob=publicationFile&v=3 (20.07.2021) [zitiert als IMK 2015].

Stollenwerk, H. J. (1996): Sport, Zuschauer, Medien. Aachen: Meyer und Meyer.

Umbreit, M./Coates, R. (2000): Multicultural Implications of Restorative Justice: Potential Pitfalls and Dangers, University of Minnesota. Online: www.ncjrs.gov/ovc_archives/reports/restorative_justice/restorative_justice_ascii_pdf/ncj176348.pdf (20.07.2021).

Wetzel, S. (2005): Die im Dunkeln sieht man nicht ...? Weibliche Fußballfans im Fokus von Marketing, Medien und Meinungsmachern. In: Hagel, A./Selmer, N. (Hrsg.) (2005): Gender kicks: Texte zu Fußball und Geschlecht. Frankfurt/M.: LIT. Online: http://archiv.kos-fanprojekte.de/index.php?id=112 (30.05.2019).

Wolff, S. (2007): Kategorisierung und Etikettierung. Hildesheim: Institut für Sozial- und Organisationspädagogik.

Zehr, H. (2010): Fairsöhnt. Restaurative Gerechtigkeit: Wie Opfer und Täter heil werden können. Schwarzenfeld: Neufeld.

Zimmermann, D. (2007): Die Fans im Spannungsfeld verschiedener Akteur/innen. Online: www.suchtmagazin.ch/tl_files/templates/Suchtmagazin/user_upload/texte_old/text5-07.pdf (30.04.2018).

Das fehlende strafprozessuale Zeugnisverweigerungsrecht in der Sozialen Arbeit

Ronald Bec

Entsprechend § 203 Strafgesetzbuch (StGB) gehören Sozialarbeiter_innen zur Gruppe der Geheimnisträger. Das hört sich geradezu mysteriös an, bedeutet aber nur, dass sie im Zuge ihrer Tätigkeit Geheimnisse anderer Personen erfahren, diese aber bei Strafe nicht weitererzählen dürfen. Das ist für die Berufsgruppe eigentlich selbstverständlich. Der Gesetzgeber hat es sich dennoch nicht nehmen lassen, diesen Sachverhalt durch eine Strafandrohung in besonderer Weise zu betonen. Zum Geheimnis gehört nicht nur der Inhalt eines Gesprächs, sondern auch die Tatsache, dass dieses überhaupt stattgefunden hat. Informationen über Dritte sind somit ebenfalls Geheimnisse und mittelbar schützenswert, da Kenntnis über sie nur als Konsequenz des Gesprächs mit dem_r Klient_in selbst erlangt worden sein kann – und sich dieses ja als schützenswert darstellt. Nun gibt es aber Geheimnisse, die strafrechtlich relevant werden. An dieser Stelle greifen verschiedene Rechtsnormen, die Pflichten oder Möglichkeiten zur Offenbarung dieser Geheimnisse regeln.

Unter den Mitarbeitenden der Fanprojekte oder von weiteren Streetwork-Angeboten ist das Phänomen hinlänglich bekannt: Insbesondere die niedrigschwellige Arbeit mit Personen und Gruppen, die aus verschiedenen Gründen eine skeptische bis ablehnende Haltung gegenüber institutionellen Strukturen einnehmen – also mitunter auch Einrichtungen, für die Sozialarbeiter_innen tätig sind – oder mit Menschen, die beispielsweise aufgrund stoffgebundener Abhängigkeiten Strafverfolgung befürchten müssen, erfordert von Sozialarbeiter_innen ein hohes Maß an Sensibilität für die eigene Rolle als Geheimnisträger nach § 203 StGB. Das Gleiche gilt für ihren Kontakt mit Menschen, die beispielsweise durch Verwicklungen in als extremistisch definierten Gruppen Strafverfolgung befürchten; aber auch für Hilfesuchende, die sich an Opferberatungsstellen wenden und womöglich aus persönlichen Gründen ein Strafverfahren ablehnen, auch wenn sie selbst nicht beschuldigt würden. Die im Vertrauen von Adressat_innen erlangte Erkenntnis unterliegt zwar der Schweigepflicht, dies sichert den Sozialarbeiter_innen mit staatlicher Anerkennung bis auf wenige Ausnahmen im Strafverfahren allerdings kein Zeugnisverweigerungsrecht nach § 53 Strafprozessordnung (StPO) zu (vgl. Fieseler und Herborth 2010, S. 238). Dies erfolgt im klaren Gegensatz zu

Mediziner_innen, Rechtanwält_innen, Therapeut_innen, Journalist_innen, Apotheker_innen, Seelsorger_innen und Steuerberater_innen. Diese rechtliche Lücke soll in diesem Beitrag erörtert werden.

Zeugnisverweigerungsrecht in der Sozialen Arbeit?

Bereits in den 1970er Jahren erfolgten Gesetzentwürfe zur Etablierung eines strafprozessualen Zeugnisverweigerungsrechts für staatlich anerkannte Sozialarbeiter_innen, „die in bestimmten öffentlichen Beratungsstellen tätig sind" (vgl. BT-Drs. 7/2526). Bis auf wenige Ausnahmen sind zahlreiche Fachkräfte der Sozialen Arbeit heute dennoch mit einer Rechtslage konfrontiert, die ihnen ein Recht auf Zeugnisverweigerung im Strafverfahren in der Strafprozessordnung nicht einräumt. Auf einem von der Koordinationsstelle Fanprojekte bei der dsj (KOS), dem Deutschen Berufsverband für Soziale Arbeit (DBSH), der Bundesarbeitsgemeinschaft Streetwork / Mobile Jugendarbeit sowie der Bundesarbeitsgemeinschaft Fanprojekte organisierten Fachtag „Fast im Knast – Zur Notwendigkeit eines Zeugnisverweigerungsrechts in der Sozialen Arbeit" im Oktober 2018 in Frankfurt konstatierte Titus Simon in diesem Zusammenhang: „Wir sind nicht geschützt, wir wurden vergessen!" Diese pointierte Schlussfolgerung, so zugespitzt sie auch sein mag, erscheint konsequent. Dennoch wurden „wir" in Fragen des Zeugnisverweigerungsrechts nicht von vermeintlichen Dritten vergessen. Vielmehr erscheint es, als wäre die dringend erforderliche Frage nach der Verortung Sozialer Arbeit im Kontext zunehmender ordnungspolitischer Orientierungen und gesellschaftlicher Punitivität auch innerhalb der Profession nicht in dem Maße diskutiert worden, wie es mitunter notwendig gewesen wäre. Es bleibt letztlich spekulativ, ob eine dementsprechende Auseinandersetzung womöglich bereits Lösungen für die Problematik des nicht allumfassenden Zeugnisverweigerungsrechts zur Folge gehabt hätte.

Die kontinuierliche Ausweitung polizeilicher Befugnisse – aktuell exemplarisch die zahlreichen neuen und verschärft überarbeiteten Polizeigesetze auf Landesebene oder die Neuerungen in der Strafprozessordnung im Herbst 2017 – erfordert diesen Diskurs. Er ist insbesondere deshalb notwendig, da eine Vereinnahmung Sozialer Arbeit mittels unterschiedlicher Kooperationsmodelle durch Strafverfolgungs- und Gefahrenabwehrbehörden zu befürchten ist und jüngere Entwicklungen eine Ausweitung von Kontroll- und Interventionsanforderungen in der Profession erkennen lässt (vgl. Jasch 2018, S. 2). Michael Jasch schlägt aufgrund der immanenten Spannung zwischen den Professionen vor, dass Kooperationen von entsprechenden Institutionen vor allem als Austausch unterschiedlicher Perspektiven verstanden werden sollten (vgl. Jasch 2018, S. 2).

Allein aufgrund des erfolgten Paradigmenwechsels – weg von vorrangig hoheitlichen Eingriffen hin zu einer kritischen Parteilichkeit zugunsten der

Adressat_innen im Rahmen der Entwicklung vom Jugendwohlfahrtsgesetz zum heutigen leistungsorientierten Kinder- und Jugendhilferecht – erscheint die neuerliche Inanspruchnahme Sozialer Arbeit als eine zumindest anteilig ordnungspolitische Instanz erstaunlich. Natürlich begegnen sich Polizei und Soziale Arbeit in sogenannten Brennpunkten, bei der Arbeit mit ihrer Klientel oder bei der Konflikt- und Krisenbearbeitung (vgl. Gloss 2018, S. 3). Mitunter existieren zudem identische Zielgruppen, die sich jedoch aus unterschiedlichen Zusammenhängen für beide Seiten ergeben. Während Soziale Arbeit ihre Adressat_innen aufgrund ihrer jeweiligen Problemlagen erreicht, zielt polizeiliches Vorgehen auf die Probleme ab, die diese Personen machen. Dies erfordert eine unbedingte Grenzziehung zwischen den Aufgabenbereichen, die sich allein aus den verschiedenen Erfolgskriterien beider Professionen ableiten lassen. Soziale Arbeit zielt neben der Eröffnung von Integrationschancen in die Gesellschaft, der Identitätsentwicklung und einer Stärkung der Konflikt- und Handlungsfähigkeit auch darauf, weiterführende Kriminalitätstendenzen von Adressat_innen zu verhindern. Für die Polizei gelten hingegen die gelungene Strafverfolgung und die Verhinderung konkreter Straftaten als Erfolgskriterien. Mücke grenzt zudem die ganzheitliche Orientierung Sozialer Arbeit an den Lebenszusammenhängen einer Person von der fallorientierten Betrachtung Straffälliger durch die Polizei ab. Er unterscheidet darüber hinaus die Vorgehensweisen, die Grundprinzipien wie Freiwilligkeit gegenüber dem Legalitätsprinzip sowie die notwendige Wirkungsdauer der jeweiligen Arbeitsansätze (vgl. Mücke 1996, S. 14).

Dem Wunsch nach größerer Kooperations- und Auskunftsbereitschaft seitens der Polizist_innen steht die Beschwerde gegen ordnungspolitisch motivierte Einmischung von Polizeikräften durch Sozialarbeiter_innen in ihren Arbeitsbereich gegenüber (vgl. Jasch 2018, S. 1). Das in der Praxis nicht immer vorhandene Verständnis für die fachliche Positionierung des jeweiligen Gegenübers korrespondiert mit der Entwicklung, dass Fachkräfte der Sozialen Arbeit zunehmend als Zeug_innen in Strafverfahren herangezogen werden (vgl. Bundesarbeitsgemeinschaft der Fanprojekte / Koordinationsstelle Fanprojekte bei der Deutschen Sportjugend 2017). Daraus leitet sich der Handlungsdruck zur Etablierung eines strafprozessualen Zeugnisverweigerungsrechts ab, das in Fachkreisen, aber vereinzelt auch in den Kreisen von Personen, die in politischer Verantwortung stehen, diskutiert wird.

Relevante rechtliche Regelungen

Schweigepflicht nach § 203 StGB

Staatlich anerkannte Sozialarbeiter_innen gehören zu den berücksichtigten Berufsgruppen in § 203 StGB. Für weitere Berufsgruppen in nahestehenden

Arbeitsfeldern wie zum Beispiel Erzieher_innen gilt der Paragraph nicht (vgl. Cramer 2013, S. 46), sofern sie nicht berufsmäßige Gehilfen von gesetzlich berücksichtigten Berufsgruppen sind. Vertrauliche Informationen und Daten, über die Sozialarbeiter_innen im Rahmen der Berufsausübung Kenntnis erhalten, unterliegen der Schweigepflicht. Dies gilt unabhängig vom Anstellungsverhältnis, sodass diese Verpflichtung zur Geheimhaltung sowohl für Sozialarbeiter_innen bei kirchlichen, freien als auch öffentlichen Trägern gilt. Auch für Studierende der Sozialen Arbeit, die im Rahmen eines berufsvorbereitenden Praktikums tätig sind, gilt die Schweigepflicht. Eine Entbindung kann nur durch die betroffene Person erfolgen, in deren Interesse die Geheimhaltung ursprünglich liegt (vgl. Janssen und Riehle 2002, S. 144f.). Als Geheimnisse sind dabei neben per se vertraulich mitgeteilten beziehungsweise erlangten persönlichen Informationen auch Daten wie Alter, Name oder Beruf zu verstehen. Zudem ist allein die Tatsache, dass jemand in Kontakt mit einer sozialen Einrichtung tritt, vertraulich zu behandeln (vgl. Brühl, Deichsel und Nothacker 2005, S. 264).

Die Schweigepflicht soll Ratsuchenden dazu dienen, in einem vertraulichen Rahmen Unterstützung in Anspruch zu nehmen. Die Verpflichtung zur Verschwiegenheit bietet Hilfesuchenden trotz möglicher Bedenken und Hemmungen die Sicherheit, dass die geteilten Informationen nicht an Dritte weitergegeben werden (vgl. Riekenbrauk 2011, S. 328). Schutzwürdig sind darüber hinaus nicht nur von Adressat_innen mitgeteilte Daten, sondern auch die im Rahmen der Berufsausübung erlangten, auf sonstigem Wege bekannt gewordenen Erkenntnisse (vgl. Brühl et al. 2005, S. 264f.). Die Regelungen im Strafgesetzbuch schützen in besonderem Maße das verfassungsmäßige Grundrecht auf informationelle Selbstbestimmung. Eine unerlaubte Verletzung des Geheimnisses ist zudem ebenso durch eine Unterlassung möglich. Verwahren Sozialarbeiter_innen relevante Dokumente, zum Beispiel kurze Gesprächsnotizen zu einem Beratungsgespräch, nicht gesichert auf dem Schreibtisch, so tangiert dies § 203 StGB (vgl. Riekenbrauk 2011, S. 328–331). Denkbar sind auch weitere Situationen im Berufsalltag, in denen es durch fehlende Sensibilität zu unerlaubter Geheimnisoffenbarung kommen kann. Bis zur Reform des § 203 StGB im Jahr 2017 konnte dies beispielsweise eine unbedachte, nicht ausreichend anonymisierte Fallvorstellung im Rahmen einer Supervision oder die eigene Rückversicherung in einer bestimmten personenbezogenen Angelegenheit während einer Dienstberatung sein, an der auch Fachkräfte oder Praktikant_innen teilnehmen, die nicht mit denselben Adressat_innen befasst und keine berufsmäßigen Gehilfen sind (vgl. Pollähne und Rode 2010, S. 109). Man denke zudem an die Beauftragung externer IT-Dienstleister, die durch ihre Tätigkeit Kenntnis von Geheimnissen erhalten könnten, sodass immer eine potenzielle Verletzung von § 203 StGB befürchtet werden musste. Erst mit der Ergänzung des Paragraphen, aufgrund derer die genannten Berufsgruppen „fremde Geheimnisse gegenüber sonstigen Personen offenbaren [dürfen], die an ihrer beruflichen oder dienstlichen Tätigkeit mitwirken", wurde die Regelung etwas entschärft (vgl. BT-Drs. 18/12940).

Die strikte Einhaltung der Schweigepflicht ist laut Riekenbrauk existenziell für die Soziale Arbeit, sodass die Kenntnis und Beachtung von § 203 StGB von großer Wichtigkeit ist (vgl. Riekenbrauk 2011, S. 329). Gleichzeitig kann sie Fachkräfte auch vor große persönliche Herausforderungen und Gewissensfragen stellen. Exemplarisch sei an dieser Stelle die erlangte Kenntnis über eine begangene Straftat wie einen sexuellen Missbrauch genannt, deren Anzeige ohne Einwilligung Betroffener (gleich ob Opfer oder Täter_in) zum Bruch der Verschwiegenheitspflicht führt, wodurch eine Strafe droht. Dies gilt zumindest, solange nicht von einem Notstand nach § 34 StGB auszugehen ist, also keine weiteren Straftaten anzunehmen sind (vgl. Falterbaum 2009, S. 205). Pflicht ist hingegen, die Polizei einzuschalten, sobald Minderjährige geschützt werden müssen. „Die Verschwiegenheitspflicht hat auch unter sozialarbeiterischen Gesichtspunkten durchaus ihren Preis" (Falterbaum 2009, S. 205).

Eine Zeugenaussage im Strafverfahren vor der Staatsanwaltschaft oder einem Gericht könne die Verletzung der Schweigepflicht allerdings laut Riekenbrauk nicht verhindern (vgl. Riekenbrauk 2011, S. 343). Auch Cramer zufolge gehe die in der Strafprozessordnung geregelte Pflicht zur Zeug_innenaussage der Verschwiegenheitspflicht vor (vgl. Cramer 2013, S. 46). Eine Aussage wäre auch dann verwertbar, wenn damit gegen § 203 StGB verstoßen würde (vgl. BeckOK StPO und Huber StPO § 53 Rn. 4–5). Ob sich in § 53 StPO berücksichtigte Zeug_innen der Gefahr einer Strafverfolgung wegen einer (unbefugten) Geheimnisoffenbarung aussetzen wollen, müssen sie selbst entscheiden (vgl. BeckOK StPO und Huber StPO § 53 Rn. 4–5). Zur Vermeidung von potenziellen Konflikten existiert das strafprozessuale Zeugnisverweigerungsrecht.

Zeugnisverweigerungsrecht nach § 53 StPO

Die Regelungen im § 53 StPO schützen das Vertrauensverhältnis bestimmter Berufsgruppen und den Personen, die bei ihnen Rat oder Hilfe suchen. Es soll damit sichergestellt werden soll, dass sich Hilfesuchende den berücksichtigten Berufsgruppen rückhaltlos anvertrauen können. Die ausgewählte Vertrauensperson soll nicht in den Konflikt geraten, an der Aufklärung von Straftaten mitwirken zu müssen und gleichzeitig dem Vertrauen ihrer beruflichen Adressat_innen verpflichtet zu sein. Das Zeugnis verweigern dürfen die in § 53 genannten Berufsgruppen jedoch nur, sofern sie nicht von ihrer Verschwiegenheitspflicht entbunden sind. Ob die obige Aufzählung der Berufsgeheimnisträger abschließend ist, wird in der Literatur unterschiedlich bewertet (vgl. Schruth und Simon 2018, S. 29), was sich mit unterschiedlichen richterlichen Einschätzungen in dieser Frage begründen lässt. Heinrich und Reinbacher (2018) benennen hier exemplarisch den Fall einer Psychologin in einer Beratungsstelle für sexuellen Missbrauch, bei dem ein über die in § 53 Abs. 1 genannten Gruppen hinausgehendes Zeugnisverweigerungsrecht angenommen wurde, sowie die Ablehnung eines solchen Rechts für Mitarbeiter_innen einer sogenannten „Babyklappe" (LG Köln JR 2002, 171, Beschluss vom 9.11.2001).

Laut Janssen und Riehle kann – jenseits einer fehlenden Aussagegenehmigung nach § 54 StPO, die zumindest praktisch wie ein Zeugnisverweigerungsrecht wirkt – nach gegenwärtiger Rechtsprechung in Ausnahmefällen ein Zeugnisverweigerungsrecht für Sozialarbeiter_innen in Frage kommen. Dies wäre im individuellen Einzelfall zu prüfen und sollte durch die Betroffenen nur dann in Erwägung gezogen werden, wenn es unvereinbar mit der eigenen Berufsethik wäre (vgl. Janssen und Riehle 2002, S. 145 f.).

Grundlegende statistische Erhebungen über die Zahl der verhängten Ordnungsstrafen gegen Sozialarbeiter_innen im Zusammenhang mit prozessualen Aussagepflichten liegen nicht vor. Im Spektrum der Fußball-Fanprojekte, welche die Auseinandersetzung mit dem Zeugnisverweigerungsrecht für die Soziale Arbeit wiederbelebt haben, wird von einer steigenden Zahl von polizeilichen und staatsanwaltschaftlichen Zeug_innenvorladungen für Mitarbeiter_innen aus ihrem Arbeitsbereich gesprochen (vgl. Bundesarbeitsgemeinschaft der Fanprojekte / Koordinationsstelle Fanprojekte bei der Deutschen Sportjugend 2017). Der Autor kann aufgrund seiner beruflichen Tätigkeit im Fanprojekt Dresden e. V. schildern, dass in jüngerer Vergangenheit eine beim Bundesverfassungsgericht eingereichte Verfassungsbeschwerde von Angestellten des Vereins gegen Ordnungsgelder aufgrund verweigerter Aussagen im Rahmen eines Ermittlungsverfahrens nicht zur Entscheidung angenommen wurde.

Ein Beschluss des Bundesverfassungsgerichts aus dem Jahre 1972 (vgl. BVerfGE 33, 376, Beschluss vom 19. Juli 1972) ist bis heute maßgeblich dafür, dass Sozialarbeiter_innen kein grundsätzliches Zeugnisverweigerungsrecht eingeräumt wird. Das Gericht stellte fest, dass (höchst-)persönliche Vertrauensverhältnisse nicht kennzeichnend für Sozialarbeit seien (vgl. Schruth und Simon 2018, S. 33). Gleichzeitig bezieht sich der Beschluss auf ein bis dahin fehlendes einheitliches, klar umrissenes Berufsbild der Sozialen Arbeit (vgl. hier und folgend BVerfGE 33, 376, Beschluss vom 19. Juli 1972). Sie sei „als solche weder Gegenstand besonderer Gesetze noch wird sie geprägt von den Vorschriften einer allgemeinen Berufsordnung oder ungeschriebenen Regeln standesgemäßen Verhaltens". Als weiteren Ablehnungsgrund für ein Zeugnisverweigerungsrecht nennt das Gericht die Vielfalt der Trägerschaft (vom Staat über Kirchen und Wohlfahrtsverbänden hin zu Privatunternehmen), sodass im Beschluss nicht davon ausgegangen wird, dass die Beziehung zwischen Adressat_innen und Betreuer_innen überall gleich sei. Daher bestehe „keine berufstypische Vertrauenssituation", aus der die Klientel eine Geheimhaltung privater Tatsachen erwarten würde.

Auch wenn anhand der Darstellung deutlich wird, dass dieser aus der Zeit gefallene Beschluss in der heutigen Zeit kaum noch ein zweites Mal so getroffen werden dürfte: Er dient bis heute als Begründung dafür, dass eine

Zeug_innenaussage von Sozialarbeiter_innen im Strafverfahren verfassungsgemäß ist (vgl. Fieseler und Herborth 2010, S. 238f.). Neben den aus der Profession lauter werdenden fachlichen Stimmen, die die Argumentation des Beschlusses in Zweifel ziehen, gibt es zudem auch klare rechtliche Bedenken.

Bereits 1977 – also kurz nach dem wegweisenden Beschluss von 1972 – befasste sich das Bundesverfassungsgericht in einer weiteren Angelegenheit mit der Frage, ob die Beschlagnahmung von Unterlagen in Folge der wegen Betäubungsmittelangelegenheiten vorgenommenen Durchsuchung einer Caritas-Beratungsstelle mit angeschlossener „Teestube", in der sich Adressat_innen der Einrichtung trafen und Kontakt zum Hilfesystem aufgebaut wurde, rechtens war (vgl. hier und folgend BVerfGE 44, 353, Beschluss vom 24. Mai 1977). Das Gericht hielt in seinem Beschluss fest, dass das Vertrauensverhältnis zwischen Adressat_innen und Mitarbeiter_innen eine „unabdingbare Voraussetzung" für die Arbeit der Beratungsstellen sei. Es geht davon aus, dass Hilfesuchende nicht bereit seien, das Beratungsangebot anzunehmen, wenn ihre Offenbarungen – auch strafrelevante – Dritten zugänglich wären. Die durch die Einrichtung zugesicherte Vertraulichkeit und Verschwiegenheit sowie die Einhaltung des Geheimhaltungsinteresses der Adressat_innen ist aus Sicht des Bundesverfassungsgerichts „Vorbedingung des Vertrauens" und „Grundlage für die funktionsgerechte Tätigkeit der Beratungsstelle". Zudem benennt es die Gefahr, dass durch die zwangsweise Beschlagnahmung von Dokumenten auch das Wirken weiterer Beratungsstellen gefährdet werden könne.

Genehmigungsvorbehalt nach § 54 StPO

§ 54 Abs. 1 StPO regelt, dass für die Vernehmung von Mitarbeiter_innen des öffentlichen Dienstes über Sachverhalte, die die Pflicht zur Amtsverschwiegenheit tangieren, eine Aussagegenehmigung der obersten Dienstbehörde vorliegen muss (vgl. Schruth und Simon 2018, S. 25). Dabei handelt es sich zwar nicht um ein klassisches Zeugnisverweigerungsrecht im juristischen Sinne, allerdings wirkt „der Genehmigungsvorbehalt bei öffentlichen [sic!] Bediensteten faktisch wie ein Zeugnisverweigerungsrecht" (Schneider 2014, S. 232f., Einfügung: R. B.). Wie Simon und Schruth unter Berufung auf Bundes- und Landesbeamtengesetze beschreiben, dürfe die Aussagegenehmigung „verweigert werden, wenn die Aussage vor Gericht dem Wohle des Bundes oder eines Bundeslandes Nachteile bereiten oder die Erfüllung öffentlicher Aufgaben ernstlich gefährden oder erheblich erschweren würde" (Schruth und Simon 2018, S. 25). Fraglich ist, ob die Funktionalität staatlicher Jugendhilfe gewährleistet ist, wenn durch eine Zeugenaussage möglicherweise Vertrauen von Adressat_innen enttäuscht wird. Janssen und Riehle beleuchten diesen Aspekt unter dem Aspekt der Jugendgerichtshilfe und deren schwieriger institutioneller Verortung als Helfer des Jugendgerichts und als „Helfer im ‚Geiste' der Aufgaben und Methoden des Jugendamtes" (vgl. Janssen und Riehle 2013, S. 177).

Dennoch handelt es sich bei dem Genehmigungsvorbehalt keineswegs um eine Schutzfunktion für Beschuldigte oder bereits angeklagte Personen (Schneider 2014, S. 233). Vielmehr ist der Schutzzweck des Paragraphen vor allem auf die Sicherung des staatlichen Wohles gerichtet. Dies umfasst beispielsweise auch öffentlich mandatierte Jugendsozialarbeit nach dem Sozialgesetzbuch VIII. Papenheim et al. benennen hier beispielhaft, dass eine Aussagegenehmigung zu verweigern ist, wenn dadurch die Hilfe im Einzelfall, aber auch in einem bestimmten regionalen Wirkungskreis oder einer spezifischen Zielgruppe erschwert oder unmöglich wird. Dies ist insbesondere bei der Arbeit der Fanprojekte mit einem nicht selten institutionenkritischen Adressat_innenkreis tendenziell anzunehmen. Ist diese Voraussetzung nicht gegeben, muss eine Aussagegenehmigung erteilt werden (vgl. Papenheim et al. 2004, S. 229), jedenfalls insofern die Übermittlung von Sozialdaten gemäß § 35 Abs. 3 SGB I zulässig ist oder eine Befugnis nach §§ 68 bis 77 SGB X vorliegt (vgl. Simon und Schruth 2018, S. 25).

Fraglich wäre an dieser Stelle, weshalb öffentliche Geheimhaltungsinteressen für Angehörige des öffentlichen Dienstes relevant geregelt werden, während gesetzliche Aufgaben, die von Mitarbeiter_innen nicht-öffentlicher Träger übernommen werden, weniger schützenswert sein sollen. In der Konsequenz würde dies bedeuten, dass Erkenntnisse, die beispielsweise im Jugendamt angestellte Streetworker_innen erlangen, vertraulicher behandelt werden können als von Streetworker_innen in nicht-öffentlicher Trägerschaft – trotz nahezu identischer Tätigkeit. Dies wäre insbesondere für Adressat_innen von Bedeutung, die darüber in Kenntnis gesetzt werden müssten, welche rechtliche Absicherung – je nach Arbeitgeber – Sozialarbeiter_innen haben, wenn sie sich ihnen anvertrauen.

Entscheidend bei der Betrachtung von § 54 StPO ist, inwiefern die ausgeübte Tätigkeit einem öffentlichen Gegenstand entspricht und ihm „durch einen behördenähnlich strukturierten Anstellungsverband des öffentlichen Rechts jene Funktion zugewiesen wurde" (Thannhausen 2007, S. 12). Der Begriff des öffentlichen Dienstes ist in diesem Zusammenhang weit gefasst und beschränkt sich nicht ausschließlich auf staatliche oder kommunale Verwaltung (vgl. hier und folgend OLG Köln, 2 Ws 62–63/98, Beschluss vom 14. April 1998), sondern kann auch Körperschaften oder Stiftungen des öffentlichen Rechts umfassen. Wichtig ist dabei die Orientierung der zu erfüllenden Aufgaben am „Gemeinwohl" und die Rechtsstellung als Körperschaft des öffentlichen Rechts, sodass Mitarbeiter_innen in dieser Konstellation als „andere Personen des öffentlichen Dienstes" angesehen werden und somit einem Genehmigungsvorbehalt nach § 54 Abs. 1 unterliegen (vgl. Papenheim et al. 2004, S. 232).

Beispielhaft sei an dieser Stelle die vermeintlich gesonderte Rolle von Mitarbeiter_innen kirchlicher freier Träger genannt. Aufgrund der Stellung der Kirchen als Körperschaften des öffentlichen Rechts besteht nach Janssen und Riehle unter Berufung auf Papenheim et al. bei fehlender Aussagegenehmigung ein uneingeschränktes Auskunftsverweigerungsrecht (vgl. Janssen und Riehle 2013, S. 177; Papenheim et al. 2004, S. 232). Aus Gründen der Gleichbehandlung oder bei Einschaltung des Leistungsträgers in die Leistungserbringung wird angenommen (vgl. Janssen und Riehle 2013, S. 177; Kunkel 1999, S. 290), dass dies auch für sonstige freie Träger gilt.

Im Hinblick auf die praktische Berufsausübung ist die geschilderte Annahme, dass im Zuge der Gleichbehandlung ein uneingeschränktes Auskunftsverweigerungsrecht bei fehlender Aussagegenehmigung auch für nicht-kirchliche freie Träger besteht, klar anzuzweifeln. Verwiesen wird an dieser Stelle auf die bereits erwähnte zunehmende Zahl an Zeug_innenvernehmungen von Fachkräften.

Die strafprozessuale Regelung des § 54 StPO dient an dieser Stelle jedoch als Beleg, „dass dem staatlichen Strafanspruch nicht in jedem Fall Vorrang gebührt vor dem Vertrauensschutz des Bürgers" (Rautschka-Rücker 2007, S. 149). Zudem muss unter diesem Gesichtspunkt differenziert werden, dass eine dienstrechtliche Aussagegenehmigung, deren Erteilung nur öffentliche Geheimhaltungsinteressen berücksichtigt, potenziellen Zeug_innen keineswegs erlaubt, im dienstlichen Kontext bekannt gewordene Privatgeheimnisse zu offenbaren (vgl. Landesbeauftragte für Datenschutz und für das Recht auf Akteneinsicht Brandenburg 2015, S. 98).

Relevante Vorschriften aus den Sozialgesetzbüchern

In den Sozialgesetzbüchern gibt es explizite Regelungen, die den Umgang mit Informationen und Daten festlegen. Der Sozialdatenschutz ist ein Rechtsbereich, dessen Bedeutung in den vergangenen Jahren zugenommen hat und sowohl für Fachkräfte der Sozialen Arbeit, aber auch für Bürger_innen von erheblichem Interesse ist (vgl. Falterbaum 2009, S. 198). Das Sozialgeheimnis wird dabei in § 35 SGB I geregelt. Den Schutz der Sozialdaten, aber zum Beispiel auch deren Erhebung, Verarbeitung und Übermittlung, beschreiben §§ 67 bis 85a SGB X sowie im Besonderen für die Kinder- und Jugendhilfe §§ 61 bis 68 SGB VIII, deren ausführliche Darstellung aber den Rahmen dieses Textes überschreiten würde.

Durch das Bundesverfassungsgericht wurde im Dezember 1983 (vgl. BVerfGE 65, 1, 41, Urteil vom 15. Dezember 1983) das Grundrecht auf informationelle Selbstbestimmung als Teil der im Grundgesetz verankerten Persönlichkeitsrechte benannt, womit für Bürger_innen laut Schruth und Simon eine Fortentwicklung der „Gewährleistung des Sozialdatenschutzes" gegenüber dem Staat erfolgte (vgl. Schruth und Simon 2018, S. 21).

Aus den Sicherungssystemen des Sozialstaates folgen zahlreiche Leistungen aus den Sozialgesetzbüchern, sodass auch eine rechtliche Regelung zum Umgang mit und Schutz von persönlichen Daten durch die Leistungserbringer erforderlich ist (vgl. Schruth und Simon 2018, S. 21). Das Recht auf informationelle Selbstbestimmung darf lediglich zur Wahrung von *überragenden* gesellschaftlichen Interessen sowie im Rahmen entsprechender gesetzlicher Regelungen beschränkt werden (vgl. Falterbaum 2009, S. 199). Falterbaum konstatiert, dass es typisch für Fragen des Datenschutzes sei, dass individuelle und institutionelle Interessen unterschiedlich ausfallen können, auch wenn diese für sich genommen legitim seien. Wie bereits anhand des Beschlusses des Bundesverfassungsgerichtes vom Mai 1977 hinsichtlich der Caritas-Beratungsstelle dargestellt (vgl. BVerfGE 44, 353, Beschluss vom 24. Mai 1977), ist das Vertrauensverhältnis zwischen Adressat_innen und Mitarbeiter_innen eine „unabdingbare Voraussetzung" für die Funktionalität sozialpädagogischer Einrichtungen, insbesondere für Beratungsangebote.

§ 35 SGB I regelt dabei konkret, dass jede Person einen Anspruch darauf hat, dass ihre Sozialdaten nicht unbefugt durch die Träger von Sozialleistungen verarbeitet werden (vgl. § 35 SGB I). Dies bedeutet für die Praxis auch, dass beispielsweise Gespräche von der Polizei mit Sozialarbeiter_innen nicht uneingeschränkt offen erfolgen dürfen, sofern keine Erforderlichkeit zur konkreten polizeilichen Aufgabenerfüllung vorliegt (vgl. Jasch 2018, S. 2). Das Sozialdatenschutzrecht grenzt die Sozialverwaltung von der restlichen Verwaltung ab, indem es die Pflichten zur Amts- und Rechtshilfe maßgeblich einschränkt, wodurch – vergleichbar zum Steuergeheimnis – ein Sozialgeheimnis geschaffen wurde. Insbesondere für Sozialarbeiter_innen im Dienst öffentlicher Leistungsträger ist der Sozialdatenschutz von Bedeutung, da sie aufgrund ihrer arbeitsvertraglichen Bindung zur Einhaltung der Vorschriften verpflichtet sind (vgl. Papenheim et al. 2004, S. 199). Eine Übermittlung von Daten durch öffentliche Einrichtungen ist entsprechend § 35 Abs. 2 SGB I zunächst grundsätzlich unzulässig. Eine Weiterleitung ist nur dann erlaubt, wenn diese aufgrund einer gesetzlichen Regelung erfolgt oder die Zustimmung der betroffenen Person vorliegt (vgl. Falterbaum 2009, S. 200; Papenheim et al. 2004, S. 209).

Für das Strafverfahren bedeutet dies, dass aus der strafprozessualen Pflicht zur Zeug_innenaussage keine Pflicht zur Übermittlung von Sozialdaten für die Leistungsträger resultiert, es sei denn, diese ergibt sich aus den Vorschriften zum Umgang mit Sozialdaten in §§ 68 bis 77 SGB X (vgl. Papenheim et al. 2004, S. 209). Ist dies nicht der Fall, ist eine Aussagegenehmigung unzulässig. Ordnet ein Gericht eine Datenübermittlung an, dann wäre diese nach § 73 Abs. 1 SGB X nur zu erbringen, wenn es sich um eine Straftat von erheblicher Bedeutung handelt (vgl. Falterbaum 2009, S. 205). § 68 Abs. 1 SGB X begrenzt die preiszugebenden Daten auf Namen, Geburtsdatum und -ort, aktuelle Anschrift der betroffenen Person, den derzeitigen oder zukünftigen Aufenthaltsort sowie Namen oder Firma und Anschriften des derzeitigen Arbeitgebers. Diese Informationen dürften in der Praxis Ermittlungsbehörden jedoch ohnehin vorliegen.

Die Abgrenzung der Sozialverwaltung von der restlichen Verwaltung durch den Sozialdatenschutz gilt auch gegenüber Gerichten. Dennoch kam es, obwohl die Gesetzeslage eindeutig ist, mehrfach zu Versuchen, den Sozialdatenschutz zu umgehen, indem Sozialarbeiter_innen zu Aussagen gezwungen, Akten beschlagnahmt oder Durchsuchungen richterlich angeordnet wurden. Papenheim et al. führen dies darauf zurück, dass Richter_innen mit den von ihnen regelmäßig angewandten Gesetzen vertraut sind, ihnen die Regelungen der Sozialgesetzbücher sowie die eindeutige Rechtsprechung allerdings nicht bekannt seien beziehungsweise sein wollen (vgl. Papenheim et al. 2004, S. 210).

Für freie Träger sind die Regelungen des Sozialdatenschutzes nicht analog übertragbar, wenngleich öffentliche Träger bei der Beauftragung freier Träger den Sozialdatenschutz gleichermaßen sicherstellen müssen (vgl. Papenheim et al. 2004, S. 222 u. S. 224). Dies erfolgt in der Regel in den getroffenen Leistungsvereinbarungen. Einerseits ist für freie Träger der Datenschutz weitergehender als bei öffentlichen Trägern, da behördliche Übermittlungspflichten für sie nur in Betracht kommen, wenn eine richterliche Anordnung vorliegt oder eine Zeug_innenaussage vor Gericht beziehungsweise der Staatsanwaltschaft verlangt wird (vgl. Falterbaum 2009, S. 209). Andererseits werden öffentlich Bedienstete durch das Sozialdatenschutzrecht im Regelfall von der Zeugnispflicht befreit, wohingegen freie Träger – außer für die Träger, für die der Genehmigungsvorbehalt nach § 54 StPO gilt – gezwungen sind, an der Strafverfolgung mitzuwirken. Hier bestehen die bereits dargelegten starken verfassungsrechtlichen Bedenken aufgrund des Verstoßes gegen den Gleichheitssatz, der öffentlich Bedienstete an dieser Stelle von den Zeugnispflichten befreit (vgl. Papenheim et al. 2004, S. 232). In der Praxis greift der strafprozessuale Genehmigungsvorbehalt nach § 54 in der Regel nicht für freie Träger (vgl. Schruth und Simon 2018, S. 25).

Fazit und Ausblick

Eine Aussage zu Lasten von Klient_innen stellt nicht nur einen Vertrauensbruch für diese dar, sondern bringt Sozialarbeiter_innen auch in problematische Rollenkonflikte. Sie betreffen die Fachkräfte jedoch nicht ausschließlich in ihrem dienstlichen Anstellungsverhältnis, sondern wirken weit über das berufliche Selbstverständnis hinaus. Eine Zeug_innenvorladung, die aufgrund der professionellen Tätigkeit erfolgt ist, nimmt auch erheblichen Einfluss auf den Privatmenschen. Die rechtlich kritische Entscheidung zu treffen, eine Aussage zu verweigern, um das professionelle Verhältnis zu bestimmten Adressat_innen nicht zu verlieren, hat erheblichen Einfluss auf das persönliche Lebensumfeld der Fachkräfte. Die Androhung von Beugehaft oder die Aussprache von Ordnungsgeldern sind dabei keine abwegigen Bedrohungsszenarien, sondern bereits Realität für Praktiker_innen. Dass eine ausbleibende Aussage gegenüber Strafverfolgungsbehörden im konkreten Einzelfall womöglich eine Ermittlung oder Strafverfolgung erschweren könnte, steht zwar außer Frage. Eine erzwungene Äußerung kann allerdings dazu führen, dass eine gelingende Beziehungsarbeit für lange Zeit unmöglich wird. Welche Auswirkungen dies auf zukünftig stattfindende Straftaten hat oder ob diese im Falle stabiler Beziehungsarbeit zu potenziellen Täter_innen im Vorfeld überhaupt stattgefunden hätten, lässt sich nicht seriös sagen. Ein Verlust von ganzen Zielgruppen im Stadtteil oder spezifischen Szenen wie beispielsweise Ultra-Gruppen im Fußball, in denen eine als Vertrauensbruch deutbare Zeug_innenaussage zu Lasten von Adressat_innen bekannt wird, ist jedoch eine erhebliche Einschränkung im Wirkungsradius von Sozialarbeiter_innen.

Um diesen Einschnitten in die Arbeit zu entgehen, entwickeln die Praktiker_innen wiederum Vorkehrungen, die eine Selbstbeschneidung darstellen. Um nicht als Zeug_innen in Betracht zu kommen oder zu Lasten von Adressat_innen auszusagen, wird an einrichtungsinterner Dokumentation gespart, junge Menschen werden nicht nach ihrem Namen oder sonstigen persönlichen Informationen gefragt, in kritischen Situationen entfernen sich Sozialarbeiter_innen und berauben sich damit potenziell der Grundlage, womöglich strafrelevantes Verhalten im Nachgang gemeinsam mit den betreffenden Personen professionell zu thematisieren. Das fehlende Zeugnisverweigerungsrecht bremst Sozialarbeiter_innen nicht bloß, es führt auch zu Strategien im Umgang mit Adressat_innen, die den fachlichen Ansprüchen der Profession entgegenstehen.

Natürlich sind die Bedenken, dass Strafverfolgung im Einzelfall durch ausbleibende Aussagen verhindert werden könnte, nicht zu ignorieren. Möglich ist, dass deviantes, mitunter strafrelevantes Verhalten im Einzelfall nicht verfolgt werden kann, wenn Sozialarbeiter_innen über ein Zeugnisverweigerungsrecht verfügen würden. Diese halten sich im Umfeld ihrer Zielgruppe zwangsläufig auch in deliktnahen Bereichen auf (vgl. Arbeitsgruppe Zeugnisverweigerungsrecht 2018, S. 10). Im Hinblick auf eine Vielzahl von Ermittlungsmöglichkeiten und zunehmende Eingriffsbefugnisse durch die Novellierungen des Polizeirechts, die bundesweit zu verfolgen sind, ist mittlerweile davon auszugehen, dass Delikten auf anderen Wegen oder mit anderen Zeug_innen nachzuspüren sein sollte. Gleichzeitig ist davon auszugehen, dass Sozialarbeiter_innen sensibilisiert dafür sind, dass bei schweren Verbrechen, in denen großer Schaden und gravierende Konsequenzen für Opfer die Folge sind, eine Aussage möglich ist, wenn auf anderem Wege keine Aufklärung erfolgen kann. Das Recht, das Zeugnis zu verweigern, ist keine Pflicht und ebenso keine Entbindung von menschenrechtlichen Grundsätzen.

Das Zeugnisverweigerungsrecht für Sozialarbeiter_innen stellt auch für Sicherheitsträger eine Chance dar. Es bietet eine Klarheit und Profilschärfung an, die den Umgang mit Fachkräften der Sozialen Arbeit erleichtern kann. Gleichzeitig wird nicht unbedacht mit einer Vorladung eine bestehende belastbare Beziehung zu polizeilich in den Fokus geratenen Personen aus dem Kontext institutioneller Hilfesysteme heraus gefährdet. So kann neben der Strafverfolgung und Sanktionierung auch eine weitere, deutlich näher an der Person selbst orientierte Vorgehensweise dazu beitragen, Straffälligkeit potenziell zu verhindern. Zudem ist anzunehmen, dass neben dem berechtigten Wunsch nach einer funktionstüchtigen (Straf-)Rechtspflege (vgl. BT-Drs. 19/4371) der Staat auch ein Interesse an einer sachgerechten Gewährleistung von Sozialleistungen hat, zum Beispiel von Beratungsangeboten für Menschen, die Hilfe in Anspruch nehmen möchten.

Der wichtigste Aspekt, den ein Zeugnisverweigerungsrecht Sozialarbeiter_innen bieten könnte, wäre die Handlungssicherheit in der beruflichen Praxis. „Auf Streetwork" müssten sich Fachkräfte zur Vermeidung eventueller Vorladungen nicht von Jugendlichen entfernen, die gerade Haschisch zu sich nehmen, sondern könnten in diesen Situationen oder im Nachgang mit den Konsument_innen offen die Auseinandersetzung zu diesem Thema suchen. Auch wenn Anhänger_innen in einem Fanblock Pyrotechnik zünden und infolgedessen polizeiliche Ermittlungen eingeleitet werden, laufen Mitarbeiter_innen, die sich ebenfalls in den Blöcken aufhalten, Gefahr, als Zeug_innen herangezogen zu werden. An welchen Stellen sollten Sozialarbeiter_innen also auf Abstand zur Zielgruppe gehen, wenn sie der Gefahr aus dem Weg gehen wollen, als Zeug_innen in Betracht zu kommen? Und lassen sich kritische Situationen wirklich vorhersehen?

Ein Zeugnisverweigerungsrecht kann neben der Handlungssicherheit auch einen größeren beruflichen Aktionsradius für Sozialarbeiter_innen schaffen, der neue Gestaltungsmöglichkeiten in der Arbeit mit den Adressat_innen eröffnen kann. Solange diese rechtliche Sicherheit jedoch nicht gegeben ist, müssen Sozialarbeiter_innen Wege finden, wie sie sich, ihre Arbeit und nicht zuletzt ihre Adressat_innen schützen. Denkbar ist hier vor allem eine transparente Offenlegung des Arbeitsauftrages gegenüber der Polizei im lokalen Netzwerk. Wenn in den örtlichen Behörden ein Verständnis für die Rolle und die Tätigkeit von Sozialarbeiter_innen existiert, können behelfsmäßige Lösungen gefunden werden, die in einem Strafverfahren keine entsprechenden Vorladungen zur Konsequenz haben. Letztlich ist dies jedoch für die Polizei selbst ein Agieren in einer rechtlich heiklen Gemengelage, eine verbindliche Sicherheit haben Sozialarbeiter_innen also auch dann nicht. Insofern ist die gegenwärtig einzige fachlich saubere und professionelle Lösung im Umgang mit dem fehlenden Zeugnisverweigerungsrecht, dies den Adressat_innen transparent zu machen.

Literatur

Arbeitsgruppe Zeugnisverweigerungsrecht (o. J.): Broschüre „Fast im Knast". Zur Notwendigkeit eines Zeugnisverweigerungsrechts in der aufsuchenden Jugendsozialarbeit. Online: www.kos-fanprojekte.de/fileadmin/user_upload/materialien/Zeugnisverweigerungsrecht/Zeugnisverweigerungsrecht-flyer-201809-v01.pdf (12.04.2021).

Arbeitsgruppe Zeugnisverweigerungsrecht (2018): Tagungsdokumentation Fachtag „Fast im Knast" – Zur Notwendigkeit eines ugnisverweigerungsrechts in der Sozialen Arbeit. Online: https://meetingmasters.events/moreEvent-dsj/userfiles/files/Fachtag_Zeugnisverweigerungsrecht_%20Pr%C3%A4sentationen%202018.pdf (11.12.2018).

Brühl, A./Deichsel, W./Nothacker, G. (2005): Strafrecht und Soziale Praxis. Stuttgart: Kohlhammer.

Bundesarbeitsgemeinschaft der Fanprojekte / Koordinationsstelle Fanprojekte bei der Deutschen Sportjugend (2017): Offener Brief „Gegen die Kriminalisierung der Sozialen Arbeit mit Fußball-Fans" Online: www.kos-fanprojekte.de/fileadmin/user_upload/material/kos/kos-bag-offener-brief-201712-screen.pdf (18.07.2018).

Cramer, J. (2013): Jugendhilfe im Spannungsverhältnis zwischen Anzeigepflichten und Sozialdatenschutz. In: Corax, H 3/2013, S. 46.

Endriß, R. (1989): Zeugnisverweigerungsrecht für Drogenberater. In: Zeitschrift für Rechtspolitik, 22. Jg., Nr. 2, S. 45–49.

Falterbaum, J. (2009): Rechtliche Grundlagen Sozialer Arbeit. Eine praxisorientierte Einführung. Stuttgart: Kohlhammer.

Fieseler, G./Herborth, R. (2010): Recht der Familie und Jugendhilfe. Arbeitsplatz Jugendamt/Soziale Dienste. Köln: Luchterhand.

Gloss, W. (2018): Hinweise für die Praxis. Polizei und Sozialarbeit. In: Deutsches Polizeiblatt, H. 3/2018, S. 3–6.

Heinrich, B./Reinbacher, T. (2018): Zeugnis- und Aussageverweigerungsrecht. Online: www.jura.uni-tuebingen.de/professoren_und_dozenten/heinrich/materialien/materialien-zur-vorlesung-strafprozessrecht-pdf-dateien/25-zeugnisverweigerungsrechte.pdf (29.05.2018).

Janssen, H./Riehle, E. (2002): Strafrecht für Soziale Arbeit. Eine fallbezogene Einführung. Weinheim und München: Juventa.

Janssen, H./Riehle, E. (2013): Lehrbuch Jugendstrafrecht. Eine Einführung für die Soziale Arbeit. Weinheim und Basel: Beltz.

Jasch, M. (2018): Probleme und Lösungsansätze. Austausch statt Kooperation! In: Deutsches Polizeiblatt, 36. Jg., H. 3, S. 1–2.

Kunkel, P.-C. (1999): Erlaubt der Datenschutz die Akteneinsicht für Ausbildung und Supervision in der Jugend- und Sozialhilfe? In: Zentralblatt für Jugendrecht, H. 1/1999, S. 289–296.

Landesbeauftragte für Datenschutz und für das Recht auf Akteneinsicht Brandenburg (2015): 18. Tätigkeitsbericht 2014/2015. Online: www.lda.brandenburg.de/media_fast/4055/TB_18.pdf (09.07.2018).

Mücke, T. (1996): Verschiedene Wege – gemeinsames Ziel?! Die Polizei, die Jugendarbeit und ihre gemeinsame Klientel: Auffällige Jugendliche. In: Sozialmagazin, 21. Jg., H. 5, S. 13–20.

Papenheim, H.-G./Baltes, J./Tiemann, B. (2004): Verwaltungsrecht für die soziale Praxis. Frechen: Verlag Recht für die soziale Praxis.

Pollähne, H./Rode, I. (Hrsg.) (2010): Schweigepflicht und Datenschutz. Neue kriminalpolitische Herausforderungen – alte Antworten? Berlin: Lit.

Rautschka-Rücker, J. (2007): Aussagegenehmigung. In: Psychotherapeutenjournal, H. 2/2007, S. 149.

Riekenbrauk, K. (2011): Strafrecht und Soziale Arbeit. Eine Einführung für Studium und Praxis. Köln: Luchterhand.

Schneider, S. (2014): Vertraulichkeit der Mediation: Schutz und Grenzen durch das Straf- und Strafprozessrecht. Bremen: Europäischer Hochschulverlag.

Schruth, P./Simon, T. (2018): Strafprozessualer Reformbedarf des Zeugnisverweigerungsrechts in der Sozialen Arbeit. Am Beispiel der sozialpädagogischen Fanprojekte im Fußball. Rechtsgutachten im Auftrag der Koordinationsstelle Fanprojekte bei der Deutschen Sportjugend im Deutschen Olympischen Sportbund. Frankfurt am Main.

Simon, T. (2016): Sozialarbeit benötigt unverändert ein umfassendes Zeugnisverweigerungsrecht. 50 Jahre bislang vergebliches Bemühen um eine bessere Rechtsstellung. In: Forum Sozial, H. 2, S. 37–40.

Thannhausen, M. von und zu (2007): Zeugnisverweigerungsrechte für bestimmte kirchliche Gruppen. 4. Auflage. Speyer. Online: www.bistum-speyer.de/fileadmin/user_upload/1-0-0/Zentralstelle_und_Leitung/Downloads/OVB/2007/OVB_2007_12_beilage.pdf (09.07.2018).

Amtliche Drucksachen

BT-Drs. 19/4371 vom 18.09.2018: Antwort der Bundesregierung auf die Kleine Anfrage „Zeugnisverweigerungsrecht für Sozialarbeiterinnen und Sozialarbeiter".
BT-Drs. 18/12940 vom 27.06.2017: Beschlussempfehlung und Bericht des Ausschusses für Recht und Verbraucherschutz (6. Ausschuss) zu dem Gesetzentwurf der Bundesregierung. Entwurf eines Gesetzes zur Neuregelung des Schutzes von Geheimnissen bei der Mitwirkung Dritter an der Berufsausübung schweigepflichtiger Personen.

Gerichsbeschlüsse und -entscheidungen

OLG Köln, 2 Ws 62–63/98, Beschluss vom 14. April 1998.
BVerfGE 44, 353, Beschluss vom 24. Mai 1977.
BVerfGE 33, 376, Beschluss vom 19. Juli 1972.
BVerfGE 65, 1, Urteil vom 15. Dezember 1983.
BVerfGE 65, 1, 41, Urteil vom 15. Dezember 1983.

Autorinnen und Autoren

Jannis Albus, M.A. Sozialwissenschaften des Sports (Goethe-Universität Frankfurt) und B.A. Sozialwissenschaften (Philipps-Universität Marburg), geb. 1988. Seit April 2020 wissenschaftlicher Mitarbeiter im DFG-Graduiertenkolleg 2493 „Folgen sozialer Hilfen" an der Universität Siegen. Forschungsschwerpunkte: Körper- und Sportsoziologie, Fanforschung sowie Situationsanalyse.
E-Mail: jannis.albus@uni-siegen.de

Laura Arasteh-Roodsary, M.A., geb. 1991. Wissenschaftliche Mitarbeiterin an der Katholischen Hochschule NRW sowie im Deutschen Institut für Sucht- und Präventionsforschung (DISuP) im Projekt „SubFAN – Beratung und Begleitung von substanzkonsumierenden Fußballfans". Arbeits- und Forschungsschwerpunkte: Körpersoziologie, Gender Studies und sozialwissenschaftliche Fußballforschung.
E-Mail: l.arasteh-roodsary@katho-nrw.de

Patrick Arnold, Dipl. Soz. Päd./Dipl. Soz. Arb., geb. 1980. Geschäftsführer der Landesarbeitsgemeinschaft der Fanprojekte in NRW e.V. (LAG), Rassismus- und Rechtsextremismus Präventionstrainer, VIR-Trainer (VeränderungsImpulse setzen bei Rechtsorientierten Jugendlichen und jungen Erwachsenen), CAS-Sportmanagement (HS-St. Gallen) Anti-Gewalt Trainer, Fachkraft für Erlebnispädagogik. Arbeitsschwerpunkte: Erinnerungsarbeit, Vernetzung, Wissenstransfer, Bildung und Begegnung, Fan- und Fußballkultur.
E-Mail: arnold@lag-fanprojekte-nrw.de

Ronald Bec, Sozialpädagoge M.A., geb. 1985. Geschäftsführer des Fanprojekts Dresden. Arbeitsschwerpunkt: Mobile Jugendarbeit.
E-Mail: r.bec@fanprojekt-dresden.de

David Johannes Berchem, Dr. phil., geb. 1980. Lehrkraft für besondere Aufgaben am Lehrstuhl für Ethnologie der Ruhr-Universität Bochum und wissenschaftlicher Berater der Landesarbeitsgemeinschaft für Fanprojekte NRW e.V. Arbeits- und Forschungsschwerpunkte: Migration, Integration, Diskriminierungs- und Ungleichheitsforschung sowie ethnografische Methodenlehre.
E-Mail: David.Berchem-w89@ruhr-uni-bochum.de

Carsten Blecher, M.A. Sozialwissenschaften, Dipl. Sozialpädagoge. Pädagogischer Mitarbeiter im Kölner Fanprojekt. Arbeitsschwerpunkte: Spieltagsbegleitung, Projektarbeit. Lehrbeauftragter an der Kath. Hochschule NRW,

Lehrgebiete: Soziale Arbeit in der Migrationsgesellschaft, Sportsoziologie, Theorien Sozialer Arbeit.
E-Mail: carsten.blecher@gmx.de

Robert Claus, Magister in Europäische Ethnologie und Gender Studies, geb. 1983. Wissenschaftlicher Mitarbeiter im Projekt „Vollkontakt – Demokratie und Kampfsport" beim IcanDo e. V. in Hannover. Arbeitsschwerpunkte: Vielfalt und Antidiskriminierung im Sport, extreme Rechte und Kampfsport.
E-Mail: claus@vollkontakt.info

Daniel Deimel, Prof. Dr. phil., Dipl. Sozialarbeiter, Suchttherapeut (VDR) und Supervisor (DGSv). Professor für Klinische Sozialarbeit an der Katholischen Hochschule NRW und am Deutschen Institut für Sucht- und Präventionsforschung (DISuP). Gastwissenschaftler an der Universität Duisburg-Essen und LVR Kliniken Essen, Abteilung für Suchtmedizin und Abhängiges Verhalten. Forschungsschwerpunkte: Sozialwissenschaftliche Sucht- und HIV/AIDS-Forschung, Sozialpsychiatrie und Evidenzbasierte Soziale Arbeit.
E-Mail: d.deimel@katho-nrw.de

Nils Ehleben, B. A. Sozialwissenschaft, freier Mitarbeiter der LAG Fanprojekte e. V.
E-Mail: nils.ehleben@rub.de

Fabian Fritz, M. A. und B. A. Erziehungs- und Bildungswissenschaft, geb. 1987. Seit 2016 Pädagogische Leitung und Jugendbildungsreferent beim Museum für den FC St. Pauli. Ebenfalls seit 2016 wissenschaftlicher Mitarbeiter am Department Soziale Arbeit an der HAW Hamburg. Arbeits- und Forschungsschwerpunkte: Demokratiebildung, Sportvereinspädagogik, Sozialarbeitspolitik, Gruppen- und Gemeinwesenarbeit, Soziale Arbeit und Polizei.
E-Mail: fabian.fritz@1910-museum.de

Tim Frohwein, Dipl.-Soz., geb. 1983. Projektleiter Mikrokosmos Amateurfußball, freier Fußballforscher und -journalist. Lehrbeauftragter an der Hochschule München und der Ludwig-Maximilians-Universität (LMU). Arbeits- und Forschungsschwerpunkte: Soziologie des Amateurfußballs.
E-Mail: tim@frohwein.de

Cristin Gießler, Master of Science Gender Studies, geb. 1984. Gesellschafterin und wissenschaftliche Mitarbeiterin der KoFaS gGmbH. Leitung des Modellprojekts „Vielfalt im Stadion – Zugang, Schutz und Teilhabe". Arbeitsschwerpunkte: Vielfalt und Antidiskriminierung im Fußball.
E-Mail: cristin.giessler@kofas-ggmbh.de

Amelie Gorden, Bachelor of Arts Erziehungswissenschaften mit Schwerpunkt soziale Arbeit, geb. 1990. Mitarbeiterin der Abteilung Corporate Responsibility bei Borussia Dortmund. Arbeitsschwerpunkte: Antidiskriminierungsarbeit und Diversity Management, Projektarbeit Fan- und Jugendhaus.
E-Mail: Amelie.Gorden@bvb.de

Andreas Groll, Prof. Dr., geb. 1982. Professor für Statistical Methods for Big Data an der TU Dortmund. Arbeits-und Forschungsschwerpunkte: Methoden zur Variablenselektion und Regularisierung, insbesondere im Rahmen Generalisierter Linearer/Additiver (Gemischter) Modelle und Ereignisdatenanalyse; Modellierung kategorialer Daten; Sportstatistik, insbesondere Modellierung und Vorhersage von internationalen Fußballturnieren; Semiparametrische Regression.
E-Mail: groll@statistik.tu-dortmund.de

Antje Hagel, M.A. Kulturanthropologie und Europäische Ethnologie, geb. 1962. Seit 2001 Mitarbeiterin im Fanprojekt Offenbach, Mitbegründerin von F_in – Netzwerk Frauen im Fußball und dem Netzwerk gegen Sexismus und sexualisierte Gewalt.
E-Mail: antje.hagel@ib.de

Florian Hansing, B.A. Sozialarbeiter, geb. 1990. Zertifizierter Projektmanager für Inklusion im Sport (Integrated Dreams), VIR-Trainer (VeränderungsImpulse setzen bei Rechtsorientierten Jugendlichen und jungen Erwachsenen), arbeitet seit Februar 2015 als Sozialarbeiter beim Fan-Projekt Dortmund e.V.
E-Mail: florian.hansing@fanprojekt-dortmund.de

Jonas Heiner, B.Sc., geb. 1992. Wissenschaftliche Hilfskraft für das Fachgebiet Statistical Methods for Big Data an der TU Dortmund. Arbeitsschwerpunkte: Methoden zur Variablenselektion und Regularisierung, insbesondere im Rahmen Generalisierter Linearer/Additiver (Gemischter) Modelle und Ereignisdatenanalyse, Sportstatistik.
E-Mail: jonas.heiner@tu-dortmund.de

Stefan Hoffmann, Dr. phil. Landesjugendreferent im EJW-Weltdienst und Lehrbeauftragter im Fachbereich Soziale Arbeit an der DHWB Schwenningen und EH Ludwigsburg. Arbeits- und Forschungsschwerpunkte: Kinder- und Jugendarbeit mit Schwerpunkt Community Development und Partizipation in Afrika, Demokratiebildung und entwicklungsbezogenes Engagement Jugendlicher in Deutschland.
E-Mail: tourdechance@gmx.de

Ellen Margaretha Iffland, B. Sc. Freie Mitarbeiterin in der Landesarbeitsgemeinschaft der Fanprojekte in NRW. Arbeitsschwerpunkte: Soziale Arbeit mit Frauen und Mädchen, Sexismus und Geschlecht im Fußball, Soziale Arbeit mit Fußballfans.
E-Mail: ellen.iffland@web.de

Andreas Kahrs, Dr. phil., geb. 1981. Studierte Geschichte und Politikwissenschaften in Berlin, Hamburg und Kraków, lebt und arbeitet als Historiker und Projektkoordinator in Berlin. Arbeitsschwerpunkte: Forschung und Bildungsarbeit zum Holocaust in Ostmittel-Europa sowie die Geschichte der Apartheid in Südafrika.
E-Mail: andi@akprojekte.org

Gero Kopp, Historiker, geb. 1992. Mitglied der „AG 1938 nur damit es jeder weiß", Bochum. Forschungsschwerpunkte: Sport im Nationalsozialismus, Geschichte des (deutschen) Sports nach 1945, regionalgeschichtliche Aspekte der Entnazifizierung, Erinnerungskultur, NS-Zwangsarbeit und Wiedergutmachung.
E-Mail: gero.kopp@web.de

Jochem Kotthaus, Prof. Dr. habil., geb. 1967. Professor am Fachbereich Angewandte Sozialwissenschaften der Fachhochschule Dortmund. Arbeits- und Forschungsschwerpunkte: Wissenssoziologie, Sportsoziologie, Handlungstheorie, sozialpädagogische Theorie, Formen der Subjektivierung und der Vergemeinschaftung.
E-Mail: jochem.kotthaus@fh-dortmund.de

Philip Krüger, M. A., Dipl. Sozialarbeiter/Sozialpädagoge. Wissenschaftlicher Mitarbeiter Katholische Hochschule NRW, Abt. Paderborn, Fachbereich Sozialwesen. Arbeits- und Forschungsschwerpunkte: Beratungs- und Bildungsarbeit, Theorien Sozialer Arbeit und Geschlechtergerechtigkeit.
E-Mail: mail@philip-krueger.de

Hanna Maria Lauter, M. A. Präventive Soziale Arbeit mit Schwerpunkt Kriminologie und Kriminalprävention, B. A. Soziale Arbeit, geb. 1991. Zertifizierte Mediatorin und Systemischer Coach.
E-Mail: Hanna.Maria91@web.de

Daniel Lörcher, Versicherungskaufmann, geb. 1985. Leiter Corporate Responsibility bei Borussia Dortmund. Arbeitsschwerpunkte: Nachhaltigkeitsmanagement, Antidiskriminierungsarbeit und Diversity Management, Projektleiter Fan- und Jugendhaus, BVB-Stiftung „leuchte auf".
E-Mail: Daniel.Loercher@bvb.de

Thomas Lükewille, Staatsexamen Geografie, Politikwissenschaft und Erziehungswissenschaften, geb. 1984. Leitung Fanprojekt Wuppertal unter der Trägerschaft des Wichernhaus Wuppertal gGmbH.
E-Mail: thomasluekewille@gmx.de

Markus Mau, Dipl. Sozialarbeiter/Sozialpädagoge, geb. 1979. Mitarbeiter im Schalker Fanprojekt.
E-Mail: m.mau@schalker-fanprojekt.de

Jonas Reitz, B. A. Sozialwissenschaft, geb. 1992. Arbeits- und Forschungsschwerpunkte: Management und Regulierung von Arbeit, Wirtschaft und Organisation.
E-Mail: jonas.reitz@ruhr-uni-bochum.de

Edo Schmidt, Soziologe M.A., Leiter des soz.päd. Fanprojektes „FANport Münster" der Outlaw Kinder- und Jugendhilfe gGmbH.
E-Mail: edo.schmidt@outlaw-ggmbh.de

Paula Scholz, geb. 1992, Kriminologin. Projektleiterin für den Bereich Sport im Lesben- und Schwulenverband Berlin-Brandenburg, Teil von F_in – Netzwerk Frauen im Fußball. Arbeits- und Forschungsschwerpunkte: NS-Erinnerungsarbeit, Gender und Vielfalt sowie Sexismus und Queerfeindlichkeit im Fußball.
E-Mail: paulascholz1887@googlemail.com

Stella Schrey, B. A. Ethnologie, geb. 1993. Seit 2020 Mitarbeiterin im Fanprojekt Dortmund, zuvor Referentin bei der Koordinationsstelle Fanprojekte bei der Deutschen Sportjugend, Mitbegründerin des Netzwerk gegen Sexismus und sexualisierte Gewalt.
E-Mail: stella.schrey@fanprojekt-dortmund.de

Manuel Schröder, Master of Arts, geb. 1983. Praktizierender und publizierender Sozialarbeiter im Fanprojekt Hannover, ehemaliger Stipendiat der Friedrich-Ebert-Stiftung. Teilstudium in Paraguay, Frankreich und der Türkei. Arbeits- und Forschungsschwerpunkte: Migration, Jugendszenen, Kompetenzerwerb, Kindeswohlgefährdung.

Daniela Templin, Dr., geb. 1974. Wissenschaftliche Mitarbeiterin am Fachbereich Angewandte Sozialwissenschaften der Fachhochschule Dortmund. Arbeits- und Forschungsschwerpunkte: Studierendenforschung, Wissenssoziologie, Raumsoziologie, explorativ-interpretative Sozialforschungsmethoden.
E-Mail: daniela.templin@fh-dortmund.de

Franciska Wölki-Schumacher, Magister in Germanistik und Sportwissenschaften, geb. 1976. Geschäftsführende Gesellschafterin der KoFaS gGmbH und zertifizierte Mediatiorin. Mitarbeiterin im Modellprojekt „Vielfalt im Stadion – Zugang, Schutz und Teilhabe". Arbeitsschwerpunkte: Konfliktbearbeitung und -vermittlung.
E-Mail: franciska.woelki-schumacher@kofas-ggmbh.de

Daniela Wurbs, Diplom-Sozialpädagogin (FH), geb. 1980. Zertifizierte Beraterin für inklusive Prozesse und für CSR im Fußballmanagement, Leiterin der Beratungsstelle KickIn! für Inklusion im Fußball in Trägerschaft der Bundesbehindertenfanarbeitsgemeinschaft (BBAG). Arbeitsschwerpunkt: vielfaltsorientierte Organisationsentwicklung von Fußball-Vereinen und Fußball-Verbänden.
E-Mail: daniela@inklusion-fussball.de

Holger Ziegler, Prof. Dr., geb. 1974. Professor für Erziehungswissenschaft mit Schwerpunkt Soziale Arbeit an der Universität Bielefeld. Arbeits- und Forschungsschwerpunkt: Sozialpädagogik.
E-Mail: holger.ziegler@uni-bielefeld.de